PARTI RÉPUBLICAIN RADICAL ET RADICAL-SOCIALISTE

13me CONGRÈS

DU

Parti Républicain Radical et Radical-Socialiste

TENU A PAU

Les 16, 17, 18 et 19 Octobre 1913

Prix : 50 Centimes

... au Siège du Comité Exécutif

9, rue de Valois, 9

PARTI RÉPUBLICAIN RADICAL
ET RADICAL-SOCIALISTE

TREIZIÈME CONGRÈS

DU

PARTI RÉPUBLICAIN

Radical et Radical-Socialiste

Tenu à PAU

Les 16, 17, 18 et 19 Octobre 1913

Prix : 25 Centimes

A PARIS, AU SIÈGE DU COMITÉ EXÉCUTIF
9, rue de Valois, 9

13me CONGRÈS

DU

PARTI RÉPUBLICAIN

Radical et Radical-Socialiste

TENU À PAU

Les 16, 17, 18 et 19 Octobre 1913.

SÉANCE PRÉPARATOIRE

Jeudi matin, 16 Octobre 1913

La séance est ouverte à 10 heures par M. F. Cahen, vice-président du Comité Exécutif, assisté des membres du Bureau.

Il est procédé au tirage au sort des commissions de vérification des pouvoirs et des finances.

Le président invite ces commissions à se réunir immédiatement.

La séance est levée à midi.

SÉANCE D'OUVERTURE

Jeudi 16 Octobre après midi.

La séance est ouverte, à 2 heures, par M. Ch. Debierre, sénateur, vice-président du Comité Exécutif, assisté des membres du Bureau en exercice : MM. Bepmale, sénateur de la Haute-Garonne; Bouffandeau, député de l'Oise; Doumergue, sénateur du Gard; Herriot, sénateur du Rhône; Perchot, sénateur des Basses-Alpes; Trouillot, sénateur du Jura; Chabanne (Seine); A. Chevalier (Manche); Estier (Bouches-du-Rhône); Feuga (Haute-Garonne); Lévy-Ullman (Pas-de-Calais); Lucien Victor-Meunier (Vendée); Michel Milhaud (Seine), vice-présidents; MM. Binet, député de la Creuse; Félix Chautemps, député de la Savoie; Dusevel, député de la Somme; Javal, député de l'Yonne; Peytral, député des Hautes-Alpes; Schmidt, député des Vosges; Ternois, député de la Somme; Viard, député de la Haute-Marne; Richard de Burgue (Corse); Dauthy (Indre); Lafon (Tarn); Lièvre (Meuse); Livet (Ariège); L. Muller (Seine-Inférieure); Vollaeys (Nord), secrétaires; Henri Cosnier, trésorier.

M. Ch. Debierre donne la parole à M. Marie-Georges Ferron, président de la fédération départementale des Basses-Pyrénées.

DISCOURS DE M. Marie-Georges FERRON PRÉSIDENT DE LA FÉDÉRATION DES BASSES-PYRÉNÉES

M. Marie-Georges Ferron.

Citoyens,

Permettez-moi de vous donner lecture de la lettre suivante que m'a adressée M. Emile Combes, président du Comité Exécutif :

Pons, le 10 *octobre* 1913.

« Mon cher président,

« J'ai le très vif regret de ne pouvoir prendre part au congrès de Pau et si j'ai tardé plus qu'il ne convenait peut-être à vous l'écrire, c'est que votre lettre si affectueuse et si émouvante par sa sincérité m'avait remué jusqu'au fond de l'âme.

« Quelque cuirasse que j'aie dû mettre au tour de ma poitrine, pour accomplir en toute tranquillité de cœur, au milieu des attaques les plus forcenées qu'un chef de gouvernement ait jamais subies, la tâche si urgente et si difficile qu'une loi supérieure, la loi du progrès, lui avait réservée, je suis autant et plus que personne sensible aux émotions intérieures que provoque en moi l'accent d'une parole amie. Je dois sans doute cet état d'âme que ma vie publique ne laisse pas soupçonner, à mon origine, à mon éducation première, à cette particularité que je suis né et que j'ai vécu les années de mon enfance et les première sannées de ma jeunesse en pleine campagne ou peu s'en faut, dans ce que vous nommez, dans votre lettre, un bourg écarté; que j'ai pris de la sorte, dès la première heure de mon existence, la douce habitude de chercher dans la vie de famille, dans l'intimité de ses affections, comme aussi dans les effusions de l'amitié une compensation aussi certaine que consolante aux déboires et aux avanies de l'extérieur.

« Je tiens votre lettre, mon cher président, pour une de ces précieuses compensations. Vous êtes et vous restez Combiste, m'écrivez-vous, avec vos compagnons d'armes, parce que le combisme résume pour vous l'ensemble de réformes en tout genre qui étaient dans les cerveaux de nos ouvriers et de nos campagnards, à l'époque même où je me suis efforcé de les réaliser avec un dévouement et un désintéressement absolus.

« Je vous remercie bien amicalement de vos déclarations et de votre témoignage de fidélité à la doctrine politique qui nous est commune. Au surplus, sachez bien, vous et vos amis, que si la réaction affecte pour notre politique une haine et un mépris aussi vains dans leurs effets que ridicules dans leur expression, la justice immanente des choses nous vengera dans l'avenir des injures et des dédains intéressés du présent. Dites bien à vos amis et compagnons, mon cher président, que si je ne suis pas de corps avec eux, au congrès de Pau, j'y serai d'esprit et de cœur du premier jour au dernier et que j'applaudirai de loin à toutes les décisions du congrès qui seront de nature à nous garantir pour la reconstitution du bloc de gauche contre les efforts combinés de toutes les réactions.

« Agréez, mon cher président, en retour de votre démarche affectueuse, l'assurance d'une sympathie aussi vive que sincère.

« Bien à vous,

« Emile Combes. »

(La lecture de cette lettre est accueillie par des applaudissements nourris et des cris répétés de : Vive Combes.)

M. Marie-Georges Ferron. — Je dois vous dire qu'au reçu de cette lettre, je me suis rendu à Pons pour tenter auprès de notre éminent président une suprême démarche.

J'ai malheureusement échoué et M. Combes m'a chargé encore de vous apporter son salut cordial et de vous dire combien de cœur et d'esprit il était avec nous. *(Applaudissements unanimes.)*

Citoyens,

J'ai le très grand honneur de vous souhaiter la bienvenue au nom des militants béarnais et basques de la Fédération radicale et radicale socialiste des Basses-Pyrénées. Nous sommes heureux de vous recevoir dans notre département et dans la ville de Pau, vous qui, de tous les points de France, êtes accourus pour une action commune et féconde de démocratie.

Parlementaires éminents qui êtes l'orgueil de notre parti, journalistes remarqués dans la grande presse de Paris et de Province, présidents de Fédérations départementales, élus des cantons et des communes, délégués de nos groupements, cheminots qui n'avez pas craint d'organiser vos syndicats républicains en face des syndicats cléricaux, vous tous qui, dans votre sphère grande ou petite, par la parole, par la plume, par une propagande de tous les jours et de toutes les heures, luttez avec un courage tenace pour le triomphe de nos idées, recevez un accueil également cordial. Laissez-nous aussi vous dire notre fierté de ce que notre « beth ceû de Paü » abrite durant ces jours qui seront des dates dans l'histoire politique de la troisième République, vos activités diverses et coordonnées. *(Applaudissements.)*

Les radicaux et radicaux-socialistes des Basses-Pyrénées ne sont pas indignes de l'honneur que vous leur faites aujourd'hui; comme vous, ils ont eu à lutter contre une réaction qui n'a pas désarmé; ils ont eu aussi à souffrir de certaines méthodes d'apaisement *(Très vifs applaudissements.)* qui, des pactes municipaux, se sont étendus trop souvent dans d'autres sphères politiques. Car dans notre région, on connaissait l'apaisement bien longtemps avant l'évangile de Saint-Chamond. *(Applaudissements.)* Notre premier apaisé, c'est Henri IV; il trouvait le moyen de l'être, même en guerroyant; c'est lui qui, faisant le siège de Paris, laissait entrer dans les murs de sa future capitale d'importants convois de vivres. Mais les Parisiens d'alors lui en étaient reconnaissants; les cléricaux d'aujourd'hui ricanent de nos concessions et les exploitent cyniquement contre nous. *(Longs applaudissements.)* Remarquez d'ailleurs qu'Henri IV, pour apaiser ses adversaires, en fut réduit à abandonner le protestantisme pour le catholicisme de même qu'un autre Béarnais, Bernadotte, dut accomplir la même opération en sens inverse. *(Rires et applaudissements.)* C'est contre la réaction audacieuse, c'est contre l'apaisement inopportun que luttent sans défaillance nos militants béarnais et basques.

Au moment ou vont commencer vos travaux, voulez-vous me permettre de vous rappeler le souvenir d'un autre congrès. A l'heure présente où le patriotisme des enfants de la Révolution paraît suspect aux descendants des émigrés et des chouans *(Vifs applaudissements.)* il est bon de ne pas laisser oublier l'attitude que notre parti s'enorgueillit à bon droit d'avoir eue à Nancy.

A Nancy, à deux pas de la frontière, les socialistes avec lesquels nous avions collaboré à l'œuvre féconde du Bloc, les socialistes, nos alliés d'hier et peut-être de demain *(Applaudissements.)* avaient commis contre le devoir patriotique des imprudences si graves qu'elles nous étaient apparues comme de véritables blasphèmes. Nous nous sommes rendus dans cette ville en pieux pèlerinage, pour proclamer notre amour de la France immortelle et sacrée. Nous l'avons fait, sachant que notre attitude nous vaudrait des représailles, négligeant nos intérêts électoraux, fidèles seulement à nos traditions et à nos devoirs. Mais alors nous avons pensé — et sur ce point nos idées n'ont pas changé — que la République était assez forte, assez aimée, assez populaire, pour rappeler au devoir patriotique ses enfants momentanément égarés sans avoir besoin du concours humiliant et onéreux des cléricaux, des hommes de division et de discorde nationales, intransigeants dans leur farouche esprit de domination, obéissant aveuglément à une hiérarchie fanatique, des hommes qui ont répondu à la « majorité élargie » de Rouvier par la campagne des inventaires et à « l'apaisement » de M. Briand par la campagne des manuels scolaires. *(Applaudissements.)*

Et comment, citoyens, notre Parti ne serait-il pas par excellence le parti national! Toutes les qualités, toutes les vertus, toutes les aspirations françaises ne sont-elles pas en germe dans notre programme et dans notre action? Ce qui caractérise notre race, c'est un haut idéalisme contrôlé par le jugement, c'est l'amour des cimes et l'érude rationnelle des chemins qui y conduisent, c'est l'enthousiasme vivace et frémissant n'éteignant pas la lucidité de l'esprit qui raisonne.

Nous, radicaux et radicaux socialistes, nous formons un parti généreux et équitable. Penchés sur les misères injustes et sur les inégalités sociales inadmissibles, nous voulons les faire disparaître. Nous y travaillons par la création et l'application de réformes démocratiques profondes et hardies qui ne s'arrêteront même pas à la barrière du salariat. Mais nous pensons que ce serait commettre une imprudence et peut-être aussi que ce serait limiter nos horizons que de vouloir gouverner un immense pays avec l'énorme diversité de ses travaux, avec la variété de ses cultures, avec le particularisme de ses régions, suivant la rigueur intangible de la formule collectiviste.

Nous sommes profondément attachés à la grande cause du pacifisme et nous sommes heureux qu'un grand nombre de nos parlementaires ait osé, sous les railleries de ceux dont le scepticisme a glacé le cœur et sous les outrages de ceux dont la passion a faussé le jugement, ébaucher avec l'élite démocratique d'un pays voisin une œuvre de concorde et de paix. Mais nous savons que tant que les peuples ne seront pas les maîtres absolus de leurs destinées, que tant qu'une éducation internationale ne sera pas faite, que tant qu'une puissante organisation arbitrale ne se sera pas substituée aux roueries des diplomates, aux caprices et à la nervosité des princes, aux manœuvres des spéculateurs *(Applaudissements.)*, nous devons être prêts à assurer la défense du territoire et de l'honneur de la France, non seulement parce qu'elle est notre Patrie, mais encore parce qu'elle fut, est et restera le berceau des idées de générosité et de liberté. Nous voulons assurer la défense de son territoire et de son honneur et pour cela, mettre à sa disposition des forces militaires, d'autant plus prêtes à vaincre qu'elles s'éloigneront davantage de la routine des armées de métier pour se rapprocher davantage de la nation armée. *(Applaudissements.)*

Nous sommes partisans de la justice électorale et des droits des minorités, adversaires implacables de la fraude, de la pression et de la corruption, mais nous ne voulons point abandonner de gaîté de cœur, brutalement, sans préparation, sans transition, un scrutin auquel la République doit tant de victoires pour lui substituer un mode de votation inconnu, complexe et mystérieux, dont la justice théorique se traduirait souvent en iniquités tant que les électeurs ne seront pas familiarisés avec l'algèbre et les logarithmes. *(Longs applaudissements sur un très grand nombre de bancs; cris : A bas la R. P.!)*

Nous voulons un impôt sur le revenu qui consacre une refonte complète de notre système fiscal, mais nous nous rendons compte qu'il serait illusoire s'il n'était progressif, avec de larges dégrèvements à la base, et qu'il constituerait une duperie s'il n'était établi sur la déclaration contrôlée.

Nous sommes partisans de toutes les libertés: liberté de presse, liberté de réunion, liberté d'association, mais quand, au nom de la liberté, on veut fausser l'esprit des jeunes générations, leur inculquer les vieilles rancœurs des partis déchus; quand, au nom de la liberté, on mène contre les pionniers de l'idée laïque la campagne la plus ignominieuse de dénigrement, d'outrages, de boycottage, d'excitations parfois écoutées à l'assassinat; quand des hommes qui passent pour les princes des lettres françaises s'abaissent à lancer contre « Maître Aliboron » des attaques que Homais eût rougi de diriger contre les prêtres; quand, par tous les procédés, on cherche à embrigader notre jeunesse sous les bannières de Rome, nous avons le droit de penser, le devoir de dire que de semblables libertés ne sont que les masques du plus hideux fanatisme. *(Vifs applaudissements.)*

Ainsi, en toutes circonstances, qu'il s'agisse de justice sociale, de paix internationale, de probité fiscale et électorale, d'enseignement, apparaissent, dans le programme et dans l'action de notre parti, ces grandes qualités maîtresses de l'idéalisme réfléchi, ce merveilleux mélange de rêve et d'esprit pratique qui sont l'honneur de la race française.

Il est donc très naturel que la démocratie urbaine et rurale ait en toute circonstance manifesté pour notre parti, pour ceux qui se réclament de sa doctrine et de son programme un enthousiasme et une sympathie qui ne se sont jamais démentis, et si les radicaux et les radicaux-socialistes n'ont point dans les Conseils du gouvernement, dans la direction politique du pays, la part prépondérante à laquelle ils auraient droit, c'est qu'un manque d'organisation et de discipline s'est jusqu'ici fait sentir dans nos rangs. *(Vifs applaudissements.)*

Ce congrès aura accompli une œuvre excellente et nécessaire s'il coordonne les efforts de tous nos militants, s'il réglemente l'action de nos élus, s'il fixe à tous ceux qui se réclament de notre grand parti un programme minimum.

Vous penserez peut-être qu'à porter un jugement trop sévère sur les événements passés, qu'à vouloir reprocher à certains de ne pas avoir respecté une discipline que nous n'avons pas établie, il y aurait une injustice puisque nous ferions payer à quelques-uns la rançon d'une faute dont nous sommes tous plus ou moins responsables. *(Très bien, très bien.)*

Peut-être aussi penserez-vous que désormais à ce beau titre de radical et de radical-socialiste doivent correspondre certaines obligations *(Applaudissements.)*, que, pour entrer parmi nous, il faudra donner des gages de républicanisme vrai et en donner pour y rester. Ceux qui trouveront ces conditions trop dures pourront nous quitter. Nous leur ferons des signes d'adieu avec nos mouchoirs. Mais nos mouchoirs n'auront point à essuyer des larmes trop amères. *(Applaudissements.)* Ces messieurs n'en seront même pas réduits à se jeter au milieu de la réaction proprement dite. Ils seront reçus par un parti de très bonnes gens, de très braves gens, de gens très sages, par un parti de tout repos dont les membres se disent et se croient de très vieux républicains alors qu'ils ne sont peut-être que des républicains très vieux, par un parti enfin qui vient de nous foudroyer de ses zézaiements irrités. *(Vifs applaudissements.)*

Consacrons donc l'organisation et la discipline de notre grand parti, puis travaillons avec confiance et bonne humeur à notre œuvre de laïcité intégrale et d'inlassable démocratie.

Soyons des laïques, non seulement en paroles, mais dans tous nos actes. *(Applaudissements.)* Combattons le cléricalisme pour notre dignité personnelle comme pour le bien de la nation. L'Église rafraîchit la mémoire de ceux qui seraient tentés d'oublier; l'inquisition n'est pas un lointain souvenir dont plusieurs siècles nous séparent, son dernier crime date de quatre années à peine; les Pyrénées nous ont porté l'écho de la fusillade scélérate. *(Longs applaudissements.)*

En face de Rome combattive et intransigeante, nous resterons agissants et résolus. En face de l'éternelle ennemie de nos institutions et de nos progrès républicains, nous repousserons l'utopie d'un désarmement unilatéral.

Soyons démocrates, soyons-le sincèrement, profondément, de toute notre âme. Soyons-le parce que la République est un magnique acte de foi dans le peuple, dans sa bonté, dans son honnêteté, dans sa sagesse. Soyons-le parce que la foule des travailleurs forme l'inépuisable réserve des énergies nationales, et qu'en dehors d'elle notre régime ne serait que la caricature des régimes disparus et serait comme eux irrémissiblement condamné.

Rappelez-vous ce héros et cette héroïne du drame wagnérien; ils échangent de doux aveux dans le silence nocturne quand, brusquement, la porte de leur demeure s'ouvre. C'est le vent qui a rejeté les deux lourds battants et, au dehors, la lune, les bois, les fleurs, les rossignols, les ruisseaux, tout ce qui vit d'une existence mystérieuse ou brillante, tout ce qui chante, tout ce qui murmure, tout ce qui charme fusionne en un vaste concert avec les sentiments des héros. Et l'un d'eux s'écrit : « Le printemps et l'amour se sont rejoints ». Il faut qu'un large et sain courant renverse certaines barrières. Il faut que la République et le monde des travailleurs se connaissent davantage et apprennent à s'aimer. Il faut que notre régime s'épanouisse dans une merveilleuse réalisation de progrès démocratique continue et hardie et que nous puissions dire un jour : « La République et le Peuple se sont confondus ».

(Salves prolongées d'applaudissements sur tous les bancs.)

DISCOURS DE M. Charles DEBIERRE
VICE-PRÉSIDENT DU COMITÉ EXÉCUTIF

M. Ch. Debierre, *sénateur*.

Messieurs,

Si le bureau du Comité Exécutif m'a chargé de présider cette séance d'ouverture, c'est, vous pensez bien, en l'absence de notre vénéré président Emile Combes. M. Émile Combes m'a prié de vous présenter ses excuses et il m'a chargé de vous dire qu'il avait exposé, dans l'interview donnée au *Radical* expressément pour le Congrès de Pau, toute sa pensée en ce qui concerne l'organisation de notre Parti, son action, sa discipline et sa tactique. M. Combes n'est pas présent en personne mais il vous affirme qu'il suivra de loin, de cœur et d'esprit, toutes les délibérations que vous prendrez dans ce Congrès.

Si vous me le permettez, je vous proposerai, messieurs, de lui envoyer un télégramme de gratitude et de cordialité en lui exprimant les regrets que nous avons de ne pas le voir assis à cette table; nous avons besoin aujourd'hui, plus que jamais peut-être, de son influence et de son autorité. (*Vifs applaudissements.*) Si vous le permettez, nous enverrons le télégramme suivant à notre éminent président :

Le Congrès Radical et Radical-Socialiste, réuni à Pau, le 16 *octobre* 1913, *adresse à son vénéré Président d'honneur, M. Emile Combes, l'expression de son entier dévouement et de son respectueux attachement.* (Applaudissements unanimes.)

Vos applaudissements me dispensent de mettre ce télégramme aux voix; il sera donc envoyé en votre nom.

Je remercie notre ami Ferron, Président de la Fédération radicale et radicale-socialiste des Basses-Pyrénées, du courageux et véhément discours qu'il vient de prononcer. Les distances se rapprochent quelquefois autrement que par le fil téléphonique, et sans que nous ayons au bureau du Comité Exécutif communiqué avec le Président de la Fédération radicale socialiste des Basses-Pyrénées, nous avons, l'un et l'autre, la même conception de la politique et de la tactique que doit suivre le parti radical et radical-socialiste dans les élections prochaines.

Citoyens,

Le Congrès de Pau doit être pour notre Parti la veillée des armes, nous devons dénombrer nos cadres et entraîner nos militants pour la bataille du mois de mai 1914. Voyons où nous en sommes.

On a parlé d'une crise du parti radical. Laissons de côté cette crise. Ce qu'il faut s'avouer, c'est que c'est moins le nombre des adhérents que l'union dans l'action qui manque au Parti. Que cette action ait à s'exercer dans le pays ou dans le Parlement, aussitôt cette action devient hésitante, flottante, incertaine. Si l'action du Parti est trop souvent négative au Parlement et si notre politique risque de perdre de son prestige et de son crédit auprès des masses populaires, c'est qu'il manque au Parti l'idée qui commande et fait agir, et la discipline qui règle le combat.

S'il était démontré que, dans notre Parti, il y a deux courants contraires; s'il était avéré que ces deux courants sont inconciliables et qu'au moment de l'action ils se paralysent l'un l'autre; s'il était reconnu que nous sommes encombrés de prétendus radicaux qui n'en ont que l'étiquette sans en accepter ni les doctrines ni le programme et ne sont venus parmi nous que pour assurer leurs intérêts politiques ou satisfaire leurs ambitions personnelles, il y aurait lieu d'aviser et de prendre des décisions définitives.

Mieux vaut n'être qu'une phalange de guerriers aguerris qu'une armée en cohue et sans direction. *(Vifs applaudissements.)*

Il y a longtemps que nous demandons l'unification du Parti.

Il y a longtemps que nous demandons que les députés et sénateurs adhérents au Parti constituent à la Chambre et au Sénat un groupe indépendant et autonome. *(Applaudissements.)*

Il n'est pas possible que cette unification ne se fasse pas. Elle est nécessaire à la vitalité et à la force vive du Parti. Le Congrès doit la décider.

Cette unité doit se faire sur un programme de réalisations immédiates court et précis, auquel les candidats qui se réclament du Parti ou les Parlementaires adhérents seront tenus d'adhérer.

Par ce moyen s'élimineront d'eux-mêmes en quelque sorte automatiquement ceux qui, tout en se proclamant radicaux, n'ont ni l'idéal ni le programme du Radicalisme.

On dit volontiers dans le pays que c'est le Parti radical qui assume les responsabilités du Pouvoir parce qu'il est la majorité au Parlement. Cette constatation — en admettant qu'elle soit exacte — ne saurait pas dans tous les cas s'appliquer au « Parti organisé » car s'il y a 166 membres de la Gauche démocratique et radicale-socialiste du Sénat, il n'y a que 71 sénateurs adhérents au Parti, et si 257 députés composent la Gauche radicale-socialiste de la Chambre, il n'y a que 136 députés inscrits à la rue de Valois *(Très bien.)*

Le Parti radical organisé n'a donc ni la majorité à la Chambre ni la majorité au Sénat.

Cet état de choses explique bien des scrutins. Il dit assez aussi que le Parti organisé n'a point et ne peut avoir la responsabilité de la politique et de l'action gouvernementales. Au moment de l'action parlementaire, combien des 166 sénateurs et des 257 députés qui sont censés représenter notre Parti au Parlement suivent la direction du Parti organisé? L'étiquette radicale est trompeuse et c'est une des causes de la défaillance républicaine de ces temps.

Ce serait un paradoxe que le Parti soit de la majorité dans le Pays et la majorité dans le Parlement, et qu'il n'ait point la direction des affaires.

Assurons en tout cas, messieurs, notre unification. Sachons où sont nos amis. Délimitons-nous. La France républicaine souffre de la « maladie du sommeil ». C'est à ceux qui la réveilleront qu'appartiendra l'avenir. *(Applaudissements.)* Soyons ceux-là. Mais pour nous régénérer et aboutir, guérissons d'abord le mal d'inorganisation intérieure dont nous souffrons. Que le Parti radical prenne la figure d'un grand Parti organisé et discipliné, agissant et réalisant dans la liberté, l'ordre et la loi, mais constamment en marche pour la conquête d'un plus grand affranchissement des esprits et un plus grand progrès social.

N'écoutons pas ces timorés d'un républicanisme craintif qui prêchent concorde et réconciliation nationale. Nous savons ce que ce refrain veut dire. N'écoutons point les endormeurs, fuyons les fatigués. Les partis qui ne se battent plus sont voués à l'effilochement et à la mort. *(Vifs applaudissements.)* La politique, ce n'est ni la détente ni l'apaisement. Elle est un perpétuel combat pour l'idée et la conquête du mieux.

Malheur à ceux qui s'arrêtent en chemin. C'est ainsi. Inutile d'ergoter. C'est la vie. Nous n'y pouvons rien. Le progrès est l'enfant de l'éternel effort et de l'éternelle lutte.

Que faut-il pour que l'effort soit utile et la lutte victorieuse? Il faut des troupes entraînées et disciplinées. Il faut des chefs courageux, des chefs désintéressés. *(Applaudissements répétés.)*

Une Voix. — A bas Briand!

M. Debierre. — Et ici, on peut bien le dire avec notre excellent et infatigable ami et collègue Mascuraud, « ces cadres n'ont pas toujours été à hauteur de leur tâche. Le Parti radical compte les meilleurs soldats de la République, mais ceux-ci n'ont pas toujours eu les chefs dont ils étaient dignes. Tandis que le gros de l'armée combattait uniquement pour la République, certains chefs combattaient surtout pour eux et entre eux *(Très vifs applaudissements.)* au risque de compromettre l'intérêt du parti et surtout, péril grave, de semer le scepticisme et le découragement. » *(Applaudissements.)*

Nous avons la prétention d'être un parti organisé, le « Parti Radical et Radical-Socialiste ». J'aimerais une appellation plus courte et une doctrine plus précise.

Par le temps qui court, le titre de Radical est pris par le premier venu. C'est bien porté, et ça peut conduire aux honneurs et aux profits. Qu'en découle-t-il au Parlement? Quand je fais le compte des radicaux, je suis rassuré car je me dis qu'ils sont la majorité; quand je lis les scrutins, je suis stupéfait, nos radicaux ont lâché pied et sont passés à l'ennemi.

Nous vivons dans un monde étrange. L'équivoque, l'ambition, l'intérêt personnel déforment tout.

A Aix comme à Pau, nous entendons l'actuel Président du Conseil proclamer — et on sait avec quel entrain — que la République et l'école laïque sont inséparables; « qui touche à l'école menace la République », s'écrie M. Barthou. Mais au même moment, il proclame que, « résolu à ne consentir aucune abdication, le Pays veut retremper ses forces dans un large courant de concorde nationale ». Balance en main, le Président du Conseil offre à la Gauche la politique laïque et à la Droite la politique de concorde nationale. Pendant ce temps, des ministres radicaux chantent le salut du Vendredi-Saint *(Vifs applaudissements.)* et nos écoles comme nos maîtres sont traqués, et boycottés par la réaction cléricale. Le parti républicain réclame des armes, M. Barthou lui adresse des discours. Des mots, toujours des mots. Des actes, jamais! *(Applaudissements répétés.)*

S'agit-il de l'impôt sur le revenu, M. Barthou ironise les républicains « qui veulent, dit-il, se réserver le bénéfice des promesses démagogiques pour laisser à d'autres le risque des réalisations périlleuses » — cela pour rassurer, à n'en pas douter, les gens du conservatisme social et les privilégiés de la fortune. C'est là l'image de la politique d'apaisement que les républicains fatigués offrent à nos affections. Nous n'en voulons pas, nous n'en saurions vouloir car la politique d'apaisement est une politique de reniement, de renoncement, un acte de contrition. *(Applaudissements sur tous les bancs.)* On ne traite point avec l'ennemi. On le combat. Nous ne pouvons nous entendre avec lui, puisque nos doctrines comme nos espoirs sont opposés. Préconisez l'apaisement à la Gauche, c'est folie, parce que dans la trêve des armes, nous n'aurions avec la Droite « aucun sujet de conversation utile ». Tout nous sépare d'elle. Pas d'ennemis à gauche ou pas d'amis à droite, doit rester le mot d'ordre de notre parti. *(Vifs applaudissements.)*

Nous avons un programme à faire aboutir contre les conservateurs sociaux et les Républicains d'Église.

Écrivons notre programme de réalisations immédiates.

Impératif sur la défense laïque, ce programme ne se montrera pas moins net sur la réforme fiscale, le contrôle sévère des dépenses publiques, et, en particulier, les dépenses militaires, les régies intéressées de l'État, des départements et des communes à substituer aux grands monopoles ou concessions privées, le complément des assurances sociales, le statut des fonctionnaires et l'organisation de l'armée.

Nous disons, le Congrès dira : l'école laïque, c'est la lumière et l'affranchissement de la conscience humaine; l'école confessionnelle, c'est la nuit et la négation des progrès de l'esprit humain. Nous disons, le Congrès dira : le capitalisme exploiteur doit être refréné dans ses éléments mauvais et ses oligarchies oppressives, et le travail, moteur de toutes choses, rémunéré à sa juste valeur pour que soit assurée la justice sociale et organisée, la fraternité humaine. Nous disons, le Congrès dira : Guerre à la guerre ! *(Applaudissements.)*

La République, c'est la paix et l'empire du travail créateur. La Réaction nationaliste et cléricale, c'est la guerre avec ses désastres et ses ruines. En vain nos adversaires ou d'anciens amis fatigués nous diront-ils que nous sommes vieux jeu. Nous persisterons à jeter au parti de gauche comme un coup de clairon qui sonne au vent le vieux cri de ralliement de Gambetta : Le cléricalisme, voilà l'ennemi ! *(Vifs applaudissements.)*

Le pays s'est patriotiquement résigné à la loi de 3 ans qu'il a considérée comme une réplique. Mais je crois qu'avec nous il pense que l'augmentation de la durée du service militaire n'est que provisoire. Seulement il appartient aux représentants de la Nation de faire que sacrifices d'hommes et sacrifices d'argent ne soient point consentis en pure perte. Ceux-là doivent exiger de l'État-Major général de l'Armée l'effort d'organisation qui rendra facile le retour à la loi de 1905. *(Applaudissements.)* Les récentes manœuvres du Sud-Ouest ont montré l'incapacité de nos États-Majors de réaction et de routine... *(Applaudissements répétés.)*

Un Délégué. — Et De Castelnau. *(Bruits, mouvements divers.)*

M. Debierre. — ... Et les imperfections des services de l'armée. Elles ont montré — et le général Joffre et le ministre de la Guerre lui-même l'ont reconnu — qu'il y a dans l'armée des chefs fourbus, incapables de l'effort de décision et de volonté nécessaire. Qu'on les fasse disparaître ! Seulement, pour que cela soit accepté, il ne faut pas donner le commandement des armées de la République à des capucins bottés. Le mot est de Clémenceau. *(Applaudissements répétés.)*

M. Gavaudan. — On a frappé des généraux, mais les autres? *(Bruit.)*

M. Debierre. — En ce qui concerne l'action politique dans le pays et au Parlement, c'est à la politique d'union à gauche qu'il faut en revenir.

C'est le conseil de M. Combes : « Revenir au Bloc, c'est revenir à la politique féconde en résultats, fondée sur l'union étroite des groupes de gauche... »

M. Gavaudan. — A la condition que les unifiés le veuillent. *(Bruit, mouvements divers.)*

M. Debierre. — « ... Et sur leur résistance énergique aux tentatives de réaction des hommes du centre et de la droite. Si nous pataugeons depuis la rupture du Bloc dans une politique indécise, dénuée de suites puisqu'elle est dénuée de programme, si le nationalisme et le cléricalisme ont regagné une partie du terrain perdu, c'est que les gauches ont cessé de s'unir et de marcher d'accord pour barrer la route à leurs adversaires. *(Bruit.)*

« Qui donc, parmi nous, pourrait hésiter à convenir que notre devoir, comme l'intérêt de la République, est dans le retour à un ordre de choses parlementaire, qui, par la collaboration intime du gouvernement et des groupes de gauche, permettra la réalisation des progrès impatiemment attendus par le pays, dans l'ordre politique, économique et social. »

Avec le « petit père », nous pensons aussi que dans la reconstitution de ce Bloc, il ne faut associer que radicaux, radicaux-socialistes et socialistes. Écoutons ces paroles :

« Je ne comprendrais pas que le Congrès de Pau, s'il aborde cette question, éliminât le groupe Jaurès de la collaboration gouvernementale à laquelle il a concouru avec tant de dévouement et d'efficacité sous les deux ministères du premier Bloc... » *(Applaudissements sur nombreux bancs.)*

Plusieurs voix. — Et la R. P.?

M. Debierre. — Écoutez donc les conseils que nous donne notre vénéré président : « ... Car c'est en me plaçant dans l'ordre d'idées qui dominait alors la politique gouvernementale aussi bien que la politique parlementaire, je veux dire la lutte contre les réactions de toute espèce, en même temps que la réalisation des réformes sociales... » *(Nouvelles interruptions.)*

le Comité Exécutif a réélire le président sortant, « l'inlassable dévouement du citoyen Émile Combes à la cause démocratique, sa haute autorité et sa grande compétence constituent pour les militants du Parti la source la plus précieuse d'encouragement et d'activité ». Qu'il reçoive aujourd'hui le tribut renouvelé de notre ineffaçable reconnaissance.

D'autre part, une persistante communion d'idées a indissolublement lié, dans la dure bataille de cette année, toutes les unités de notre organisation. Le bureau, dont les pouvoirs — et aussi les responsabilités — se sont vus subitement accrus par la décision prise par le Congrès de Tours d'espacer les réunions plénières du Comité, afin d'éviter aux délégués de province des déplacements trop fréquents et dispendieux, a été heureux de trouver, tant au sein du Comité Exécutif que dans les fédérations départementales et régionales, le réconfort qui lui a permis d'accomplir sans défaillance une tâche très rude. Les encouragements qu'il recevait, chaque semaine, des plus modestes groupements affiliés à notre Parti l'ont constamment assuré dans la voie que lui avait tracée le Congrès dont il tenait ses pouvoirs, et qu'il avait la mission impérative de suivre jusqu'au bout, sous peine de trahir la confiance dont le Parti l'avait si hautement honoré.

I

L'ACTION POLITIQUE

Les délibérations du Congrès de Tours, ainsi que la déclaration par laquelle il avait clôturé ses travaux — déclaration que le bureau a immédiatement fait tirer et répandre à 25,000 exemplaires — attiraient principalement sur trois ordres de questions la vigilance du comité directeur du Parti : la réforme électorale, la réaction militariste, la politique d'apaisement.

Contre la R. P.

La motion votée par le Congrès de Tours concernant la réforme électorale était conçue dans les termes suivants :

« Le Congrès,

« 1° Déclare que la réforme électorale dont il a toujours été partisan, ne peut et ne doit être réalisée que par la majorité républicaine des deux Chambres;

« 2° Rappelant que les scrutins majoritaires ont toujours donné une large représentation aux minorités, repousse la représentation proportionnelle et le principe du quotient électoral;

« 3° Compte sur la sagesse, la fermeté et l'entente des républicains du Sénat et de la Chambre pour réaliser une réforme électorale par un scrutin élargi, sans dérogation au principe majoritaire. »

La formule même de cet ordre du jour, l'ardeur de la lutte d'où il était sorti, l'éclat avec lequel la presque unanimité du Congrès s'était prononcée contre la R. P., dictaient son devoir au Comité Exécutif. Malheureusement, le vote s'étant effectué à mains levées et non par mandats, certains de nos amis proportionnalistes contestèrent, dès l'abord, l'importance de la majorité qui l'avait adopté. Ils réclamèrent le droit de continuer à lutter pour la R. P. non seulement au sein de notre Parti, mais encore à l'extérieur, dans les réunions publiques. Et c'est ainsi que, dès leur première séance, le bureau du Comité, le 23 octobre, et le Comité Exécutif lui-même, le 13 novembre, eurent à connaître des suites à donner à une conférence publique et contradictoire tenue au Havre, où certains membres du Parti, en présence d'une salle composée d'éléments les plus divers, avaient, en soutenant la thèse proportionnaliste, offert le spectacle le plus regrettable pour le prestige et l'autorité des décisions de nos congrès. Adoptant, dès le début, une attitude très conciliante, mais très ferme, le bureau saisit le Comité Exécutif d'une motion ainsi conçue :

« Le Comité Exécutif, considérant que le Congrès de Tours, à une énorme majorité, a repoussé la R. P. et le principe du quotient électoral.

« Rappelle aux militants et aux élus du Parti les devoirs d'union et de discipline que leur impose cette décision. »

Commentant cette motion, notre président s'exprimait ainsi : « Le bureau, en rédigeant cet ordre du jour, a été seulement animé par cette pensée que l'intérêt supérieur du Parti doit passer avant les opinions individuelles. Un Parti ne peut vivre sans discipline. Il faut savoir s'incliner devant la majorité, et, si l'on a le droit de garder son opinion, ce qui est une question de dignité personnelle, on a le devoir de respecter l'opinion qui a rallié la majorité, et l'on doit s'abstenir d'écarts de langage et de conduite qui donneraient l'impression d'un parti en désarroi. Nous sommes des hommes, et nous avons le droit de conserver nos idées personnelles.

Mais nous sommes en même temps membres d'un parti, et, comme tels, *nous sommes tenus de respecter ses décisions*, et, à plus forte raison, nous est-il interdit de *faire cause commune avec nos adversaires*. Autrement, c'en est fait de notre Parti. »

Ces sages paroles emportèrent le vote *à l'unanimité* de la motion présentée par le bureau. Un heureux effet s'ensuivit. La plupart de nos amis proportionnalistes attendirent en silence, comme nous, l'arbitrage du Sénat.

La Haute Assemblée ayant consacré avec éclat, et malgré une pression gouvernementale effrénée, la thèse majoritaire, le bureau, réuni le lendemain même du jour du rejet de la R. P. et de la chute du ministère Briand qui l'avait soutenue, vota d'urgence l'ordre du jour ci-après (19 mars 1913) :

« Le bureau du Comité Exécutif,

« Heureux de voir que l'arbitrage du Sénat s'est prononcé au sujet de la réforme électorale dans le sens du vote émis par le Parti au Congrès de Tours,

« Se félicite que la Haute Assemblée ait fait triompher les principes qui sauvegardent les droits essentiels du suffrage universel,

« Émet l'espoir que, dans la même pensée d'union qui a inspiré la délibération de la délégation des gauches de la Chambre, les républicains des deux assemblées sauront rétablir entre eux, sur la question de la réforme électorale, l'accord indispensable pour mener à leur réalisation les réformes laïques, démocratiques et sociales inscrites au programme du Parti. »

Le Parti a eu immédiatement la grande satisfaction de voir la plupart des Radicaux et Radicaux-Socialistes de la Chambre et du Sénat se rallier avec empressement à ces appels à l'union. Cependant, puisque le Congrès de Pau a été baptisé par avance, et par nos amis proportionnalistes eux-mêmes, le « Congrès de la discipline », ce Congrès ne saurait, *à la veille des élections de* 1914, laisser dans l'ombre un point aussi important que celui de savoir si, parmi les décisions de nos congrès, il convient d'apporter des distinctions et s'il serait permis, spécialement sur la question de la réforme électorale, de ne point accepter de décision du Congrès de Tours. Les délégués de Pau apprécieront.

Contre la réaction militariste.

La déclaration du Parti au Congrès de Tours dénonçait au pays « l'influence néfaste reconquise dans les bureaux du ministère de la Guerre par le haut état-major réactionnaire ». Cette influence, au cours de l'année écoulée, s'est manifestée à l'extérieur par deux mesures principales : la réintégration du lieutenant-colonel Du Paty de Clam dans les cadres de l'armée, et le rétablissement du service de trois ans, proposé par le ministère Briand.

Votre Comité Exécutif n'a pas eu à intervenir au sujet de la première de ces mesures : devant l'indignation du pays républicain, M. Millerand, ministre de la Guerre, dut abandonner son portefeuille dans les vingt-quatre heures. Il n'en fut pas de même de la seconde, au sujet de laquelle le comité directeur du Parti a le devoir aujourd'hui de vous retracer son attitude.

Une constatation avait d'abord frappé les esprits qu observent : c'est la manière brusque dont le Parlement et l'opinion étaient saisis du projet concernant les trois ans. Entre les appels impératifs de la droite et les clameurs passionnées de l'extrême-gauche, notre Parti est le premier qui fit entendre une note de sagesse et de sang-froid. Au moment même où le groupe radica socialiste de la Chambre décidait d'adopter une attitude de prudente réflexion, les commissions compétentes du Comité Exécutif, réunies d'urgence, prenaient l'initiative de saisir le bureau de deux ordres du jour. La commission de propagande et de tactique, réunie le 6 mars, sous la présidence de votre rapporteur, proposait au bureau la motion ci-après :

« Le Parti Radical et Radical-Socialiste, fidèle à ses traditions patriotiques, résolu à consentir tous les sacrifices que peuvent imposer les nécessités de la défense nationale;

« En présence de la proposition gouvernementale tendant à rétablir le service de trois ans, invite les parlementaires adhérents au Parti :

« 1° A rechercher si la loi de 1905, réduisant le service à deux années, a été strictement appliquée et si toutes les ressources en hommes et en argent qu ménageaient les détails de ses articles ont été régulière rement utilisées;

« 2° Au cas où les circonstances apparaîtraient comme nécessitant un accroissement de dépenses militaires, à appuyer de leur suffrage la proposition Jacquier, laquelle, conformément aux précédents de la Révolution française (contribution patriotique d'un quart sur le revenu), tendrait à faire porter sur les grandes fortunes la charge de cet accroissement de dépenses. »

D'autre part, la commission des réformes militaires, réunie le 11 mars, sous la présidence de notre estimé collègue le général Godart, votait le texte suivant :

« La commission des réformes militaires, approuvant le vote unanime du groupe radical-socialiste de la Chambre, conforme aux traditions de notre grand Parti national et démocratique, proteste contre la précipitation avec laquelle on veut abroger la loi de deux ans et invite les élus du Parti à examiner de près les situations militaires comparées de la France et de l'Allemagne.

« Elle demande qu'une enquête, notamment, soit faite sur les points suivants :

« Comment la loi de deux ans a-t-elle été appliquée?

« Quelles sont les causes qui ont empêché de faire donner son plein effet à cette loi?

« Quel a été l'emploi des crédits votés pour la création de nouveaux régiments d'artillerie et de l'aéronautique?

« Pourquoi la couverture de la frontière est-elle numériquement inférieure à celle des voisins?

« S'il y a lieu d'assurer la répartition des charges résultant de la mise en état de défense du pays par un impôt sur les revenus sans charges nouvelles pour les petits contribuables, sur quelles bases cet impôt doit-il être établi? »

Sur ces propositions, le bureau du Comité, réuni le 12 mars, sous la présidence du citoyen Charles Dumont, vice-président, décidait de présenter, le soir même au Comité Exécutif, un ordre du jour ainsi conçu :

« Le Parti radical et radical-socialiste, fidèle à sa tradition et à ses principes d'attachement à la patrie et à la paix, est résolu à consentir tous les sacrifices que la défense nationale exigera.

« Il compte que ses élus ne se laisseront pas entraîner à un vote sur les crédits militaires ou la durée du service que n'aura pas précédé une étude complète de tous les moyens nécessaires et suffisants pour assurer la sécurité de notre frontière.

« En particulier, nos élus examineront si la loi de deux ans a fourni toutes les ressources en hommes qu'elle comportait.

« Au cas où la mise en état de la défense du pays exigerait de nouveaux et importants crédits, le Comité Exécutif compte que les élus du Parti appuieront les propositions financières des groupes radicaux et radicaux-socialistes de la Chambre, qui, conformément au précédent de la Révolution française (contribution patriotique du quart de revenu), tendant à faire supporter les dépenses militaires nouvelles par les citoyens les plus favorisés de la fortune et les moins chargés de famille. »

Cet ordre du jour était adopté sans discussion par le Comité Exécutif dans sa séance plénière, également sous la présidence du citoyen Charles Dumont. A partir de ce moment, par toutes les forces de leur propagande, le bureau du Comité et les commissions compétentes ont lutté dans la voie qui leur était tracée par notre comité directeur. Toutes les organisations de province sollicitaient des brochures, des conférences. Pour répliquer à l'audacieuse affiche tricolore de l'*Echo de Paris*, répandue dans les moindres villages, une affiche de réponse était réclamée. Brochure et affiche furent promptement rédigées, et le bureau ne peut que protester avec indignation contre les insinuations tendant à représenter ces travaux comme ayant été organisés et effectués à la légère, « par quelques personnalités ». En réalité, le texte en fut arrêté dans plusieurs séances consécutives du bureau, après que chacun de ses membres eut été mis à même d'en peser la teneur exacte. De tous les comités qui en avaient fait la demande, le bureau n'a eu à enregistrer que des témoignages de vive satisfaction. Et le Comité Exécutif, en sa séance plénière du 17 mai, manifesta la vive approbation des mesures adoptées par le bureau.

A cette même séance, après les interventions de nos collègues, le général Godart, Dalimier, Victor Peytral et Magniaudé, le Comité votait l'ordre du jour suivant, qui incitait les élus à soutenir tous les amendements concernant la durée du service :

« Le Comité Exécutif du Parti radical et radical-socialiste, approuvant l'attitude des députés adhérents au Parti lors de la discussion de l'interpellation Durafour et faisant sien l'ordre du jour Breton, se déclare résolu à consentir tous les sacrifices démontrés nécessaires à la défense nationale, mais aussi à épargner au pays toutes les charges nouvelles de la défense nationale. »

« Il renouvelle son invitation aux élus de faire supporter par un impôt sur la fortune acquise les charges nouvelles de la défense nationale. »

Vous apercevrez par ce résumé, citoyens, que votre organisation politique n'a économisé aucun effort pour éviter à la nation la prolongation du service militaire, et qu'il n'a pas dépendu d'elle que cette écrasante surcharge fût épargnée à notre pays.

Contre la politique d'apaisement.

Votre bureau et votre Comité Exécutif ont également la conscience d'avoir fait tout ce qui était en leur pouvoir pour enrayer l'inquiétant mouvement de réaction inauguré par la néfaste politique d'apaisement. Il vous souvient des termes très nets par lesquels le Congrès de Rouen l'avait énergiquement réprouvée, sous le premier ministère Briand (1). La déclaration du Congrès de Tours, aux acclamations enthousiastes de nos militants, la stigmatisait également. Les républicains ont eu, pourtant, la douleur d'assister, depuis un an, à un recul encore plus prononcé. La « non-application des lois sur les congrégations », la « guerre acharnée contre l'école laïque », que dénonçait le Congrès de Tours, se sont doublées, aujourd'hui, de mesures nettement cléricales, telles que la circulaire concernant la célébration de cérémonies cultuelles dans la Marine de l'État, tandis que les textes destinés à défendre efficacement l'école de la République, qui, dans les engagements pris au Congrès de Tours, devaient être votés « dès la rentrée du Parlement », demeurent toujours à l'État de promesses non réalisées.

1. Nous croyons utile de remettre sous les yeux des délégués au Congrès de Pau l'ordre du jour voté au Congrès de Rouen :

« Le Congrès,

« Considérant que les adversaires de l'idée laïque et du progrès social se réclament aujourd'hui de la politique dite d'apaisement pour combattre avec plus de violence que jamais le Parti radical et radical socialiste;

« Résolu à ne pas changer les méthodes de gouvernement qui ont assuré le succès de la République laïque, démocratique et sociale;

« Refuse de s'associer à une politique de compromissions réactionnaires qui jette le désarroi dans l'idée républicaine;

« Et donne mission aux parlementaires du Parti de ne soutenir désormais qu'un gouvernement qui saura, par ses paroles et surtout par ses actes, prouver qu'il s'inspire des principes directeurs de l'esprit républicain, laïque et social. »

De cette lamentable situation, il convient au Congrès de rechercher les responsabilités ailleurs que dans l'organisme directeur du Parti.

Au sujet de l'école laïque, à la séance plénière du 19 février, le Comité Exécutif a voté la motion suivante, qui lui a été proposée par le bureau :

« Le Comité Exécutif rappelle à ses élus *qu'ils ont le devoir de voter :* 1° le projet de loi assurant une subvention de l'État aux caisses des écoles (rapport Viviani); 2° les projets de loi assurant la fréquentation des écoles et la répression des manœuvres dirigées contre les écoles laïques (rapport Dessoye); 3° le projet de loi assurant le contrôle de l'enseignement privé (rapport Massé), ainsi que la proposition de M Alfred Brard. — Le Comité décide, en outre, qu'une délégation se rendra auprès du ministre de l'Instruction publique pour lui soumettre les résolutions du Congrès de Tours au sujet de la défense de l'enseignement laïque. »

A la même séance, l'un de nos élus, s'élevant contre un article du Bulletin du Parti qui déplorait les lenteurs de la commission de l'enseignement de la Chambre, protestait de toute la diligence des parlementaires adhérents au Parti qui appartiennent à cette commission, et s'indignait des impatiences, à ses yeux illégitimes, des militants radicaux et radicaux-socialistes. La responsabilité de votre comité directeur était à couvert, dès l'instant où les élus les plus compétents assumaient cette responsabilité devant le Parti avec une pareille autorité. Ici, encore, le Congrès de 1913 appréciera.

Quant à l'orientation de la politique générale, sous tous les gouvernements qui se sont succédés aux affaires depuis le Congrès de Tours : ministère Poincaré, ministère Briand, ministère Barthou, notre clameur a retenti sans discontinuer. Lors de la constitution du cabinet actuel, le bureau du Comité a siégé, pour ainsi dire, en permanence, tenant quatre séances successives, le 20 mars, le 21 mars, le 24 mars et le 26 mars. Le 21 mars, lorsque le bureau apprit que notre premier vice-président parlementaire, le citoyen Charles Dumont, était sur le point d'entrer dans la combinaison Barthou, le bureau décida d'adresser à notre vice-président une délégation tout amicale chargée de remettre sous les yeux du futur ministre les quatre ordres du jour récemment votés sous sa présidence, comme il a été rappelé plus haut — Sur la réforme électorale, les lois militaires, la défense laïque et la réforme fiscale — très cordialement reçus par le citoyen Charles Dumont, qui leur donna acte de leur démarche, nos amis apprenaient de lui que le ministère était tout formé. Les délégués et le bureau ignoraient, à ce moment, que, pour la première fois depuis 1898, un progressiste était appelé à faire partie de la combinaison. C'est pourquoi, dans sa séance du 26 mars, le bureau adoptait un nouvel ordre du jour, ainsi libellé :

« Le bureau du Comité Exécutif,

« Considérant que, pour la première fois depuis les ministères Méline et Dupuy, est appelé à collaborer au gouvernement un représentant du parti progressiste, qui n'a cessé de combattre le programme et la politique de notre Parti, et que ce fait marque une orientation nouvelle et inacceptable de la politique générale;

« Considérant tout spécialement que, sur la question du rétablissement du service militaire de trois ans, le chef du gouvernement a déclaré qu'il serait irréductible dans son dessein de faire adopter par le Parlement, comme un dogme, le projet élaboré par son prédécesseur, déclaration qui ne peut se concilier avec l'ordre du jour voté à ce sujet par le Parti et remis le 25 mars sous les yeux des élus adhérents;

« Considérant qu'aucun de ceux-ci, après les explications du gouvernement et le scrutin qui les a suivies, ne pourrait conserver l'illusion de voir réaliser la politique du Parti par un cabinet que soutient la grande majorité des progressistes et que combat la grande majorité des députés adhérents au Parti et des membres des groupes de gauche ;

« Déclare, une fois de plus, répudier très énergiquement la politique de tout cabinet qui ne s'appuie pas exclusivement sur les éléments de gauche. »

A la séance du Comité Exécutif qui suivit, un certain nombre de délégués sollicitèrent des explications du bureau concernant la communication faite au citoyen Charles Dumont le 21 mars. D'autres, estimant que des sanctions étaient nécessaires, demandèrent au bureau pourquoi il n'avait pris aucune mesure à l'égard des membres du Parti qui, en contradiction avec les vœux du Comité Exécutif, étaient entrés dans le cabinet. Au nom du bureau, il fut répondu que le règlement ne permet pas au bureau d'édicter des sanctions disciplinaires. La démarche faite auprès du citoyen Charles Dumont avait, dans la pensée du bureau, le caractère d'une « mesure conservatoire » destinée à permettre au Parti, à tout moment et en toute liberté, de se prononcer sur le cas des parlementaires adhérents au Comité, entrés dans le ministère Barthou aux côtés de M Thierry, progressiste, sans que l'on puisse dire en leur faveur qu'ils n'auraient pas été saisis en temps utile de la protestation du Parti. Le but et le résultat de la démarche du bureau a donc été de laisser la question entière, et le Comité a cessé dès lors d'en discuter afin qu'elle puisse venir aujourd'hui se débattre avec toute l'ampleur désirable, devant les assises du Congrès annuel.

Cette attitude irréductible de notre Comité à l'égard de l'entrée d'un progressiste dans les conseils du gouvernement lui a valu bientôt les honneurs d'une attaque en règle de la part des protagonistes de la politique d'apaisement. Au sein du Parlement, un groupe se forma, qui convia, dès le début, les députés adhérents à notre Parti à secouer le joug odieux et tyrannique des comités. Sous le titre d'Entente démocratique et sociale, le porte-parole du nouveau groupe, M. Maginot, député de la Meuse, invitait les parlementaires à rompre avec les groupements politiques existants. Les déclarations autorisées communiquées à la presse contenaient le passage suivant: « Nous entendons que le groupe soit *indépendant de tout groupement extérieur;* régulièrement mandatés, en effet, par le suffrage universel aux seules volontés duquel nous avons à nous soumettre, nous estimons ne pas avoir à nous incliner devant les directions ou les injonctions de *personnalités sans mandat.* » C'était, on le voit, une déclaration de guerre en règle. De plus, des discours échangés à l'occasion de la formation du nouveau groupe, ainsi que des personnalités composant son premier comité, il résultait clairement que ce groupement avait pour but de ramener vers le centre le plus grand nombre possible de radicaux, de radicaux-socialistes et de socialistes indépendants, à l'effet de constituer à la Chambre une majorité « Centre Gauche » destinée à soutenir la politique d'apaisement. Le Comité Exécutif jugea qu'il était nécessaire d'intervenir très vite et très énergiquement. Il décida, dans sa séance plénière du 18 juin, d'adresser aux députés affiliés au Parti qui avaient accepté d'entrer dans le groupe de l'Entente une lettre leur rappelant que les déclarations émises au nom du nouveau groupe étaient incompatibles avec les règles d'oganisation de notre Parti, et les priant de répondre dans le plus bref délai possible s'il était exact qu'ils aient donné ou qu'ils maintenaient leur adhésion à l'Entente démocratique et sociale. Réuni à nouveau quinze jours après, le 2 juillet, pour connaître et discuter des réponses faites, votre Comité Exécutif avait la satisfaction d'applaudir aux lettres de huit de nos élus qui affirmaient se retirer du nouveau groupe Par contre, M Loth, député du Pas-de-Calais, nous envoyait sa démission du Comité Exécutif jugeant « ne pouvoir accepter le texte impératif » de la lettre du Comité Exécutif et alléguant, d'autre part, que le groupe de l'Entente n'était qu'un simple groupe d'études qui n'avait rien d'hostile aux partis organisés existant. Ayant résolu d'enregistrer ces réponses ainsi que la non-réponse des autres parlementaires auxquels il avait écrit, nos collègues : les citoyens Dessoye, Vernot, Cels, Chaulin-Servinière, Chailley, Fernand-David et Dusevel, le Comité, confirmant sa précédente décision du 18 juin et persistant à considérer qu'il y a incompatibilité entre l'adhésion au Parti et l'adhésion au groupe de l'Entente démocratique et sociale, décida de déférer la question au Congrès de Pau. Il vous appartiendra donc, citoyens, en vous prononçant à nouveau sur la politique d'apaisement, de dire si votre Comité directeur a agi en conformité de son mandat en s'élevant contre un groupement parlementaire dont le but n'était autre que de constituer les éléments d'une majorité ayant brisé tout lien avec notre Parti et destinée à former le point d'appui solide de cette politique « nationale » définitivement consacrée

Les autres décisions du Congrès de Tours.

La lutte contre la R. P., contre la réaction militariste et contre la politique d'apaisement, qui a absorbé la plus grande partie des forces de notre organisation politique au cours de l'exercice écoulé, ne l'a point cependant accaparée au point de lui faire perdre de vue les réalisations positives exigées par notre programme. Sur quantité de points et à toute occasion, le bureau et le comité ont manifesté le désir de voir le Parlement entrer dans une voie conforme à la doctrine de notre Parti. Nous citerons ici principalement les décisions très nettes prises au sujet de l'impôt sur le revenu et sur la fortune.

Dès sa première séance, le 12 octobre, le Comité Exécutif, à la suite d'une discussion des plus intéressantes, adoptait un ordre du jour recommandant aux parlementaires le vote de l'amendement de notre collègue, le citoyen Renard, concernant le dégrèvement de l'impôt foncier. Le 19 février, après une nouvelle discussion, il adoptait à l'unanimité les conclusions du rapport présenté par notre collègue, le citoyen Javal, au nom de la commission des réformes fiscales concernant la taxe sur l'enrichissement. A la même séance, renouvelant son vote en faveur de l'amendement Renard, le Comité sollicitait également l'incorporation dans la loi de finances de l'amendement de notre collègue, le citoyen Malvy, réalisant la réforme fiscale conformément aux principes de notre Parti. Enfin, ainsi qu'il a été dit plus haut, dans tous les ordres du jour concernant la loi militaire, le Comité n'a cessé de demander qu'à l'exemple de l'Allemagne, le surcroît de charges fiscales engendré par la nouvelle loi soit supporté par la fortune acquise.

D'autre part, le bureau et le comité n'ont laissé passer aucune occasion de manifester leur sentiment en faveur des idées pacifistes, depuis sa première séance plénière du 12 octobre jusqu'à la réunion de la conférence franco-allemande de Berne, où les parlementaires de notre Parti se sont rendus en nombre et le bureau a exprimé, dans un ordre du jour, sa satisfaction de voir notre Parti largement représenté à cette conférence.

Le bureau et le comité ont ainsi le sentiment d'avoir rempli le mandat politique qu'ils tenaient du Congrès de Tours et d'avoir assuré au mieux de leurs efforts l'exécution de ses décisions. Le reproche leur a pourtant été adressé un jour par certains de nos collègues de la commission d'organisation et du règlement de n'avoir point demandé aux Chambres à bref délai la mise à l'ordre du jour du projet de loi modifiant le recrutement du Sénat. Nous avons le devoir ici de dire que ni le bureau ni le Comité n'ont omis cet article important du programme du Parti, et qu'au point de vue doctrinal, ils restent fermement attachés à la réforme démocratique du scrutin à deux degrés. Mais les circonstances dans lesquelles cette déclaration était présentée par nos collègues ont pu paraître, à juste titre, inopportunes. C'était exactement à la veille du jour où le Sénat allait aborder la question de la réforme du régime électoral de la Chambre des députés, que l'on sollicitait de la réunion plénière du Comité Exécutif le vote d'une motion visant le mode d'élection de l'autre Assemblée.

Notre vénéré président, le citoyen Emile Combes, s'était tellement indigné de cette motion, qui, présentée à un pareil moment, pouvait sembler soulever comme une menace contre le Sénat la discussion d'un projet de loi intéressant son recrutement, qu'il avait, par lettre en date du 4 mars, adressé sa démission au Comité, estimant « qu'il y avait là une manœuvre qui n'était acceptable, ni pour la dignité du Sénat, ni pour celle de notre Parti ». A la séance plénière qui suivit, le 19 mars, le Comité vota à l'unanimité moins 24 voix, un ordre du jour aux termes duquel, considérant qu'il avait été posé inopinément devant le Comité Exécutif « une question de pure politique, qui avait pour effet, beaucoup moins d'assurer que d'empêcher l'exécution des décisions du Congrès de Tours; considérant que le Comité Exécutif ne saurait trop regretter une tactique qui tend à soulever, comme une sorte de menace contre le Sénat, la discussion d'un projet de loi intéressant le recrutement de la Haute Assemblée, à l'heure où va commencer, au Luxembourg, la réforme électorale de la Chambre; considérant que le Comité Exécutif ne saurait, dans ces conditions, commencer une discussion qui risquerait de porter atteinte à la dignité du Sénat et à celle de notre Parti », le Comité « félicitait son pésident, M. Émile Combes, de l'énergie avec laquelle il défend inlassablement les traditions du régime républicain et celles du Parti, le remerciait de son concours dévoué et constant, et décidait que le présent ordre du jour serait communiqué aux élus, fédérations et comités adhérents du Parti ».

Le Congrès de Pau, nous en sommes persuadés, ratifiera sur ce point la ligne de conduite adoptée par le Comité Exécutif et son bureau.

II

L'ORGANISATION ET LA PROPAGANDE

Le groupe des parlementaires adhérents au Parti.

Ce sont peut-être des considérations de l'ordre qui vient d'être indiqué qui ont pesé sur l'une des questions d'organisation qui ont le plus préoccupé le Comité Exécutif au cours de ses dernières séances plénières, à savoir la constitution, tant à la Chambre qu'au Sénat, d'un groupe unique des parlementaires adhérents au Parti.

Nul doute que si cette question se fût présentée

à tout autre époque que celle de la discussion de la réforme électorale, la solution en eût été infiniment plus aisée. Nous avons eu à regretter malheureusement que le problème fût posé à la même époque, dans le même rapport, dans les mêmes termes et par les mêmes collègues que la question du recrutement du Sénat. Vous avez là, citoyens, l'une des raisons, la principale peut-être, des résistances qui se sont fait jour, au début, contre l'application d'une de ces décisions de nos congrès et particulièrement du Congrès de Tours, qui paraissent pouvoir soulever aucune objection décisive.

Avec plus de patience, de méthode et surtout d'opportunité, votre Comité Exécutif a poursuivi la réalisation des volontés du Congrès. En vous reportant aux séances plénières du Comité du 12 mars, du 17 mai, du 18 juin, et du 2 juillet, vous vous rendrez compte des efforts accomplis par nous pour arriver à une entente avec nos amis parlementaires. En fin de compte, dans sa dernière séance, et prenant acte des déclarations qui lui avaient été apportées par nos élus de la Chambre, le Comité votait un ordre du jour « invitant les parlementaires adhérents au Parti à substituer avant les vacances le groupe des adhérents au Parti à tout autre groupe parlementaire ». Le Comité ne pouvait rien faire de plus. Sur ce point, le Congrès de Pau appréciera.

Le secrétariat de la propagande.

Dans leur œuvre d'organisation et de propagande, le bureau et le Comité ont été heureux de constater les services inappréciables que lui a rendus, en la personne de son dévoué et actif titulaire, notre ami le citoyen Louis Dumont, le rouage nouveau inauguré par le précédent Comité Exécutif et approuvé par le Congrès de Tours. Mieux que toute autre démonstration, le simple exposé des faits et gestes de notre secrétaire de la propagande et des résultats qu'il a obtenus établira, particulièrement à la veille des élections législatives de 1914, le caractère d'évidente utilité de la nouvelle institution.

ORGANISATION

Fédération régionale de l'Est (englobant douze départements). — Participation à la réunion préparatoire de Dijon.

Allier. — Constitution de Comités dans tous les cantons de l'arrondissement de Moulins.

Dordogne. — Constitution de la Fédération départementale.

Création du Comité radical-socialiste de Périgueux.

Drôme. — Avec M. Maurice Faure, sénateur, participation à la réunion où fut décidée la réorganisation départementale du Parti. Comités cantonaux en voie de construction dans l'arrondissement de Valence.

Eure-et-Loir. — Constitution d'une union départementale des comités radicaux et républicains-socialistes à la suite d'un petit congrès tenu à Chartres. Adhésion au Parti du comité de Maintenon (quatre cents membres).

Finistère. — Avec le citoyen Natalini, constitution de la Fédération départementale au congrès de Landerneau.

DÉLÉGATIONS AUX CONGRÈS

Congrès régional du Sud-Ouest, à Mont-de-Marsan.

Congrès du Sud-Est, à Montpellier.

Congrès de la Fédération départementale de la Dordogne, à Périgueux.

Congrès de la Fédération départementale du Vaucluse, à Orange.

Congrès constitutif de la Fédération départementale du Finistère.

Congrès de l'Union républicaine des chemins de fer, à Bordeaux.

ÉLECTIONS

Haute-Loire. — Arrondissement de Brioude : campagne en faveur de la candidature radicale-socialiste du citoyen Fayolle.

Allier. — Conférence à Saint-Pourçain-sur-Sioule en faveur de la candidature du citoyen Verne au conseil général.

Finistère. — Réunion publique à Brest, Lambezellec, etc., pour la candidature du citoyen Pineau au conseil d'arrondissement.

CONFÉRENCES ET RÉUNIONS PUBLIQUES

Allier. — A Chevagnes, Bourbon-l'Archambault, Dompierre, Lurcy-Lévy, Moulins, Yzeure, Souvigny Saint-Pourçain-sur-Sioule.

Dordogne. — A Bergerac, Périgueux.

Aisne. — A Vailly.

Gironde. — A Bordeaux.

Oise. — A Formerie, Noyon.

Eure-et-Loir. — A Auneau, Chartres.
Pas-de-Calais. — A Esquerdes.
Meurthe-et-Moselle. — A Nancy.
Seine-et-Marne. — A Moret.
Gard. — A Pont-Saint-Esprit.
Haute-Loire. — Arrondissement de Brioude : quinze réunions publiques.
Finistère. — A Brest, Lambezellec (deux réunions), Saint-Marc.

MISSIONS D'ÉTUDES

Dans l'Allier, la Drôme, le Gard, la Haute-Loire, le Loir-et-Cher.

Il n'a pas dépendu du zèle de notre secrétaire à la propagande que les excellents résultats qu'il a obtenus ne se trouvent multipliés. Le fonctionnement de notre nouveau rouage est encore insuffisamment connu de nos comités et de nos militants, et il convient d'ajouter aussi, d'autre part, que trop souvent les efforts de notre délégué ont été annihilés localement, par suite des circonstances politiques, nettement défavorables à notre action, que nous avons traversées cette année. En vulgarisant parmi nous la connaissance de notre secrétariat à la propagande et en facilitant à notre secrétaire l'accomplissement de sa mission, comités et militants sont assurés de travailler pour le Parti sous la forme la plus féconde en résultats.

Le secrétariat administratif.

Votre rapporteur a le devoir très agréable d'adresser au secrétariat administratif du Parti, en la personne du diligent et dévoué citoyen Beynard, si douloureusement éprouvé il y a quelques semaines, et à ses fidèles collaborateurs, au nom du bureau et du comité, l'expression de nos vifs et sincères remerciements pour la part si active et si utile qu'ils prennent à la tâche toujours de plus en plus absorbante de notre besogne quotidienne.

Le banquet du Parti.

Conformément aux décisions des Congrès de Nîmes et de Tours, un banquet annuel a, pour la seconde fois, réuni nos militants aux premiers jours du printemps. Le 18 mai, un millier de nos amis se pressaient au Palais des Fêtes, à Paris, pour le plaisir de se retrouver et de fraterniser autour d'un démocratique repas, pour le plaisir aussi d'entendre résonner les appels vigoureux des porte-parole de notre Parti. On sait quel fut le succès de cette réunion qui laissera le souvenir d'une utile manifestation. Notre ami Louis Muller, au nom des militants, et les citoyens René Renoult, président de la gauche radicale-socialiste de la Chambre; Joseph Caillaux, président de la gauche radicale; Gaston Doumergue, vice-président du Comité, remplaçant le citoyen Combes, retenu au loin par les soins de la santé de Mme Combes, soulevèrent l'enthousiasme des convives qui écoutèrent et acclamèrent avec joie leurs réconfortantes exhortations.

Conférences.

Un très grand nombre de conférences ont été faites cette année; le Congrès tiendra à exprimer sa reconnaissance à ceux de nos amis qui ont apporté un concours bien précieux à la propagation du Parti. Nous avons le plaisir de pouvoir dire que le Bureau a pu répondre et satisfaire, à de très graves exceptions près, à toutes les demandes de conférences. Nous devons citer plus particulièrement, parmi les conférenciers qui nous ont prêté leur utile collaboration, nos amis :

A. Douzet (Montbrison, Basses-Pyrénées, Cougnier, Mayenne, Rhône, Gérardmer, tournée dans l'Ouest, Le Mans, Saint-Nazaire, Nantes, Finistère, Arles, Salon, Toulon, Pont-Saint-Esprit, Chartres, Péronne, Var, Bouches-du-Rhône, Lyon, Aumale, Albert, Barneville, Carterets, Langogne, Lozèle, Pierrelatte, Valréas, Ribérac). — A. Dominique (Finistère, Brest, Seine-et-Oise). — Ch. Fabiani (Crèvecœur, Toulon, Saint-Dizier, Marnaval, Blois, Saumur, Saint-Nazaire, Nantes, Bergues, congrès Sud-Est, Montpellier, Périgueux, les Arcs, Nice). — Richard de Burgue (Pont-Audemer, Blangy-sur-Bresle, Neufchâtel-en-Bray, Ponts de-Cé, Ambrières). — A. Chevalier (Saint-Lô, Manche). — Louis Muller (Bernay, Auneau, Rouen). — Bienaimé (Albert, Somme). — Gaston Gros (Seine-et-Marne et Seine-et-Oise). — Combes (Seine, Oise). — Bokanowski (Seine, Seine-et-Oise). — Balaus (Seine-et-Marne, Seine-et-Oise). — Lévy-Ullmann (Tours, Châteauroux, Pontorson, Granville). — Jules Durand (Thiron). — M. Vollaeys (Vermaud, Toulon, Montpellier, Houdschoote, Bourbourg, Bergues, Lisieux, Rennes, Nantes, congrès du Sud-Est, Aix-en-Provence, Nice, Cannes, Nîmes,

lette). — Félicien Court (Agen). — H. Chaligne (Crépy en-Valois, Nanteuil, Château-Thierry, Oise). — Michel Milhaud (Surgères). — Paul Richard (Aurec). — Armand Charpentier (Brest, Ribérac).

Enquêtes, Brochures, Bulletin du Parti.

A côté du travail oral, le travail écrit. Le Comité et le bureau se sont gardés de négliger cette œuvre efficace de propagande et d'organisation.

1. *Enquêtes.* — Dans sa première séance, et sur la proposition du bureau, le Comité a décidé d'adresser aux fédérations, comités, élus et militants, une circulaire qui, leur faisant connaître l'existence de nos organismes de propagande, sollicitait, par un questionnaire détaillé, des réponses des comités concernant tant leur propre organisation que le recensement général des partis dans le ressort de leur action. Les réponses parvenues au Comité ont fourni la base la plus sérieuse pour la direction générale de la propagande du Parti. Une seconde enquête a été ordonnée par le bureau en vue de la confection de la brochure concernant le péril clérical et la défense laïque : elle sollicite des organismes du Parti l'indication exacte et, hélas ! très variée des multiples aspects que prend l'activité des œuvres cléricales dans leur région (sociétés de gymnastique, de préparation militaire, de tir, patronages, associations de pères de famille, ligues de familles nombreuses, etc.). Cette enquête est actuellement en cours.

2. *Brochures.* — Le congrès de Tours avait prié le Comité Exécutif de veiller à ce que les fonds du Parti ne soient pas dépensés à l'excès dans l'impression de brochures. C'est dans cette vue que le Comité s'est borné à la publication de la brochure sur la loi de trois ans, dont il a été parlé plus haut. Mais il a jeté les bases d'une collection de tracts dont la nécessité se fait sentir en vue des élections de 1914. Sur le rapport de sa commission de propagande, le Comité Exécutif, à la séance du 17 mai, a déclaré qu'il était urgent de répandre des tracts sur les sujets suivants : *Le péril clérical et la défense laïque, Le programme social du Parti, Le programme agraire du Parti, Les Finances de la République,* sans préjudice de la mise au point d'une brochure sur l'œuvre générale du Parti radical au cours des quinze dernières années. Nous avons l'espoir que le Congrès de Pau acceptera de sanctionner ce projet.

3. *Bulletin du Parti.* — Au sujet du *Bulletin officiel*

du Parti, le Congrès de Tours avait adressé au *Bulletin*, tel qu'il existait alors, un double reproche. D'une part, le *Bulletin* insérant parfois des articles émanant de membres du Parti appartenant à la Société des Auteurs, la reproduction exposait les feuilles de province qui puisaient à la source commune à des réclamations pécuniaires fâcheuses pour la caisse généralement modeste de ces organes. Le Comité Exécutif s'est fait une règle, malgré toute l'estime qu'il a pour le talent de ses écrivains radicaux, de ne publier dans le *Bulletin* que des articles susceptibles à cet égard d'être reproduits sans contribution pécuniaire. D'autre part, on reprochait au *Bulletin* de se maintenir dans une note trop terne, de se borner trop exclusivement à la publication des ordres du jour des comités et fédérations adhérentes, en un mot de n'être pour le Parti qu'une sorte de « feuilles d'annonces légales ». On demandait au Comité Exécutif de transformer, matériellement et moralement, le *Bulletin* du jeudi en un véritable journal du Parti, traduisant sa doctrine, ses desiderata, ses aspirations, et jusqu'à ses impatiences mêmes, — en un mot de créer l' « organe des militants », où ceux-ci retrouveraient l'expression de leur propre pensée, avec la possibilité d'emprunter ses articles de polémique pour en alimenter leurs propres hebdomadaires locaux.

Pour répondre à ce vœu exprimé au congrès de Tours, le bureau, approuvé par le Comité, constitua dès l'abord un comité de rédaction et confia les fonctions de rédacteur en chef à notre sympathique et estimé collègue Charles Fabiani, avocat à la Cour de Paris, dont la situation indépendante garantissait à l'organe du Parti une direction qui ne serait susceptible d'être influencée par aucune impulsion étrangère à celle du Parti. Il fut également convenu, d'accord avec le citoyen Charles Dumont, vice-président, que pour mettre à l'aise nos amis parlementaires et les dégager de toute responsabilité dans la direction d'un organe susceptible de prendre à parti assez vigoureusement, sous la pression des événements, telle ou telle personnalité parmi leurs collègues de la Chambre ou du Sénat à qui le Parti aurait à faire entendre quelques paroles de vérité, aucun parlementaire ne figurerait dans le comité de rédaction, tout en stipulant que le *Bulletin* s'empresserait d'insérer les *leading* dont nos élus voudraient bien les favoriser. C'est ainsi que le *Bulletin* a publié fréquemment des articles de nos collègues Bouffandeau, Lafferre, Magniaudé, Métin, J.-B. Morin, Marc Réville,

Thalamas. D'autre part, les militants ont mis le plus vif empressement à apporter leur part de collaboration à cet organe qui était le leur. Le *Bulletin* a recueilli ainsi, dans ses colonnes, les signatures des citoyens Archimbaud, Aubaud, Berniard, Blémant, Brossier, de Burgue, Charpentier, Chevalier, Clerget, Dangon, Dedeker, Deshayes, Douzet, Dupeux, Fabius de Champville, Falot, Ferron (Gustave), Ferron (Marie-Georges), général Godard, Gaston Gros, Hemmerschmidt, Hubert-Fillay, Labroue, Le Foyer, Lefranc, docteur Lièvre, Lévy-Ullmann, Livet, Martin-Mamy, Muller, Pène, général Percin, Peyre, Ruotte, Vibert, Virot, Vollaeys. Chacun de ceux-ci exprimait sa pensée dans des articles engageant le Parti sous la responsabilité personnelle de l'écrivain devant le Parti. Un éditorial hebdomadaire du rédacteur en chef a résumé chaque semaine, en termes brefs et concis, la pensée générale du Parti concernant le principal événement de la semaine. A plusieurs reprises, le Comité a décidé d'afficher dans les colonnes du Bulletin, lors des scrutins les plus importants, le vote des parlementaires adhérents au Parti.

Le bureau et le Comité ont eu la constante satisfaction de sentir et de voir leur œuvre sur ce point approuvée par les militants aux quatre coins du pays. Les encouragements incessants qui leur sont parvenus, surtout au moment des polémiques les plus hardies, nous ont convaincu — de même que les injures de nos adversaires, impuissantes à nous arrêter — que, dans cette feuille hebdomadaire d'apparence modeste, mais douée d'une force de pénétration aussi considérable que celle dont disposent les plus grands quotidiens, grâce à la faculté de reproduction de nos articles, en transformant son *Bulletin*, conformément au désir du Congrès de Tours, le Comité Exécutif de 1912-1913 a doté le Parti d'une des armes de propagande et d'action les plus efficaces et les plus redoutables qui soient sorties jusqu'ici du sein du radicalisme organisé.

Conclusion.

Ainsi se présente, citoyens, l'exposé intégral et aussi complet que possible de l'activité de votre Comité Exécutif et de son bureau au cours de l'exercice 1912-1913. En vous remettant aujourd'hui leurs fonctions — et en passant ainsi, en quelque sorte, à la face du Congrès réuni, au Comité et au bureau de 1913-1914 que vous allez nommer demain, la consigne que la garde descendante transmet à la garde montante — permettez aux militants qui ont eu le grand et périlleux honneur de se trouver à la tête du Parti aux heures difficiles que nous venons de traverser, d'exprimer, pour finir, un souhait dicté à leur pensée par l'expérience acquise en cette rude bataille. C'est que votre Congrès fasse en sorte de doser au minimum le poids des responsabilités que l'exercice du pouvoir au cœur de votre Comité directeur fait peser, parfois, d'une façon écrasante sur les épaules de ceux que votre suffrage y a portés. Que les décisions du Congrès de Pau soient claires; que les sanctions en soient explicites et efficaces. Prescrivez d'avance en termes nets, à la française, les règles et les principes qui en assureront l'exécution. Prévoyez encore qu'au moment du danger les délibérations de nos organismes directeurs, Comité Exécutif et bureau, ne s'ouvriront pas toujours en présence d'un nombre de délégués en rapport avec l'importance du péril. Prévoyez aussi que ceux qui, à ces heures critiques, répondront à l'appel du Parti, s'ils se montrent les plus courageux, ne seront pas toujours, malheureusement, ni les moins exposés, ni les plus hauts placés parmi les militants comme parmi les élus. Edictez des règlements applicables aux grands comme aux petits, aux puissants comme aux modestes. En économisant et en disposant harmonieusement les énergies, vous aurez satisfait, en même temps qu'aux intérêts bien entendus du Parti, à la stricte notion de justice.

C'est dans ces conditions, citoyens, que nous vous remettons aujourd'hui, intacte comme nous l'avions reçue de vous l'an dernier, avec les principes sacrés dont nous étions les dépositaires, l'organisation de combat que nos anciens avaient édifiée pour les défendre.

Le Président. — Je mets aux voix le rapport de M. Lévy-Ullmann. *(Adopté à l'unanimité.)*

NOMINATION DE LA COMMISSION DE LA DÉCLARATION DU PARTI

Le Président. — Le Congrès est appelé à constituer sa Commission de la déclaration du Parti. Voici les noms qui nous sont proposés :

MM. Camille Pelletan, Bepmale, Doumergue, René Renoult, Caillaux, Herriot, Beauvisage, Debierre, Félix

Chautemps, F. Buisson, Ceccaldi, Malvy, Richard, Couyba, Henri Michel, J.-L. Dumesnil, J.-D. Morin, Javal, Aouffaudeau, Bouyssou, Ferron, Estier, Gavaudan, Mülier, Lévy-Ullmam, J.-S. Bonnet, Emile Desvaux, Henri Rousselle, Milhaud, Fabiani, Fabius de Champville, Perchot, Foignet, Hemmerschmidt, Franklin-Bouillon, général Godart, Pierre Robert, Robert (Charente-Inférieure), Cocat, Cunen, Victor Meunier, Georges Petit, Dalimier, Thalamas, Vincent, Durnac, Vinay, Dominique, Garat.

S'il n'y a pas d'observations, cette liste est adoptée. La Commission de la déclaration du Parti est ainsi constituée.

On nous demande que la Commission de la déclaration du Parti tienne une réunion de constitution à l'issue de cette séance. La Commission de politique générale se réunirait immédiatement après; la Commission d'organisation et règlement se réunirait demain matin. *(Adopté.)*

La séance est levée à 5 heures.

DEUXIEME SÉANCE

Vendredi 17 Octobre, après-midi.

La séance est ouverte à 2 heures, par M. Paul Feuga, conseiller général de la Haute-Garonne, qui invite l'Assemblée à nommer son bureau.

Le Bureau est ainsi constitué :

Président : M. Camille Pelletan, sénateur des Bouches-du-Rhône.

Vice-présidents : MM. Henri Michel, sénateur des Basses-Alpes; J.-L. Dumesnil, député de Seine-et-Marne; Bepmale, sénateur de la Haute-Garonne; Garat, député des Basses-Pyrénées; Bouyssou, député des Landes; Félix Chautemps, député de la Savoie; Félicien Court (Haute-Garonne); Alexandre Israël (Aube); Lagasse (Lot-et-Garonne); Gorjus (Rhône); Pouillart (Aisne).

Secrétaires : MM. Ceccaldi, député de l'Aisne; Paul Meunier, député de l'Aube; Malavialle, député de l'Aude; Brard, député du Morbihan; Renard, député de la Nièvre; Natalini (Finistère); Fabius de Champville (Orne); Piolaine (Nord); J. Cahen (Seine); Poterlot (Meuse).

M. Camille Pelletan :

Citoyens,

Mon premier mot doit être un mot de remerciement et d'amitié pour Debierre qui présidait hier la séance et à qui va l'estime intégrale de la démocratie tout entière, en raison des longs services qu'il lui a rendus. *(Longs applaudissements.)*

DISCOURS DE M. Camille PELLETAN

M. Camille Pelletan, *sénateur, président.*

Citoyens,

C'est avec une émotion profonde que je prends la parole dans le Congrès, d'où doivent sortir, à mon sens, des résolutions énergiques et décisives. Cette émotion, vous en comprenez la raison. Je songe à la

situation présente du Parti radical; je me rappelle les luttes qu'il a soutenues, les périls qu'il a traversés, les victoires qu'il a remportées; je pense à l'état des choses politiques que nous avons sous les yeux. Est-ce pour en arriver là que nous avons tant combattu? Que devient notre Parti, que devient la République, si nous ne nous réveillons pas? Voilà la question que je vous pose. *(Applaudissements.)*

Qu'il me soit permis de le dire, sans surfaire ma très modeste personnalité, ce Parti, je lui ai appartenu depuis que j'ai l'âge d'homme, — presque avant d'avoir l'âge d'homme; il a été ma vie entière et comme la raison d'être de mon existence; j'en ai reçu, tout jeune, la tradition des hommes de l'époque héroïque, des grands esprits qui l'ont fondé, et dont je m'honore d'avoir été l'ami et le disciple très respectueux. — Et le radicalisme n'est-il pas la République elle-même, la République intégrale? *(Applaudissements.)* La cause radicale était celle des vaillants qui avaient offert désespérément leur poitrine aux balles, sur les barricades de la monarchie de Juillet et dont j'ai connu les derniers survivants au début de notre République; c'était celle des illustres penseurs qui ont été, à la fois, la gloire de la démocratie et la gloire du génie français, les Hugo, les Michelet, les Quinet, dont j'ai encore recueilli les enseignements; c'était, sous l'odieux régime du 2 décembre, celle de l'opposition républicaine tout entière, même de ceux qui devaient, plus tard, fléchir vers des opinions plus pâles, rappelez-vous le programme de Belleville, les destructions nécessaires de Jules Ferry, la *Politique radicale* de Jules Simon lui-même; c'était celle dont on déployait bien hautement et bien fièrement le drapeau, dans toutes les heures de combat, de péril et d'oppression; n'ai-je pas le droit de dire que le dépôt qu'ont laissé entre nos mains les grands radicaux d'autrefois est le dépôt de la République elle-même? *(Vifs applaudissements.)*

J'ai blanchi au milieu des luttes qu'il nous a fallu soutenir, même depuis la fondation de la République, pour cette noble idée radicale : luttes pleines d'allégresse, quelles qu'en fussent les dangers et les angoisses, quand nous marchions, l'idéal et la confiance au cœur, contre les incessantes et infatigables agressions de la réaction; luttes nécessaires, mais profondément douloureuses, quand il fallait, pour combattre les timidités ou les défaillances, qui voulaient ralentir ou arrêter la marche en avant, blesser de vieilles amitiés et rompre avec d'anciens compagnons des bonnes batailles républicaines; mais, quand je regarde en arrière, avec l'apaisement que le temps répand sur les anciennes divisions, je ne me repens de rien, ni dans les unes, ni dans les autres; ayant conscience de n'avoir fait, avec mes amis, que ce que nous commandait notre foi inébranlable dans l'idée radicale. *(Applaudissements)*.

Ah ! il a fallu de longues épreuves et de longs efforts, pour amener à nous la majorité du pays, ou plutôt pour lui révéler à elle-même l'espèce de radicalisme inconscient, qui dormait au fond de la pensée nationale. Il y a eu, je puis le dire, malgré les progrès constants de nos idées, un véritable ministère radical, avant qu'il y eût, au Palais-Bourbon, une majorité solide et certaine pour le faire vivre. Ce sera l'honneur de notre éminent président Emile Combes d'avoir, le premier, immédiatement, au sortir des époques de combat, où s'imposaient des ministères de défense comprenant toutes les nuances républicaines, donné l'exemple d'un gouvernement franchement, carrément à gauche, sans compromis, sans tergiversations, et qui inspirait pleinement aux masses populaires l'impression qu'il était à elles et pour elles. *(Vifs applaudissements.)*

Il est vite tombé sous les coups de toutes les réactions; mais son souvenir vivait dans le suffrage universel et sitôt que le suffrage universel a eu la parole, il a pour la première fois, dans les mémorables élections de 1906, envoyé sur les bancs du Palais-Bourbon une majorité radicale.

C'était le triomphe de nos idées; c'était la victoire définitive de notre Parti; c'était la réalisation de notre programme? Non, et par un paradoxe historique singulier, ce devait être au contraire, après une période de progrès constants, le commencement d'une période de recul, l'acheminement graduel vers la lamentable situation présente.

Comment cela s'est-il fait? Comment une telle victoire a-t-elle eu, sinon des résultats, au moins des suites si contraires à ce qui devait en sortir? Je ne veux pas me livrer à des récriminations inutiles, chercher si les ministères créés au nom de notre Parti ont suivi une politique vraiment radicale, et n'ont pas trouvé trop de facilités dans une majorité trop docile, parce qu'il était arrivé à notre Parti ce qui arrive à toutes les causes victorieuses : c'est une fatalité presque inévitable que le succès y attire la tourbe des arrivistes *(Vifs applaudissements.)* et qu'elles sont envahies par des hommes qui n'ont ni leurs convictions, ni leur foi; qui n'ont pris leur étiquette que comme moyen de réussite, et qui remplissent leur armée d'éléments de lâchage et de désertion. *(Vifs applaudissements.)*

Quoi qu'il en soit, vous voyez où nous en sommes arrivés. Ce parti que le pays avait acclamé, on l'a peu à peu éliminé du pouvoir. Ce n'est pour lui, ni une compensation, ni une consolation, au contraire, qu'on introduise encore dans un ministère qui n'a plus rien de son programme, comme pour compléter la collection, et en quelque sorte, à un point de vue purement décoratif, deux ou trois échantillons inoffensifs du radicalisme *(Très vifs applaudissements.)* pris parmi ceux que nous croyions bon teint, prisonniers aujourd'hui et prisonniers volontaires *(Applaudissements.)* d'une politique contraire à leurs convictions de la veille, trop subordonnés pour exiger au moins quelque concession qui puisse colorer leur rôle, et acceptant de rester au gouvernement contre les votes du parti qu'ils sont censés représenter *(Applaudissements.)* contre leurs amis d'autrefois, de par la fidèle confiance de MM. de Mun, Grousseau et Baudry d'Asson. *(Vifs applaudissements.)*

Et c'est là ce qu'il y a de plus grave, de plus révoltant, de plus menaçant dans la situation actuelle. Naguère encore, en dehors des nuances des diverses fractions républicaines et au-dessus d'elles, un sentiment commun de sauvegarde et de salut faisait considérer comme une véritable trahison, de faire appel aux adversaires constants et notoires de la démocratie, pour battre la majorité des Républicains, avec une coalition de droite, donnant ainsi aux ennemis de la République une prise terriblement dangereuse sur ses destinées. *(Applaudissements.)* Il semblait si bien qu'il y eût là un principe intangible, que M. Briand lui-même, au moment où il faisait les avances les plus manifestes aux partis de droite, s'engageait à quitter le pouvoir s'il n'avait de majorité que grâce à leurs suffrages, et se retirait peu après pour tenir cet engagement. On a changé tout cela : l'exemple est venu de haut *(Longs et vifs applaudissements.)*, il n'a été que trop suivi. C'est une coalition de droite, qui a fait vivre le ministère contre les suffrages des républicains. C'est une coalition de droite qui a imposé au pays la mesure la plus importante de la dernière session, cette loi de recul militariste *(Très bien; vifs applaudissements.)* qu'on essaye vainement de couvrir d'un prétexte patriotique.

On la paye, cette coalition, en donnant aux évêques, sous le pseudonyme de pères de famille *(Rires.)*, un droit de censure sur les manuels de nos écoles et en rétablissant la célébration officielle du Vendredi saint *(Applaudissements.)*; on la paye en lui promettant d'aider les mauvaises volontés sénatoriales à rendre dérisoire la réforme fiscale, le ministère en a encore besoin pour vivre, ce qui permet d'être sceptique sur le zèle qu'il étale pour la défense de nos conquêtes laïques, zèle qu'il ne pourrait rendre effectif et efficace, sans se brouiller avec les appuis qui lui sont plus que jamais nécessaires; *(Très bien.)* et quand le Président du Conseil, pour masquer un peu la situation évidente, se permet de donner à gauche de vagues satisfactions de mots *(Très bien.)* accueillis par certains de nos amis avec une joie peut-être un peu naïve, M. de Mun, l'orateur et l'honneur de l'absolutisme catholique *(Très bien.)*, M. de Mun, l'homme de principe, dont l'éloquence toujours mesurée et toujours pesée exclut *(Assurément.)* les affirmations téméraires ou vantardes, M. de Mun auquel les on-dit attribuaient déjà un rôle important dans la préparation de la situation présente, M. de Mun rappelle publiquement le gouvernement à l'observation d'un certain pacte du 17 janvier *(Bravos, applaudissements.)*, dont personne ne nous avait parlé avant lui, mais que nous sentions peser sur la politique de la France et qui, paraît-il, lie depuis lors le gouvernement aux alliés cléricaux qu'il a trouvés à cette date mémorable.

Ainsi, les influences de droite ont succédé dans le gouvernement aux inspirations radicales. Est-ce donc que le suffrage universel se soit éloigné de notre parti? Non : encore aux élections d'où est sortie la Chambre actuelle, malgré toutes les fautes commises, en dépit des pronostics de nos adversaires, une majorité de députés couverts de l'étiquette radicale *(Très bien.)*, est revenue s'asseoir sur les bancs du Palais-Bourbon; la liste officielle des groupes le prouve; et si cette étiquette, hélas ! est loin de garantir la sincérité de ceux qui s'en couvrent, comme nous ne l'avons que trop expérimenté, elle prouve, tout au moins, l'opinion qu'ils connaissent à leurs électeurs, pour lesquels ils la prennent. Non, le pays n'a pas cessé de se prononcer pour le Parti radical : il l'a fait encore avec plus de force, de l'aveu du gouvernement lui-même, aux récentes élections départementales *(Applaudissements.)* tandis que les partis de l'immobilité et de recul y perdaient encore du terrain. C'est à l'heure où le suffrage universel affirme de plus en plus nos idées, qu'on les exclue du pouvoir; c'est à l'heure où, plus que jamais, il condamne les partis du centre et de droite, qu'on leur donne l'influence décisive; tant la politique gouvernementale marche au rebours de la Nation! *(Très bien, applaudissements.)*

Voilà où nous en sommes. Je le demande : quelle serait notre veulerie et quelle serait notre honte, si, à cette démocratie qui s'obstine à croire en nous, nous répondions en l'abandonnant, en nous abandonnant nous-mêmes, et en livrant misérablement notre drapeau aux éternels ennemis de notre cause!

Je vous parlais du glorieux dépôt que nous avions reçu des héros des luttes républicaines, des grands esprits qui ont porté nos idées si haut : quelle serait notre veulerie, quelle serait notre déchéance, quelle serait notre honte, et je puis dire notre trahison, si, alors que nos grands aînés, à travers tous les obstacles et tous les dangers, ont conduit notre cause à la victoire, nous, quand nous n'avons plus qu'à lui rester fidèles, nous la laissions détruire devant le pays qui nous appelle, par une sorte d'inconscience, par faiblesse, à rompre les camaraderies qui désertent, par je ne sais quel pli de domesticité ministérielle *(Très bien, applaudissements.)*, par je ne sais quelle mortelle impuissance de vouloir et d'agir, par je ne sais quelle incapacité de rester ou plutôt de redevenir nous-mêmes, par une telle paralysie des énergies humaines les plus élémentaires, que nous verrions couler à fond, sans un sursaut de virilité, notre cause, notre idéal et notre raison d'être? *(Vifs applaudissements.)*

Mais je me rassure : vous êtes résolus à faire en sorte que le Parti radical soit dorénavant un parti; c'est là toute notre prétention; qui peut nous la refuser sans une véritable absurdité?

Vous direz bien haut au pays que ne sont pas, n'ont jamais été ou ne sont plus radicaux ceux qui trahissent la cause ou le programme du parti radical. *(Applaudissements.)*

Vous repousserez avec un haussement d'épaules ceux qui vous accuseront de prononcer des excommunications comme si c'était excommunier personne, comme si ce n'était pas, au contraire, un devoir de loyauté devant le pays, et une nécessité d'existence pour un parti, de ne point laisser sous son étiquette, sans avertir le suffrage universel, des intrus et des déserteurs se réclamer de lui, pour le compromettre ou le trahir.

Vous direz bien haut que vous ne soutiendrez, devant les électeurs radicaux, que ceux qui font acte de radicaux, en adhérant à l'organisation du parti *(Applaudissements.)* et en se soumettant à sa discipline.

Vous direz bien haut que vous n'admettez pas qu'un radical entre au pouvoir autrement que pour servir le Parti et le programme du Parti *(Très bien.)*, qu'il s'en exclut lui-même, — c'est une telle vérité de La Pallice qu'il est humiliant de la dire dans ce pays, — quand il reste au pouvoir contre ses votes, grâce au vote de ses pires adversaires, et consent à servir une politique contraire à la politique radicale.

Vous direz qu'il faut au Parti radical, dans la situation critique et décisive qu'il traverse, une direction et une discipline; une direction qui soit plus concentrée qu'elle ne l'est aujourd'hui, et qui ne flotte pas au hasard des absences ou des présences, dans un Comité d'un millier de membres dont les décisions ne sont pas prises par plus de deux cents, par suite de l'éloignement de nos amis de province; une discipline... oh ! réduite à l'indispensable... nous sommes un parti d'esprit libre; nous ne voulons pas, au nom de dogmes aussi absolus que les décisions des conciles, leur imposer un moule uniforme; mais il est certains points essentiels sans lesquels on ne peut collaborer à une action politique commune. *(Applaudissements.)*

Le premier, c'est la condamnation absolue de tout appel aux alliances de droite *(Applaudissements.)*; et ceux qui pour le salut d'un ministère, soutenu par une telle alliance, mêlent leurs bulletins à ceux de la réaction, et font sciemment des ennemis de la démocratie les arbitres du pouvoir, ceux-là ne peuvent plus être pour nous ni des radicaux ni même de véritables républicains. *(Applaudissements.)*

Le second, c'est la défense de la République laïque contre les entreprises cléricales, défense qu'on ne peut sérieusement assurer qu'à condition de n'avoir avec le cléricalisme, ni lien, ni pacte, ni entente; la défense de l'instituteur et de l'école, contre les insolentes prétentions du clergé, mal caché derrière les pères de famille, et avant tout contre l'odieuse tyrannie de l'employeur sur l'employé *(Applaudissements.)*, de la richesse sur le travail, des gros porte-monnaie sur la misère, pour faire le vide autour de notre enseignement républicain. Ah ! celle-là, elle est monstrueuse. Il faut la briser à tout prix; c'est une honte qu'elle ait pu s'exercer ; et il importe que le cléricalisme, qui l'organise, sache que nous sommes résolus, absolument résolus à en venir à bout quoi qu'il faille pour cela.

Le troisième point, c'est la question du service militaire. Nous sommes passionnément attachés à l'idée de la patrie française; nous gardons le souvenir encore saignant de ses malheurs et de sa mutilation; nous rougirions de marchander les sacrifices vraiment nécessaires à son existence libre et honorée au milieu des puissances européennes. *(Applaudissements.)* Mais quand nous avons vu les meilleurs d'entre les chefs républicains, les Percin, les Peigné, les Pedoya et notre vieil ami Godard, et ceux qui sont encore retenus parce qu'en activité, mais dont on connaît l'opinion, et tant d'autres, et à leur tête celui que nous avons perdu, André, dont la mémoire nous est si chère *(Vifs applaudissements.)* dénoncer dans le rétablissement du service de trois ans une mesure de recul militariste, dangereuse pour nos forces militaires elles-mêmes *(Applaudissements.)*, par les facilités qu'elles offrent au maintien et au développement des pires abus et des pires gaspillages d'hommes, nous sommes bien rassurés pour nous prononcer contre une loi, suggérée par des inspirations réactionnaires et votée par une majorité de réaction. *(Applaudissements.)*

Le quatrième point, c'est l'impôt sur le revenu; j'entends l'impôt sur le revenu véritable; global, progressif, organisé dans les conditions où il fonctionne dans les États où il est établi et qui en sont si inséparables qu'on peut dire qu'elles se confondent avec lui; c'est-à-dire l'impôt comportant une déclaration préalable et excluant les signes extérieurs *(Applaudissements.)*; car, en dehors de ces conditions, on ne peut essayer qu'un mauvais rapetassage de notre système fiscal actuel, conçu avec la même sorte d'abus et d'injustice, et qu'on ne pourrait, sans fausseté insigne, qualifier d'impôt sur le revenu; ce serait un mensonge au lieu d'une réforme. Et nous voulons compléter l'impôt sur le revenu, par l'impôt sur les capitaux, sur l'accroissement des capitaux, nécessaire pour fournir des ressources à l'augmentation de nos dépenses, en les demandant à la richesse et non aux pauvres.

Il serait monstrueux qu'alors qu'à nos portes une monarchie presque féodale, l'Allemagne, fait peser démocratiquement sur les riches toutes ses dépenses énormes de guerre, ce fût la République française qui donnât le spectacle contraire et qui, chose monstrueuse, courbât le pauvre sous le poids d'impôts que, dans un empire, on fait peser sur le riche. *(Très bien.)*

Assurément, là ne se borne, ni notre programme, ni l'ensemble des réformes que nous voulons voir accomplir par la future législature et où les réformes sociales tiennent un des premiers rangs. Mais ce sont là les questions posées à l'heure présente et sur lesquelles la discipline est d'une nécessité absolue.

Il faut donc que nous nous préparions pour l'action; cette action, nous sommes toujours prêts à l'entreprendre, d'accord avec tous ceux qui veulent la marche en avant de la démocratie et la réalisation des progrès sociaux, quelles que soient nos divergences doctrinales. Nous avons toujours dit que nous n'avions pas d'ennemis à gauche (je mets à part, bien entendu, les contempteurs déclarés de la patrie française). Nous n'avons à changer, ni de langage, ni de sentiment.

Les forces de recul et d'immobilité s'unissent contre nous, depuis les progressistes jusqu'aux hommes du Vatican, à travers tout ce qui les sépare; faut-il que, devant elles et contre elles, les forces de la démocratie restent divisées? C'est le vieux bloc; vous savez les services qu'il a rendus, et les œuvres qu'il a permis d'accomplir. Ses divisions n'ont pas porté bonheur à la République. En découvrant notre aile gauche, elle a permis de refouler l'armée radicale vers le Centre; et elle a trop souvent conduit les unifiés à accepter des coalitions contre nature avec leurs pires adversaires : coalitions au milieu desquelles la loi militariste semble creuser aujourd'hui un fossé difficile à franchir.

On ne pourrait repousser systématiquement toute idée d'union à gauche que si l'on nourrissait l'illusion de nous acheminer vers les marécages du Centre. Cette union, nous sommes prêts à la renouer; avec notre programme propre, bien entendu, où nous n'avons rien à changer, à la seule condition d'une loyale réciprocité, et de la disparition des coalitions avec la droite. Elle se refera si, des deux côtés, on comprend bien ses intérêts et les intérêts des progrès démocratiques et sociaux. Ce n'est pas de notre côté que se trouveront les mauvaises volontés. Et si les forces de la démocratie restent divisées devant l'ennemi commun, ce n'est pas nous qu'elle pourra en accuser.

Mais avant tout et, surtout, quelles que soient les alliances qui se formeront, redevenons nous-mêmes, redevenons un vrai Parti radical, retrouvons les énergies et la cohésion nécessaires à l'existence de tous les grands partis; organisons-nous, disciplinons-nous pour l'action et pour le combat et relevons bien haut dans les airs notre vieux et glorieux drapeau qu'on a, hélas! laissé pencher : la démocratie saura bien le reconnaître. *(Applaudissements, répétés, longtemps sur tous les bancs. Ovations.)*.

Le Président. — Nous avons reçu les excuses de MM. Louis Martin, Laurent Thiéry, Vallé, Massé, Bourély, Nail, Douzet, René Besnard, Haudos, Dessoye, Gaston Gros, Scellier, Charles Dumont, Klotz *(Bruits, exclamations.)*, Camille Picard, Cuttoli, Gauthier, André Lebert.

Je donne la parole au citoyen Bouyssou.

LA POLITIQUE GÉNÉRALE

M. Léo Bouyssou.

Citoyens,

Je croirais manquer à mon devoir de président de la Fédération radicale et radicale-socialiste du Sud-Ouest dont vous êtes aujourd'hui les hôtes si je ne vous disais pas quelle est l'importance que nous attachons à ce Congrès.

Pelletan vous a dit tout à l'heure que vous deviez emporter de ce Congrès des résolutions énergiques. Je viens vous en proposer une et vous demande simplement quelques minutes d'attention.

Depuis deux ans une vague de nationalisme déferle sur la France républicaine et menace de la submerger complètement si vous n'y opposez une organisation forte du Parti et une discipline rigoureuse. Cette vague déferle sur le parti républicain depuis l'avènement du ministère Poincaré et cette vague a pris encore plus d'ampleur et de force contre le parti républicain depuis que ce dernier est arrivé à la présidence de la République. *(Applaudissements.)* J'ai vu, citoyens, tous les rapports qui furent envoyés pour être discutés au Congrès de Tours. Je rends hommage à l'initiative et au talent de tous ceux qui ont rédigé ces rapports; ils citaient le mal qui était fait depuis deux ans par de soi-disant républicains, non seulement à l'idée radicale, mais à l'idéal républicain tout entier. Je proposerai, après quelques observations, un ordre du jour que je vous demanderai de voter.

Messieurs, ce mouvement de nationalisme a commencé à se manifester avec les compromissions provoquées par la proportionnelle; il s'est continué insolemment dans la question du colonel du Paty de Clam. *(Vifs applaudissements.)* Il a continué dans la discussion et le vote de la loi de 3 ans; il s'est affirmé à nouveau dans la question du Vendredi saint, qui est un indice grave, tenant à une théorie générale; et enfin il s'étale plus insolemment encore dans des voyages retentissants *(Applaudissements sur de nombreux bancs.)*, dans des randonnées qui tendent à diminuer l'autorité de l'institution parlementaire et à élever, fortifier, prôner le triomphe d'un seul homme comme s'il allait à lui tout seul renouveler et fortifier la vie économique du pays. *(Vifs applaudissements.)*

Nous avons le droit de dire cela parce que nous venons de passer, de vivre des heures pénibles; il n'y avait pas quinze jours, dans mon département, au cours d'un voyage où, précisément, on a essayé de rendre les honneurs qui lui sont dus au Président de la République; nous aurions voulu entendre des cris de : Vive la République plus nombreux que les cris de : Vive Poincaré; nous avons pour le Président de la République l'estime qu'il mérite, mais nous protestons de toutes nos forces contre ces manifestations de politique personnelle.

De la proportionnelle, ne parlons plus, puisqu'il est entendu que nous sommes réconciliés et que la question ne viendra pas à nouveau diviser le parti républicain. *(Vifs applaudissements sur de très nombreux bancs.)*. Nous ne voulons retenir qu'une chose, c'est le plaisir de serrer la main aux proportionnalistes d'hier sincèrement républicains qui, inspirés d'une idée généreuse, s'étaient aventurés dans cette affaire et sont résolus aujourd'hui à faire avec nous le bloc républicain. *(Vifs applaudissements.)* C'est pourtant cette question de la proportionnelle qui nous a permis d'apercevoir ces coalitions de droite marchant pour le ministère Poincaré pour brimer la majorité républicaine. Depuis le ministère Caillaux nous n'avons plus eu de ministère radical. *(Vifs applaudissements.)*

Je supplie n'importe lequel d'entre vous de ne voir dans mes paroles rien de blessant, n'y voyez que l'amertume légitime d'un homme qui depuis deux ans vote fidèlement avec le parti républicain et se voit constamment brimé. *(Applaudissements.)* Il faut que ces choses-là finissent. A Mont-de-Marsan nous avons vu le Président de la République recevoir les hommages retentissants de chefs du parti réactionnaire, car à Mont-de-Marsan, ce sont les chefs du parti conservateur qui ont organisé la réception. *(Applaudissements, cris : Et Barthou?)* On a entendu un chef réactionnaire dire à M. Poincaré : « Je vous félicite surtout et vous suis reconnaissant d'avoir organisé l'harmonie entre tous les citoyens. » Il y eut des cris retentissants de : Vive Poincaré, et puis, dans le silence, il y eut un cri unique d'un fonctionnaire courageux : Vive la République, et tous les regards inquiets se portèrent vers ce fonctionnaire qui avait poussé un cri qui paraissait séditieux et intempestif. *(Vifs applaudissements.)* Que ce soit un détail, si vous voulez, soit, mais c'est un signe des temps. C'est pour cela que, tout à l'heure, je vous prierai de bien vouloir voter une simple petite motion réprouvant toute manifestation politique personnelle qui pourrait compromettre l'autorité des institutions parlementaires et les conquêtes républicaines réalisées au point de vue social et laïque. *(Applaudissements.)*

Nous regrettons que, devant le pays républicain, où malgré tout nous avons la masse pour nous, on ait pu faire des choses semblables. Cela vient de la faiblesse de caractère de certains hommes, cela vient de ce qu'il est plus facile d'avoir en face de soi de grands talents que des caractères énergiques. Faire l'éducation de la volonté et la sincérité des convictions, messieurs, est bien plus difficile que de donner l'instruction et développer les intelligences; nous avons des amis qui ont d'immenses talents et fort peu de volonté. Pelletan nous le disait tout à l'heure, nous avons des amis qui, au point de vue intellectuel, sont l'honneur de notre Parti, mais qui, en certaines circonstances, oublient qu'il faut avoir un caractère énergique pour faire triompher les idées qu'ils disent vouloir défendre. Nous en avons eu la preuve dans la question de la proportionnelle, je ne parle pas des proportionnalistes convaincus, mais des autres, mais de six à sept membres du cabinet Poincaré, les plus notoires, les plus en vue, qui ont mis dans leur poche leur drapeau antiproportionnaliste et se sont ralliés à la motion Poincaré en faveur de la proportionnelle. C'étaient de grands talents mais de faibles et petits caractères. *(Applaudissements.)* Et l'affaire du Paty de Clam? C'était au lendemain de votre Congrès de Tours, où vous aviez sonné le ralliement de toutes les énergies républicaines. On vous a jeté, comme sanction, et avec raison, la tête de M. Millerand; mais les autres, est-ce qu'ils ne savaient pas toute la gravité d'un fait aussi important?

Cet homme-là, on le sortait, on le réintégrait, on tâtait

ainsi l'opinion du pays pour savoir si la division du parti républicain était assez grande, pour savoir si la réaction avait pris assez de pied, si l'opinion ne se cabrerait pas devant cette réintégration; et puis on a osé. Nous avons protesté de toutes nos forces. On a sacrifié Millerand, mais est-ce que Poincaré ne savait pas ce qui allait être fait? Est-ce que Steeg n'en avait pas entendu parler au moins dans les discussions du conseil des ministres? Pourquoi donc les ministres radicaux qui se trouvaient dans le cabinet, en présence de ce défi jeté à la conscience républicaine, n'ont-ils pas protesté? Et si vraiment ils ne savaient pas le fait, pourquoi, le lendemain, n'ont-il pas quitté, d'une façon retentissante, le cabinet dont ils faisaient partie?

Voilà, citoyens, la faiblesse et la petitesse de certains caractères. Ah ! je sais bien qu'on appelle naïfs ceux qui sont sincères et convaincus et je comprends que l'amour des portefeuilles ait étouffé la honte de la réintégration de Du Paty de Clam. Par suite, la porte était ouverte à une action rétrograde toujours plus audacieuse.

Que faut-il donc pour répondre à ces provocations? Il faut une forte discipline et une organisation plus forte de notre parti.

Ainsi vous empêcherez certains hommes de commettre de petites lâchetés qui nous déshonorent et nous mettent dans la pénible obligation de les condamner alors qu'ils auraient pu rendre de réels services au parti radical. *(Vifs applaudissements.)* Ne laissez entrer dans votre parti que des radicaux et des radicaux-socialistes qui accepteront le programme minimum, et dans ce programme mettez-y largement, sans trembler, des réformes sociales qui vous permettront de garder la confiance des masses populaires; ne restez pas un parti bourgeois, soyez un parti populaire qui montre aux socialistes unifiés qu'aucun sacrifice ne vous arrête, lorsqu'il s'agit de réalisations sociales. *(Applaudissements.)*

C'est tout ce que je voulais vous dire au nom de la Fédération du Sud-Ouest; mais je vous demande de condamner et flétrir certains actes; il le faut pour l'honneur de notre parti, pour que les classes populaires sachent que vous voulez réaliser de façon définitives les espérances que vous avez fait naître. *(Vifs applaudissements sur un grand nombre de bancs.)*

Le Président. — Suivons notre ordre du jour. J'ai donné la parole à notre ami Bouyssou non pas pour présenter une motion parce que cette motion devrait venir, en ce cas, après celles qui sont à l'ordre du jour, mais pour parler au nom de la Fédération du Sud-Ouest. Maintenant, je donne la parole à M. Malvy pour présenter le rapport dont il est chargé. *(Très bien. protestations sur d'autres bancs.)*

M. Malvy a été chargé de vous apporter un certain nombre de résolutions de la plus haute importance, des résolutions décisives au point de vue politique; les autres viendront après. *(Bruit prolongé.)*

Je suis sûr de vos intentions, mais que pourraient faire de pis des ennemis du parti radical qui voudraient rendre ses délibérations impossibles? *(Vifs applaudissements.)*

M. MALVY. — Au nom de la commission de la politique générale, je suis chargé de résumer les vœux contenus dans le discours de Pelletan que vous avez entendu hier, dans l'exposé que j'ai fait devant cette Commission et aussi dans les deux ordres du jour Loyson et Vollaeys, déposés sur le bureau.

Je vais, en très peu de mots, vous résumer la pensée de la Commission sur la politique générale du Parti et je vous proposerai ensuite deux ordres du jour sur lesquels nous avons été tous d'accord.

Citoyens,

Nous assistons depuis quelques années à une véritable renaissance du parti clérical et à son infiltration dans toutes les branches de l'activité humaine. Jamais l'effort de ce parti n'a été plus grand, jamais sa propagande n'a été plus intense : les écoles libres, les patronages, les mutualités, les sociétés de gymnastique et de sport, les ouvriers qui se trouvent embrigadés dans les bataillons de l'Église à ce point que l'union catholique des chemins de fer compte aujourd'hui plus de 150,000 membres, le parti clérical met la main sur tout. L'organisation de l'Église se fortifie et menace aujourd'hui l'œuvre républicaine. Tout cela est le résultat de la politique qui se poursuit depuis quelques années sous le nom de politique d'apaisement *(Vifs applaudissements.)*, une politique de complaisance, de ménagements et de laisser faire qui a permis à tous les adversaires de la République de reprendre l'offensive contre ses défenseurs momentanément désarmés. Et c'est au moment où cette propagande est plus forte, plus intense que jamais, au moment où le parti clérical en arrive à une campagne d'injures, de calomnies contre tout ce qui est véritablement laïque et républicain, que se poursuit devant le pays une prétendue politique de concorde nationale qui n'est, en réalité, qu'une politique d'abdication républicaine *(Vifs applaudissements.)* Aux manifestations insolentes des évêques de France, aux mandements épiscopaux dans lesquels l'école laïque est représentée comme une école génératrice de crimes, où les instituteurs sont violemment outragés, le ministre de l'Instruction publique, président du Conseil, répond par une circulaire dans laquelle il donne à l'Église un droit permanent de contrôle de l'École nationale. *Longs applaudissements).* Quelle duperie que d'inviter les pères de famille à examiner les manuels scolaires ! Ce n'est plus le père de famille qui profitera de cette liberté, mais c'est le clergé. Voyez plutôt les instructions contenues dans le mandement de Monseigneur Sevin, archevêque de Lyon, qui précise les devoirs des fidèles.

C'est donc le clergé qui apparaît au premier rang aux lieu et place du père de famille. M. Barthou en profite pour, dans sa circulaire, discréditer et le maître et l'école. Des maîtres, il dit qu'ils n'ont ni l'expérience ni les facultés de discernement nécessaires, et de l'école laïque, il dit que l'État, dans cette école, ne doit pas enseigner une doctrine, un système moral, des dogmes historiques et des méthodes scientifiques. *(Bruit.)*

M. Feuga. — Et le catéchisme?

M. Malvy. — Vous savez que *La Croix* dit : quelle joie et quel succès lorsque les ennemis de la République constatent avec raison qu'un ministre républicain légitime — c'est un mot de M. Delafosse, dans *l'Echo de Paris* — par cette circulaire approuve la campagne et les manifestes des évêques et qu'il propose en même teps la faillite scolaire de la troisième République.

La circulaire Baudin sur le Vendredi saint témoigne du même état d'esprit. C'est une réponse à la protestation que M. de Mun adressa autrefois à M. Waldeck-Rousseau lorsque, sous le Concordat, il supprima sur nos navires de guerre la cérémonie du Vendredi saint. C'est, à n'en pas douter et quoi qu'on en dise, quels que soient les dissertations et les commentaires qui ont pu suivre la circulaire Baudin, c'est une violation pure et simple et flagrante de l'article 2 de la loi de séparation de l'Église et de l'État. *(Applaudissements répétés.)* Cet article dit que la République ne reconnaîtra aucun culte. Or, lorsque la République met son drapeau en berne le jour du Vendredi saint, elle s'incline par là même devant la doctrine de l'Église et elle reconnaît son culte. M. Lockroy, sous le régime du Concordat, avait fait un pas en déclarant que ce rite serait facultatif; Waldeck-Rousseau a supprimé le rite lui-même avant la séparation, et M. Baudin, contre la volonté nationale, renoue les liens rompus entre le Vatican et la République. Il s'agit de savoir si le parti républicain radical peut approuver ces actes. Je crois qu'il n'y aura qu'une révolte dans la pensée républicaine pour protester contre ces faits. *(Applaudissements répétés.)*

Si cette politique mène à un rapprochement avec Rome ou à une meilleure organisation du protectorat catholique, comme on dit, il n'est pas douteux que la volonté formelle du parti républicain est que la République n'a plus à causer avec Rome. Il ne faut pas confondre l'intérêt spirituel de Rome et l'intérêt national de la France en Orient, car la France doit y être non pas comme soldat de l'Église mais comme le soldat du Droit. *(Vifs applaudissements.)*

Cette politique de concorde nationale que vous voyez si accommodante sur le terrain religieux est très hésitante, très faible et très peureuse sur le terrain des réformes sociales.

Vous savez ce qui s'est passé au sujet de l'impôt progressif sur le revenu. Nous sommes dans une situation financière telle, en présence des nouvelles charges militaires, que plus que jamais un instrument fiscal plus souple, plus harmonieux, s'impose à nous en présence de ce qu'ont fait les autres États. Chez eux, ce système fiscal existe depuis longtemps à la satisfaction de tous. Nous sommes déjà en présence de 500 millions de charges nouvelles résultant de la nouvelle loi militaire. De la promesse formulée par M. Barthou, qui disait que la Chambre ne devait pas se séparer avant d'avoir comblé toutes ces charges permanentes ou extraordinaires, il n'est resté qu'une chose : c'est qu'à la commission du budget, nous n'avons été saisis que d'un projet basé sur les signes extérieurs de la fortune, sur les voitures automobiles et les domestiques, l'ancien projet Burdeau appelé à produire 80 millions, en face du déficit considérable que présente le budget. A cela la commission du budget a riposté en reprenant l'impôt complémentaire que M. Caillaux a fait voter devant la Chambre avec la déclaration contrôlée. *(Vifs applaudissements.)* La Commission de législation fiscale a suivi, elle a proposé en même temps un impôt sur le capital bâti sur le même modèle. Dans la séance de la Chambre où M. Caillaux a fait préciser les intentions du gouvernement, le gouvernement a promis qu'il s'orienterait dans ce sens. Je ne sais pas si ces promesses seront tenues, mais, comme le disait Pelletan, ils n'est pas douteux que le discours de Pau nous prépare des déconvenues puisqu'il a déclaré qu'il ne pouvait faire l'impôt sur le revenu qu'avec l'accord des deux Chambres et qu'il est évident qu'il se rapprochera davantage de la conception timorée du Sénat que de celle de la Chambre.

En face de cette politique, nous devons nettement opposer notre seule et vieille formule de l'impôt progressif sur le revenu avec déclaration contrôlée et l'impôt sur le capital s'inspirant des mêmes principes.

Voilà, citoyens, notre programme d'action laïque et de justice fiscale, la ligne de conduite que nous devons tenir sur ces deux points en présence de la politique d'accommodements et de compromissions cléricales du gouvernement.

Et cette politique de réalisations immédiates, avec qui la ferons-nous?

Ah! citoyens, pour faire cette politique, pour la faire aboutir, nous devons faire appel à toutes les forces populaires et démocratiques de ce pays et à tous les républicains de gauche de la Chambre. *(Vifs applaudissements.)*

Dans ce pays, tous les démocrates, quelles que soient leurs conceptions sociales, nous aideront à poursuivre l'œuvre d'affranchissement des consciences et de justice fiscale. Sur ce terrain défini, concerté, le bloc des esprits laïques et réformateurs se fera de lui-même et par la volonté du peuple. Au Parlement, nous sommes prêts à collaborer avec tous ceux qui, s'inspirant de cette pensée populaire, voudront s'associer à notre action pour défendre et développer notre œuvre de laïcité, faire aboutir et réaliser ces réformes fiscales qui apporteront en même temps à l'État plus de ressources et aux contribuables plus de justice. *(Vifs applaudissements.)*

En conséquence, j'ai l'honneur, au nom de la Commission, de vous proposer les deux motions suivantes :

1re *Motion :*

« Le Congrès,

« Considérant qu'une circulaire du ministre de l'instruction publique, président du Conseil, concernant les manuels scolaires, a livré le contrôle de l'école nationale au parti radical;

« Considérant qu'une circulaire du ministre de la marine a rétabli une cérémonie cultuelle dans un service de l'État, première atteinte à la loi de séparation;

« Considérant que, malgré les termes formels de l'ordre du jour du Congrès de Rouen, qui a condamné la politique d'apaisement, des membres du Parti n'ont pas craint d'apporter leur concours à un gouvernement qui ne se maintient au pouvoir qu'avec l'appui de la réaction;

« Renouvelle ses décisions antérieures et invite les membres radicaux et radicaux-socialistes du cabinet actuel à choisir entre leur collaboration ministérielle et leur affiliation au Parti. » *(Vifs applaudissements.)*

LE PRÉSIDENT. — Vos applaudissements indiquent que vous êtes à peu près tous d'accord. *(Cris : Relisez.)* M. Malvy va relire l'ordre du jour et je le mettrai aux voix si personne ne veut le combattre. *(Bruit.)*

M. MALVY relit la première motion et cette lecture est à nouveau accueillie par des applaudissements nourris et prolongés.

LE PRÉSIDENT. — Quelqu'un veut-il combattre la proposition? *(Cris répétés : Non, non.)* Je la mets aux voix. La première motion est adoptée à l'unanimité. *(Vigoureux applaudissements.)*

LE PRÉSIDENT. — Je constate l'unanimité du Congrès.

M. MALVY. — Voici la 2e *Motion :*

« Le Congrès, fidèle à sa politique traditionnelle de laïcité et de justice fiscale, résolu à maintenir et à développer les lois de laïcité qui font la force de la République;

« Considérant que l'accroissement des dépenses budgétaires et notamment des charges militaires rend plus que jamais nécessaire le recours aux grands impôts modernes, auxquels l'Allemagne vient au surplus de faire appel pour pourvoir à des dépenses analogues;

Considérant que, depuis quatre ans, l'impôt sur le revenu a été adopté par la Chambre;

« Donne mission aux élus du Parti de faire aboutir devant les Chambres le projet d'impôt progressif sur le revenu, sans recours aux signes extérieurs;

« Fait appel, pour le programme d'action laïque et de réformes fiscales, à toutes les forces démocratiques et républicaines du pays et du Parlement. » *(Vifs applaudissements.)*

M. BEPMALE. — Il faut écarter tout système qui recourrait aux signes extérieurs de la fortune. *(Mouvements divers.)*

M. Malvy. — Les mots : sans recours aux signes extérieurs, vous donnent, je crois, toute satisfaction.

M. J.-L. Dumesnil. — J'ai à peine besoin de dire au Congrès que si, au nom d'un certain nombre de camarades, j'ai demandé à présenter quelques observations, ce n'est pas pour combattre, même pas pour appuyer, puisque je vois que nous sommes tous d'accord, la motion Malvy. Peut-être est-il bon, quand nous nous trouvons en contact dans nos comices annuels, d'insister sur certains points précis. Je prends le mot dans son étymologie et je souhaite simplement à tous les radicaux de le comprendre comme je le comprends moi-même dans un esprit d'union et dans l'esprit de discipline qui m'anime en ce moment. Je me permets de rappeler simplement au Congrès que, peut-être plus que jamais à l'heure actuelle, il est nécessaire de voter, dans une acclamation unanime, les motions qui ont été déposées et longuement discutés par votre commission dont mon vieil ami Malvy a été le rapporteur. Je demande aux camarades qui sont venus ici de tous les points de la France, de réfléchir à ceci : C'est qu'ils sont, à l'heure où nous parlons, non seulement les mandataires de tous nos comités, mais les mandataires de toute cette démocratie française dont Camille Pelletan disait tout à l'heure qu'elle constituait le parti vraiment national dont les tendances sont synthétisées par le parti radical et radical-socialiste. Plus nous sommes attaqués, citoyens, plus nous avons la preuve... *(Nombreuses interruptions. On dit : Nous sommes tous d'accord.)*

Le Président. — Laissez parler le citoyen Dumesnil.

Une Voix. — L'unité est acquise.

M. J.-L. Dumesnil. — Mais non, il y a des questions dont on n'a pas parlé et sur lesquelles vous devez tous être d'accord, vous êtes même tous d'accord; je parle de la question de la défense nationale dont je veux dire deux mots devant le Congrès pour qu'il prenne ses responsabilités. Je vous demande la permission d'en parler. *(Bruit.)* Je répète ce que je vous disais, c'est-à-dire que le Congrès doit, à l'heure actuelle, représentant la démocratie française *(Cris nombreux : Aux voix, aux voix.)* prendre ses responsabilités sur toutes les questions fiscales, laïques ou de défense nationale. *(On crie à nouveau : Mais nous sommes tous d'accord. C'est acquis.)* Il faut s'entendre. *(Nouvelles interruptions.)*

Un Délégué. — C'est inscrit à l'ordre du jour.

M. J.-L. Dumesnil. — Voulez-vous qu'on vote d'abord la motion Malvy? *(Cris nombreux : Oui, oui.)* Il y a peut-être un malentendu entre nous. *(Bruit, violentes interruptions.)*

Le Président. — Je vous en supplie, vous êtes tous sympathiques à l'orateur, mais par le bruit, vous perdez beaucoup plus de temps qu'on n'en passerait utilement à l'écouter.

M. J.-L. Dumesnil. — Il y a un malentendu. Je ne veux ni combattre ni appuyer la motion Malvy. *(Nouveaux cris : Aux voix, aux voix.)*

M. J.-L. Dumesnil. — Voulez-vous me permettre... *(Les interruptions reprennent avec violence.)*

Le Président. — Un mot, parce qu'il y a peut-être une équivoque et un malentendu dans l'esprit de beaucoup de ceux qui interrompent notre ami Dumesnil. Il a paru, ce matin, un article que je ne veux pas qualifier, mais que vous avez tous réprouvé, dans un journal radical et dans lequel notre vaillant ami Debierre *(Cris nombreux : Vive Debierre.)* est attaqué dans des termes indignes. *(Applaudissements, bruit.)* Beaucoup d'entre vous attribuent sans doute cet article à notre ami Dumesnil. *(Exclamations.)* Il y a là une confusion de noms. *(Nouvelles exclamations.)* L'auteur de l'article, c'est le directeur bien connu du *Rappel* qui n'a aucun rapport avec l'orateur qui est ici.

M. Vollaeys. — Je demande la parole pour une motion d'ordre. *(Bruit.)*

Le Président. — D'ailleurs la signature porte une particule que notre ami a toujours repoussée.

M. Vollaeys remonte à la tribune. *(Bruit.)*

M. J.-L. Dumesnil. — Voulez-vous me permettre? *(Cris : Oui, oui, applaudissements.)* Je vous demande simplement la parole pour une ou deux minutes. J'étais inscrit pour la question de la défense nationale et c'est par suite d'un malentendu que j'ai pris la parole sur l'ordre du jour de Malvy. Je vous demande simplement de vouloir bien passer aux voix d'abord sur la motion Malvy. Je prendrai la parole ensuite. *(Vifs applaudissements.)*

M. Malvy. — Acceptez-vous la motion dans les termes que je viens de la lire?

Notre ami Bepmale nous propose d'y joindre un membre de phrase ainsi conçu : *De les inviter à n'admettre aucun système qui ait recours aux signes extérieurs de la fortune.*

UN DÉLÉGUÉ. — Nous demandons la suppression de la phrase relative à l'Allemagne.

M. FABIUS DE CHAMPVILLE. — Cela n'a pas d'intérêt.

LE PRÉSIDENT. — Comme la suppression n'a aucune importance, je ne vois aucune difficulté à l'accepter pour avoir l'unanimité. *(Mouvements divers.)*

M. MALVY. — Pour vous donner satisfaction, je peux bien dire dans un membre de phrase : L'impôt sur le revenu comme il est appliqué dans d'autres nations.

UN DÉLÉGUÉ. — Il faut parler des familles nombreuses. *(Exclamations sur de nombreux bancs.)*

LE PRÉSIDENT. — On va vous donner satisfaction· Je mets aux voix l'ordre du jour tel que vous le connaissez maintenant. *(Adopté à l'unanimité. Vifs applaudissements.)*

M. VOLLAEYS. — Je demande la parole pour une motion d'ordre. *(Bruit.)* Notre vénéré président, M. Camille Pelletan, a fait, à l'instant, allusion à un article paru dans le *Rappel* sous la signature de son rédacteur en chef. Nous n'avons pas pensé un seul instant les uns et les autres que cet article pût être attribué à notre loyal et excellent ami J.-L. Dumesnil, mais la Fédération du Nord, dont j'ai l'honneur d'être un membre et dont Debierre est le président, s'est indignée d'attaques qu'elle a considérées comme ne devant pas entrer dans le cadre d'un journal républicain adhérent au Parti. J'apporte donc ici, afin de ne pas donner à ce débat une ampleur qui déborderait sur nos occupations, l'ordre du jour suivant :

« La Fédération Radicale et Radicale-Socialiste du Nord propose de renvoyer à la Commission de discipline le journal *Le Rappel* qui a publié dans son numéro du 18 octobre un article visant l'un des vice-présidents du Comité Exécutif. »

Tel est l'ordre du jour que, sans commentaires, je dépose entre les mains du président. *(Vifs applaudissements, bruit.)*

M. ARCHIMBAULT monte sur la tribune. *(Le bruit devient intense.)*

M. ARCHIMBAULT. — Citoyens... *(Nouvelles et violentes interruptions.)*

LE PRÉSIDENT *à M. Archimbault.* — Je ne vous donne pas la parole. Voulez-vous ne pas nous faire perdre un temps précieux?

M. ARCHIMBAULT se retire.

LE PRÉSIDENT. — Le renvoi à la Commission est de droit. Il n'y a donc pas lieu d'ouvrir un débat. Je donne la parole à notre ami le général Godart. *(Applaudissements.)*

M. LE GÉNÉRAL GODART.

Citoyens et chers camarades,

Je suis profondément ému par les applaudissements unanimes dont vous voulez bien honorer ma présence à cette tribune.

Il nous incombe le grand honneur de pouvoir causer, ne serait-ce que pendant quelques minutes, sur des sujets militaires, sujets qui ont été ma nourriture substantielle pendant 47 ans de carrière militaire. *(Bravos unanimes.)* Cette causerie se place au milieu des très grandes questions que le Parti doit traiter et sur lesquelles il doit prendre des décisions capitales, je serai donc aussi bref que possible.

Et aussi, après les débats qui se sont déroulés à la Chambre et au Sénat sur la question militaire, il serait effectivement trop puéril de notre part de nous étendre sur ces questions, malgré notre grande bonne volonté, malgré nos cheveux blancs, car la flamme du cœur patriote brûle toujours, et est toujours en action. *(Vifs applaudissements.)*

Néanmoins, citoyens, nous tenons à fixer l'attention de nos élus, de nos amis siégeant au Parlement sur deux questions essentielles qui, il est vrai, ont été développées à notre admiration d'une façon très éloquente dans les deux Chambres. Ce spectacle, du reste, a été d'une réelle grandeur patriotique et certainement il a dû vous frapper en voyant des orateurs de toutes les nuances, de toutes les opinions, venant, avec leur esprit français, soutenir, sur le même terrain, la défense sacrée de la Patrie. *(Très bien, applaudissements.)* Ces nombreux débats ont certainement démontré que la France voulait rester France et France républicaine. *(Vifs applaudissements.)*

Pour exister, il faut une protection puissante, il faut une armée. L'histoire montre que le progrès est irrésistible.

La loi de 3 ans est votée. Nous respectons les décisions de nos élus; mais, franchement, toute notre bonne foi reste entière et nos espérances restent aussi dans le retour à la loi de 2 ans *(Très bien, applaudissements.)* la loi de 2 ans, à laquelle nous avons eu l'honneur de collaborer. Nos amis avaient bien voulu nous demander, non des conseils, mais des renseignements sur la possibilité du service de 2 ans.

Parmi ceux qui ont, au ministère, fait voter les 2 ans, les uns étaient attachés à notre parti, d'autres venaient du parti progressiste. Ils n'ont pas craint non seulement de discuter nos renseignements, mais de nous adresser des lettres de remerciements en adoptant le projet de loi de 2 ans. Cette loi militaire était démocratique non pas qu'on voulût introduire la politique dans l'armée, mais parce que cette loi effectuait un rapprochement entre les ouvriers, les humbles, les fortunes moyennes et la haute aristocratie.

Cette loi donnait à la caserne le maximum d'hommes appelés, et en outre, elle économisait au commerce, à l'industrie, à l'agriculture, à l'État, une somme que nous pouvons estimer annuellement à environ 610 millions. Notre ami Thalamas l'a expliqué hier en termes excellents. Il faut compter le travail de l'ouvrier qui est appelé à rester enfermé dans une caserne et qui fait défaut à toutes les fonctions de la vie nationale.

On a tablé pour établir les dépenses ministérielles et le budget de la guerre sur des données qui remontent à 50 ou 60 ans; aujourd'hui c'est 15 à 1.800 fr. par homme qu'il faut compter, et l'année supplémentaire de service avec 200,000 hommes, représente une somme de 300 millions en moyenne que la République est obligée de payer en plus. Le budget de la guerre et celui de la marine sont écrasants; c'est le plus gros budget des puissances européennes militaires. *(Très bien.)* Nous avions étudié la question avec le regretté sénateur Rolland, notre ami Bertaux, ministre de la Guerre, cet excellent général dont notre président a rappelé tout à l'heure le souvenir, le général André; on avait fait les calculs les plus serrés, les plus précis sur les frais généraux de ce budget colossal qui, cette année, dépassera 2 milliards, marine comprise. On était arrivé à une réduction en supprimant ur[illegible] année [illegible]rvice, avec la diminution des périodes qu[illegible] ne s[illegible]pas à grand'chose, vous savez bien que, sur 15 [illegible] ou 21 jours, il y a bien 8 jours perdus.

Nous demandons donc le retour à la loi de 2 ans au lieu de la loi de 3 ans qui fonctionne et que nous respecterons loyalement tant qu'elle existera. De cette loi sans vouloir traiter chaque article, j'appelle l'attention de nos élus sur le 4° paragraphe de l'article 25 qui dit à propos des engagements volontaires des jeunes gens de 18 à 19 ans :

« Les deux dispositions énumérées ci-dessus prendront fin 3 ans après la promulgation de la présente loi si l'éducation militaire de la jeunesse n'a pas été organisée par une loi dans l'ensemble du pays. »

Cette phrase est dangereuse, citoyens. On l'avait attribuée aux articles 94 et 95 de la loi de 1905. Jamais il n'en a été question et si on a pu trouver des défauts à l'application de la loi de 1905, c'est précisément parce qu'on n'avait pas indiqué et prévu suffisamment l'éducation militaire de la jeunesse; à l'heure actuelle on n'a pas songé encore à la constitution immédiate du tir obligatoire dans toutes les grandes villes de France.

Pour améliorer la loi de 3 ans, pour obtenir le retour à la loi de 2 ans, nous demandons de réaliser les vœux suivants qui sont la conclusion des travaux de la commission de réformes militaires du Parti et que nous allons vous transmettre tout à l'heure dans une formule préparée par MM. Javal et Brossé.

Vous trouverez beaucup de gens qui donneront ce qu'il faut pour le tir, pour l'achat de poudre et d'armes. On est obligé de vendre des fusils à 5 francs les 100 kilogs, ce qui fait 0 fr. 05 le kilog, 0 fr. 25 un fusil. On n'a pas pensé à l'ordinaire du soldat. On augmente tout le monde et le soldat mange toujours la même portion. *(Applaudissements.)* Améliorer les conseils de révision. Nous allons vous citer un fait typique : une lettre ouverte a été adressée au préfet de Meurthe-et-Moselle en date du 5 septembre 1913. Cette lettre, signée J. Perrin, de Chaligny, prévient l'autorité que depuis sept à huit mois la barragiste d'une commune proche de Toul, décédé, a été remplacé par un Allemand, et cela malgré des demandes réitérées dont l'une apostillée par votre serviteur et qui ont été considérées comme lettres mortes. Cet Allemand fait en ce moment une période d'instruction militaire en Allemagne, muni d'une permission réglementaire de l'administration. *(Violentes exclamations.)* Que l'autorité soit censée l'ignorer, elle n'en a pas moins donné une permission.

Comme conclusions, voici les réformes que nous considérons comme indispensables et dont nous proposons l'adoption au Congrès :

Modifications profondes à apporter dans la composition de l'état-major général.

Retraite proportionnelle pour les officiers, un des seuls moyens efficaces pour assurer la solidité de l'encadrement de nos réserves. (Cette retraite proportionnelle a existé en 1874-1875.)

Mise en vigueur immédiate de la constitution des groupes de préparation militaire, si bien visés par la loi de 1905.

Tir obligatoire dans toutes les communes.

Augmentation de la solde de tous les gradés et surtout augmenter le versement à faire à l'ordinaire du soldat, qui n'a guère changé depuis cinquante-trois ans.

Améliorer le fonctionnement des conseils de révision.

Assurer la remonte de notre cavalerie et artillerie.

Confirmer l'instruction de nos troupes dans des camps d'instruction dont le nombre est actuellement trop insuffisant entre Maubeuge et Belfort, tout en utilisant Maubeuge, Verdun, Toul, Langres, Dijon, etc...

En conséquence, installation de camps d'instruction, susceptibles de servir en même temps d'appui dans la région choisie par l'état-major général vers l'Est et le Nord-Est.

Créer des lignes de chemin de fer transversales faisant communiquer entre elles les grandes lignes se dirigeant vers l'Est et le Nord-Est.

Améliorer la garde des voies de chemin de fer d'une façon telle que, dès le soupçon d'une tension politique, nos ouvrages d'art soient à l'abri de tout sabotage.

Créer dans la couverture un voile tellement ténu qu'un cri quelconque ne puisse être poussé chez nos voisins sans que le haut commandement n'en reçoive l'écho immédiat grâce à un établissement de postes téléphoniques, cyclistes, automobiles, etc.., etc... et surtout grâce au renvoi de tous ces étrangers établis dans le pays près de nos ouvrages, ou qui le sillonnent avec un sans-vergogne inqualifiable.

Pratiquer beaucoup plus fréquemment dans les manœuvres d'automne des changements de direction par corps d'armée vers des points ou des lignes arrêtés par l'état-major général, afin de confirmer le bon fonctionnement des divers services de l'arrière : ravitaillement, ambulances, etc... pour l'exécution de nouveaux ordres.

Modifier la répartition des troupes sur les frontières Est et Nord-Est, etc., etc.

M. J.-L. Dumesnil. — En m'excusant du malentendu de tout à l'heure, je vous demande la permission d'insisler très brièvement sur cette question de la défense nationale. Je crois que le parti radical, réuni dans son Congrès annuel, doit sur cette question primordiale qui a certainement constitué l'un des principaux éléments de direction de notre politique dans le cours de l'année qui vient de s'écouler, je crois que le Parti radical doit prendre ses responsabilités comme ses élus ont pris les leurs.

A l'instant, le général Godard, vous a exprimé son opinion à ce sujet. Je ne veux pas, en ce qui me concerne, entrer dans le détail même du projet de loi qui a été soumis aux délibérations et aux votes du Parlement. En ce qui me concerne, c'est une déclaration de principe que je tiens à faire tout de suite pour bien éclairer les militants ici réunis, je suis de ceux qui ont voté contre la loi de 3 ans et qui s'en félicitent. *(Vifs applaudissements.)* Mais ceci étant dit, nous sommes de ceux, nous, parti national, j'insiste sur ce mot, qui, tant qu'une loi existe, la respectons; mais nous ne nous interdisons pas de faire appel au suffrage universel dans la légalité pour essayer d'améliorer une loi qui ne paraît pas répondre aux sentiments de la démocratie et aux besoins du pays. *(Vifs applaudissements.)*

C'est donc dans cet esprit que nous, républicains de gauche, que nous, parti radical, nous devrons exercer notre action dans le pays et au Parlement et que vous, militants qui représentez ici les forces vives de la démocratie, vous devez donner à vos élus, parce que c'est vous qui êtes la masse, c'est vous, militants, qui devez profiter de vos congés annuels pour indiquer à vos élus la direction populaire que vous entendez donner à cette question de la défense nationale. Et tout de suite qu'il me soit permis de dire que le parti radical n'a pas à se préoccuper, n'a pas à s'inquiéter, à discuter certaines calomnies qui lui sont lancées en ce qui concerne ses sentiments patriotiques. S'il est un parti qui a toujours élevé au-dessus des préoccupations des personnes, au-dessus de ses intérêts électoraux, le souci de la défense nationale et l'amour de la patrie, c'est bien le parti radical et radical-socialiste *(Vifs applaudissements.)* mais tout de même, citoyens, il est nécessaire de dire qu'on a le droit d'avoir une conception de la défense nationale, une conception qui diffère de celle que semblent professer certaines personnes qui ne sont que les cabotins du patriotisme. *(Vifs applaudissements.)* Nous avons le droit d'avoir une autre conception de la défense nationale que celle de ceux qui sont les réactionnaires de toujours. Nous avons cependant le droit de dire que nous sommes de vrais et de bons patriotes. C'est ainsi que la question se présente devant nous. Nous n'avons jamais dit que ceux qui pensaient autrement étaient des Français de deuxième classe et nous, des Français de première classe.

Nous avons le droit de ne pas admettre que certains partis viennent dire que, selon qu'on est pour ou contre la loi militaire, on est de meilleurs ou de moindres Français. La question de patrie, le mot de patrie, l'idée de patrie, devraient être au-dessus de toutes ces controverses. Quand on aime sa patrie, on l'aime au fond de soi-même, on ne l'aime pas verbalement avec du bruit et avec du tapage. *(Applaudissements répétés)*. Le sentiment du patriotisme est surtout chez les fils de la Révolution un sentiment profond qui ne doit pas même sortir du cœur dans lequel il est éclos. Le sentiment d'amour de la patrie, qui donc l'aurait mieux que vous, fils démocratiques des républicains, fils de ceux qui ont donné leur sang et leur vie pour la République et pour la patrie que nous ne séparons jamais? Est-ce que tout de même ce sont les descendants des partis de réaction qui vont venir donner au parti radical, au parti démocratique que vous êtes, des leçons de patriotisme? Est-ce que ce sont ceux, on l'a rappelé souvent, il faut le rappeler sans cesse, est-ce que ce sont les descendants ou les partisans des régimes passés qu'ils essaient de ressusciter, les fils de ceux qui rentrèrent en France dans les fourgons autrichiens, les fils de ceux qui descendaient sur les côtes de Bretagne dans les frégates anglaises aux heures troubles, alors que toutes les royautés marchaient contre la patrie; sont-ce ceux-là qui viendront donner des leçons de patriotisme aux enfants de la Révolution qui chassèrent l'étranger du sol de la patrie? Est-ce que ce sont les partisans des régimes impériaux qui ont conduit la France à Waterloo et ensuite dans la trahison de Sedan *(Longs applaudissements.)*; est-ce que ce sont ces tenants du cléricalisme qui, parce qu'ils ont livré, disons le mot, la France au Pape romain, nous ont laissés isolés devant l'Europe aux jours de tristesse de 1870 et qui sont les véritables responsables de la perte de l'Alsace-Lorraine *(Nouveaux applaudissements.)*; est-ce que ce sont ceux-là qui viendront, parce qu'il peut y avoir dans le parti républicain des divergences d'opinion sur les moyens d'assurer la défense nationale, discuter votre patriotisme? Non, nous n'entrons pas dans cette manière de voir, nous restons ce que nous sommes, ce que nous avons toujours été des défenseurs de la patrie, mais des défenseurs qui se préoccupent non seulement des signes extérieurs de cette défense, mais des conditions même de la défense nationale. Si nous voulons défendre la patrie, si nous sommes toujours au premier rang pour affirmer le patriotisme républicain, nous sommes de ceux également qui ne voulent pas céder à l'heure mauvaise, à l'heure trouble, devant le chantage de ceux qui ont été dans le passé, et dans un passé pas bien lointain, souvent les moins bons patriotes; nous sommes de ceux qui sont prêts à faire tous les sacrifices; mais nous entendons discuter les mesures de ces sacrifices et surtout la répercussion profonde que peuvent avoir dans la nation les sacrifices demandés à tous les enfants de la France.

Le Congrès n'a pas à revenir sur la discussion même de la loi militaire; il a simplement une indication à donner à ses élus. Elle consiste à dire qu'affirmant d'abord notre patriotisme absolu, notre patriotisme profond et sans limites, nous voulons cependant nous préoccuper des conséquences économiques, des conséquences sociales que peut avoir sur le peuple de France la loi nouvelle qui a été votée; que nous nous réserverons, tant que la loi sera la loi, de demander au pays, maître et juge souverain, ce qu'il veut et ce qu'il pense. C'est pourquoi, vous, républicains réunis dans votre Congrès, vous devrez, tout à l'heure, et je sais que des ordres du jour ont été déposés, donner mandat à vos élus, d'abord par le travail parlementaire, ensuite, dans quelques mois, en y intéressant le suffrage universel, demander au pays comment il entend assurer la défense nationale.

Un Délégué. — Ce n'est pas au pays à demander ce qu'il veut, c'est aux parlementaires à nous le dire.

M. J.-L. Dumesnil. — Je n'ai pas cette conception de la République. J'estime que les parlementaires sont responsables devant le peuple qui commande, c'est la conception républicaine. *(Vifs applaudissements.)*

Un autre Délégué. — Le peuple veut la loi de 2 ans et non celle de 3 ans.

M. J.-L. Dumesnil. — Il appartiendra tout à l'heure au Congrès de donner son opinion et de prendre ses responsabilités comme nous avons prises les nôtres. Vous êtes venus ici pour dire ce que vous pensez. Nous avons pris nos responsabilités mieux que par une motion mais par des votes. Je ne regrette pas les miens, mais l faut que la démocratie républicaine sache ce qu'elle veut. C'est pourquoi, tout à l'heure, je vous demanderai de voter, de façon précise, les vœux déposés devant vous. *(Bruit.)*

Je n'ai plus que quelques mots à dire et très brièvement. Je fais une de ces interventions qui n'a pas besoin d'être appuyée sur un discours. Je ne suis pas de ceux qui jettent l'anathème à ceux qui ne partagent pas mon opinion, et je réclame le droit pour un républicain d'affirmer son opinion démocratique et patriotique sans qu'on puisse lui dire, suivant qu'il est partisan ou adversaire des augmentations de charges militaires, qu'il est meilleur ou plus mauvais Français que les autres. *(Vifs applaudissements.)* Citoyens, c'est par un vœu que vous aurez à vous prononcer. Le Congrès dira quelle est sa pensée et ainsi, il dira la pensée de la démocratie française dont il est ici la représentation. *(Vifs applaudissements.)*

Le Président. — Nous sommes tous d'accord. On nous propose la rédaction suivante du citoyen Brosse d'accord avec le général Godart :

Le Congrès;

« Affirmant sa foi patriotique et fermement attaché au principe de la loi de 1905, inscrit au premier rang de son programme l'organisation des réserves, la préparation de la jeunesse et le retour à la loi de 2 ans en prenant les mesures nécessaires pour assurer la qualité des troupes et leur encadrement. »

Que ceux qui approuvent la motion lèvent la main. *(Bruit.)*

(La motion est adoptée à l'unanimité moins 6 voix.)

Plusieurs délégués demandent qu'on recommence le vote.

M. le Général Pedoya. — Je serai d'autant plus bref que je ne pensais pas prendre la parole. Je vous dirai simplement, avec ma conviction profonde de républicain et de défenseur de la patrie, que je suis depuis très longtemps, depuis toujours partisan du service de deux ans. Je l'ai dit non pas en 1905, mais en 1889, au moment du vote de la loi de 3 ans. Je n'ai cessé de dire que la loi de deux ans serait celle qui appellerait tout le monde sous les drapeaux et qui nous donnerait une armée plus homogène. *(Vifs applaudissements.)* Lorsque la loi a été en discussion, j'ai parcouru toute la France, du nord au midi, de l'est à l'ouest. J'ai soutenu le système de la loi de deux ans parce que je suis profondément convaincu que cette loi est meilleure que celle que l'on nous a donnée. J'ai demandé dans une première réunion de la commission de l'armée au ministère de la Guerre : Que vous faut-il? Que demandez-vous pour assurer la défense du territoire? Il n'en savait rien. Lorsque les Allemands ont augmenté en 1911 et en 1912 leurs effectifs je suis monté à la tribune et j'ai demandé à M. Millerand : Avez-vous quelque chose à redouter? Ne sommes nous pas prêts? — Si répondit-il, jamais la France n'a été plus prête. *(Applaudissements.)*

Et puis, tout d'un coup, avant que la loi allemande ait été déposée, on vient proposer une nouvelle loi de 3 ans. J'ai demandé à M. Etienne, ministre de la Guerre : Que vous faut-il pour assurer la défense nationale malgré les efforts allemands? — Il me faut 70,000 hommes pour augmenter les effectifs, 50.000 pour la couverture, 8,000 d'abord, puis 16,000 pour la formation des nouvelles unités. Nous les avons trouvés ces hommes : c'est Paté, c'est Rolland, c'est Hémon qui l'ont dit : Vous n'avez qu'à chasser les embusqués qui ne viennent pas à l'exercice. Nous avons trouvé les 70,000 hommes et vous voulez la loi de 3 ans quand même? Pourquoi? Pour maintenir ces abus? Eh bien, nous ne les voulons pas; faites-les cesser et quand ils auront cessé nous vous donnerons ce que vous voudrez si cela ne suffit pas. Nous voulons vous donner tout ce qui est nécessaire, mais pas au delà. *(Très bien.)* Qu'est-ce que vous cherchez? Vous cherchez la quantité des hommes, mais la quantité n'est pas tout. Quel est le général qui pourra commander 80,000 hommes? Quel est celui qui ne préférera pas avoir des hommes bien instruits à ceux qui ne le sont pas? Nous venons de le voir aux manœuvres. Tous les ans, malgré mes 75 années, je suis les manœuvres *(Vifs applaudissements.)* et cependant l'année dernière M.Millerand trouvant sans doute que j'étais trop vieux m'a enlevé le commandement que j'auraisdû avoir en temps de guerre. Si ce temps-là revient, on aura besoin de tout le monde. *(Vifs applaudissements.)*

Ce n'est pas la quantité d'hommes qu'il faut, c'est la qualité, c'est l'encadrement. Je viens de le voir dans les manœuvres et j'en reviens le cœur navré : jamais depuis de longues années je n'ai vu un tel état de médiocrité. Il faut révolutionner tout dans l'armée, modifier les règlements pour avoir une armée qui soit prête à défendre le pays dans de bonnes conditions et non pas une cohue d'hommes incapables de donner un résultat sérieux. *(Vifs applaudissements).*

On nous a accusés de manquer de patriotisme, nous qui avons défendu la loi de 2 ans. Dites-moi si j'ai manqué de patriotisme quand vous avons résisté en 1870 à Wissembourg, à Frœschwiller et à Sedan. *(Longs applaudissements.)*

Dites-moi si j'ai manqué de patriotisme, moi qui ne demande qu'à avoir un commandement le jour où la guerre se déclarerait, moi qui ai laissé à l'Alsace des souvenirs profonds dans mon cœur *(Vifs applaudissements.)* et qui vois toujours cette plaie saignante devant nous, moi, à qui l'empereur d'Allemagne a refusé, il y a 3 ans, d'aller en Allemagne parce que j'avais provoqué le chef d'état-major de l'armée allemande.

Manquons-nous de patriotisme? Non, nous voulons une armée qui soit forte, mais au détriment de la richesse nationale, pas au détriment de la fortune publique, pas au détriment des ouvriers et des paysans. C'est pour cela que je demande que dans l'ordre du jour proposé on ajoute « qu'on recherche la qualité des troupes et l'encadrement ». *(Vifs applaudissements.)*

M. Javal. — Un certain nombre de militants et d'élus m'ont demandé de poser, sans aucun commentaire ou discours, une question au Congrès, la question de savoir si, oui ou non, il veut arrêter un programme dans lequel serait comprise une partie militaire. Nous présentons une rédaction préparée qui semble plus complète que les rédactions diverses, toutes intéressantes, qui ont été apportées.

Bien qu'ayant causé avec beaucoup de militants, je n'ai pas la prétention de croire que l'ordre du jour proposé soit adopté sans débat, mais nous voulions demander qu'il fût décidé d'abord qu'il y aurait un programme minimum portant sur trois questions : militaire, laïcité et justice fiscale, et que, sur ces questions, le texte formulé soit voté par le Congrès, soit par un ordre du jour spécial, soit comme annexe à la déclaration du parti; c'est sur ce texte que se réaliserait la discipline. Je suis à la disposition du Congrès pour lire en ce moment la partie du texte qui s'applique à la question militaire : *(Cris : Lisez, lisez tout!)*

Le Président. — Il faut de l'ordre dans le débat. Il y a une question : celle du programme minimum. Mais vous en avez déjà détaché, pour les mettre en quelque sorte en lumière, les points essentiels, comme la défense laïque, la réforme de l'impôt et les situations ministérielles.

Il est évident que nous avons un programme militaire très étendu auquel nous sommes très attachés et dont beaucoup de points rentrent dans le programme minimum de notre parti, mais il est évideut en même temps que nous devons sur la loi de 3 ans faire une manifestation distincte et émettre un vote bien clair *(Très bien.)* On m'a donc proposé un ordre du jour qui sur ce point n'excluerait nullement la rédaction de Javal au titre du programme minimum du parti. Voilà cet ordre du jour : J'en donne de nouveau lecture :

« Le Congrès, affirmant sa foi patriotique et fermement attaché au principe de la loi de 1905, inscrit au premier rang de son programme l'organisation des réserves, la préparation de la jeunesse et le retour à la loi de deux ans. *(Très bien!)*

Et le général Pédoya proposa d'y joindre :

« En prenant les mesures nécessaires pour assurer la qualité des troupes et leur encadrement. »

M. Javal. — Je ne vois aucun inconvénient à cette adoption. *(Cet ordre du jour est adopté à l'unanimité moins deux voix.)*

M. Javal. — Nous avons déjà voté plusieurs ordres du jour qui expriment les sentiments du Congrès sur les questions de laïcité ou militaires. Ce sont bien des ordres du jour, ce ne sont pas, à proprement parler, des articles de programme. Ce qu'on nous a demandé, c'est de rédiger des articles d'un programme minimum en vue de la bataille de 1914. Personnellement, je le répète, je n'avais nullement l'intention de demander qu'on votât dès maintenant sur les articles du programme minimum. Mon idée était de déposer cette rédaction en demandant, sauf rectifications nécessaires, qu'elle fût publiée avec la déclaration du parti de façon que tous les militants sachent sur quoi on doit livrer la bataille.
Sous réserve de cette observation, je donne immédiatement lecture, sans commentaire, du texte préparé.

Préparation militaire de la jeunesse.
Organisation des réserves.
Rajeunissement du commandement.
Relèvement des soldes des officiers et sous-officiers (1).
Suppression des embusqués.
Perfectionnement de l'armement.
Amélioration des conditions de mobilisation et de mise en état de résistance de la frontière.

En général, toutes mesures propres à permettre le retour à la loi de 1905, appliquée dans son esprit, portant à leur maximum les forces défensives de la nation, au service d'une politique de paix dans la dignité, et sans péril pour son développement économique.

Plusieurs délégués demandent que l'on vote en bloc le programme minimum.

LE PRÉSIDENT. — Il me semble, au contraire, qu'il vaut beaucoup mieux que ce soit au moment où nous venons d'entendre chaque fraction de votre texte que nous l'adoptions. Le texte que nous venons d'entendre me paraît excellent et de nature à être adopté par tous les membres du Congrès. Laissez-moi le mettre aux voix tout de suite.

M. BOUFFANDEAU. — On n'a pas compris la suppression des conseils de guerre en temps de paix qui doit être dans notre programme.

M. THALAMAS. — Il faudrait faire une addition. Hier, traduisant, je crois, la pensée commune à l'unanimité du Congrès je vous avais fait observer qu'il y aurait nécessité que nous n'oublions pas dans notre déclaration générale de réserver une place à cette politique coloniale qui, aujourd'hui, est un facteur essentiel de notre politique extérieure. Je demande donc que dans la déclaration...

M. BEPMALE. — Mais il ne s'agit pas de la déclaration.

M. THALAMAS. — ... on dise que nous entendons diriger notre politique coloniale d'après les mêmes principes d'émancipation progressive des races indigènes et la surveillance par l'État des grandes sociétés financières qui monopolisent l'exploitation des colonies. Il y a là une question dont un parti comme le nôtre doit nécessairement se préoccuper.

LE PRÉSIDENT. — Je ferai observer que la question qui est soulevée là n'a aucun rapport avec ce qu'on était en train de lire et si le citoyen Thalamas croit nécessaire de faire ajouter un paragraphe relatif à la politique coloniale il n'a qu'à l'élaborer.

M. THALAMAS. — C'est déjà fait.

LE PRÉSIDENT. — Eh bien, quand la politique coloniale viendra à l'ordre du jour on le discutera; en attendant ne perdons pas notre temps. On demande la suppression des conseils de guerre en temps de paix.

M. Javal. — On peut l'ajouter. *(Bruit.)*

Le Président. — Vous allez émettre deux votes. Le 1er pour l'adoption du texte de M. Javal, le 2e pour l'adoption de la suppression des conseils de guerre. Que ceux qui approuvent le texte Javal lèvent la main. *(Adopté à l'unanimité.)*

Le Président. — Que ceux qui veulent faire ajouter la suppression des conseils de guerre en temps de paix lèvent la main. *(Adopté à l'unanimité.)*

M. Javal. — On n'a pas voté l'article relatif à la laïcité.

M. Bouffandeau. — Ce n'est pas suffisant. La commission de l'enseignement a discuté cette grosse question. Il n'est pas question de se prononcer sur le principe même de l'amendement Brard. Nous vous demandons de réserver pour demain cette question importante. *(Applaudissements, mouvements divers.)*

M. Javal. — Je suis d'accord pour le renvoi de la commission.

Le Président. — Je vous propose de réserver cette question pour la commission de l'enseignement. Il n'y avait pas d'inconvénient pour les questions militaires, il y en a pour les questions d'enseignement. Pour ma part, si on devait discuter immédiatement cette question, je quitterais aussitôt la présidence pour présenter des réflexions comme congressiste. Ce qui est pour moi un point essentiel, c'est la tyrannie exercée par des hobereaux qui empêchent la fréquentation des écoles laïques. Je n'ai pas vu figurer cela dans le texte proposé, et c'est pourtant le point principal.

M. Francklin-Bouillon. — Il me paraît qu'on s'écarte du sujet. Il y a une question de méthode. Nous ne pouvons pas ce soir nous prononcer sur des faits précis alors que les commissions sont saisies des mêmes questions.

Le Président. — C'est ce que je disais.

M. Francklin-Bouillon. — Ce que nous faisons est complètement inutile, à moins que ce ne soit une lecture très intéressante de Javal. *(Applaudissements.)*

M. Javal. — Nous sommes entièrement d'accord avec Francklin-Bouillon. J'ajoute que je ne me permets pas de donner des indications à une commission qui ne nous a pas apporté son rapport, mais nous demandons aux commissions, en dehors des vœux de principe qu'elles apporteront, en particulier à la commission de l'enseignement, de rédiger sous forme d'articles le programme à insérer dans le programme minimum ce qui paraît essentiel. *(Bruit.)*

LE PRÉSIDENT. — Nous avons terminé la partie des propositions Javal relative à la question militaire. Ceci était parfaitement à sa place. Le reste ne peut venir en discussion que quand on aura discuté les questions à fond et comme résumé des résolutions prises en commission.

M. JAVAL. — Nous sommes tous d'accord sur trois questions : La question militaire est votée ; celles de l'enseignement et de la laïcité seront renvoyées; comme il n'y a aucune commission qui soit saisie des matières fiscales c'est à cet égard une proposition ferme que nous faisons. Nous avons sur cette question rédigé deux articles : l'un sur la déclaration contrôlée, l'autre sur la couverture des dépenses militaires. Voici le texte :

Réforme des impôts directs par l'impôt progressif sur le revenu établi sur la déclaration contrôlée.

Couverture financière des nouvelles dépenses militaires par des impôts personnels sur la richesse et aussi sur la plus-value de la richesse, c'est-à-dire sur l'enrichissement.

(Très bien, applaudissements, aux voix.)

LE PRÉSIDENT. — Je mets ces deux articles aux voix. *(Adoptés à l'unanimité.)*

M. JAVAL. — Voici une dernière motion.

« Le Congrès décide, en outre, que l'investiture du parti ne pourra être accordée qu'aux candidats qui auront approuvé et adopté le programme minimum ».

M. BOUFFANDEAU. — Il faudrait ajourner cela jusqu'à ce qu'on ait tout examiné.

M. BOUYSSOU. — Voici en cinq lignes exactement la motion que je propose au Congrès comme conclusion des quelques explications que vous avez bien voulu applaudir tout à l'heure:

« Le Congrès signale à la vigilance des militants du parti radical et radical socialiste toutes les manifestations, toutes les vélléités de politique personnelle qui risquent de diminuer l'autorité des institutions parlementaires et de favariser le retour de toutes les réactions contre les conquêtes laïques, démocratiques et sociales du parti républicain. » *(Vifs applaudissements, cris : Aux voix, aux voix.)*

Le Président. — Je mets cette motion aux voix. *(Adoptée à l'unanimité.)*

Le Président. — Le citoyen G. Doumergue, président de la commission de la déclaration du parti, nous prévient qu'il y aura une réunion de cette commission ce soir à 9 heures.

M. Hyacinthe Loison. — Je compte m'en tenir à la discussion en cours : l'organisation du parti et la politique générale. Vous avez voté un ordre du jour excellent; je m'en félicite d'autant plus que c'est avec nos amis Vollaeys et Malvy que nous avons rédigé hier soir l'ordre du jour concernant l'attitude du parti radical à l'égard du ministère actuel.

Mais permettez-moi de vous dire en quelques minutes pour exprimer ma pensée que tous ces ordres du jour ne signifieront absolument rien si vous n'en assurez et si vous n'en exigez l'application. *(Applaudissements.)* Vous avez voté à l'unanimité un ordre du jour que vous me permettrez de qualifier d'antiministériel. Il y a quelques années, à Rouen, le ministre d'alors avait au moins trouvé quelqu'un pour venir le défendre. Un honorable, comme disait alors Pelletan, était venu; il n'a plus à venir ici puisque, étant sénateur, il n'a plus personne à défendre. *(Mouvements divers.)* Il s'agit surtout maintenant de prendre des mesures préventives. Ce matin j'ai eu l'honneur dans une brève intervention de demander que le Parti exige que dorénavant les élus radicaux et radicaux-socialistes ne puissent prêter leur concours à un ministère quelconque sans l'assentiment formel et l'autorisation officielle de la direction du Parti. *(Très bien, applaudissements.)* Messieurs, on a beaucoup parlé d'exécutions. Nous sommes ici entre amis et j'ose dire qu'il n'a pas été question de ces mesures qui sont draconniennes et vexatoires autant qu'inutiles. L'opération, si elle s'est faite, s'est faite en douceur, en définitive, toutes les opérations réussissent mais souvent le patient meurt le lendemain. Il s'agit d'assurer le régime des convalescents et d'assurer pour eux les soins indispensables. Molière ayant lancé le mot dans la circulation et lui ayant donné une valeur classique, permettez-moi de dire qu'au lieu d'opération, il s'agissait simplement d'une petite purge. Nos ministres radicaux adhérents au gouvernement d'abaissement et de réaction ne nécessitaient pas une opération. Nous leur avons même rendu tout à l'heure, par l'ordre du jour unanimement voté, un grand service. Nous leur avons permis de se refaire une sincérité. Je crois bien que l'unification du Parti, qui est le grand point de nos préoccupations, est déjà faite virtuellement. Il s'agit de savoir si cette unification se fera dans l'unanimité de principes et dans la sincérité réciproque. Outre l'ordre du jour que vous avez voté, j'en ai proposé un qui a reçu un accueil favorable de la commission concernant les mesures dont je vous ai parlé; mais ce n'est pas assez, je tiens à prendre le congrès à témoin que nous demandons au Comité exécutif de tenir la main à ce que soit appliqué l'ordre du jour voté tout à l'heure, c'est-à-dire qu'au bout de quelques jours ou de quelques semaines les élus du Parti adhérents au ministère Barthou devront être mis en demeure de se conformer à l'ordre du jour unanime du Congrès du Parti. Tout est là. *(Vifs applaudissements.)*

Nous avons demandé par cet ordre du jour que le contact ne soit plus perdu entre les élus du Parti et les militants. Il est bon de demander aussi que ce contact soit constant, permanent entre les élus et le Comité exécutif. Pas plus que leur situation au Parlement, leurs charges, leurs fonctions au comité exécutif ne doivent dispenser nos parlementaires de consulter à tout moment le comité dont ils font partie. Supposez, et voyez la gravité du problème, que la République soit aujourd'hui présidée par un homme moins foncièrement républicain que celui qui est au poste suprême *(Mouvements divers, quelques rires.)* qu'elle soit présidée par quelqu'un qui n'ait pas été nommé par l'unanimité des suffrages de la gauche, qu'arriverait-il à la veille des élections, que pourrait-il arriver de pire pour le parti radical? C'est que le Président de la République appelât au pouvoir un radical ou des radicaux afin de jeter la confusion la plus complète dans l'opinion publique.

A la veille de la grande bataille : Nous ne saurions plus pour qui, ni contre qui, nous nous battrons.

Il faut que la situation soit nette, nous sommes de l'opposition; osons le dire. C'est dans l'opposition qu'on se retrempe et qu'on acquiert le droit à la victoire définitive. *(Vifs applaudissements.)*

Cette discipline du parti à laquelle nous nous attachons, à laquelle nous nous efforçons d'apporter des précisions inéluctables, ce n'est pas une chaîne de prisonnier que nous songeons à visser aux pieds et aux mains de nos élus qui ont notre plus entière confiance : non, ce n'est pas une chaîne, c'est une cotte de mailles de guerriers, dont nous voulons nous armer. Nous voulons que les hommes qui nous représentent aillent à la bataille au nom de nos principes et non pas au nom de l'orgueil personnel. Dans tous les journaux d'opposition et très souvent dans les organes de nos amis socialistes on fait un tableau plus que pessimiste de notre parti. Celui-ci vient de prouver qu'il avait en soi à la fois de quoi former ses cadres et fournir ses chefs.

Permettez-moi, je crois que personne ne soupçonnera la sincérité du tribut que je vais rendre, permettez-moi de rendre hommage à celui qui, pendant la discussion de la loi de 3 ans, a tenu tête à la Chambre, à tous les assauts, à toutes les manœuvres du ministère Barthou, j'ai nommé M. Caillaux. *(Vifs applaudissements.)*

M. Francklin-Bouillon. — Il a été tout seul.

M. Hyacinthe Loison. — Ne renchérissez pas sur des éloges, vous les gâteriez.

Il est venu dresser le drapeau du parti radical et démocratique au moment où on croyait que la bataille était perdue.

Permettez-moi de dire que le parti radical compte un autre chef qui depuis 1875 a été dans toutes les luttes militantes, qui n'a jamais été au pouvoir et qui cependant est injurié comme un ancien ministre, il faut croire qu'il gêne certaines gens, j'ai nommé Debierre. *(Vifs applaudissements.)*

Si donc le Parti a ses chefs politiques, que lui a-t-il manqué? Il lui a manqué la revendication constante d'un idéal. Le Parti a souffert de grandes crises de moralité ou d'immoralité. *(Bruit, exclamations diverses.)* Les principes ont été la robe de mariée qu'on met une fois à l'entrée de la vie nouvelle et qu'on remise ensuite dans l'armoire. *(Concluez.)* Je conclus. En voulant que les principes soient appliqués tous les jours, je dis qu'aujourd'hui le parti radical, et c'est ma conclusion, a le grand honneur de représenter quelque chose de plus que lui-même, c'est-à-dire, à la veille même des élections, la cause même de la démocratie dans ce pays; je dis que nous avons tous été hier saisis d'une profonde émotion lorsque, après la démission du vénéré chef authentique du bloc et du Parti, le citoyen Emile Combes, alors que nous croyions qu'il ne restait plus d'anciens *(Violentes interruptions.)* de vétérans, nous avons vu paraître Camille Pelletan au moment où

Emile Combes se reposait sur le champ de bataille, les yeux ouverts, pour finir sa vie dans une mélancolie paisible, nous avons vu surgir... *(Exclamations nombreuses, cris répétés de : Concluez, concluez.)* un nombre de certains jeunes du vieux parti radical et beaucoup de jeunes qui ne demandent qu'à y entrer ; nous vous proposons non pas de dicter ses devoirs à la Commission mais de lui donner une simple indication par le vœu que voici :

Le Congrès signale à la vigilance des militants du parti radical et radical-socialiste toutes les manifestations et toutes les velléités de politique personnelle qui pourraient diminuer l'autorité des institutions porlementaires.

(Exclamations diverses. On crie : C'est voté. On réclame le renvoi à la Commission et, sur quelques bancs, on applaudit.)

Un certain nombre de délégués font observer que le vœu relève essentiellement de la commission de discipline ; d'autres demandent à l'orateur de ne pas insister, la Commission ayant ajourné sa réunion au lendemain matin.

Le Président. — Nous passons à la politique extérieure. La parole est à M. Lucien le Foyer.

LA POLITIQUE EXTÉRIEURE ET L'ARBITRAGE INTERNATIONAL

M. Lucien Le Foyer. *ancien député de Paris, vice-président de la commission.*

Citoyens,

Vous excuserez la longueur de ce rapport. Elle a pour origine et pour mesure la longueur du silence gardé par le parti sur les événements de la politique extérieure.

I

LES ÉVÉNEMENTS BALKANIQUES

Les faits.

Nous avons tous vécu, au jour le jour, les péripéties de ce drame. Il est nécessaire pourtant de rappeler et de résumer les événements qui se sont déroulés depuis l'automne dernier. Les témoins eux-mêmes ont besoin de réfléchir à ce qu'ils ont vu.

Le 30 septembre 1912, une note de la Bulgarie, de la Serbie et de la Grèce demandait à la Turquie, sur un ton assez menaçant, des réformes en Macédoine. Dès le 1er octobre, la Bulgarie, la Serbie, le Monténégro et la Grèce, qu'une alliance récemment conclue réunissait, commençaient à mobiliser; la liberté de la presse était supprimée, les dépêches censurées, les affaires arrêtées. La Serbie, prenant prétexte de munitions à son adresse arrêtées par la Turquie à Uskub, envoyait à la Porte ottomane un véritable ultimatum; la Skoupchtina était invitée à voter les crédits militaires, puis ajournée.

Eu présence de la mobilisation des Etats alliés, la Turquie, à son tour, mobilisait.

Les grandes puissances intervenaient auprès des belligérants éventuels en faveur du maintien de la paix. — « Les quatre Etats alliés pour l'établissement des réformes dans les provinces turques » répondent en réclamant l'autonomie de la Macédoine : les troupes turques seraient retirées, la Macédoine aurait son armée particulière et serait placée sous la protection de la Bulgarie. Les territoires qui avaient constitué la vieille Serbie constitueraient la zone serbe. L'Empire formerait la zone réservée à l'influence hellénique. — La Turquie, le 7 octobre, faisait annoncer par ses ambassadeurs sa décision d'appliquer les réformes, et acceptait d'accorder aux populations de Macédoine l'autonomie civile et la liberté individuelle.

Le 8 octobre, les ministres d'Autriche et de Russie, agissant au nom des puissances, remettaient à Sofia, Belgrade, Cettigné et Athènes une note « réprouvant énergiquement toute mesure susceptible d'amener la rupture de la paix », annonçant que « les puissances, s'appuyant sur l'article 23 du traité de Berlin, prendraient en mains, dans l'intérêt des populations, l'organisation des réformes dans l'administration de la Turquie d'Europe », et précisant que « si la guerre vient néanmoins à éclater entre les Etats balkaniques et l'empire ottoman, elles n'admettraient, à l'issue du conflit, aucune modification au *statu quo* territorial dans la Turquie d'Europe ». Une démarche analogue était faite auprès de la Sublime-Porte.

Le même jour, par un singulier défi, avec une cynique audace, le Monténégro déclarait la guerre à la Turquie.

Quant aux trois autres Etats alliés, leurs ministres des affaires étrangères remettaient aux représentants de la Turquie un mémorandum qui réclamait une fois de plus la création d'autonomies en Macédoine, constituant autant de sphères d'influence au profit des alliés; ils ajoutaient une nouvelle exigence intolérable : la démobilisation des troupes ottomanes en face de ses adversaires mobilisés.

Le 13 octobre, les ministres des affaires étrangères des États alliés remettaient aux représentants de l'Autriche-Hongrie et de la Russie à Sofia, Belgrade et Athènes leur réponse à la note austro-russe; elle était conçue dans des termes particulièrement inquiétants.

Le 14, la Turquie répondait, sous une forme plus conciliante, à la note collective des ambassadeurs à Constantinople. Mais il était trop tard : au mémorandum balkanique exigeant la démobilisation ottomane, la Turquie répondait, en effet, le 17 octobre, en rappelant ses représentants et en déclarant la guerre à la Serbie et à la Bulgarie. Le même jour et en même temps, la Serbie déclarait la guerre à la Turquie.

Une fois la guerre déchaînée, les catastrophes se succédaient, foudroyantes. Avant la fin d'octobre, les Turcs étaient écrasés à Kirk-Kilissé et à Kuprulu. On ramenait à Constantinople, écrivaient les correspondants de guerre, « des cargaisons d'hommes mutilés ».

Les armées ottomanes étaient vaincues par les Serbes à Koumanovo, par les Bulgares à Lule-Bourgas.

Le grand vizir, Ghazi Moukhtar pacha, démissionnait. Il était remplacé par Kiamil pacha.

Le 30 octobre, M. Poincaré proposa aux puissances :

« 1° la reconnaissance des changements politiques et administratifs dans les régions occupées par les troupes alliées ; 2° la conservation de la souveraineté du sultan à Constantinople et dans la région de la capitale ; 3° la convocation d'une conférence européenne à laquelle les États balkaniques participeraient ; 4° la déclaration par les puissances de leur désintéressement. » (Il fut précisé presque aussitôt qu'il s'agissait du désintéressement « territorial ».)

Ainsi, le gouvernement français proposait aux puissances de reconnaître et de sanctionner le bouleversement politique de la péninsule. Ces propositions rencontraient en Allemagne un accueil peu favorable ; les sentiments de l'Autriche étaient hostiles ; l'Italie se préoccupait de l'équilibre dans l'Adriatique et demandait la formation d'une Albanie autonome. Dans sa réponse, la Triple-Alliance évitait de se prononcer sur la formule du désintéressement territorial.

Le 3 novembre, la malheureuse Turquie se résigne à demander grâce. Elle fait savoir à ses ambassadeurs qu'« étant donnés ses sentiments pacifique et humanitaires, elle estime inutile de continuer la guerre ».

Le 5 novembre, Rifaat pacha, ambassadeur de Turquie à Paris, fait une démarche auprès de M. Poincaré. Il fait savoir que « le gouvernement ottoman demande aux grandes puissances une médiation collective en vue de la cessation immédiate des hostilités et de la fixation des conditions de paix ».

Le 9 novembre, M. Asquith, premier ministre d'Angleterre, prononçant un discours dans un banquet au Guildhall, déclare que les grandes puissances ne doivent pas priver les victorieux des « fruits de leurs victoires ».

Bien que la proposition de médiation eût été transmise par les ambassadeurs des grandes puissances aux gouvernements des États alliés, Kiamil pacha, dès le 12 novembre, demanda directement aux alliés leurs conditions.

Mais, hâtant les négociations, dominant les acteurs de cette sombre tragédie, le choléra s'étend sur la péninsule. Il a son centre à Hademkeui et Tchataldja. « Il fait chaque jour, disent les correspondants des journaux, de 1,500 à 2,000 victimes dans les rangs turcs. Il gagne les troupes alliées. »

Et les convoitises des Balkaniques, en même temps, se font jour. Il ne s'agit plus d'autonomie mais de conquête de la Macédoine, dont le sort doit devenir celui de l'Épire et de la Thrace. La Serbie demande sur l'Adriatique Saint-Jean-de-Médua et Durazzo. L'Autriche, déjà irritée des mauvais traitements infligés à son consul, à Prizrend, M. Prochaska, s'y oppose énergiquement. La Russie s'affirme la protectrice des Slaves. On redoute une guerre européenne. C'est une véritable crise de la civilisation.

Cependant les Grecs entraient à Salonique. Les Bulgares les suivaient bientôt. Les premières querelles éclataient entre alliés. La guerre engendrait et laissait apparaître le conflit.

La première partie du drame, d'ailleurs, finissait presque. Les hostilités étaient suspendues à Tchataldja, en attendant la conclusion d'un armistice. Constantinople se voyait occupée — était-ce la sauvegarde de sa liberté ou le signal de sa déchéance ? — par les marins débarqués des flottes européennes réunies dans le Bosphore.

La Turquie repoussait les conditions des alliés (reddition d'Andrinople, de Scutari et de Janina, abandon des territoires envahis par les vainqueurs). Mais, le 25 novembre, les généralissimes des deux armées, Nazim pacha et Savof, se rencontraient dans un wagon, utilisé comme salle de conférence, pour discuter d'un armistice, qui était signé dans la soirée du 3 décembre. La Turquie, la Bulgarie, la Serbie, le Monténégro y adhéraient. La Grèce réservait sa réponse. Sur l'initiative de sir Edward Grey, ministre des affaires étrangères de Grande-Bretagne, les grandes puissances et les Etats alliés décidaient la réunion à Londres de deux conférences, l'une réunissant les ambassadeurs à Londres des puissances signataires du traité de Berlin, l'autre les délégués des belligérants. La Grèce participerait aux négociations.

Le lundi 16 décembre s'ouvrait à Londres la conférence des plénipotentiaires des belligérants. Peu de jours après, les ambassadeurs siégeaient pour la première fois.

Une certaine entente s'était établie dans les chancelleries. Le 20 du même mois, la réunion des ambassadeurs adoptait le principe de la reconnaissance de l'Albanie autonome et, refusant à la Serbie la pleine possession d'un territoire sur l'Adriatique, lui accordait la jouissance d'un port neutralisé relié à son territoire par un chemin de fer également neutre, dont la garde et la police seraient confiées à une gendarmerie internationale. L'Albanie autonome devrait laisser à la Serbie le libre accès de ce port sur l'Adriatique et assurer aux marchandises serbes qui y seraient transportées le bénéfice de la franchise douanière.

Le 23 décembre, les Balkaniques exposaient aux plénipotentiaires turcs d'incroyables exigences : toute la Turquie d'Europe, à l'exception de l'Hinterland, de Constantinople et de la presqu'île de Gallipoli, toutes les îles de la mer Egée et la Crète.

Le 28 décembre, Rechid pacha, chef de la délégation ottomane, faisait connaître les contre-propositions turques. La Porte essayait de garder ses territoires continentaux et les îles en accordant à la Macédoine l'autonomie.

Le 3 janvier, les plénipotentiaires balkaniques maintenaient leurs prétentions et les appuyaient d'un ultimatum.

Les négociations sont suspendues pendant quelques jours. Les gouvernements et l'opinion exercent sur la Turquie une pression intense. On croyait assister à la liquidation d'une nation.

Le 22 janvier, le conseil des notables, assemblé à Constantinople, se prononçait pour l'acceptation des conditions fixées par les alliés. Le 23, un coup d'Etat avait lieu dans la capitale ottomane ; Nazim pacha était assassiné ; les Jeunes-Turcs reprenaient le pouvoir.

Le 30 janvier, la Porte refusait de céder Andrinople ; le même jour, les alliés dénonçaient l'armistice; les hostilités pouvaient reprendre après un délai de quatre jours. Le 1er février, certains délégués balkaniques quittaient

Londres. La conférence des ambassadeurs reprenait la direction des négociations.

C'est à un nouvel aveu d'impuissance que doivent se résigner les Jeunes-Turcs. Le 1er mars, la Porte demande la médiation des grandes puissances, sans conditions.

Les pourparlers se prolongent.

Cependant, des conflits nouveaux apparaissaient. La Roumanie menaçait la Bulgarie au sujet de la Silistrie et du rivage de la mer Noire. L'entente s'établissait heureusement à Saint-Pétersbourg, où les représentants des États en conflit se rencontraient conjointement avec les ambassadeurs des puissances, sous la présidence de M. Sasonof. Mais les Bulgares et les Grecs se heurtaient à Nigrita.

L'horizon s'éclaircissait enfin du côté de l'Autriche, qui commencait à démobiliser le 12 mars.

Le 26 de ce même mois, Andrinople, après une héroïque résistance, cédait aux Bulgares, aidés des Serbes.

Le 31 mars, le doyen du corps diplomatique à Constantinople, le marquis de Pallavicini, remettait à la Porte une note des puissances déterminant les conditions de paix. La frontière turco-bulgare irait d'Enos, sur la mer Egée, à Midia, sur la mer Noire. La Porte acceptait ces conditions dès le 1er avril. Les puissances avaient réussi à réaliser la paix.

La guerre, pourtant, continuait d'un côté. Les canons monténégrins, qui avaient lancé les premiers obus, tonnaient encore. Le roi Nicolas bombardait Scutari. En vain les puissances annonçaient-elles qu'elles se réservaient de disposer du sort de la ville, prise ou non. Nicolas donnait l'assaut le 2 avril. La flotte autrichienne prenait position devant Antivari. Les puissances décidaient une démonstration navale collective.

Un assassinat venait traverser la guerre et raturer la victoire. Le roi Georges de Grèce était frappé par un meurtrier dont on a mal précisé les desseins et la race. Cette mort d'un roi passait presque inaperçue dans le tumulte des catastrophes balkaniques, la destruction des villes, les massacres de milliers d'hommes. Ferdinand entendait, à Andrinople, la messe en conquérant chrétien, en libérateur de la Croix.

Enfin, le 5 avril, les alliés acceptaient les propositions des puissances, sous certaines réserves. Le 14, une note collective des puissances les pressait de cesser les hostilités. A la même date, un armistice de dix jours était conclu entre les Turcs et les Bulgares. Il était suivi, le 20, d'un armistice engageant tous les belligérants, le Monténégro excepté.

Le 21 avril, nouvelle réponse des alliés remise aux représentants des puissances à Belgrade, Sofia, Cettigné et Athènes. La médiation était acceptée, sous la réserve que certains points seraient l'objet de négociations,

Le 23 avril, Essad pacha capitule à Scutari. A Londres, les ambassadeurs décident que, malgré cette reddition, la ville demeurera albanaise. Le 6 mai enfin, Nicolas de Monténégro remet Scutari entre les mains des puissances.

Le 11 mai, un nouvel et redoutable avertissement se fait entendre. Ce sont les Turcs et les Bulgares qui se combattent à Eleuthera et à Prevista.

Le différend s'aggrave entre les Bulgares et les Serbes au sujet de l'application ou de la révision du traité de partage conclu par eux avant la guerre.

On apprend qu'un accord dirigé contre la Bulgarie aurait été conclu par la Serbie et la Grèce.

A Londres, l'œuvre de la paix se poursuit. Sir Edward Grey, comprenant qu'il faut en finir, convoque successivement les chefs des délégations et les invite à signer sans retard le traité élaboré par la réunion des ambassadeurs.

Le 30 mai, les belligérants signent à Londres les préliminaires de paix.

Presque au même moment, le protocole de Saint-Pétersbourg était accepté par les Roumains et les Bulgares ; une commission mixte était chargée de déterminer la frontière entre les deux Etats dans la région contestée.

Le 9 juin, les délégués des belligérants à Londres se séparent — laissant à leurs gouvernements le soin de préciser l'application du traité du 30 mai. Le même jour, la commission financière internationale se réunit à Paris.

Une crise ministérielle éclate en Bulgarie. M. Guéchof, chef du cabinet, se retire. Le président du conseil serbe, quelques jours après, donne également sa démission, puis la reprend, la donne encore, et est chargé de former un nouveau cabinet.

En Turquie, le grand vizir Mahmoud-Chevket est assassiné. Douze libéraux, meurtriers reconnus ou prétendus complices, sont pendus le 24 juin à Constantinople, sur la place Bayazid.

Le 28 juin, nouveaux incidents serbo-bulgares. Dans la nuit du 29 au 30, les Bulgares attaquent les Serbes, devant Istip. Ce n'est plus un combat, c'est une bataille. Il y a cent mille hommes de chaque côté. Il y a bientôt des milliers de morts.

Le 30 juin, les Grecs, dominant à Salonique, cernent et désarment les Bulgares qui occupent la ville avec eux. Ils les traitent comme des « troupes ennemies » ; ils fusillent ceux des Bulgares qui refusent de rendre leurs armes. Les gouvernements bulgare, serbe et grec échangent des notes violentes. Les Grecs s'emparent de Kilkich. Le 3 juillet, la Roumanie mobilise, pour la raison, dit-elle, « que la Bulgarie, la Serbie et la Grèce se considèrent comme en état de guerre ».

Le 6 juillet, la Serbie rompt toutes les relations avec la Bulgarie et rappelle son représentant à Sofia. Les relations sont également rompues entre la Bulgarie et la Grèce.

Le même jour, les Grecs enlèvent Doiran aux Bulgares. Le 9, les Serbes battent les Bulgares près de Radovitza. Une énorme bataille obscure, où les Bulgares luttent à droite et à gauche contre les Serbes et les Grecs, qui veulent opérer leur jonction, se prolonge pendant cinq jours. Le résultat en est foudroyant : la Bulgarie en déroute sollicite la médiation de la Russie.

En même temps l'armée roumaine, comme si elle voulait montrer que le destin accable toujours les vaincus, pénètre en territoire bulgare.

L'armée turque, qu'un frisson d'espoir fait tressaillir, se met en marche pour reprendre les territoires en deçà de la ligne Enos-Midia.

Le choléra aussi se réveille au bruit du canon. Il commence, comme les belligérants, sa seconde campagne. La Russie cherche à s'interposer entre les Slaves ennemis. Elle propose que la Bulgarie ait Cavalla, sur l'Egée ; la Serbie : Istip, Egri-Palanka, Monastir ; la Grèce : Salonique et Sérès.

Les troupes turques reprennent une partie de la Thrace, poussant les Bulgares, qui se retirent : elles occupent Lule-Bourgas, Viza et Bunar-Hissar ; elles entrent dans Andrinople, et, quelques jours plus tard, dans Kirk-Kilissé!

Ferdinand de Bulgarie envoie lettres sur lettres à Charles de Roumanie ; la reine Eléonore écrit à la reine Carmen Silva : « Je demande une fois de plus à Votre Majesté, dit l'ancien victorieux au nouveau vainqueur, d'arrêter la marche de ses troupes. » Enfin, l'armée roumaine, qui a vaincu sans péril, s'arrête à quarante kilomètres de Sofia.

Le 30 juillet s'ouvre à Bucarest une conférence qui réunit les délégués des Balkaniques. Le 6 août, l'accord verbal s'établit. Le 7, un armistice d'une durée illimitée est conclu.

Le 10, le traité de paix est définitivement signé. La Roumanie obtient Silistrie et une bande de territoire s'étendant de Turtukaï à Baltchik, ainsi que le démantèlement de Roustchouck. La Bulgarie garde Gumuldjina et

Dédéagatch, sur l'Egée, Strumitza à l'ouest; la Serbie conserve Kotchana, Istip et Monastir ; la domination grecque est confirmée à Salonique, Sérès et Cavalla. La Bulgarie s'engage à démobiliser immédiatement.

Ce traité semblait mécontenter autant la Russie et l'Autriche que la Bulgarie elle-même. Les deux grandes puissances annoncent leur intention d'en reviser certaines clauses. Sous l'influence des autres puissances, et notamment de l'Allemagne, elles se résignent à y renoncer.

D'autre part, le 18 août, les ambassadeurs réunis à Londres, après avoir longuement discuté et partiellement réglé les fontières de l'Albanie et le sort des îles de la mer Egée, se séparaient, pour une période de vacances.

Il restait à régler la question d'Andrinople. Les Balkaniques et les puissances insistent auprès du gouvernement ottoman pour le maintien du traité de Londres. La Turquie résiste. Une délégation des habitants d'Andrinople, comprenant non seulement des Turcs, mais encore des Grecs, des Arméniens, des israélites, vient faire connaître aux capitales, et notamment à Paris, l'ardente volonté d'Andrinople de demeurer ottomane. Les Bulgares doivent accepter d'entrer en pourparlers avec la Porte.

Le 8 septembre, des délégués bulgares, ayant à leur tête le général Savof, se rencontrent à Constantinople avec les représentants ottomans, présidés par Talaat bey. Le 17, l'accord verbal est réalisé sur la question territoriale: la frontière part de la mer Noire, au nord d'Iniada, pour rejoindre la Maritza et aboutir à son embouchure. La Bulgarie obtient Tirnovo, Mustapha-Pacha et Ortakeuï; la Turquie garde Kirk-Kilissé, Dimotika et Andrinople. L'entente sur les autres points, notamment sur le régime des personnes et des biens, s'établit dans la seconde quinzaine de septembre. L'arbitrage réglera les différends que pourra soulever l'exécution du traité.

L'EUROPE

Les catastrophes matérielles en Orient s'accompagnaient en Europe d'une véritable faillite morale.

Soyons équitables. Reconnaissons que l'Europe a voulu et su s'abstenir de prendre part au conflit. Gardons-en une grande gratitude aux gouvernements, aux diplomates, à l'opinion. Reconnaissons aussi les efforts faits par les ambassadeurs réunis à Londres pour mettre un terme aux hostilités: c'est la formule de sir Edward Grey, acceptée par les puissances, qui a finalement prévalu; c'est l'Europe qui a rétabli la paix. Considérons enfin comme un progrès, comme un témoignage en faveur du droit qui doit appartenir aux peuples de disposer librement d'eux-mêmes, la constitution d'une Albanie autonome. — Il n'en est pas moins vrai que les gouvernements européens ont connu la préparation de cette guerre, qu'ils en ont toléré tous les drames, qu'ils en ont sanctionné tous les effets.

L'Europe s'est mise à l'abri, et elle a prêté ses bons offices, une fois le coup fait. Mais elle a été complice.

La préparation de cette guerre est suffisamment connue, aujourd'hui, pour qu'il soit pratiquement possible, comme il est moralement nécessaire, de porter un jugement ferme.

Le 13 mars 1912, la Bulgarie et la Serbie concluaient une entente secrète prévoyant et visant « les acquisitions territoriales réalisées par l'action commune », c'est-à-dire réglant le partage des territoires qu'elles se proposaient de conquérir sur la Turquie en lui déclarant ensemble la guerre. Le même jour, la Bulgarie et la Serbie signaient une convention militaire fixant les contingents qu'elles devraient mettre en ligne dans un certain nombre d'hypothèses — dont la première et la plus importante était « la déclaration de guerre à la Turquie » par ces deux Etats, « après entente préalable ».

Ces traités furent connus de la plupart des grandes puissances, au bout d'un temps plus ou moins long.

Qu'ont fait les grandes puissances pour empêcher cette guerre, dont elles connaissaient la préparation?

Après des discussions prolongées et vaines sur les propositions du comte Berchtold, les puissances se bornèrent, le 8 octobre, à une manifestation tardive et platonique, qui prit la forme d'une note collective remise par les ministres d'Autriche et de Russie à Sofia, Belgrade, Athènes et Cettigné : « Les puissances réprouvent énergiquement, disait cette note, toute mesure susceptible d'amener la rupture de la paix. » Mais, avant comme après cette note, aucune intervention effective des puissances; nulle pression efficace sur les chancelleries des belligérants éventuels; aucune démonstration navale. Les puissances, qui surent plus tard concentrer des vaisseaux de guerre à Constantinople, réunir une flotte internationale à Antivari, obliger les Serbes et les Monténégrins à abandonner Scutari et l'Albanie, se gardèrent de toute démonstration sur les côtes de la Grèce et du Monténégro, de toute menace décisive qui pût être interprétée à Sofia ou à Belgrade comme un veto absolu.

Cette tolérance est une manière de complicité.

L'accueil fait par l'Europe à la guerre et à ses conséquences n'est pas moins scandaleux.

Le 8 octobre, la note austro-russe formulait ainsi la « volonté » de l'Europe : « Si la guerre vient néanmoins à éclater entre les Etats balkaniques et l'empire ottoman, les puissances n'admettront, à l'issue du conflit, aucune modification au *statu quo* territorial dans la Turquie d'Europe. »

Quelques jours plus tard, cette parole solennelle s'évanouissait, au son du canon.

Le 9 novembre, le chef de l'Angleterre libérale faisait au banquet du Guildhall ces déclarations inouïes : « Les Etats balkaniques, ayant mûri leur plan d'action, perfectionné leur équipement, coordonné leurs actions réciproques, ont décidé que le recours aux armes était le seul remède efficace... Les choses ne peuvent plus désormais être ce qu'elles ont été jusqu'à présent, et il incombe aux hommes d'Etat, à quelque pays qu'ils appartiennent, de reconnaître et d'accepter le fait accompli... Toute la carte de l'Europe orientale devra être remaniée... Il y a un point, je crois, sur lequel l'opinion générale de l'Europe est unanime, c'est que les vainqueurs ne seront pas dépouillés des fruits d'une victoire qui leur a coûté si cher. »

Tous ceux qui n'ont pas l'âme de Simon-Pierre partageront l'amertume de Gabriel Noradounghian effendi, rappelant, avec la déclaration solennelle publiée par l'Europe et reniée par elle, les vingt-sept traités qui, depuis un siècle, ont successivement garanti l'intégrité de l'empire ottoman.

La Turquie a été, en vérité, traitée comme un paria. Il n'est peut-être pas de catastrophe, depuis le partage de la Pologne, qui ait aussi largement mutilé le territoire d'une nation. Il n'est peut-être pas de circonstance où l'opinion internationale se soit montrée aussi injuste et aussi cruelle.

La Turquie a dû céder environ 150,000 kilomètres carrés, c'est-à-dire à peu près le tiers de la France.

Et l'Europe n'a pas épargné l'ironie au vaincu ainsi dépouillé. Le 17 janvier, les ambassadeurs des puissances remettaient en corps au ministre des Affaires étrangères de Turquie une note collective où on lisait : « Désireuses de prévenir le péril des hostilités, les six puissances croient devoir appeler l'attention du gouvernement impérial ottoman sur la grave responsabilité qu'il assumerait si, par sa résistance à leurs conseils, il empêchait le rétablissement de la paix. Il n'aurait qu'à s'en prendre à lui-même si la prolongation de la guerre avait pour conséquence de remettre en question le sort de la capitale et peut-être d'étendre les hostilités aux provinces asiatiques de l'empire. Dans ce cas, il ne pourrait pas compter sur le succès de leurs efforts pour le préserver du danger contre lequel elles l'ont déjà prémuni et le détourner encore de s'y exposer. » Et sir Edward Grey prononçait à la Chambre des communes, le 17 août, ces paroles qu'on ne peut relire sérieusement : « La conservation de la Thrace et d'Andrinople imposerait aux finances de la Turquie un fardeau supplémentaire en temps de paix et serait une véritable cause de faiblesse en temps de guerre... Si le gouvernement turc méprise le conseil des puissances au sujet d'Andrinople, il sera tôt ou tard acculé à un désastre dont la Grande-Bretagne ne pourra pas le protéger. » Qui perd gagne, assure le pince-sans-rire britannique.

LA FRANCE

L'opinion.

On aurait pu croire que l'opinion française, cette grande autorité morale, éprouverait de l'aversion pour les agresseurs, de la sympathie pour les vaincus. La France libérale est hostile à la violence. La France catholique et traditionaliste avait des motifs de conserver et de manifester l'amitié séculaire qui a constamment uni la Turquie et notre pays depuis François Ier jusqu'à Napoléon III. Nul n'ignore que l'empire ottoman, tolérant à l'égard de tous les cultes, a particulièrement défendu les populations catholiques, dont la France est la protectrice en Orient contre les injures et les menaces des Slaves orthodoxes. Une semblable attente eût été destinée à une déception profonde. Une immense frénésie s'empara de l'opinion française. L'âme des croisades se réveilla. Les victoires de la croix sur le croissant enivrèrent, on ne sait pas à quel point, des lecteurs paisibles, déterminés à ne quitter ni leurs affaires, ni leurs plaisirs, et qui regardent la guerre du haut des colonnes d'un journal, sont ambitieux de gagner des batailles. Quoi ! Ce sont les canons du Creusot qui déchirent les Turcs en Thrace et en Macédoine... Cette pensée remplit les Français d'enthousiasme. Lule-Bourgas et Kumanovo furent fêtées comme des revanches de Sedan. L'opinion française fut stupéfaite, reçut une blessure profonde, quand elle apprit que le roi de Grèce avait fait son éducation militaire en Allemagne, qu'il était le beau-frère du kaiser et qu'il s'en souvenait. « Je ne puis m'empêcher de répéter encore une fois, bien haut et publiquement, dit Constantin, que nous devons nos victoires, en même temps qu'au courage invincible de mes compatriotes, aux principes sur l'art et la conduite de la guerre que, moi et mes officiers, nous avons appris ici, à Berlin. » Le roi se trompe, s'écrie l'opinion publique française, qui tient à ses victoires par mandataires. C'est Schneider et Eydoux qui ont triomphé sur les champs de bataille. Et le peuple qui a subi le traité de Francfort applaudit au traité de Londres. La nation mutilée n'a donné son cœur qu'aux victorieux.

On a pu lire dans des journaux républicains ces conseils sans pitié — mais non dépourvus vraiment d'une ironie involontaire, d'une ironie sanglante : « Le remède radical, chirurgical, de la crise turque serait la disparition totale de la Turquie d'Europe, l'exode de tous les Ottomans vers une Turquie d'Asie régénérée... La cession d'Andrinople devra être acceptée par la Turquie comme la garantie même de son relèvement prochain... Quant aux îles, on s'efforcera de faire comprendre à la Turquie qu'il est également de son intérêt d'éteindre des foyers d'incendie qui risqueraient d'embraser à nouveau l'Orient... Et toutes les assurances formelles seront données par l'Europe à la Sublime-Porte contre tout retour offensif des alliés. » Malheureuse Turquie, si elle repousse ce « remède », sa « disparition » d'Europe! Heureuse Turquie, si, « régénérée », c'est-à-dire dépouillée, elle obtient, une fois de plus, les « assurances formelles » de l'Europe!

Le gouvernement.

On aurait pu croire que la France, puissance musulmane, accorderait à la Turquie envahie, sinon le bénéfice d'une sympathie active, du moins la garantie d'une impartialité manifeste. On ne peut penser qu'il en fut ainsi, tout au moins pendant la première partie de la guerre. Ce n'est pas sans raison que M. Danef, premier plénipotentiaire du gouvernement bulgare à Londres, adressait au président du conseil, le 3 janvier dernier, un télégramme remerciant la France d'avoir « témoigné tant de sympathie bienveillante à son pays ». Ce n'est pas sans raison qu'une délégation de notabilités de tous les pays arabes de l'empire ottoman rendait, à Constantinople, visite à M. Bompard, le 31 janvier, et lui exprimait « la douleur que les Arabes du monde entier ont éprouvée en voyant l'attitude hostile à la Turquie » prise par l'opinion française.

La responsabilité de la France est particulièrement engagée.

Le président du conseil, ministre des Affaires étrangères, a reconnu à la Chambre, dans la deuxième séance du 21 décembre 1912, que le gouvernement fut « informé, au mois d'avril, que la Bulgarie et la Serbie venaient de s'unir par un traité, et que la Bulgarie et la Grèce avaient entamé des négociations pour préparer une autre convention ». Comment le ministre a-t-il accueilli cette grave nouvelle? Comme une « grande et féconde idée »... Le gouvernement français « a témoigné à la puissance alliée une fidélité effective et agissante ». Il a bien adhéré aux vues du comte Berchtold; « mais, avant que les puissances eussent définitivement arrêté les lignes générales d'un plan d'action », la guerre a éclaté dans les conditions que l'on connaît. Il semble donc que l'influence de la France n'ait été, à cette période, ni très active, ni très heureuse. Peut-on louer une politique qui accueille si favorablement une nouveauté aussi menaçante que l'était, visiblement, l'alliance balkanique, qui paraît s'efforcer d'écarter la guerre, mais lui réserve ses complaisances? Qu'est-ce que cette monnaie internationale (pour partie frappée en France) qui porte sur la face l'affirmation du *statu-quo*, et sur laquelle on lit, au revers, la sanction de toutes les violences?

Une fois la guerre engagée, le gouvernement français s'est efforcé de délimiter le conflit, et il faut l'en féliciter sans réserves. Il annonçait, par ailleurs, que la France gardait la neutralité; mais cette neutralité ne fut pas sans surprises.

M. Poincaré — qui n'a pas un mot de sympathie pour la Turquie vaincue et dépouillée — vante devant la Chambre, le 21 décembre, « l'autorité morale que les jeunes royaumes balkaniques ont conquise sur les champs de bataille », et affirme qu'ils se sont « acquis des droits depuis lors consacrés par leurs efforts et leurs sacrifices », Le même jour, il dit au Sénat : « Que les Balkans appartiennent désormais aux peuples balkaniques, Bulgares, Grecs, Serbes, Monténégrins, Albanais, c'est assurément messieurs, la solution la plus naturelle et la plus équitable ». Dans cette énumération, les Ottomans sont oubliés et cette omission est singulière. « Nous proposions aux grandes puissances (dès le 30 octobre), disait encore à la Chambre le ministre des Affaires étrangères, de répudier, à la veille d'un partage des Balkans, toute ambition territoriale. » Et il ajoutait : « Lorsque la France a proposé que l'offre de médiation fût accompagnée d'une clause de désintéressement, je puis donner à la Chambre l'assurance qu'aucun des Etats balkaniques ne s'est mépris sur notre pensée et qu'ils nous en ont tous été reconnaissants. » Evidemment! La France croyait remplir « ses devoirs de neutralité » en sanctionnant et consacrant « le partage des Balkans » et en réservant aux Etats balkaniques seuls tous les bénéfices de ce partage. La France désintéressée était plus balkanique que les Balkaniques eux-mêmes. Ils en marquèrent quelque joie. Evidemment!

Si les amis de la véritable neutralité ont eu quelque motif d'être surpris, il semble que les amis de la paix aient pu légitimement concevoir quelque inquiétude. Le discours de Nantes — comme les déclarations du 21 décembre — insiste uniquement sur la « fidélité » à la puissance alliée et se borne à assurer que « la France n'a pas voulu compliquer, par une opposition systématique de groupements internationaux, les difficultés du moment »! Heureusement! Il n'eût plus manqué que de voir notre pays saisir l'occasion de la guerre balkanique pour contribuer à créer « une opposition systématique » entre la Triple-Entente et la Triple-Alliance! Dans de pareilles conjonctures, on peut penser qu'un gouvernement qui avait pour mission de sauvegarder la France et la paix eût dû aussi collaborer directement avec les puissances appartenant à l'autre groupement. Le protocole de désintéressement était, au contraire, un coup droit porté à l'Autriche. M. François Deloncle constatait à la Chambre : « L'Autriche n'a pas répondu; et qu'eût été notre réponse si, au moment où nous avons prié l'Autriche de marcher avec nous à Algésiras, elle nous avait dit, au début même de nos conversations : Déclarez d'abord que vous êtes désintéressés! « Ayons, continuait le député des Basses-Alpes, la liberté de parler de toutes choses avec les autres nations, que ce soit l'Autriche, l'Italie ou même l'Allemagne. »

Le Parlement.

Que dire du Parlement français pendant les événements balkaniques, sinon qu'il a montré tout ce qu'il peut y avoir d'imprudence dans la sagesse? Il demeura quasi muet. Si l'on excepte une déclaration à la commission des affaires extérieures de la Chambre, — sous la réserve qu'aucune question ne serait posée, — le bref débat qui eut lieu à la Chambre et une communication sans discussion au Sénat, le même jour, le Parlement n'a rien appris ni rien dit concernant ces questions redoutables qui pouvaient engager l'avenir même du pays. C'est avec raison que M. François Deloncle observait que le Reichsrath, les Délégations austro-hongroises, la Chambre des communes, le Reichstag et même la Douma avaient vu s'ouvrir des débats sur les affaires des Balkans, tandis que le Parlement français était demeuré silencieux. C'est avec raison aussi qu'il invitait la Chambre « à revenir aux traditions des Parlements libres ». où l'on « traite sans réticences ces grandes questions de politique extérieure, dont dépendent la paix et la fortune, l'avenir et la grandeur du pays ». Ces paroles étaient prononcées le 21 décembre. La Chambre ne devait à nouveau rompre le silence que cinq mois après, le 16 mai.

Le Parti radical et radical-socialiste.

Qu'a fait le Parti radical et radical-socialiste en présence des événements balkaniques ?

Peu de chose, pour ne pas dire rien.

Au moment où le Monténégro déclarait la guerre à la Turquie, le Parti était réuni en congrès à Tours. Il adoptait, sur la proposition de notre ami, le citoyen Javal, le vœu très sage, mais un peu simple, qu'on va lire :

« Le congrès, en présence du conflit soulevé dans les Balkans et qui menace d'ensanglanter l'Europe, émet le vœu que les gouvernements des grandes puissances continuent à intervenir énergiquement pour le maintien ou le rétablissement de la paix ; et déclare qu'aucune querelle de partis ne saurait faire obstacle à l'union de tous les Français dans les questions d'ordre extérieur. »

Un autre vœu était présenté par la Fédération de l'arrondissement de Bergerac et adopté par le congrès :

« La Fédération émet le vœu qu'en 1913 un débat soit institué sur la politique extérieure de la République. »

Ce débat va s'ouvrir au congrès de Pau — mais il sera rétrospectif. Il faut rappeler les principes quand il est encore temps d'y recourir, plutôt que les évoquer trop tard, au lendemain des faits.

Entre les deux congrès, et malgré certains appels pressants qui lui furent adressés (il sera permis au signataire de ces lignes d'y faire allusion), le comité exécutif s'est tu. Un ordre du jour, difficilement élaboré par le bureau dès le début de novembre, fut renvoyé par le comité exécutif, réuni en séance plénière, sous prétexte de modifications à apporter à la rédaction. Comment s'étonner du silence du Parlement, puisque notre parti se taisait dans l'ombre ?

LES RÉSULTATS

Les contre-coups de la double guerre déchaînée dans les Balkans, les conséquences de l'attitude de l'Europe et de la France, sont considérables et pleins de périls. On ne peut aujourd'hui mesurer exactement ces résultats ni même les dénombrer tous. Il est possible pourtant, et nécessaire aussi, de jeter sur les principaux d'entre eux une vive lumière.

Les morts, les massacres.

Honorons d'abord les morts. Inclinons-nous devant la souffrance. Donnons la parote à l'humanité. Combien d'hommes cette prétendue guerre de libération a-t-elle délivrés de la vie? On ne sait. Saura-t-on jamais ?

La *Gazette de Saint-Pétersbourg* publiait, le 30 août, les chiffres suivants : « La Turquie a eu 150.000 tués, blessés ou disparus; la Bulgarie a eu, dans la première guerre, 73,000, et dans la seconde, 83,000 hommes hors de combat; la Serbie a perdu 20,000, puis 43,000 hommes; la Grèce, 23,000 et 25,000 hommes; le Monténégro, 10,000, puis 1,200 hommes. » « Le chiffre total des victimes de cette guerre, dit une autre statistique, s'élève à 426,000 hommes, sans compter les victimes civiles. »

Dans les seules batailles de Lule-Bourgas, Bunar-Hissar, Midia, qui ont duré presque cinq jours entiers, du 29 octobre au 2 novembre, les pertes turques ont été, disent les dépêches, de plus de 40,000 morts et blessés. Au Monastir, les Turcs ont eu plus de 20,000 blessés et morts; les Serbes, 8,000 soldats hors de combat. Les assauts des 24, 25, 26 mars, qui ont amené la prise d'Andrinople, ont coûté aux Bulgares environ 12,000 tués ou blessés.

« Morts », « blessés », ces mots ne disent rien. Il faut s'approcher des morts. Il faut regarder les blessés.

Les villages sont transformés en charniers par la fureur des bachi-bouzoucks, lit-on dans les journaux de la fin de novembre... Quels monstres « mutilèrent ces morts par centaines, crevèrent des yeux, coupèrent des mains et des nez, fracassèrent la tête à des petits enfants! Je signale ces horreurs, dit le correspondant du *Journal*, à ceux qui ont cru devoir se faire les défenseurs du régime ottoman, et je leur demande s'il est juste qu'une société où de telles horreurs sont possibles continue à exister en Europe ».

C'est le 29 mars; Ferdinand de Bulgarie est entré à Andrinople. « Le roi, disent les journaux, a donné l'ordre de distribuer aussi rapidement que possible à la population, sans distinction de race et de religion, des vivres et des secours. Il a chargé les médecins militaires de parcourir la ville sans retard pour soulager les besoins immédiats. » Mais nous voici au 9 avril, et la vérité commence à paraître : le correspondant particulier du *Daily Tele-*

graph à Andrinople donne des détails sur le camp des prisonniers turcs : c'est une véritable morgue, où des centaines d'hommes meurent tous les jours du choléra, et aussi de faim et de froid. Nous voici au mois d'août, et les chefs des communautés musulmane, grecque, arménienne et juive, révèlent la vérité horrible : « L'armée bulgare a tué des milliers des nôtres... Ils ont outragé nos femmes et violé nos filles. Ils ont ligoté quatre par quatre les notables grecs de notre ville, au nombre de quarante-huit, et les ont noyés dans la Maritza. Ils ont incendié la gare, après y avoir enfermé préalablement des Grecs qui s'y trouvaient. » La délégation des habitants d'Andrinople vient raconter dans les capitales ce qu'elle a vu : « A Malgara, des centaines de têtes de femmes et de jeunes filles furent accrochées aux murs des temples... Notre belle province n'est qu'un désert où l'on est occupé à enterrer les victimes, aux membres horriblement mutilés. »

L'histoire parlera du sac de Sérès. Les Bulgares bombardèrent la ville sans défense et qui se rendait. Plus de 1,500 musulmans furent massacrés. A Doxato, à Demir-Hissar, plusieurs centaines de femmes et de jeunes filles, recherchées, découvertes, ont été massacrées par les Bulgares. A Cavalla, « le nombre des notables musulmans égorgés comme des moutons n'est pas inférieur à cent cinquante ».

Complétant l'œuvre des soldats, les bandes ont systématiquement exterminé. Dans le district de Cavadar, sur quatre-vingt-dix-huit villages, trente-quatre sont détruits. A Kulkund, des comitadjis emmenèrent des villageois dans une mosquée, où on avait entassé du pétrole et de la paille, et les brûlèrent. A Bodganitza, soixante Turcs furent enfermés dans une mosqués, puis appelés au dehors et égorgés un à un. Entre Drenovo et Palikura, on a trouvé une série de tombes d'où émergeaient les têtes des torturés, ensevelis morts ou vivants. A Eschekli, près de Kilkisch, treize jeunes filles furent violées et enterrées vivantes. Les femmes et les filles de Kurkotovo furent brûlées vives dans la mosquée. Dans un autre village, les hommes furent suspendus par les pieds dans un abattoir et dépecés comme des bêtes.

Puis les Grecs et les Serbes subissent ce que les Turcs avaient subi. Les Bulgares arrachent les yeux aux blessés, les tuent à la baïonnette ou à coups de fusil, et l'on rencontre des soldats qui ont autour du cou des colliers faits de doigts d'enfants tranchés à coups de sabre et enfilés comme des perles. Les Turcs ont l'enfer de l'île Toundja, où ils sont isolés pour mourir. Les Serbes trouvent à Kri-

4

volak un des leurs empalé sur une branche d'arbre et rôti devant un feu, un autre crucifié.

Mais les Bulgares, courbés sous l'opprobre, se défendent moins en se disculpant qu'en accusant les autres. Ils réclament une enquête internationale sur les excès dont ils ont été les victimes. Et des témoignages d'étrangers semblent justifier ces accusateurs. Le second kawas du consulat austro-hongrois à Prizrend raconte les scènes qui ont accompagné l'arrestation du consul Prochaska : des blessés massacrés dans leurs lits, des femmes et des enfants tués par les Serbes, des cadavres souillés. Un correspondant de la *Reichspost*, qui est resté trois jours à Nitch, envoie un récit des atrocités auxquelles se sont livrés les troupes serbes sur les prisonniers turcs et albanais. Le général Stéphanovitch aurait fait répartir en deux files cent prisonniers albanais et tirer sur eux avec des mitrailleuses. Dans le vilayet de Kossovo, on estime que le nombre des Albanais massacrés par les Serbes s'élève à vingt-cinq mille. Les violences exercées par la garnison grecque sur la garnison bulgare à Salonique furent sans merci. Les soldats bulgares, retirés dans le minaret de la mosquée Sainte-Sophie, s'étaient défendus contre les assauts des Grecs ; pris vivants, ils furent massacrés, jetés du haut du minaret. Toute la ville fut comme une forêt où on chassa le Bulgare. Le 14 juillet, le maire de Drama rapporte que des troupes grecques ayant occupé Pravie en ont massacré toute la population bulgare et musulmane ; de partout les habitants fuient en déroute. Les Grecs brûlent soixante-quinze villages bulgares, entre Koukouch, Doiran et Sérès.

Comment douter de tous ces crimes ? Comment douter que mille horreurs se dérobent aux témoins ? Qui pourrait être assez naïf pour s'étonner que la guerre, dont l'objet est de tuer par masses, prenne la liberté de tuer aussi en détail ? Si vous avez le droit de déchirer un homme avec un obus, comment vous défendrait-on de lui couper les oreilles ? Du moment qu'on admet la mort, il est difficile qu'on se montre délicat sur la manière de la donner.

La politique de la guerre est la politique de tous les fléaux. — Au bout d'un mois, le choléra s'était emparé de l'armée turque et gagnait les armées alliées. L'opinion européenne feignit la surprise, et s'épouvanta, comme si elle n'avait pas prévu ce compagnon de guerre. Pourtant, pour tout esprit réfléchi et sérieux, le choléra était décrété au verso de l'ordre de mobilisation. Le 17 novembre, trois mille malades étaient entassés à San-Stéfano. L'air de toute la région était empesté : « En dépit du cordon sanitaire, je réussis, écrit M. Paul Erio, du *Journal*, à pénétrer dans Hademkeuï. L'imagination ne saurait concevoir l'atrocité du spectacle qui m'apparut. Il restera dans ma mémoire comme un inoubliable cauchemar... Des monceaux de cadavres encombraient les rues. Dans l'après-midi, un train fut formé, et plus de deux mille cholériques y furent entassés. Les soldats turcs creusent maintenant des tombes immenses. Parviendra-t-on à enfouir tous les cadavres dans l'affreux charnier?... Va-t-on continuer à se battre là où le temps manque déjà pour ensevelir la Mort? » « Comment, dit un autre correspondant de guerre, M. Georges Rémond, décrire le défilé, la procession d'agonisants qui circule à présent? Les charrettes vont l'une derrière l'autre, portant six, huit, dix corps amoncelés, la tête en bas, les jambes entre-croisées, quelques-uns agités de spasmes. A droite et à gauche, dans le fossé, des cadavres bleuis, tordus par les convulsions, les yeux ouverts, des yeux où il n'y a plus rien. » M. Luigi Barzini, du *Corriere della Sera*, est allé, au lendemain de la capitulation, à Andrinople : « Dans une grande île, entre deux bras de la Toungla, des milliers d'hommes meurent du choléra, de la faim et du froid. C'est une promiscuité monstrueuse de cadavres, d'agonisants et de vivants... Un officier pharmacien turc passé : « Docteur, combien de morts aujourd'hui? — Cent cinquante; mais il n'est pas encore midi... » Les morts et les vivants se ressemblent à tel point qu'on ne les distingue pas. Certains agonisent cramponnés à un cadavre... « — Tous ces hommes « meurent-ils du choléra? demandai-je à un officier. — « Il y en a quelques-uns qui meurent du choléra, me « répondit-il. Mais beaucoup étaient épuisés et meurent « de faim. Voyez-vous ces arbres décortiqués? Ce sont « eux qui ont mangé l'écorce. »

Abaissement de la moralité internationale.

Cette guerre — comme toutes les guerres — a produit un abaissement de la moralité internationale, un recul du droit.

Cette guerre a été, d'abord, un triomphe de l'intrigue, de la ruse, de l'hypocrisie.

On le sait aujourd'hui : il y a eu une véritable conspiration des Etats balkaniques. Par leur entente secrète du 13 mars 1912, la Bulgarie et la Serbie réglaient le partage éventuel de l'empire ottoman : « Toutes les acquisitions territoriales réalisées par l'action commune tomberont sous la domination commune des deux alliés, — ainsi parle la charte du complot, — et leur liquidation se fera dans un délai de trois mois après le rétablissement de la paix sur les bases suivantes... », des cartes annexées précisaient le partage. Le même jour, une convention militaire fixait les contingents que la Bulgarie et la Serbie s'engageaient à mettre en ligne, soit au cas d'une guerre dirigée contre la Turquie, soit en présence d'une offensive austro-hongroise. Les chefs d'état-major serbe et bulgare se rencontraient les 29 juin, 23 août et 28 septembre. Des conventions militaires des 2 juillet, 5 et 28 septembre sanctionnaient la conjuration. Cette guerre a été un guet-apens longuement prémédité.

L'hypocrisie — comme il convient — couvrait la violence. « Les quatre Etats alliés pour l'accomplissement des réformes dans les provinces turques » (comme s'exprimaient les journaux d'alors) demandaient simplement que la Macédoine fût autonome, avec son armée particulière, — les troupes turques ayant été retirées, — sous la protection de la Bulgarie ; les territoires qui ont appartenu à la vieille Serbie seraient placés dans la zone d'influence serbe ; l'Epire formerait la zone d'influence hellénique. En vain, la Turquie affirme-t-elle son intention formelle d'accorder aux populations de Macédoine l'autonomie civile et la liberté individuelle et fait-elle connaître aux puissances, le 7 octobre, par la voie de ses ambassadeurs, sa volonté de réaliser les réformes. Ferdinand de Bulgarie brandit l'épée de l'ange libérateur : « La nation bulgare, s'écrie-t-il, se souvient des paroles prophétiques du tsar de Russie : l'œuvre sacrée doit être menée à bout. » Le même manifeste du 18 octobre poursuit pathétiquement : « Les larmes de l'esclavage balkanique, les gémissements de millions de chrétiens n'ont pas pu ne pas ébranler nos cœurs... Les sentiments humanitaires des chrétiens leur font un devoir sacré de secourir leurs frères, lorsqu'ils sont menacés d'extermination... Notre œuvre est juste et sacrée !... En avant ! que Dieu soit avec nous ! »

Dès le 5 novembre, cette croisade émancipatrice paraît sous son vrai jour : c'est une agression conquérante. Un diplomate bulgare déclare à un rédacteur du *Reitch* que la Bulgarie veut Andrinople, Salonique et Dédéagatch. Un journal officieux d'Athènes, *Hestia*, avance audacieusement que les Etats balkaniques ne peuvent être liés par les engagements qu'ils ont pris avant la guerre de ne poursuivre aucune conquête territoriale ; le « devoir » des Etats balkaniques est de soustraire définitivement la Macédoine à la souveraineté turque. Les alliés invoquent leurs sacrifices sans remarquer que les sacrifices des

Turcs, qui ont eu plus d'hommes tués ou blessés, sont plus grands que les leurs. A entendre les victorieux, le droit vient en tuant, comme l'appétit vient en mangeant. « Dans ces deux glorieuses guerres, s'exclame le souverain du Konak de Belgrade, notre chère armée a vengé Kossovo, reconquis l'ancien pays des Serbes, effacé le pénible souvenir de Slivnitza, et doublé la Serbie. » « Le réel intérêt de la Turquie, explique, au mois de décembre, M. Danef, d'un mot cynique qui mérite de demeurer historique, c'est d'avoir désormais pour voisine une Bulgarie rassasiée. »

Tous les sophismes viennent à l'appui de toutes les convoitises. La géographie, l'histoire, l'ethnographie, la statistique montent à l'assaut de toutes les terres qu'on veut prendre. Les violences sont toutes de la famille des « intérêts vitaux ». « Scutari, dit M. Popovitch, délégué monténégrin à Londres, est une question vitale pour le Monténégro... On doit nous reconnaître ce droit à l'existence. » « Il ne s'agit pas d'une conquête, assure à un rédacteur du *Temps* M. Novakovitch, président de la délégation serbe à la conférence de Londres ; il s'agit de la récupération de ce qui nous a appartenu du dixième au quinzième siècle. » Il paraît que le « tsar Douchan » a définitivement réglé le sort des Balkans, et que ses conquêtes d'autrefois prennent la liberté des gens d'aujourd'hui. « Un débouché maritime est indispensable à la vie et à l'avenir de la Serbie, » continue le délégué serbe. Que deviendrait l'Occident de l'Europe, si la Suisse expliquait qu'elle a droit à la mer du Nord, à l'Adriatique ou à l'Océan ?

Mais la satire la plus cruelle des alliés est faite par les alliés eux-mêmes. Jamais solidarité ne fut plus exaltée ni plus injurieusement répudiée : « A nos côtés et avec nous, publie le manifeste de Ferdinand à la nation bulgare, en date du 18 octobre, combattront dans le même but, contre l'ennemi commun, les armées des Etats balkaniques alliés à la Bulgarie : la Serbie, la Grèce et le Monténégro. Et dans cette lutte de la Croix contre le Croissant, de la liberté contre la tyrannie, nous aurons les sympathies de tous ceux qui aiment la justice et le progrès. » L'enthousiasme des journeaux grecs est sans égal. Le 26 mars, le général serbe Stépanovitch écrit au général bulgare Ivanof, à la nouvelle de la chute d'Andrinople : « Avec toute l'ardeur des sentiments fraternels de l'armée serbe, je vous félicite d'avoir brisé la cuirasse du monstre ottoman. » Bientôt, le fracas des anathèmes succède au chœur des louanges. Les frères d'armes se jettent réciproquement au-dessous du Turc ; leur-

desseins comme leurs actes sont stigmatisés et flétris : « Le beson d'un débouché sur la mer constitue pour les Serbes une condition vitale, affirme le député Milorad Drachkovitcheà la Skoupchtina ; pour les Bulgares, l'occupation les territoires macédoniens n'est que pure conquête, satisfaction d'appétits. » Les accusations sont féroces : « Les Bulgares ont fait preuve, dans leur fuite, d'une sauvagerie sans exemple, » dit une communication du ministère hellénique, en date du 4 juillet.

La Skoupchtina flétrit dans un télégramme officiel « l'attaque perfide des Bulgares ». Le professeur Zaimis, recteur à Athènes, adresse à tous les recteurs de France un réquisitoire contre « les atrocités sans nom » commises par l'armée bulgare. Le roi Constantin lui-même, qui semble ménager mal ses expressions, envoie de son quartier général, le 11 juillet, un télégramme inouï : « Protestez en mon nom près des puissances civilisées contre ces monstres à face humaine. Les Bulgares dépassent toutes les horreurs des époques barbares passées et prouvent qu'ils n'ont plus le droit de compter parmi les peuples civilisés. » Signé : « Constantin, roi. » On hésite à ratifier de telles paroles royales. Si sévère que doive être le juge de ces événements, il est tenté de défendre ces alliés contre eux-mêmes. Il est tenté de compenser ces outrages du roi Constantin par ces accusations du roi Ferdinand : « Nos alliés nous trahirent et voulurent nous ravir ce qui avait été acheté par le sang de dizaines de milliers de héros. Indignée de cette félonie, la nation bulgare ne pouvait se résigner à cette spoliation. » (Ordre du jour à l'armée, du 11 août.)

Marquons d'un mot le cœur des Balkaniques : ils ont simplifié ainsi l'alternative que posait une formule célèbre :

« Soyons frères... et je t'assomme. »

Cette guerre a été aussi le triomphe de la force. Et — qu'on ne s'y trompe pas — chaque triomphe de la force développe le culte de la force, suscite de nouvelles violences, décourage et discrédite le droit et la paix.

Les Etats alliés avaient raison en réclamant des réformes en Macédoine, mais ils disqualifièrent eux-mêmes les droits qu'ils invoquaient d'abord en en poursuivant la revendication par les voies de la violence, ensuite en les abandonnant bientôt pour leur substituer toutes les prétentions conquérantes. On vit ces principes — non pas nouveaux, certes, mais monstrueux — cyniquement affirmés : la guerre justifiant la conquête, la force créant le droit, le fait d'occuper un territoire donnant un titre à le garder la propriété fille légitimée du vol. L'Europe, trop longtemps entraînée et séduite par les cris et les cors de cette chasse au Turc, se rend compte aujourd'hui qu'elle a été conduite en spectatrice à la curée. Les moins délicats sont mal à l'aise. Il est pénible d'entendre déchirer, entre les mains qui s'en saisissent, les vêtements de « l'Homme malade ».

Dans cette guerre, rien ne fut accordé qu'à la force. Le droit lui même dut prendre l'apparence de la force. Qu'on le constate, et qu'on y réfléchisse : l'autonomie de l'Albanie ne fut obtenue que parce que l'Autriche mobilisa, c'est-à-dire menaça, et fut près de frapper. Et pourquoi la Roumanie a-t-elle acquis Silistrie? Parce qu'elle a armé et promené ses troupes jusqu'à quarante kilomètres de Sofia. Si elle n'avait pas pris part à la guerre, elle aurait pu voir se refuser le droit de prendre part aux négociations. Dans cet étrange désordre, il faut tuer avant de parler et se combattre pour pouvoir s'entendre. C'est la prime aux conquérants. Le gouvernement ottoman a repris l'offensive au mois de juillet pour se créer un droit à participer aux nouveaux règlements. S'il n'y avait pas eu de faits de guerre, on lui eût opposé les stipulations du traité de Londres. De nouvelles hostilités permettaient un nouveau traité. Ainsi les gouvernements de l'Europe viennent, sans le vouloir sans doute, de formuler et d'appliquer ce détestable principe : On n'accède aux arrangements territoriaux que par le chemin des catastrophes ; la guerre est la méthode du droit.

Duperies de la guerre.

On ne peut esquisser un tableau des résultats de cette guerre sans indiquer de quelles duperies sont victimes ceux qui l'ont faite.

Chacun songe aux sommes englouties. Il est difficile de les préciser, mais elles sont énormes. La terre coûte plus cher à voler qu'à acheter. Les financiers semblent croire que la Turquie a consacré à la guerre environ un milliard, et qu'il lui en faudra un autre pour en opérer la liquidation. Un tableau statistique émanant d'un groupe serbe évalue à un milliard cent cinquante millions les frais d'entretien des troupes bulgares, serbes, monténégrines et grecques, pendant les six premiers mois de la guerre, à deux milliards trois cent quatre-vingts millions les pertes et dépenses de toute nature à la charge des quatre Etats alliés, sans compter les pertes subies par les habitants, le commerce et l'industrie. On dépasse ainsi cin-

milliards, en laissant de côté ce qu'il faudra pour reconstruire ce que la guerre a détruit. Ces chiffres sont certainement inférieurs à la vérité.

Mais ce n'est pas au seul point de vue financier que la guerre constitue un désastreux calcul.

Un Etat annexe un territoire dévasté. Mais ses nationaux sont obligés d'évacuer les territoires qui appartiennent à l'ennemi, de fuir en abandonnant leurs biens, leurs cultures, leurs industries, leur commerce. L'agrandissement territorial se solde par une perte d'influence au delà du territoire. Les Grecs, si nombreux en Macédoine et même en Thrace pendant la domination turque, désertent ces pays soumis au joug bulgare. Comme les Turcs, ils brûlent leurs villages. Melnik est en feu, Névrokop est incendiée par ses habitants. De partout on fuit. On évalue, le 22 août, à 77,000 le nombre des Grecs qui abandonnent les régions attribuées à la Bulgarie. A Démir-Hissar s'entassent 8,000 exilés, à Sérès 15,000, à Doiran 20,000, à Cavalla 10,000, à Drama 17,000. Quelques jours plus tard, on évalue à 160,000 le nombre des fuyards de diverses nationalités qui se sont réfugiés en Grèce. Le gouvernement grec est très préoccupé de cet exode, car il faut donner les premiers secours à cette population, du moins aux réfugiés hellènes ruinés à l'étranger par la guerre, et misérables dans leur patrie.

Signalons une autre illusion de la violence, une autre faiblesse de la force. La guerre peut bien détruire les richesses de l'ennemi, massacrer ses soldats, décimer sa population civile ; elle n'annule pas ses créances. La guerre moderne, comme l'a marqué avec force M. Léon Bourgeois, laisse intacts tous les effets des traités relatifs aux personnes, à leurs droits à la propriété industrielle, commerciale, littéraire ou artistique. Elle ne supprime nullement les dettes de l'Etat belligérant à l'égard des sujets de l'Etat ennemi, pas plus qu'elle ne suspend l'exécution des contrats ni des relations commerciales entre les deux belligérants. La violence n'a qu'un temps ; et la force des conventions reprend son empire.

Mais cette guerre aura surtout illustré la précarité, la dérision de la victoire. La violence et la défaite bulgare seront pour les siècles une étonnante leçon. Le philosophe s'arrête, ému et interdit, devant cette sorte de témoin de la fatalité, puni par où il a péché et frappé par le glaive d'une impitoyable justice. Quelqu'un entre à Andrinople, après un siège de trente mois. Il compte 38,000 prisonniers et prend 640 canons. Le premier ministre s'écrie, au milieu des applaudissements du Parlement : « Ce sera une date mémorable dans l'histoire universelle. » Les drapeaux flottent, les cloches sonnent dans quatre royaumes. Les *Te Deum* succèdent, solennels, aux *requiem* accordés aux morts. L'enthousiasme est indescriptible. Cet homme sortira d'Andrinople, sans qu'on ait même à lui faire un signe ; et ses troupes s'enfuiront de la ville conquise, sur la simple sommation du vaincu.

Rien n'est frappant comme cette tragédie de la grandeur et de la décadence de la force, portant l'uniforme du soldat bulgare. La Turquie avait été attaquée par quatre puissances : la Bulgarie est traquée par cinq Etats. L'agression était forcenée; la déroute est éperdue. Spectacle prodigieux ! Les armées bulgares ne se battent plus. On évacue les conquêtes. On évacue Tchorlou. On évacue Rodosto. On ne s'arrête même plus sur les anciens champs de bataille. Ordre est donné de se retirer devant les troupes roumaines. Ce roi militaire devient un Tolstoï malgré lui. Il ne se défend pas, il se plaint et il écrit. Il écrit à ses anciens alliés, le 24 juillet ; il écrit au roi Charles de Roumanie, constamment. Il demande la paix « pour arrêter l'effusion du sang ». On croit entendre la Turquie vaincue.

Voici le plus effrayant symbole de ces revers de la victoire : A Uskub, à Nisch, à Belgrade, partout, les vainqueurs ont promené et montré les vaincus prisonniers, turcs d'abord, bulgares ensuite. Mais ces prisonniers étaient atteints du choléra. Les Bulgares le reçurent des Turcs, les Serbes des Bulgares. Cette victoire que promenaient les victorieux, c'était la mort.

L'avenir des Balkans.

L'article premier du traité de paix signé le 10 août à Bucarest précise, non sans illusions : « Il existera paix et amitié entre le roi des Bulgares et les autres souverains, ainsi qu'entre leurs héritiers et successeurs ». Il est permis de penser que l'égorgement réciproque prépare assez mal les gens à la pratique de la paix et au culte de l'amitié.

La Bulgarie, du fait de la guerre, a perdu un territoire de 7,000 kilomètres carrés comptant une population de 300,000 habitants, presque exclusivement bulgares.

Le roi de Roumanie télégraphie au roi de Bulgarie, le 12 août :

Votre Majesté ne doutera pas que j'aie à cœur de voir établir et consolider des relations d'amitié entre les deux pays ainsi que de la sincérité de mes sentiments affectueux pour sa personne.

Mais il a profité des revers de la Bulgarie pour lui dérober la région de Silistrie et l'humilier. « Amitié » dont on peut « douter ».

La défaite, suivant de si près la victoire, a exaspéré les Bulgares. On annonce que « plusieurs centaines de milliers de Macédoniens réfugiés en Bulgarie se préparent à organiser d'innombrables bandes contre les Serbes ». Ferdinand exhorte hardiment l'armée à préparer la revanche : « Nous devons replier nos glorieux étendards pour de meilleurs jours... Préparez vos enfants et petits-enfants à parachever l'œuvre glorieuse que vous avez commencée. » La Serbie et le Monténégro ont quelque difficulté à tracer les frontières nouvelles. Les négociations entre la Turquie et la Grèce se prolongent; une certaine irritation grandit. Les limites septentrionales de l'Albanie ont été fixées à Londres: les frontières méridionales seront plus malaisées à établir. Et pourtant les frontières septentrionales elles-mêmes sont mal acceptées. Les Albanais s'insurgent contre les Serbes. Ils prennent Dibra dans la dernière semaine de septembre, et s'avancent sur Kitchevo. Essad Pacha, qui commande à Durazzo, et le gouvernement albanais de Vallona sont loin de s'entendre. On parle de massacres commis par les Arnautes.

Le règlement définitif du sort des îles de la mer Egée est loin d'être achevé : l'exécution du traité d'Ouchy commande l'exécution du traité de Londres; et les négociations de Londres n'ont abouti, sur ce point, qu'à une indication générale très vague : l'Europe décidera.

On télégraphiait, à la date du 8 septembre :

« Les musulmans de Gumuldjina et des environs ont proclamé leur indépendance et installé un gouvernement provisoire. »

Cette révolte est passagère. Pourtant, le gouvernement ottoman voudra-t-il vraiment ou pourra-t-il empêcher le réveil des musulmans? — La situation est si troublée que les Etats balkaniques se voient contraints d'augmenter leurs armements. Le gouvernement hellénique se prépare à porter à 450,000 hommes l'effectif de son armée. On doit malheureusement penser que cette guerre balkanique sera suivie d'autres. Ces rois, qui marquent aujourd'hui un si vif désir de rétablir la paix, sont ceux mêmes qui l'ont violée. Leurs ambitions sont excitées ou déçues; la guerre va obséder leur politique. Le jour est proche où l'Europe regrettera le gendarme turc, qui contenait les ambitions rivales des rois et des peuples de la péninsule.

Les contre-coups en Europe.

On peut dire de la guerre ce qu'on a dit des affaires : « C'est l'argent des autres ». C'est l'argent de l'Europe, et notamment l'argent de la France, qui a fait les frais de la guerre balkanique. La Grèce, la Serbie, la Bulgarie, comme la Turquie, ont emprunté au marché français l'aliment de leurs violences. L' « administration de la dette publique ottomane », créée en 1881, gère la dette unifiée et convertie 4 0/0, les lots turcs, l'emprunt de 1904. La Serbie a émis en France les emprunts de 1906 et 1909. En 1910 l' « Ouprava fondava », ou crédit foncier national, s'est fondé avec l'argent français. La Bulgarie a réussi à lancer en France ses emprunts de 1896, 1902, 1904, 1907, et a dû renoncer à l'emprunt nouveau qu'elle tentait, au lendemain de la visite à Paris de Ferdinand et d'Eléonore. Il faut espérer que les capitaux français ne sont pas compromis, mais ils sont aventurés. D'après les appréciations les plus courantes, la France aurait engagé cinq milliards environ dans les affaires privées ou publiques de l'Orient. Les ex-belligérants vont chercher à emprunter à nouveau, et inviter leurs créanciers à se payer leurs coupons eux-mêmes.

Affirmons ici un principe, qui a été maintes fois mis en lumière depuis quelques années, mais sur lequel il faut, sans se lasser, appeler l'attention publique, jusqu'à ce qu'il règle et domine les actes gouvernementaux et les faits sociaux : La France ne peut suivre plus longtemps cette politique financière insensée qui consiste à prêter sans cesse aux Etats étrangers pour qu'ils se développent à ses dépens. Les Etats, balkaniques ou autres, paient leurs armées, augmentent leurs armements, creusent leurs ports, exploitent leurs richesses, accroissent leur commerce, s'imposent à la politique ou aux marchés du monde... Qui paie les canons? L'épargne française. Qui subit les contre-coups désastreux des guerres? Le commerce français, la politique française. Quel est le premier commanditaire des industries étrangères? La France. Quelle est la première victime de la concurrence ainsi créée? La France. Le créancier français reçoit 3 ou 4 0/0 de son argent; la finance internationale prélève des millions sur chaque émission; les pays étrangers retirent des travaux qu'ils entreprennent avec les fonds de leurs naïfs prêteurs des bénéfices énormes, permanents, destinés à grandir. La France a du papier, l'étranger a des œuvres. Cependant la vie française languit; nos travaux publics se bornent aux soins d'entretien, comme si l'on pouvait entretenir sans renouveler, sans créer; notre outillage devient démodé, impuissant, dérisoire; nos ports s'habituent à ne plus voir entrer les navires qu'ils ne pourraient pas recevoir ou dont ils ne pourraient pas décharger et évacuer rapidement les marchandises. Nos canaux, trop étroits, trop peu profonds, demeurent des vestiges des siècles passés. Les compagnies de chemins de fer laissent les cargaisons pourrir dans les gares, à des heures fréquentes de crise, sinon constamment, faute de matériel pour les transporter. Dans le domaine de l'art et du luxe, la France crée et montre la voie aux nations. Dans les autres domaines, elle ne parvient même pas à suivre. Ce pays, riche pour prêter, est pauvre quand il s'agit de produire. Ses finances sont fastueuses, ses œuvres sont misérables.

Formulons nettement notre pensée. La France doit prêter, puisqu'elle est riche; mais c'est à elle-même que, désormais, elle doit prêter. Le pays qu'il faut développer, c'est notre pays. Hambourg, Anvers, Rotterdam n'ont acquis leur prodigieux essor que depuis peu d'années. Ces bassins, ces quais, ces docks, ces entrepôts, ces machines, qui frappent d'étonnement le voyageur, datent de quarante ans, de vingt ans, de dix ans; on les voit construire. Si la France se met à créer son outillage, elle peut faire aussi bien, elle peut faire mieux. Mais il lui faut de l'argent. Et, cet argent, elle l'a; il suffit qu'elle se le donne, au lieu de le donner aux autres. Normalement, les emprunts doivent être émis sur le marché français par l'Etat français, les départements et les communes, et non par les Etats étrangers, par les sociétés étrangères. Grande merveille, et si simple. Il faut renverser la formule courante : Il faut demander moins à l'impôt et plus à l'emprunt. L'impôt ne permet de rien renouveler, de rien créer; il prolonge les travaux, conserve les échafaudages, perd le temps, paralyse les œuvres. L'emprunt, dont le montant est employé, non à des dépenses stériles, comme les armements, mais à des dépenses productives, comme les travaux publics, n'est pas un expédient dangereux, c'est la méthode de progrès d'une nation. Le capital prête à l'Etat, intermédiaire entre le capital et la production, et l'Etat, par des travaux d'intérêt général, favorise la production. L'Etat rémunère ses nationaux et accroît la richesse commune.

Collaboration élémentaire et féconde de la société et de l'individu. L'Etat, la région, le département, la commune empruntent, créent les outils rémunérateurs, amortissent avec les bénéfices. C'est là un des devoirs essentiels des pouvoirs publics.

Hâtons-nous d'appliquer ces mesures de défense nationale. On annonce que des sommes considérables vont être demandées à l'épargne française par divers Etats étrangers, notamment par les Etats balkaniques. On va monter à l'assaut de nos capitaux. Que le gouvernement veille! Qu'il se remémore la parole de M. Barthou; qu'il « prenne le parti de la France ». C'est en se forgeant de nouveaux instruments de travail, en intensifiant sa production, que la France prouvera « le réveil de ses énergies », plutôt qu'en accomplissant une année supplémentaire d'obéissance passive à la caserne.

C'est plus de cinq milliards que l'étranger va essayer d'obtenir de la France, d'après M. François Deloncle. Voici les noms et les chiffres fournis par notre ami, dans *Paris-Journal :* La Russie voudrait 500 millions; la Roumanie : 300; la Turquie : 600; la Grèce : 400; la Serbie : 300; la Bulgarie : 400; l'Espagne : 500; la Chine : 200; l'Amérique du Sud : 300; la Hongrie : 500. L'Autriche chercherait un milliard. Le Maroc à besoin de 200 millions. L'Italie et le Canada dressent leurs plans. *L'Action* annonce qu'un premier contrat d'emprunt aurait été signé le 9 septembre, à Belgrade, entre la Banque franco-serbe et les représentants du Trésor; il s'agirait d'une première tranche de 120 millions. Le même journal évalue les dettes criardes de la Bulgarie à un total de 795 millions.

Eh bien, proclamons avec force que la vraie politique nationale n'est pas celle qui fait les affaires des banques d'émission ou de la métallurgie, moins « françaises » qu'internationales; c'est celle qui fait le bien du pays. Si des emprunts sont prochainement émis en France, si l'argent français est appelé à féconder le champ de plusieurs nations, que la France soit parmi ces nations! Qu'il devienne impossible à un gouvernement de favoriser l'essor des autres peuples, sans réserver à la France sa part! Que la République, qui a compris la nécessité d'organiser le crédit agricole, qui se préoccupe de créer le crédit ouvrier, assure aux personnes morales chargées de la gestion de la France le crédit financier dont elles ont besoin. Puisque le bas de laine français doit s'ouvrir, que le bénéficiaire soit la France, d'abord. Si, comme on le prévoit, 5 milliards doivent être versés par notre épargne, au cours des années prochaines, c'est certainement se montrer trop modéré que d'inviter le gouvernement à consacrer 1 milliard à outiller la France.

Il suffit de rappeler d'un mot de quelle diminution des affaires souffrit, depuis le début de la guerre balkanique, le commerce international, et notamment le commerce de luxe, c'est-à-dire en grande partie le commerce français. Quel malaise à Paris parce qu'on se tuait dans les Balkans! Cette solidarité internationale est plus réelle et surtout plus durable que la solidarité des ambitions conquérantes, comme l'a prouvé l'exemple des alliés.

Mais que les pertes subies par le commerce, par l'industrie, sont peu de chose en comparaison des risques courus par la nation tout entière! Souvenons-nous que pendant ces mois d'hiver la France a frémi à la pensée d'une grande guerre européenne possible! Le bon sens s'écriait: Il est impossible qu'une guerre éclate pour Saint-Jean de Médua ! Que nous font les querelles austro-serbes au sujet du port sur l'Adriatique! La France qui, depuis 1870, n'a pas fait la guerre pour l'Alsace-Lorraine, ne peut être entraînée dans un conflit dont l'objet serait Durazzo. Et pourtant! L'alliance franco-russe nous tenait dans un engrenage. Si l'Autriche, mobilisée, avait eu quelques-uns des siens frappés par une patrouille serbe, elle eût pu se trouver, contre son gré, engagée dans la guerre; la Russie eût pu à son tour prendre part aux hostilités, et la France était tenue de la suivre. Cette effrayante menace ne s'est pas réalisée. Mais les relations franco-allemandes se sont tendues, et, par moments et par endroits, altérées. Les incidents extraordinaires et scandaleux de la gare de Nancy, au mois d'avril, ont marqué l'éruption de ces animosités détestables. D'une façon générale, les esprits se sont habitués à l'idée de la guerre; les bellicistes se sont appliqués à y entraîner l'opinion; et la sainte et tutélaire confiance dans la paix a, hélas! diminué.

Enfin, il faut souligner le rapport étroit qui lie la guerre des Balkans à l'augmentation, en France, de la durée du service militaire. Qu'on y prenne garde, la chaîne des événements est visible, on en peut toucher du doigt tous les anneaux : Pourquoi les Français vont-ils faire, jusqu'à nouvel ordre, trois années de service militaire? Parce que l'Allemagne a augmenté dans une proportion considérable le contingent des hommes qu'elle appelle sous les drapeaux. Pourquoi l'Allemagne augmente-t-elle son armée? Ses hommes d'Etat, ses publicistes ne l'ont pas caché :

Parce que la situation a été modifiée dans les Balkans; parce que les Slaves, ambitieux et victorieux, ont dominé l'empire ottoman chargé, selon la pensée allemande, de les contenir. Les Français qui applaudissaient il y a quelques mois aux victoires slaves ne savaient pas que ces victoires les enfermaient une année à la caserne. Ils se croyaient les spectateurs désintéressés de cette guerre lointaine; ils en étaient les prisonniers.

LA POLITIQUE DU DROIT

A la politique de la guerre, il faut opposer ce que le chef éminent du Parti Radical, M. Léon Bourgeois, a nommé « la politique du droit ».

Les déceptions de la violence montrent de quelles illusions sont victimes ceux qui s'y livrent. Les charges, les aléas, les désastres de la politique militaire prouvent que ses adeptes sont moins réalistes qu'ils ne le pensent. Ils croient aux forces brusques, qui sont fragiles ; ils négligent les forces paisibles, qui sont permanentes. Ils ne savent pas que la politique des résultats est la politique des résultantes. Ils mordent à l'appât des profits immédiats, et compromettent, au milieu des ruines et des colères, les intérêts profonds des peuples. Cette faillite de la vieille politique extérieure fonde la nécessité de la *nouvelle politique internationale*.

Les principes de la nouvelle politique internationale, ou politique du droit, permettent d'indiquer aisément, en quelques mots, les fautes commises par les gouvernements et la diplomatie, et les méthodes que les Etats balkaniques et les grandes puissances eussent dû suivre pour donner au conflit des Balkans une solution pacifique et durable.

Ce qu'auraient dû faire les Etats des Balkans.

Les Etats alliés avaient le droit et le devoir de prêter l'oreille aux plaintes et aux revendications des populations de Macédoine, qui voulaient s'affranchir de la domination ottomane et qui faisaient appel à leurs frères de race déjà libérés et réunis en groupements nationaux de leur choix C'est un principe capital que les peuples ont le droit de disposer librement d'eux-mêmes. Les droits des peuples sont l'extension et la confirmation des droits de l'homme.

Les Etats alliés étaient les défenseurs naturels, les avocats désignés de ces populations de Macédoine. Ces défenseurs des opprimés et du droit devaient réclamer des juges, faire appel à la justice internationale.

Quelle est la justice internationale ?

C'est la Cour d'arbitrage de la Haye.

Sans doute, nous n'ignorons point à quels obstacles aurait pu se heurter cette procédure. L'arbitrage n'est pas obligatoire. Depuis 1907, il est vrai, le greffe de la Cour est tenu de servir d'intermédiaire entre les États en conflit; il doit, s'il reçoit de l'un d'eux une proposition d'arbitrage, la transmettre à l'autre; mais cette proposition peut se voir l'objet d'une réponse négative. Et la Turquie aurait peut-être repoussé l'arbitrage, sous prétexte que les difficultés de Macédoine constituaient des affaires d'ordre intérieur, où les étrangers n'avaient rien à voir. Déplorable réponse, d'ailleurs, dont les faits ont aujourd'hui trop démontré la faiblesse, véritable « défaite », dans tous les sens du mot, — puisqu'un semblable refus d'arbitrage aurait exposé la Turquie à tous les risques d'une guerre, et que, par la guerre, les Balkaniques devaient pénétrer, dominer et confisquer les affaires intérieures, et la plus grande partie du territoire même de la Turquie. Il vaut mieux confier au juge les affaires de sa maison, que risquer d'ouvrir celle-ci à l'envahisseur; mais le gouvernement ottoman n'avait peut-être pas, à l'automne de 1912, les yeux suffisamment dessillés. Il n'aurait peut-être pas plus accepté l'arbitrage qu'il n'a pris l'initiative de le proposer lui-même. Enfin, il faut reconnaître que les revendications d'ordre ethnique n'ont pas été comprises par les plénipotentiaires des deux conférences dans les catégories de questions pour lesquelles la solution arbitrale s'impose.

Mais les destinées des peuples ne peuvent pas être à la merci des arguties de procédure. On ne peut demander à un droit aussi rudimentaire que le droit international d'avoir tout prévu et tout réglé. Et l'esprit inspirateur des Conventions de la Haye ne doit pas être arrêté par les lacunes de la lettre. Au surplus, qu'on y prenne garde, les textes fondamentaux qui règlent la compétence de la Cour d'arbitrage ont la portée la plus générale; ils ouvrent tout grand le chemin de la Haye. L'article 15 de la Convention de 1907 énonce que « l'arbitrage a pour objet le règlement des litiges, sur la base du respect du droit ». L'article 39 porte que « l'arbitrage peut concerner tout litige ». Et, dans le préambule de la Convention, les puissances évoquent ces « principes d'équité et de droit, sur lesquels reposent la sécurité des États et le bien-être des peuples ». Ce même préambule affirme que les puissances sont « animées du désir d'étendre l'empire du droit et de fortifier le sentiment de la justice internationale ».

Il y a plus : le différend balkanique avait deux faces : il s'agissait du droit des nationalités opprimées, mais il s'agissait aussi d'une question juridique relevant essentiellement de l'arbitrage : il s'agissait de l'interprétation et de l'application d'un traité : le traité de Berlin.

On est donc fondé à conclure : Les Etats des Balkans — Alliés et Turcs — auraient dû saisir de leur conflit la Cour de la Haye. Ils en avaient le droit et le devoir.

Si, pourtant, la juridiction de la Haye s'était déclarée incompétente, ou si, pour un motif quelconque, l'une des puissances en conflit n'avait pas osé ou voulu la saisir, les Etats des Balkans — Alliés et Turcs — pouvaient et devaient recourir encore aux méthodes pacifiques, soit sous la forme de la médiation, soit sous la forme même de l'arbitrage.

Aux termes de l'article 2 de la « Convention pour le règlement pacifique des conflits internationaux, la médiation peut s'exercer même pendant le cours des hostilités »; mais son rôle essentiel est d'intervenir « en cas de dissentiment grave ou de conflit, avant d'en appeler aux armes ».

L'arbitrage lui-même pouvait également intervenir et remplir sa mission. Les grandes puissances composaient un tribunal tout formé. Dans toute société — et les Conventions de la Haye ont reconnu l'existence de la « Société des nations civilisées » — les tiers sont naturellement appelés à juger les différends, à défaut de juges véritables régulièrement constitués. Le traité de Berlin rendait, d'ailleurs, cette intervention pacifique des grandes puissances non seulement possible et légitime, mais nécessaire. Des grandes puissances avaient contracté ensemble une obligation dont elles devaient déterminer et régler l'exécution. C'est ce qui a eu lieu effectivement, mais au lendemain des hécatombes. M. Léon Bourgeois a noté que la réunion des ambassadeurs, à Londres, est devenue une sorte de tribunal arbitral, dont le rôle a dépassé la simple médiation assumée par les puissances. Mais les décisions ainsi prises se fussent davantage inspirées de considérations de droit et moins de considérations de fait, si un tribunal proprement dit eût été chargé de les arrêter, au lieu d'une assemblée diplomatique. Jamais les représentants des puissances, « réglant » ces « litiges sur la base du respect du droit », en dehors de toute guerre n'eussent sacrifié aux exigences de la violence, comme l'ont fait les diplomates de Londres, siégeant au lendemain de la guerre. Si les Etats des Balkans avaient soumis avant les hostilités d'octobre, leur différend à l'arbitrage des puissances, celles-ci eussent rempli naturellement et nécessairement la même fonction médiatrice et arbitrale qu'elles ont accomplie quelques mois plus tard, mais mieux.

Il faut ajouter, enfin, que, malgré ce qu'on croit d'ordinaire et malgré ce que pourrait faire penser l'issue violente du conflit, les réclamations des Balkaniques et les propositions de la Porte ottomane étaient assez voisines, avant la guerre, pour qu'il fût presque aisé de les concilier. Les alliés demandaient pour la Macédoine l'autonomie politique; la Turquie offrait l'autonomie civile, la liberté individuelle et la liberté des cultes, des garanties concernant le statut personnel et le régime judiciaire, conformément aux dispositions contenues dans le projet d'iradé du 23 octobre 1880. Il était beaucoup plus facile, en octobre 1912, de concilier équitablement ces propositions raisonnables que de faire, trois mois plus tard, un compromis — même bâtard et précaire — entre les prétentions excessives et contradictoires des mêmes Etats, qui avaient compliqué leurs différends par la guerre.

Telle est l'esquisse des méthodes pacifiques et juridiques que les Etats des Balkans pouvaient et devaient suivre. On ne saurait dire que les méthodes aient échoué, ni prétendre, en dehors de tout essai, qu'elles fussent impraticables. Elles n'ont pas été suivies, et on s'est gardé de les suivre. Il apparaît manifestement que les Etats alliés étaient déterminés à faire la guerre, qu'ils ont réclamé les réformes aussi longtemps qu'ils les ont cru impossibles à obtenir. Ils se sont hâtés d'y joindre des considérations intolérables (la démobilisation immédiate de la Turquie, alors qu'ils continuaient à mobiliser eux-mêmes), quand ils ont vu que ces réformes allaient s'accomplir. La déclaration de guerre du Monténégro a suivi immédiatement la communication de la Porte ottomane annonçant aux puissances qu'elle allait commencer l'application des réformes en Macédoine. La Turquie, de son côté, n'a fait aucun appel aux institutions de la Haye. Ainsi, les belligérants portent tout le poids de leurs fautes; et le droit garde toute sa valeur. Les uns se sont condamnés, l'autre est intact.

Ce qu'aurait dû faire l'Europe.

L'Europe... Y a-t-il une Europe — non pas au sens territorial, mais aux sens moral et positif, juridique et militaire, aux points de vue des sentiments, des idées et des actes? Il faut, dit une belle formule de M. Léon

Bourgeois, « que l'Europe ait une âme ». Certaines idées supérieures devraient diriger les gouvernements. Certaines règles de moralité et de droit devraient être reconnues de ces « personnes morales » que sont les Etats. Il semblerait que les peuples doivent posséder un décalogue comme les individus, une charte comme les cités. Le droit international n'est pas l'art de discuter sur des vétilles; il a pour objet l'élaboration, la codification du droit commun des nations. Droit commun, — droit universel. Si l'on admet que le bien et le mal, le licite et l'illicite varient selon la race, la religion ou la couleur, les circonstances ou le milieu, le droit s'évanouit, pour faire place à l'arbitraire et à l'abus. Sans garantie générale, point de sécurité particulière, le respect des autres conditionne la liberté de chacun. Si les États revendiquent pour eux-mêmes des droits dont ils refusent aux autres le bénéfice, s'ils cherchent à se tromper mutuellement, les ruses qu'ils emploient mesurent les périls qu'ils courent.

Il faut l'avouer, l'Europe n'a pas d'idées directrices, de principes communs. Elle n'a pas découvert le décalogue des peuples. Il n'y a pas de nouvelle vérité internationale, universelle. L'Europe balbutie toutes les maladresses de l'injustice, fait tous les faux mouvements de la convoitise, mêle toutes les contradictions à toutes les violences.

Les événements balkaniques ont illustré cette anarchie morale et juridique.

L'Europe était à ce point dépourvue de toute règle générale, qu'elle ne sut quelle attitude prendre à l'égard des Balkaniques et du Turc. Elle ne put trouver qu'une formule avant l'ouverture des hostilités : le maintien du *statu quo*. Cet état de choses était-il bon, mauvais, juste, injuste? On ne le savait; on le maintenait, voilà tout. Mais voici la guerre. L'Europe ne connaît plus qu'un nouveau principe, parfaitement contraire, mais d'égale valeur: les victorieux doivent jouir sans réserves des prix de leurs victoires. Parmi ceux-là mêmes qui ne permettaient pas qu'on touchât à l'intégrité de l'Empire ottoman, il y en eut plus d'un qui voulut chasser les Turcs jusqu'en Asie. Les ambassadeurs des puissances réunis à Londres rendirent manifeste le désarroi des milieux gouvernementaux et diplomatiques. On désirait la paix, on cherchait la conciliation; on manquait de tout principe qui pût fonder l'entente. On se borna à conseiller aux uns de se modérer et aux autres de se résigner. A quoi aboutirent toutes ces puissances civilisées, pourvues de juristes, de professeurs et de prêtres, munies des lumières des religions, férues de droit international? Elles cherchèrent à persuader aux faibles de céder à la force, les menaçant d'un pire destin s'ils tentaient une résistance. Que devenaient l'honneur, l'indépendance, les intérêts vitaux des vaincus? Il n'y avait d'autres intérêts vitaux que les ambitions des forts.

Allons au fond : s'il y a une idée qui domine les chancelleries, c'est l'idée du *statu quo*. La grande pensée des gouvernements européens, c'est l'équilibre des forces.

Conception étrangement insuffisante, qui ne touche même pas le seuil des problèmes. Se figure-t-on un Etat, une société, qui ne reposerait que sur l'équilibre des forces, de telle sorte que la paix n'y régnerait que si la guerre y était impossible, où la paix ne serait que la paralysie momentanée de la guerre? Une semblable société ne serait qu'une anarchie permanente; sur elle les catastrophes pourraient être provisoirement suspendues, mais seraient fatalement déchaînées. L'ordre international n'est pas une formule d'explosif, auquel il ne manquerait qu'une étincelle.

Le problème à résoudre, ce n'est pas l'organisation de l'équilibre des forces: c'est l'organisation des rapports de la force et du droit.

La solution ne consiste pas à équilibrer les forces, mais à les employer. Il ne s'agit pas de les annihiler les unes par les autres, d'épuiser les peuples en armements équivalents. Il s'agit d'élaborer un droit et de régler la force, pour mettre la force au service du droit. Le but n'est pas l'immobilité par l'équilibre, c'est le progrès par l'utilisation de la force, dirigée par la justice.

La politique internationale doit organiser deux grandes fonctions : Définir, codifier et appliquer le droit ; et c'est l'institution de la justice internationale. Coordonner, régler et diriger la force, en la mettant au service du droit ; et c'est l'institution de la police internationale.

Le premier principe du droit, c'est que les hommes « naissent et demeurent libres et égaux en droits ». En matière internationale, c'est dire que les hommes, isolés ou rassemblés, individus, peuples, nations, ont le droit de disposer librement d'eux-mêmes. Dans le cas du différend balkanique, l'Europe devait proclamer le droit des populations de décider de leur nationalité, organiser la consultation des intéressés, le plébiscite national dans la péninsule.

Puisque les commissions spéciales sont allées sur place déterminer exactement les diverses frontières, comme il aurait été simple que ces commissions fussent chargées d'organiser le plébiscite, de recueillir, dans les conditions et avec les garanties désirables, l'expression de la volonté des peuples! Qu'on n'oppose pas que les nationalités sont mêlées. N'est-il pas entendu qu'une large décentralisation, la reconnaissance de l'autonomie civile, de la liberté individuelle, doivent corriger ce qu'il peut rester d'oppression dans tout vote, quel qu'il soit, où la volonté de la majorité l'emporte sur celle de la minorité? La solution eût été complexe et délicate, comme l'est la situation même de la Macédoine; mais on eût obtenu le maximum de liberté, le maximum de sécurité, on eût réalisé les conditions d'un régime durable.

Enfin, dans les villes dont la population serait mêlée à l'excès, et qui ne pourraient être rattachées aisément à une nationalité existante ou certaine, il est facile de concevoir une autre solution, déjà appliquée ailleurs : l'internationalisation. On a proposé que Salonique, notamment, devînt une ville internationale, comme l'est Tanger. On voit quels peuvent être les avantages d'un pareil régime, et on distingue mal quels peuvent en être les inconvénients.

Ce droit primordial au choix libre de la nationalité, l'Europe l'a affirmé et fait triompher sur un point seulement : l'Albanie.

La constitution de l'Albanie représente un progrès du droit international. Il est curieux de constater que c'est l'Autriche-Hongrie et l'Allemagne qui se sont montrées, dans cette occasion, les champions ardents des droits des peuples. Il est vrai que, si cette autonomie a été reconnue, c'est peu parce que le principe en était juste, c'est beaucoup parce que deux grandes puissances, s'appuyant sur de redoutables armées, pensaient y avoir intérêt.

S'il fallait démontrer par l'absurde le principe des droits des peuples, les objections dirigées contre l'autonomie de l'Albanie fourniraient cette preuve. Les Serbes ont fait contre elle une propagande effrénée. « Les tribus albanaises, déclare au *Temps* M. Pachitch, premier ministre de Serbie, sont divisées en trois religions : musulmane, catholique, orthodoxe; elles n'ont ni la même littérature ni le même alphabet; il est évident qu'elles ne peuvent pas avoir un développement indépendant. » Et la Suisse qui parle plusieurs langues? Est-il d'ailleurs un Etat où l'on ne pratique plusieurs religions ? — Un professeur Serbe, ancien ministre, ne craignait pas d'écrire : « Quoi! la diplomatie autrichienne ose demander pour les Albanais l'appréciable avantage d'une indépendance que peuvent seuls réclamer des vainqueurs! » Et il ajoutait : « C'est à ces tribus qui n'ont jamais payé d'impôts ni fait de service militaire qu'on voudrait reconnaître les prérogatives d'une nation qui se gouverne elle-même. » Stupéfiante définition de la civilisation! étranges conditions de la liberté! Il se trouve précisément que la race albanaise est une des plus caractérisées qui soit; que ces populations forment le groupe ethnique le plus homogène de la péninsule balkanique, et qu'elles sont particulièrement attachées à leur indépendance. Mais il eût suffi que les Albanais voulussent constituer une nation pour que leur droit fût acquis et dût être respecté. Or l'Albanie a proclamé son indépendance le 29 novembre, et procédé, à Vallona, à la constitution d'un gouvernement provisoire.

Ainsi les droits des peuples étaient reconnus au bénéfice des Albanais. Mais pourquoi avoir appliqué à la seule Albanie un principe aussi universel? Il est stupéfiant qu'on ait accordé aux Albanais le droit d'être libres, et qu'on oblige les Turcs et les Grecs de la Thrace à supporter le joug bulgare; qu'on règle les possessions des Turcs et des Serbes sur la base du droit de conquête, et que, pour décider du sort des territoires, les armées qui les incendient se substituent aux populations qui les cultivent.

Le second principe du droit, c'est qu'on ne peut se faire justice à soi-même, et que tous les différends doivent être soumis à des tiers, et, autant que possible, à des tiers spécialement qualifiés et compétents, c'est-à-dire à des juges. En matière de différend international, le recours à l'arbitrage des tiers ou au jugement d'une cour de justice est de nécessité morale et juridique. Dans le cas du différend balkanique, l'Europe, après avoir assuré aux populations le libre choix de leur nationalité, aurait dû soumettre à la Cour d'arbitrage de la Haye les difficultés de toute nature qui n'auraient pu être résolues par la voie diplomatique. L'interprétation et l'application du traité de Berlin; sa conciliation avec la situation nouvelle créée par la volonté séparatiste des populations intéressées; la liquidation de l'association existant jusqu'alors entre la Porte ottomane et les populations de l'empire demandant la résiliation du pacte national; le règlement des dettes et des créances des provinces émancipées, leur participation aux charges de la dette publique ottomane, autant de questions qui devaient être normalement tranchées par l'autorité judiciaire. Si pourtant la Cour de la Haye n'avait pas été saisie ou était déclarée incompétente, les puissances pouvaient et devaient, selon les principes du droit, juger, d'accord avec les intéressés, les questions litigieuses, comme ont entrepris de le faire effectivement la conférence diplomatique de Londres et la conférence financière de Paris mais avec plus d'autorité et plus d'équité que celles-là. Et l'humanité eût fait l'économie de quelques centaines de milliers d'assassinats.

Enfin, le principe qui doit régler les relations de la force du droit, c'est que la force doit être au service du droit. En matière internationale, la force est représentée par les armées nationales, le droit par la Cour de justice internationale. Il faut formuler hardiment la conclusion nécessaire : L'ordre ne sera substitué en Europe à l'anarchie que quand les armées nationales seront au service de la justice internationale.

Dans le cas de cette guerre balkanique, l'Europe a peut-être montré davantage encore toute l'étendue de sa faiblesse que son insouciance des principes du droit. Qui n'a constaté ce grand fait: l'impuissance des puissances? Elles ont prétendu détourner de la guerre les Balkaniques et leur ont annoncé le maintien du *statu quo*. Les Balkaniques ont passé outre à l'interdiction et obtenu sans difficultés des puissances la ratification de toutes leurs conquêtes. Les puissances ont insisté auprès de la Porte pendant la seconde guerre pour que celle-ci renonce à Andrinople. La Porte a refusé, et les puissances se sont inclinées. Si la Serbie ne s'est pas installée sur l'Adriatique, ce n'est pas parce que les puissances le lui ont défendu, c'est parce que l'Autriche a mobilisé. Dira-t-on que la volonté des puissances n'a pas été respectée parce qu'elle était elle-même indécise? Il faudrait ajouter aussi que la volonté des puissances n'a été si indécise que parce qu'elle ne pouvait pas se faire respecter. La moindre démonstration navale exigeait de longs pourparlers diplomatiques. Si l'Europe avait sincèrement voulu contraindre les États en conflit à comparaître devant les juges, ou, à leur défaut, à accepter avant toute guerre ses décisions; ou si, l'arbitrage étant intervenu, elle avait voulu les obliger à exécuter une sentence à laquelle ils se seraient dérobés, elle eût été dans l'impossibilité de les forcer à respecter la justice. L'Europe est en anarchie, la force n'est pas au service du droit.

Comment donner à l'Europe une âme? Une âme sans facultés, sans organes, une âme sans forces, c'est, hélas! un vain souffle. Aujourd'hui, les armées nationales sont dirigées contre la paix, contre la justice internationales; elles en doivent devenir les agents. La force doit défendre les intérêts communs de l'Europe et non les compromettre. On arme pour défendre les patries; il y a quelque chose qui est plus important que de rendre la défense efficace, c'est de rendre l'attaque impossible. Internationalisées, les armées cesseront d'être un péril pour devenir une sauvegarde. On parle volontiers de diminution des armements. C'est la transformation des armements qu'il faut chercher. Dans le cas des Balkans, si l'Europe avait été organisée, la guerre eût été impossible, et la solution des litiges eût été assurée. La police internationale eût empêché les troubles, et la justice internationale eût sanctionné les droits.

II. — LA GUERRE EN TRIPOLITAINE

Il faut jeter un coup d'œil en arrière sur la guerre italo-turque. Aussi bien a-t-elle eu une influence certaine quoique difficile à mesurer, sur la rupture de la paix dans les Balkans. Et aujourd'hui encore la solution d'une partie des problèmes qui ont été posés devant la Conférence de Londres est liée à l'exécution du traité d'Ouchy, qui mit fin à la guerre entre l'Italie et la Porte : le sort des îles de la mer Egée a été remis par la Turquie entre les mains des puissances. Mais elles sont occupées par l'Italie, et les puissances ont accepté, sur la proposition de Sir Edward Grey, que l'évacuation des troupes italiennes fût subordonnée à l'accomplissement intégral de tous les engagements pris par la Turquie à l'égard de l'Italie : le jour est-il proche où les Italiens pourront s'installer en Libye sans difficultés et où ils rappelleront leurs troupes des îles de la mer Egée?

On connaît les faits. Le 29 septembre 1911, l'Italie déclare la guerre à la Turquie. L'opinion européenne donnait le réconfortant spectacle d'une indignation, que la guerre des Balkans n'a plus, malheureusement, provoquée. Il est vrai que les raisons alléguées par le marquis di San Giuliano dépassent l'audace ordinaire des paralogismes diplomatiques. La guerre se poursuit un an. Au mois de décembre, les effectifs italiens en Afrique atteignaient 120,000 hommes. Le correspondant italien de l'*Economiste Français* estimait, à la date du 4 janvier 1913, que les dépenses nécessitées par la guerre s'élevaient environ à 600 millions de lires. Le gouvernement demandait en outre au Parlement la somme de 200 millions pour réparer les navires et remplir les magasins. L'opinion italienne, d'abord fâcheusement enthousiaste, a fini par voir clair. On ne sait quand les colons italiens pourront utilement exploiter la Tripolitaine. Ce qu'on sait, c'est que les Italiens, établis par milliers en Turquie, ont été expulsés, comme il est légitime, par le gouvernement ottoman. C'est une défaite commerciale et nationale sûre ; les bénéfices en sont encore attendus.

L'annexion de la Tripolitaine, proclamée à grand tapage par l'Italie, au milieu de la guerre même, a été reconnue officiellement par la France peu de temps après le traité du 18 octobre : dès le 23 février 1913. On sait, par ailleurs, quel délai de réflexion demande la République française pour reconnaître les républiques qui se sont constituées à l'étranger. Il faut aller au fond : Si la France a reconnu aussi vite cette mainmise de l'Italie sur la Libye, c'est qu'elle avait signé avec sa voisine, dès 1900 et 1902, des accords par lesquels elle se désintéressait de l'action de cette dernière dans cette partie du nord de l'Afrique. L'Italie, par compensation, avait laissé à la France sa liberté au Maroc. C'était inaugurer le régime des compensations, qui devait permettre à l'Allemagne de réclamer une partie du Congo. Ces affirmations de « désintéressement » contre-balancent les autorisations de conquête. Les tiers font les frais.

III. — LE MAROC

Tous les ministres avaient déclaré solennellement devant les Chambres que la France ne poursuivait au Maroc aucun projet d'occupation. Il s'agissait de « pénétration pacifique ». Nul n'était plus désintéressé que la France : elle voulait simplement être autorisée à apporter aux Marocains les bienfaits de la civilisation. L'accord franco-allemand, du 8 février 1909, précisait : « Le gouvernement de la République Française est entièrement attaché au maintien de l'intégrité et de l'indépendance de l'empire chérifien. »

On apprit enfin, en 1911, après de longues négociations secrètes et redoutables entre la France et l'Allemagne, que « maintien de l'indépendance » de l'empire chérifien signifiait « établissement du protectorat ».

Ceux qui attachent quelque importance aux engagements pris devant les Chambres montrèrent quelque surprise. Les sceptiques et les avertis trouvèrent cette nouveauté la chose la plus naturelle du monde.

Que s'était-il passé?

L'Allemagne nous avait donné ce qu'elle ne possédait pas : le droit à l'établissement du protectorat marocain. Forte de cette autorisation un peu spéciale, munie de ce titre singulier, la France négociait avec le souverain légitime du Maroc et elle obtenait enfin, quelques mois plus tard, du sultan, qui avait qualité pour le lui donner, le droit qu'elle avait payé, après des négociations difficiles, à une puissance qui n'avait pas qualité pour le lui vendre.

Rappelons les dates principales : Fez est investi le 28 mars 1911 ; Moulaï-Hafid et la méhalla Bremond sont bloqués par les tribus ; le 21 mai, la colonne de secours entre à Fez. Le 8 juin, le général Moinier occupe Mékinez. L'Allemagne s'inquiète de cette occupation progressive du Maroc par les troupes françaises ; le péril couru par la colonie européenne justifiait la marche sur Fez ; mais l'ensemble des opérations françaises était trop manifestement contraire aux dispositions de l'acte d'Algésiras. M. Jules Cambon et M. de Kiderlen-Waechter ont deux entretiens à Kissingen, les 20 et 21 juin. Le 1er juillet, l'ambassadeur allemand à Paris, M. de Schœn, vient avertir M. de Selves, ministre des Affaires étrangères, que la canonnière *Panther* est envoyée à Agadir. C'est le commencement d'une période de tension franco-allemande, qui a duré tout l'été et qui constitue l'un des plus sombres moments que la France ait vécus ces dernières années. Il y a des avantages qui ne valent pas certains risques. Le 4 novembre, l'entente est conclue entre la France et l'Allemagne. La France abandonne une partie considérable du Congo Français, en échange d'un territoire infiniment plus restreint au sud du Tchad. L'Allemagne déclarait qu'elle ne s'opposait pas à l'établissement du protectorat français au Maroc.

Mais on apprenait avec stupeur qu'un traité secret, conclu le 3 octobre 1904 entre la France et l'Espagne, réservait à cette dernière puissance la liberté d'action dans une large zone formant toute la partie septentrionale du Maroc. La France avait tiré les marrons du feu. Elle se tourna, étonnée, du côté de son gouvernement.

Le 30 mars 1912, un traité est intervenu entre la France et le Maroc, en vue de « l'organisation du protectorat français dans l'empire chérifien ».

Cette convention, qui nous assurait enfin un titre juridique et légitimait nos tractations antérieures, a été ratifiée par les Chambres et est devenue la loi du 20 juillet. Le 12 août, Moulaï Hafid abdiquait.

Les difficultés et les opérations militaires continuèrent. La colonne Mangin dégage Marrakech qu'avait occupé El-Hiba. Au début de janvier 1913, les tribus sont en révolte dans la région de Mogador et de Safi. En mars, la colonne Mangin tombe dans une embuscade près d'El-Ksiba ; elle a 45 tués et 101 blessés. Parallèlement avec les opérations militaires, l'organisation civile se poursuit. Des tribunaux, une cour d'appel sont institués. Les travaux publics sont multipliés. Etrangers et Français accourent en foule au Maroc. Mais cette foule est mêlée (et ceci n'est pas une allusion à la diversité des costumes).

S'il était bon de rappeler dans quelles conditions le protectorat de la France a été établi sur le Maroc, il ne nous appartient pas de prévoir l'avenir du Maroc et du protectorat. Aujourd'hui, la France est la prisonnière de sa conquête. Nos gouvernants assurent qu'ils ont donné le Maroc à la France. Il est presque aussi vrai de dire qu'ils ont donné la France au Maroc. On ne sait si le Maroc désirait ce cadeau, qui évoque les progrès et les charges, les services et les vices qu'on nomme « civilisation ». Il n'est pas sûr non plus que la France désirait qu'on lui fît ce don, ni qu'elle eût à l'accepter sans inquiétude. Ce Maroc donné, il faut pouvoir le prendre, et il faut savoir le garder. La France protège le Maroc ; mais on ne saurait dire que le Maroc protège la France. Il l'oblige au contraire à se découvrir. Il la contraint à de lourds sacrifices d'hommes et d'argent.

Au début de 1913, le gouvernement demandait au Parlement d'importants « crédits supplémentaires au sujet des opérations militaires du Maroc » au titre de l'exercice 1912. Le rapporteur du Sénat, M. Aimond, écrit avec quelque sévérité dans son rapport : « La façon dont ces dépenses ont été engagées est plus qu'irrégulière. Nous dirions volontiers qu'elle est illégale, puisque depuis plus d'un an le gouvernement n'a même pas songé à demander des crédits de prévision. » Il ajoute : « Un contrôle préventif aurait-il donc été superflu, alors qu'il apparaît, par le total de la dépense, que cette expédition militaire nous revient, pour l'année 1912, à plus de 3,000 francs par homme, c'est-à-dire à un prix qui n'avait pas encore été atteint dans aucune des expéditions précédentes ? »

Les crédits supplémentaires spéciaux ouverts jusqu'ici au titre du Maroc ont atteint au total 135,059,190 francs, soit environ 10 millions pour 1907, 34 millions pour 1908, 18 millions pour 1909, 10 millions pour 1910, 60 millions pour 1911. Si on ajoute, à ces crédits supplémentaires des années précédentes, les crédits supplémentaires afférents à l'année 1912, on atteint le chiffre de « 268,536,552 francs, dont 543,000 francs pour les Affaires étrangères, 256,058,152 francs pour la Guerre et 11,935,400 francs pour la Marine... ces sommes ne comprennent d'ailleurs pas l'ensemble des dépenses faites au Maroc ».

Au mois de juin dernier, M. Charles Dumont, ministre des Finances, a soumis à la Chambre un projet portant ouverture des crédits reconnus nécessaires pour pourvoir, en 1913, aux frais d'occupation du Maroc. Les dépenses prévues s'élevaient à 212,238,290 francs.

Enfin, le Parlement a été saisi d'un projet de loi autorisant le gouvernement du protectorat du Maroc à contracter un emprunt de 230 millions pour l'exécution de travaux publics et le remboursement du passif Maghzen.

Du 1er juin 1912 au 1er juin 1913, nous avons eu au Maroc 401 tués, dont 25 officiers, et 1.401 blessés, dont 42 officiers. Au moment des troubles de Fez, nos effectifs, tant indigènes qu'européens, s'élevaient à 40,000 hommes. Depuis que le Maroc est pacifié, nous y comptons 74,323 hommes de troupe et 2,247 officiers. De ces contingents, 31,000 hommes appartiennent aux troupes françaises. Pour peu que la pacification fasse des progrès, combien enverrons-nous de soldats au Maroc l'année prochaine?

IV. — FRANCE ET ESPAGNE

La France a invité l'Espagne à prendre sa part des frais de mainlevée de l'hypothèque allemande sur le Maroc. Ce n'était peut-être pas fort juridique, la lettre du traité de 1904 étant formelle, mais c'était assez politique.

Les négociations furent longues et difficiles. La convention fut signée à Madrid le 27 novembre 1912. Elle visait à « préciser la situation respective des deux pays à l'égard de l'empire chérifien ». On connaît les clauses de ce traité. Le monopole de la direction des relations diplomatiques du sultan avec les Etats étrangers demeure réservé à la France. L'Espagne a la haute main sur la zone qui lui est attribuée. Dans cette zone, le sultan est représenté par un kalifat qui, en vertu d'une délégation générale et permanente, exerce tous ses droits. Un haut commissaire espagnol contrôle les actes de l'autorité marocaine dans la zone d'influence. Les compensations ou rectifications territoriales ont porté dans le nord sur trois points : Moulaya, Ouergha et Loukkos; au sud, sur le territoire d'Ifni et la région située entre l'oued Mesa et l'oued Draa. (Exposé des motifs du projet de loi.)

L'une des plus heureuses conséquences de la signature de cette convention serait un rapprochement entre la France et l'Espagne. Le gouvernement, disait le Président du Conseil espagnol, est favorable à la conclusion d'un traité de commerce. D'autre part, la Chambre a vivement apprécié, le 8 mars. les motifs développés par notre ami M. Garat, député de Bayonne, en faveur d'une reprise des rapports économiques entre l'Espagne et notre pays. La visite de M. Barthou à Saint-Sébastien, le voyage du Président de la République en Espagne sont deux faits qui peuvent valoir et par eux-mêmes et par la suite qu'ils auront. L'influence française est visible en Espagne, et il est normal qu'une collaboration s'établisse plus étroite entre les deux pays latins.

Quel est l'avenir de l'Espagne au Maroc? Il faut avouer que, pour l'instant, l'occupation espagnole, comme l'occupation française, rencontre des heures difficiles. Le 20 février 1913, le général Alfan, suivi d'une petite troupe, entrait audacieusement à Tétouan. Mais il semble que la ville soit difficile à garder. Tétouan a été attaquée à plusieurs reprises et toute la région a été, notamment dans le mois de juin, le théâtre de sanglants combats.

V. — LES TRAITÉS SECRETS ET LE CONTROLE DU PARLEMENT

Il est impossible de quitter l'Espagne sans dire un mot des nombreux traités secrets qui ont été conclus depuis dix ans, et qui ont constitué, lorsqu'ils ont été connus, autant de révélations fâcheuses.

Nul doute qu'il y ait parfois intérêt à retarder la publication de certains traités. La diplomatie doit avoir le sens de l'opportunité. Elle peut s'appeler, comme le théâtre, l'art des préparations. Mais les traités secrets sont moins souvent des garanties discrètes que des machinations dangereuses. Et ce sont aussi presque toujours des habiletés maladroites. Un des grands torts des traités secrets, en effet, c'est de ne pas évoluer avec le temps. Ils sont soustraits aux commentaires des événements. On ne peut se mettre d'accord sur leurs sens successifs et dérivés, et, quand on les exhume, ils apparaissent avec toutes leurs exigences des premiers jours, qui semblent démodées, absurdes, intolérables. Ces habiletés se prennent au piège. Les traités secrets, enfin, sont particulièrement inacceptables quand ils suivent et contredisent des conventions publiques. La contre-lettre est un procédé depuis longtemps sacré. Elle a quelque chose d'outrageant pour le Parlement, qui n'a connu que le traité public et qui l'a accepté.

La Commission du Sénat, chargée d'examiner le projet de loi portant approbation de la Convention franco-allemande du 4 septembre 1911, a marqué ce dernier point avec mesure, mais avec force, en ces termes : « La Commission estime qu'il a été fait, pendant les dernières années, un abus des traités secrets. Sans doute la Constitution de 1875 laisse au Président de la République la faculté d'apprécier à quel moment un traité peut être communiqué aux Chambres sans dommage pour la sécurité et les intérêts du pays; mais elle n'autorise pas l'addition à un traité public de clauses secrètes qui en modifient l'esprit et les dispositions. »

Le contrôle du Parlement est le remède qui peut naturellement atténuer les abus du gouvernement. Sait-on suffisamment, dans notre parti, qu'il n'existe pas encore de Commission des affaires extérieures au Sénat? M. Chastenet a présenté dans la séance, du 26 juin 1913, un rapport au nom de la Commission chargée d'examiner diverses propositions de résolution émanant, la première de MM. Mascuraud, Jean Dupuy et Maxime Lecomte, la seconde de M. Louis Martin, la troisième de M. Chastenet, le quatrième de M. Henry Béranger; tendant les unes et les autres à la constitution d'une Commission des affaires extérieures et coloniales. L'idée est de celles qui ne se discutent pas. Nous souhaitons que le Sénat se hâte de réparer une omission si fâcheuse.

VI. — LES ARMEMENTS

L'opinion française a conservé certainement un souvenir précis des débats retentissants qui se sont déroulés au Reichstag au sujet des intrigues menées par les agents de la maison Krupp, comme des renseignements suggestifs apportés quelque temps après à la tribune de la Chambre française; il suffit donc d'y faire allusion. L'opinion a enfin compris que le patriotisme était trop souvent une affaire pour des industriels et des courtiers, plus bruyants que désintéressés. L'idée patriotique et l'armée n'en ont pas été atteintes. Mais elles ont besoin, l'une et l'autre, de se dégager nettement de certaines influences pour n'en être pas altérées. On a vu enfin que la préparation de la guerre était une industrie, que la métallurgie était organisée en un trust puissant, qui usait de toutes les ressources de la publicité et de l'intrigue, et jouissait d'avantages particuliers. L'industrie ordinaire fabrique et ne sait pas si elle pourra vendre.

Les fabricants d'armements ne produisent que quand ils sont certains d'écouler. Ils règnent sur le marché et font les prix; et, en faisant connaître habilement ce qu'on fait à l'étranger (ou même ce qu'on ne fait pas), ils suscitent des besoins qu'ils sont seuls à pouvoir satisfaire. Une industrie qui jouit d'un semblable monopole devrait sans doute être monopolisée. Elle serait plus correcte, plus réservée, plus discrète : elle ne se permettrait pas les campagnes de presse auxquelles a recours l'industrie privée ; elle s'adapterait étroitement à son objet, qui est la défense nationale.

Un moment on a pu espérer que certains pays parviendraient à s'entendre pour arrêter momentanément l'accroissement d'une partie de leurs dépenses militaires. En réponse à des déclarations anglaises, M. de Jagow a fait connaître au Reichstag qu'il était disposé à accepter une entente navale avec l'Angleterre sur la base d'une relation de 10 à 16 — c'est-à-dire que les deux pays auraient conservé la proportion de 10 dreadnoughts allemands pour 16 dreadnoughts anglais. L'idée était relativement neuve, avisée et intéressante. Mais on n'en a plus de nouvelles.

VII. — LA CONFÉRENCE DE BERNE ET L'ALSACE-LORRAINE

On se plaît à espérer que la Conférence qui a réuni le 11 mai, à Berne, des parlementaires français et allemands, sur la convocation d'un certain nombre de membres du Conseil National suisse, laissera dans l'histoire une trace lumineuse. Elle détermina un grand enthousiasme, et les attaques des partis militariste et réactionnaire ne parvinrent pas à l'amoindrir. Cette diplomatie démocratique fait d'ailleurs belle figure à côté de la diplomatie officielle. La sympathie a son rôle dans les relations internationales. Les Allemands étaient au nombre de 44, et la plupart d'entre eux étaient régulièrement mandatés par leurs groupes — ce qui augmentait leur autorité. Les Français étaient 144, mais venus à titre individuel, et sans mandat de leurs groupements politiques. La déclaration, préparée par un comité mixte franco-allemand, qualifie cette Conférence de « première Conférence » des parlementaires français et allemands, « répudie énergiquement toute solidarité dans les détestables campagnes d'excitations chauvines de toutes sortes et les coupables spéculations qui menacent des deux côtés de la frontière d'égarer le bon sens et le patriotisme des populations; proclame que les deux pays, dans leur immense majorité, sont fermement attachés à la paix, condition absolue de tout progrès; estime qu'un rapprochement de la France et de l'Allemagne préparera l'établissement durable de la paix... ; décide que son bureau sera constitué en Comité permanent, et lui donne mandat de convoquer périodiquement la Conférence ».

La présence des représentants de l'Alsace-Lorraine donne à cette réunion une haute portée, en même temps qu'un caractère particulièrement émouvant. Des représentants du peuple allemand, des représentants du peuple français, des représentants de l'Alsace-Lorraine siégeant, délibérant dans la même assemblée... quel nouveau et poignant spectacle!

Les députés alsaciens-lorrains saisirent cette occasion d'affirmer leurs sentiments pacifiques. Tel est bien la volonté profonde de l'Alsace-Lorraine aujourd'hui : elle est pacifiste. Parmi les Alsaciens-Lorrains, les uns ont le cœur français, les autres désirent ou acceptent l'autonomie de l'Alsace-Lorraine au sein de l'empire allemand. Tous veulent la paix. La seconde Chambre proteste en avril contre le développement des armements, adopte le 6 mai à l'unanimité une motion ainsi conçue : « Plaise à la Chambre d'inviter le Statthalter à instruire les représentants de l'Alsace-Lorraine au Conseil fédéral pour qu'ils s'emploient avec énergie contre l'idée d'une guerre entre l'Allemagne et la France, et qu'ils agissent au Conseil fédéral pour que celui-ci examine les voies et moyens susceptibles d'amener un rapprochement entre la France et l'Allemagne, lequel rapprochement fournira le moyen de mettre un terme à la course aux armements. Des meetings, importants et nombreux, ont lieu dans diverses villes, notamment à Mulhouse; on s'y prononce dans le même sens : « Le maintien de la paix, voilà pour les Alsaciens-Lorrains, dit un député, ce qui doit être placé, à leurs yeux, au-dessus même de la France aussi bien que de l'Allemagne. »

Cependant l'Alsace-Lorraine lutte contre les lois d'exception. Des projets dirigés contre la liberté d'association et la liberté de la presse sont présentés mais échouent. Le Parlement alsacien-lorrain s'y est opposé avec vigueur. La résistance a été aussi énergique au Reichstag.

VIII. — LE RAPPROCHEMENT INTERNATIONAL DES PARTIS LIBÉRAUX, RADICAUX ET DÉMOCRATES

Il ne nous sera pas interdit de mentionner, après la Conférence de Berne, des réunions où se sont retrouvés, en septembre 1912 et en août 1913, des parlementaires et anciens parlementaires, appartenant à diverses nationalités. Ces faits sont loin d'être d'égale importance, mais ils manifestent le même esprit et se confirment les uns les autres. A Genève, en 1912, à l'issue de la dix-septième Conférence interparlementaire, un certain nombre de membres de la Conférence, inscrits, dans leurs pays respectifs, aux groupes libéraux, radicaux ou démocrates, se réunissent dans le dessein de jeter les bases d'une entente plus constante et plus étroite. La pensée commune était simple, manifeste et grande. Entre le parti de révolution et le parti de réaction, il existe partout un grand parti de réformes, d'études, de progrès. Il s'appelle, ici, parti libéral; là, parti radical; c'est toujours le grand parti démocratique. Les cléricaux sont des internationaux; ils sont les soldats passifs d'une unique armée, dont le chef est à Rome. Les socialistes sont des internationaux, ils obéissent aux arrêts impérieux rendus par les conciles annuels qu'on nomme les congrès socialistes internationaux. Les démocrates, libéraux et radicaux demeurent isolés, séparés par les frontières de leur patrie. Ils sont préoccupés des mêmes problèmes, ils s'efforcent vers un même idéal, ils pourraient s'apporter mutuellement sympathie, collaboration, réconfort; ils s'ignorent. S'ils se rapprochaient! Si, sans diminuer leur indépendance, sans restreindre leur initiative, sans former un parti international, ils établissaient entre eux des relations régulières! S'ils apprenaient à se connaître, eux et leurs œuvres! Echanger des renseignements, des documents, des visites, collaborer à l'occasion, poursuivre une sorte d'éducation mutuelle, hommes du même esprit, de peuple à peuple, — quel élargissement de la vision, quelle aide précieuse pour préparer l'avenir en commun!

Une ébauche d'organisation fut arrêtée à Genève. M. Albert Gobat, conseiller national suisse, présidait le comité provisoire. M. Berendsen, député danois, en était le secrétaire. Des délégués à la propagande étaient désignés pour les principaux pays. Pour la France, on déléguait M. Ferdinand Buisson, député de Paris.

Une réunion analogue s'est tenue à la Haye, pendant la session de la dix-huitième Conférence interparlementaire. Un plan d'organisation préparatoire a été adopté. C'est aux partis libéraux, radicaux ou démocrates de chaque nation de créer le mouvement en inaugurant la propagande. Il sied que la France joue son rôle d'initiative. Il appartient au parti radical d'élever par delà les frontières son grand drapeau.

IX. — LA RÉVOLUTION CHINOISE

C'est en octobre 1911 qu'éclata la Révolution chinoise. Après la Révolution turque, après la Révolution persane, c'était le troisième grand peuple oriental qui s'éveillait à la liberté. Mais la Chine offrit un spectacle qu'on n'avait jamais vu : ce fut l'empereur qui reconnut la République. Ce jour-là l'âme chinoise, célèbre pour sa sagesse auguste et séculaire, dépassa les espérances. Par ailleurs, la révolution ressembla aux révolutions ordinaires. Elle fut sanglante et, comme les autres révolutions aussi, elle demeure incertaine, déchirée entre les retours offensifs des éléments révolutionnaires et des agents de réaction. A l'époque même où nous sommes, le sud et le nord sont en lutte ouverte. Nos sympathies ardentes vont à la République chinoise sans acception de parti. La République française devrait témoigner un peu plus chaleureusement, elle aussi, ses sentiments de sympathie pour la vieille nation, aïeule des peuples, devenue une jeune république.

X. — ARBITRAGES ET CONVENTIONS

La guerre italo-turque donna lieu à des incidents qui soulevèrent l'opinion publique en France et en Italie, et qui furent heureusement vidés par la méthode arbitrale. Le 15 janvier 1912, le *Carthage*, vapeur de la Compagnie Transatlantique, faisant route de Marseille à Tunis, était arrêté en vue des côtes de Sardaigne par un torpilleur italien et séquestré à Cagliari. Trois jours plus tard, le 18 janvier, le *Manouba*, paquebot postal, se rendant également de Marseille à Tunis, était arrêté en haute mer et conduit aussi à Cagliari. Le 25 janvier, un petit navire français faisant le service postal entre Tunis et un port de la Tripolitaine, le *Tavignano*, était mitraillé par les Italiens, puis fouillé de fond en comble et capturé. Ces procédés étaient évidemment intolérables. Ils donnèrent pourtant matière à controverses de droit international :

l'existence d'un aéroplane sur le *Carthage*, d'un certain nombre de passagers ottomans sur le *Manouba* fournirent la base de ces discussions. Finalement, les navires furent relâchés, et on décida de déférer ces incidents à la Cour d'arbitrage de La Haye. L'affaire du *Tavignano* fut disjointe et réglée diplomatiquement. Les sentences relatives au *Carthage* et au *Manouba* donnèrent satisfaction aux réclamations françaises. Le gouvernement italien fut condamné à payer des dommages-intérêts s'élevant à plusieurs centaines de mille francs.

Nous devons déplorer que le gouvernement français, qui a conclu un grand nombre de traités d'arbitrage permanent entre les années 1903 et 1908, observe depuis lors une abstention presque totale. Signalons pourtant qu'il s'attache du moins à renouveler, lorsqu'elles viennent à expiration, les conventions d'arbitrage antérieurement conclues : c'est ainsi que le 13 février 1913 la convention d'arbitrage entre la France et les Etats-Unis a été prolongée. Un peu plus tard, le 31 mai, l'Angleterre et les États-Unis signaient le renouvellement pour cinq ans de leur traité général d'arbitrage.

Il faut espérer que le renouvellement de cette dernière convention arbitrale incitera le gouvernement des Etats-Unis à confier aux arbitres le différend qui s'est élevé entre l'Angleterre et les Etats-Unis au sujet du canal de Panama. On sait que le gouvernement des Etats-Unis a prétendu soustraire les navires américains faisant le cabotage aux frais de traversée du canal de Panama. Le gouvernement anglais affirme avec raison que les États-Unis se sont engagés à n'instituer aucun régime d'exception. La discussion est passionnée aux Etats-Unis sur ce point. On doit estimer que, s'il est un cas qui relève évidemment de l'arbitrage, c'est bien l'interprétation d'une convention.

Les Etats-Unis font une meilleure besogne quand ils proposent, par l'organe de M. Bryan, secrétaire d'État des Affaires étrangères, une procédure qui a pour objet d'éviter le recours à la guerre dans tous les différends sans exception. M. Bryan n'ose pas recommander l'arbitrage obligatoire dans tous les cas ; mais il propose que les différends qui n'auraient pu être résolus par la voie diplomatique et qui ne seraient pas déférés à l'arbitrage soient soumis à l'enquête d'une Commission internationale, dont la composition serait déterminée par un accord des parties. Celles-ci devraient s'abstenir de tout acte d'hostilité jusqu'à ce que l'enquête soit terminée. « Le gouvernement de Washington a soumis ce projet à tous les Etats : et plusieurs, parmi lesquels on remarque l'Allemagne, l'ont déjà accepté en principe. » (A. Gobat.) Cette méthode, à nos yeux, est loin de valoir l'arbitrage. Mais tous les procédés sont bons qui éloignent de la guerre et mènent à la paix.

Le *Journal Officiel* du 14 juin 1913 a publié la « loi portant approbation de la convention signée à Genève, le 6 juillet 1906, pour l'amélioration du sort des blessés et malades dans les armées en campagne ». Cette approbation d'un acte datant de sept années était véritablement tardive. Il y a pourtant d'autres conventions, et particulièrement importantes, datant sensiblement de la même époque, que le Parlement n'a pas encore approuvées.

Nous faisons allusion à la « Convention relative à la Cour des prises », signée à la Haye le 18 octobre 1907, et à la Déclaration navale de Londres du 26 février 1909. La convention introduit dans le droit international une innovation capitale : elle institue un véritable tribunal international supérieur aux tribunaux nationaux, qui casse leurs jugements, et dont les gouvernements se sont engagés à respecter et à exécuter les arrêts. Malheureusement la Conférence de Londres, chargée de régler les questions techniques, arrêta un certain nombre de dispositions qui suscitèrent de vives critiques, et l'œuvre de 1909 gêna la ratification de l'œuvre de 1907. A l'heure actuelle, seuls, le Guatémala, Haïti, les Etats-Unis mexicains, le Panama, le Salvador et le Siam ont fait parvenir au Ministère des Affaires étrangères des Pays-Bas leurs actes de ratification de la Convention. Le gouvernement des Etats-Unis d'Amérique a adhéré avec réserves. Le gouvernement de la République française a transmis au Parlement, au mois de mars 1912, les projets portant autorisation pour le gouvernement de ratifier les Conventions de la Haye et la déclaration de Londres. Ces projets sont encore pendants devant le Parlement. (A. Lange. *Annuaire interparlementaire.*)

XI. — LA TROISIÈME CONFÉRENCE DE LA PAIX

Il faut terminer par la grande espérance.

C'est la troisième Conférence internationale de la Paix.

Mais d'abord il faut qu'elle se réunisse.

La deuxième Conférence, en 1907, a « recommandé

aux puissances la réunion d'une troisième Conférence de la Paix qui pourrait avoir lieu dans une période analogue à celle qui s'est écoulée depuis la précédente Conférence, à une date à fixer d'un commun accord entre les puissances ». Huit années s'étant écoulées entre la première et la deuxième Conférence, la troisième devait se réunir normalement en 1915. C'est la date qui fut alors prévue.

L'une des conséquences de la guerre de Tripolitaine et de la guerre balkanique a été de compromettre, dans certains esprits, la convocation de la troisième Conférence. Les amis de la guerre, les ennemis du droit, essayent dans les divers pays de faire ajourner la Conférence *sine die*. Peu à peu on affirmerait l'impossibilité de la réunir et on proclamerait sa condamnation par défaut. Mais jusqu'ici les accords internationaux contrecarrent et déjouent cette manœuvre. La Conférence doit se réunir; il faut qu'elle se réunisse.

L'acte final de la deuxième Conférence internationale de la Paix porte encore : « La Conférence appelle l'attention des puissances sur la nécessité de préparer les travaux de cette troisième Conférence assez longtemps à l'avance pour que ses délibérations puissent avoir l'autorité et la rapidité indispensables. Pour atteindre ce but, la Conférence estime qu'il serait désirable que, environ deux ans avant l'époque probable de la réunion, un Comité préparatoire fût chargé par les gouvernements de recueillir les diverses propositions à soumettre à la Conférence, de rechercher les matières susceptibles d'un prochain règlement international et de préparer un programme que les gouvernements arrêteraient assez tôt pour qu'il pût être sérieusement étudié dans chaque pays. Ce Comité serait, en outre, chargé de proposer des modes d'organisation et de procédure pour la Conférence elle-même. »

En exécution de ces vœux, des Commissions spéciales ont été instituées en Autriche-Hongrie, au Danemark, en Norvège, aux Pays-Bas et en Suède, constate l'excellent Annuaire de l'Union interparlementaire. La France a créé depuis 1911 une Commission permanente des Conférences de la Haye, dont le distingué secrétaire est M. Jarousse de Sillac. Mais ces diverses Commissions ne travailleront ardemment à la tâche capitale qui leur incombe que si elles sont encouragées par l'opinion publique. Nous devons contribuer à faciliter et à hâter leurs travaux.

Le programme qui devra être celui de la troisième Conférence peut être aisément indiqué. Il doit comporter, en premier lieu, l'examen des questions déjà abordées par les Conférences antérieures et renvoyées à l'étude des gouvernements ou des Conférences suivantes, il doit ensuite envisager hardiment les questions nouvelles.

En 1907, 32 puissances sur 44 Etats représentés avaient adopté « un projet de traité mondial d'arbitrage obligatoire » comprenant un système complet d'enregistrement universel des obligations consenties. Ces trente-deux puissances ont dressé la liste d'un grand nombre de questions pour lesquelles, à leur avis, l'arbitrage doit être accepté sans réserves. La Conférence a également voté un projet complet de juridiction internationale permanente, dite Cour de justice arbitrale. La réalisation de ce projet n'a été arrêtée que par des divergences de vues sur le mode de nomination des juges. L'entente sur ces points doit aboutir au cours des délibérations de la troisième Conférence.

Enfin, si l'on passe sur certains détails, il reste un vœu de la Conférence sur lequel il faut attirer l'attention de l'opinion publique et des Commissions préparatoires ; c'est la résolution suivante qui a été adoptée à l'unanimité : « La deuxième Conférence de la Paix confirme la résolution adoptée par la Conférence de 1899 à l'égard de la limitation des charges militaires; et, vu que les charges militaires se sont considérablement accrues dans presque tous les pays depuis ladite année, la Conférence déclare qu'il est hautement désirable de voir les gouvernements reprendre l'étude sérieuse de cette question. » Déjà la circulaire du comte Mouraview, en date du 12-24 août 1898, signalait, au nom de l'empereur de Russie, « le danger continuel qui gît dans cet amoncellement du matériel de guerre », en ajoutant que « si cette situation se prolongeait, elle conduirait fatalement à ce cataclysme même qu'on tend à écarter et dont les horreurs font frémir à l'avance toute pensée humaine... Mettre un terme à ces armements incessants, continuait le rescrit, et rechercher les moyens de prévenir les calamités qui menacent le monde entier, telle est la devise suprême qui s'impose aujourd'hui à tous les Etats ».

Enfin, la troisième Conférence de la Paix devra étudier hardiment des questions nouvelles.

Il faut éviter que ces grandes assises de la paix sombrent dans la discussion des minuties ou des arguties auxquelles se complaisent certains juristes du droit international. Le goût des réalités n'est pas le goût des détails. Les controverses sur les lois et coutumes de la guerre, les distinctions entre les catégories de mines automatiques, ce ne sont point là les questions positives, pratiques, vitales qui doivent s'imposer à l'attention des délégués des nations. La deuxième Conférence s'est partiellement perdue dans des détails. Il faut que la troisième apporte des œuvres. Ces œuvres, on doit les rappeler d'un mot.

Il faut que la troisième Conférence de la Paix reconnaisse et proclame les droits des peuples, reprenne et élargisse enfin l'œuvre immortelle commencée par la Constituante le 12 août 1789 : la déclaration des Droits de l'Homme.

Il faut que la troisième Conférence de la Paix condamne formellement et solennellement la guerre et la conquête.

Il faut que la troisième Conférence de la Paix pose les principes et commence l'élaboration du Code de droit international public. C'est bien d'avoir des juges; encore faut-il déterminer selon quels principes ils devront juger. A côté de la Justice, il faut la Loi. Le rescrit de 1898 évoquait déjà « ces principes d'équité et de droit sur lesquels reposent la sécurité des Etats et le bien-être des peuples ». Ces principes, il faut les formuler. Il faut en dégager les conséquences.

Il faut que la troisième Conférence de la Paix étudie et organise les sanctions de l'arbitrage international. Sans doute le recours à l'arbitrage « implique-t-il l'engagement de se soumettre de bonne foi à la sentence ». Cette garantie est pourtant précaire. Les sanctions pacifiques — économiques, financières, administratives — doivent être prévues et instituées. Les sanctions coercitives, l'intervention de la force armée, l'exécution des décisions judiciaires par la police internationale, doivent être réglées et assurées.

Il faut que la troisième Conférence de la Paix institue, à côté du greffe de la Cour d'arbitrage chargé de recueillir et de transmettre les demandes d'arbitrage, un Parquet, qui représente la société des nations, et qui ait pour mandat de poursuivre les crimes internationaux, de disposer de la police internationale. Il n'y a de société que s'il y a des lois, et il n'y a des lois que s'il y a une action publique.

Il faut enfin que la troisième Conférence de la Haye règle d'une façon précise et impérative la périodicité des Conférences. L'œuvre est sublime, elle est immense, elle appelle les ouvriers.

La Guerre balkanique et la loi de trois ans.

Le Congrès,

Appelle l'attention du pays sur l'influence immédiate

et décisive que la guerre des Balkans et la modification de l'équilibre de la péninsule ont eu sur l'accroissement des contingents militaires en Allemagne et, par suite, sur l'augmentation de la durée du service militaire en France.

Il constate, à cette occasion, la solidarité des nations, et dénonce les périls et les charges qui résultent, pour les neutres, de toute guerre, même lointaine.

Emprunts français et étrangers.

Le Congrès,

Au sujet des emprunts considérables que plusieurs Etats étrangers, notamment les Etats balkaniques, semblent vouloir solliciter de l'épargne française;

Considérant que les emprunts de cette nature servent d'ordinaire, directement ou indirectement, à entretenir ou à développer les armements des nations étrangères, contrariant ainsi, souvent, la politique extérieure de la France, et compromettant la paix européenne ;

Considérant, en particulier, que les emprunts des Etats balkaniques ont, évidemment, pour objet de réparer les désastres de la guerre qui vient de finir et de préparer, éventuellement, de nouvelles hostilités; qu'ainsi l'épargne des nations pacifiques et laborieuses, contrairement à la volonté et aux intérêts des prêteurs, permet et alimente un régime de violences, dont les conséquences politiques, économiques et épidémiques sont dangereuses pour la sécurité de l'Europe;

Considérant que la France, faute d'argent, ne possède qu'un outillage économique d'une lamentable insuffisance, qui ne lui permet pas de lutter commercialement avec des voisins dont les moyens généraux d'échange et d'exportation (ports, canaux, voies ferrées) ont été complètement transformés depuis quarante ans;

Considérant qu'à l'heure où la France consent des sacrifices énormes pour sa défense, il est insensé et dérisoire qu'elle sacrifie ses propres intérêts vitaux au développement des forces offensives des autres nations, pour le seul profit de la féodalité financière des banques d'émission ;

Estime que les emprunts consentis par l'épargne française doivent servir à la France, d'abord ;

Emet le vœu que la France, si elle est invitée par la finance internationale à fournir, au cours des prochaines années, plusieurs milliards à l'armement militaire et industriel des autres nations, soit appelée par le gouvernement de la République à souscrire un emprunt d'un milliard exclusivement destiné à la création et à l'amélioration de ses propres moyens de production et d'échange (exploitation des richesses naturelles, développement des ports, canaux, voies ferrées, revision des tarifs), œuvre essentiellement nationale, féconde, sûre et rémunératrice.

Les traités secrets.

Le Congrès,

Considérant que le principe de la souveraineté du peuple exige que celui-ci conserve la direction de ses affaires extérieures, c'est-à-dire la libre disposition de lui-même, et que la publicité, la plus large possible, donnée aux affaires extérieures, constitue une des conditions nécessaires de la politique d'une démocratie;

Considérant que la pratique des traités secrets révèle leur inopportunité et leur péril; qu'à l'heure où ils deviennent publics et où leur exécution est réclamée, ils ne correspondent plus à l'état des choses et des esprits, et paraissent d'autant plus inacceptables qu'ils sont moins adaptés aux circonstances;

Considérant, en particulier, que la Constitution de 1875 laisse au président de la République la faculté d'apprécier à quel moment un traité peut être communiqué aux Chambres sans dommage pour la sécurité et les intérêts du pays, elle n'autorise pas l'addition, à un traité public, de clauses secrètes qui en modifient l'esprit et les dispositions;

Condamne l'usage des clauses secrètes;

Emet le vœu que le parlement et l'opinion soient davantage associés à la politique extérieure et que tous les traités soient soumis, dans un délai déterminé, à la ratification des Chambres.

Création d'une commission sénatoriale des affaires extérieures et coloniales.

Le Congrès émet le vœu que le Sénat, conformément aux diverses propositions dont il est saisi, décide sans délai la création d'une Commission permanente des affaires extérieures et coloniales.

La Conférence de Berne et le rapprochement franco-allemand.

Le Congrès,

Félicite les parlementaires français et allemands qui ont pris part à la Conférence de Berne;

Considère cette première réunion d'élus allemands et français, en présence des représentants de l'Alsace-Lorraine, comme un heureux indice en faveur du maintien de la paix générale et du rapprochement si nécessaire de deux grands peuples;

Et affirme à nouveau que la solution de tous les différends internationaux est dans le développement de l'esprit de conciliation et l'application des principes du droit.

Le rapprochement international des partis libéraux, radicaux et démocrates.

Le Congrès,

Constatant que les partis libéraux, radicaux ou démocrates qui existent dans tous les pays demeurent étrangers les uns aux autres, tandis que le parti clérical et le parti socialiste bénéficient d'une puissante organisation internationale ;

Se félicite que des parlementaires libéraux, radicaux et démocrates, réunis à l'occasion des Conférences interparlementaires de Genève et de la Haye, en 1912 et 1913, aient fondé un Comité qui a pour objet d'établir, entre les partis libéraux, radicaux ou démocrates des divers pays, des relations plus fréquentes — et adresse à ce Comité l'expression de ses sympathies cordiales.

La République chinoise.

Le Congrès adresse ses sympathies chaleureuses à la République chinoise et émet le vœu que la République française aide la Chine émancipée à organiser sur son vaste territoire un régime définitif d'autonomie et de liberté pour le plus grand bien de la civilisation et de la paix du monde.

La Cour internationale des Prises.

Le Congrès,

Appréciant hautement la création, par la deuxième Conférence de la paix, de la Cour internationale des Prises, première juridiction internationale obligatoire dominant les tribunaux nationaux;

Sans méconnaître, par ailleurs, les critiques que méritent certaines dispositions de la Déclaration navale de Londres, du 26 février 1909, notamment en ce qui concerne le droit de prise;

Emet le vœu que la « Convention relative à l'établissement de la Cour internationale des Prises » du 18 octobre 1907 et la Déclaration de Londres soient ratifiées par les Chambres, conformément au projet de loi déposé par le gouvernement.

La réunion de la troisième Conférence de la paix.

Le Congrès,

Considérant que la deuxième Conférence de la paix a « recommandé aux puissances la réunion d'une troisième Conférence de la paix qui pourrait avoir lieu dans une période analogue à celle qui s'est écoulée depuis la précédente Conférence »,

Invite le gouvernement français à proposer, et l'opinion universelle à exiger, la réunion de la troisième Conférence de la paix dans les délais prévus.

La préparation de la troisième Conférence de la paix.

Le Congrès,

Considérant que la deuxième Conférence de la paix a « appelé l'attention des puissances sur la nécessité de préparer les travaux de la troisième Conférence assez longtemps à l'avance pour que ses délibérations se poursuivent avec l'autorité et la rapidité indispensables; que, pour atteindre ce but, elle a estimé qu'il serait désirable que, environ deux ans avant l'époque probable de la réunion, un Comité préparatoire fût chargé par les gouvernements de recueillir les diverses propositions à soumettre à la Conférence, de rechercher les matières susceptibles d'un prochain règlement international et de préparer un programme que les gouvernements arrêteront assez tôt pour qu'il puisse être sérieusement étudié dans chaque pays ; que ce Comité serait, en outre, chargé de proposer un mode d'organisation et de procédure pour la Conférence elle-même » ;

Considérant que des Commissions ont été constituées à cet effet en Autriche-Hongrie, au Danemark, en Norvège, aux Pays-Bas et en Suède;

Emet le vœu que le gouvernement invite la Commission permanente des Conférences de la Haye, instituée au ministère des Affaires étrangères, à élaborer, d'accord avec les juristes et les propagandistes de l'arbitrage international, ces projets préparatoires, et à en faire connaître, aussi largement qu'il sera possible, les conclusions à l'opinion publique.

Le programme de la troisième Conférence de la paix.

1° Le Congrès,

Considérant que la deuxième Conférence de la Paix a tracé elle-même une partie de l'œuvre qui doit être accomplie par la troisième Conférence;

Considérant que la deuxième Conférence « a été unanime à reconnaître le principe de l'arbitrage obligatoire et à déclarer que certains différends, et notamment ceux relatifs à l'interprétation et à l'application des stipulations conventionnelles internationales, sont susceptibles d'être soumis à l'arbitrage obligatoire, sans aucune restriction »;

Considérant que la deuxième Conférence a « recommandé aux puissances signataires l'adoption d'un projet de Convention (annexé à l'Acte final) pour l'établissement d'une Cour de justice arbitrale et sa mise en vigueur dès qu'un accord sera intervenu sur le choix des juges et la constitution de la Cour »;

Considérant que la deuxième Conférence a déclaré « qu'il est hautement désirable de voir les gouvernements reprendre l'étude de la limitation des charges militaires »;

Considérant que, par ailleurs, la Chambre française a adopté, à la presque unanimité, le 23 février 1911, sur la proposition de M. Charles Dumont, un ordre du jour « invitant le gouvernement à faire tous ses efforts pour faire mettre, d'accord avec les puissances amies et alliées, à l'ordre du jour de la prochaine Conférence de la Haye, la limitation simultanée des armements »;

Emet le vœu que la troisième Conférence de la paix ait à son programme et fasse aboutir le projet de liste des cas susceptibles d'être soumis à l'arbitrage obligatoire sans restriction, le projet de Cour de justice arbitrale, l'étude de la limitation des charges militaires.

2° Le Congrès,

Considérant que « les Hautes Parties contractantes qui ont signé les Conventions de 1899 et 1907 pour le règlement pacifique des conflits internationaux » ont affirmé leur « ferme volonté de concourir au maintien de la paix générale », ont « voulu étendre l'empire du droit et fortifier le sentiment de la justice internationale ». et estimé, « avec l'auguste initiateur de la Conférence internationale de la paix, qu'il importe de consacrer, dans un accord international, les principes d'équité et de droit sur lesquels repose la sécurité des États et le bien-être des peuples » ;

Affirme que l'organisation de la paix entre « les membres de la Société des nations civilisées » implique les mêmes principes et exige les mêmes institutions que l'organisation de la paix entre les membres des sociétés nationales;

Demande, en conséquence, que la troisième Conférence de la paix proclame les droits des peuples, extension et confirmation des droits de l'homme ; condamne la guerre et la conquête, ces crimes internationaux ; organise l'arbitrage obligatoire sans restriction, c'est-à-dire la justice internationale ; pose les bases fondamentales du Code de droit international public ; crée un parquet international exerçant l'action publique de la société des nations, assure le fonctionnement de la justice internationale en instituant les sanctions nécessaires, pécuniaires, économiques, administratives, coercitives même, par la formation et l'intervention d'une police internationale, et garantisse enfin, à l'avenir, en décidant la périodicité régulière des Conférences, l'achèvement de l'œuvre ainsi commencée.

Discussion.

M. Lucien le Foyer. — Le Congrès de Tours et le Comité Exécutif ont jugé indispensable d'inscrire à l'ordre du jour du Congrès de Pau les affaires extérieures. Il y a un certain nombre d'années que le Congrès n'avait pas dit son opinion sur la politique extérieure de la France.

Je suis le premier à reconnaître que si cette question était singulièrement à l'ordre du jour il y a un an, que si, comme nous nous en souvenons tous, nous aurions eu profit dans le courant de l'hiver dernier à nous entendre et à nous consulter les uns et les autres sur la question de la politique extérieure, celle-ci est moins brûlante à l'heure où nous sommes. Néanmoins, vous permettrez au rapporteur désigné par le Comité Exécutif et confirmé par la Commission de politique générale de ce Congrès de remplir sa mission. Et je m'appuie, pour demander la bienveillance de mes collègues, sur cette promesse que ce rapport ne sera guère qu'une lecture des résolutions adoptées.

Plusieurs délégués font observer que ces résolutions leur sont connues.

M. LUCIEN LE FOYER. — Je vous fais observer que cette lecture n'est pas si longue et que d'ailleurs les militants qui doivent savoir parler doivent savoir aussi écouter.

M. THALAMAS. — Je demande qu'on lise d'abord les vœux adoptés par la sous-commission hier soir à l'issue de la séance, vœux qui semblent traduire le sentiment du Congrès.

M. LUCIEN LE FOYER. — Les divers vœux ont été également acceptés sur le même pied et vous me permettrez de lire d'abord les conclusions du rapporteur sans m'opposer aux vôtres.

UN DÉLÉGUÉ demande le vote sur l'amendement Thalamas.

M. LUCIEN LE FOYER. — Il n'y a pas ici deux poids et deux mesures. L'amendement a été pris en considération comme le reste du rapport. En outre, vous me permettrez, quelle que soit la déférence que j'aie pour l'assemblée, de rester libre de la façon de présenter mon rapport si le Congrès veut bien que je le lui présente.

LE PRÉSIDENT. — Voulez-vous que nous votions la prise en considération? *(Mouvements divers.)*

M. GASPARIN. — En tant que président de la Commission des affaires extérieures, je dois dire qu'à plusieurs reprises ici on a parlé de la question coloniale. Je demande au Congrès d'émettre le vœu que l'année prochaine on s'en occupera sérieusement. Sur la question coloniale nous avons eu des discussions nombreuses, jamais elles n'ont été approfondies. Ces questions sont plus passionnantes qu'on ne le croit. Nous avons un domaine colonial quinze fois plus grand que la France. Nous souffrons, dans ces pays, nous, Républicains, nous désirerions être soutenus. Je vous demande instamment, au nom des coloniaux, d'inscrire ces questions au premier rang, à l'ordre du jour du Congrès de l'année prochaine. *(Applaudissements.)*

M. LUCIEN LE FOYER. — C'est l'adoption que je dois demander en tant que rapporteur. Votre sous-commission a adopté à l'unanimité ce texte comme celui de Thalamas. Si vous estimez cette lecture inutile parce qu'elle a été faite hier, je suis tout prêt non seulement à ne pas faire de discours, mais à ne pas faire de lecture. *(Quelques applaudissements, cris nombreux : Aux voix.)*

Le Président. — Ce n'est pas long, messieurs, d'entendre une lecture.

M. Thalamas. — Je rappelle qu'hier la sous-commission a commencé par être saisie et s'est prononcée d'abord sur le vœu que l'avais déposé avec l'assentiment du Congrès.

Voici ce vœu :

Le Congrès,

Résolu à maintenir et à développer la politique de paix, de prudence et d'intérêt national qui a permis au parti républicain d'assurer à la France, au lendemain des désastres de 1870, la plus belle renaissance que connaisse l'histoire;

Invite le Comité exécutif, les parlementaires adhérents au parti et les membres du parti à assurer en même temps le développement des forces de défense nationale, la paix et la dignité de notre pays;

A contrôler, pour les diriger au mieux des intérêts de la patrie, les puissances financières aussi bien dans leur action intérieure que dans l'action nationale;

A pratiquer aux colonies le plus possible une politique de collaboration avec les indigènes et à soumettre le développement économique et administratif de ces colonies à la surveillance sévère du parti républicain;

A faire régner dans toutes les parties de notre domaine colonial, dans tous les services de notre défense nationale et dans natre diplomatie, un esprit nettement républicain et une volonté ferme d'appliquer les principes laïques et de s'inspirer des droits de l'homme et du citoyen.

Je demande que vous le mettiez aux voix.

M. Lucien Le Foyer. — Le président de la Commission est là pour dire qu'il y a deux classes de vœux.

M. René Renoult. — Une simple observation. J'ai eu l'honneur de présider cette Commission de la politique générale et cette Commission a eu à examiner la question relative à la politique extérieure. Hier, dans cette séance, nous avons entendu la lecture intégrale des vœux par lesquels s'est terminé le rapport extrêmement intéressant de notre ami Le Foyer. La Commission a également examiné le vœu présenté au nom du Congrès des Jeunesses laïques par M. Beauvisage et aussi le texte extrêmement intéressant de notre ami

Thalamas. Nous nous sommes aperçus qu'il y avait entre eux une concordance absolue de pensées et de tendances. Nous avons résolu de donner aux uns et aux autres notre adhésion et dans la mesure où il était nécessaire de les amalgamer. Le texte de notre ami Beauvisage a paru coïncider et concorder étroitement avec les paragraphes du travail de notre ami Le Foyer. M. Beauvisage n'a pas insisté pour sa rédaction. Au contraire, le texte de Thalamas, qui avait développé ses idées devant la Commission, qui avait rencontré l'adhésion de tous nos collègues, nous a paru devoir faire l'objet d'une addition. C'est dans ces conditions que la Commission a adopté l'ensemble de ces textes. Il me paraît qu'étant donnée cette circonstance, que tous ces textes ont été lus dans la Commission tellement élargie qu'on peut dire que c'était le Congrès lui-même, nous sommes aujourd'hui d'accord pour dire du'une deuxième lecture serait superflue. Je vous qemande simplement de ratifier les travaux de la Commission et de donner à votre tour votre approbation aux trois textes que nous avons examinés hier et auxquels nous avons donné notre approbation. *(Vifs applaudissements.)*

Le Président met aux voix les textes proposés par la Commission. (*Ces textes sont adoptés.*)

M. Lagasse remplace le citoyen Pelletan à la présidence.

M. Lagasse. — Il va vous être donné lecture de la liste des délégués au Comité Exécutif. Vous ferez toutes les observations que cette lecture vous suggérera.

M. Gustave Ferron donne lecture des propositions.

M. Israel. — Je suis obligé de saisir le Congrès du cas tout particulier de la délégation de l'Aube. M. Bachimont et moi avons présenté, d'accord avec les Comités radicaux, un délégué qui a été remplacé par un autre. Cette liste est présentée par M. Paul Meunier. Je viens vous demander de ratifier la désignation faite d'accord avec nos organisations et confirmer dans son mandat le citoyen Denizot, le plus ancien conseiller général radical-socialiste de l'Aube et qui sur la liste de Paul Meunier est évincé. Je vous demande de confirmer les quatre délégués sortants qui tous ont consciencieusement rempli leur mandat. *(Applaudissements.)*

M. PAUL MEUNIER parle de sa place dans le brouhaha.

LE PRÉSIDENT. — Toutes les fois qu'il y a une simple rectification, celui qui a à la demander vient au bureau. S'il y a une contestation, il faudrait que les intéressés se réunissent au dehors de la salle du Congrès et que l'on réservât jusqu'à demain la solution de la question.

M. ISRAEL. — Il n'y a aucune raison de ne pas statuer dès maintenant.

LE PRÉSIDENT. — Vous allez pouvoir délibérer. Je suis, comme président intérimaire, à la disposition de l'Assemblée. Mais nous sommes très peu nombreux. Ne pensez-vous pas qu'il soit préférable que ces messieurs discutent au préalable entre eux?

M. ISRAEL. — La discussion n'a pas abouti à un accord.

M. PAUL MEUNIER. — Il n'y a pas deux poids et deux mesures. Il y a plusieurs départements qui sont l'objet de contestations, on observera pour chacun la même règle. Il a été entendu que ces demandes seront réservées. La liste que j'ai présentée avec un militant présent ici a été déposée avant 2 heures et, avant, il n'y avait aucune espèce de liste concurrente. J'estime que cette liste nouvelle qui a été présentée devrait être forclose. Pour des raisons de forme et de fond qui sont graves et que nous avons à faire connaître au Congrès, je demande que le débat soit renvoyé au plein jour, je demande une séance publique.

LE PRÉSIDENT. — Le Congrès est toujours maître de son ordre du jour. Je prie le Congrès de décider s'il doit trancher cette question ou la renvoyer à demain.

M. BACHIMONT. — Je suis obligé de partir demain.

M. PAUL MEUNIER. — Nous restons. Il y aura un incident demain.

M. ISRAEL. — Il y aura tous les incidents que vous voudrez, vous ne nous faites pas peur.

LE PRÉSIDENT. — Vous êtes d'accord avec le bureau pour approuver toutes les désignations sur lesquelles il n'y a pas de contestations? *(Approbations.)*

L'Assemblée va décider si elle veut, ce soir même ou demain, régler la contestation de l'Aube.

M. PAUL MEUNIER. — Il y a d'autres contestations.

Comment ! on appliquerait pour nous une règle spéciale et unique ! Et pour quelles raisons? *(Bruit.)*

Le Président. — J'ai le scrupule de voir l'Assemblée extrêmement réduite à cette heure; comme vous voulez donner à l'incident une importance congressiste, il faut qu'elle vienne en pleine séance de Congrès. Mais je demande au Congrès s'il veut régler ce soir même l'incident? *(Cris divers.)*

M. Paul Meunier. — Il n'y a pas de quorum en ce moment-ci, il n'y a pas de majorité.

Le Président. — Vous savez quel est l'intérêt que présente cette question pour le département de l'Aube, mais vous vous rendez compte que le Congrès a des travaux extrêmement importants qui ne peuvent pas souffrir de retard.

M. Paul Meunier. — Nous demandons formellement le renvoi à demain. *(Bruit, mouvements divers.)*

M. Wouttèrs. — Je suis vraiment navré de voir qu'il surgit tout d'un coup une question personnelle alors qu'il n'y a plus qu'une journée à délibérer et que les débats seront probablement assez chargés. Il est regrettable que cette question ne soit pas tranchée à l'amiable par les intéressés.

M. Paul Meunier. — Quelques collègues ici et moi demandons le renvoi à demain 2 heures. *(Bruit.)*

M. Israel. — J'estime que le Congrès radical a une besogne plus urgente à faire que de consacrer une partie de sa séance de demain après-midi à des questions sans intérêt. C'est donc ce soir qu'il convient de la trancher. Nous présentons les quatre délégués du département de l'Aube. Nous demandons à M. Meunier s'il a des objections à faire contre la ligne politique suivie par le candidat qu'il évince. Voilà une question précise. Le candidat qu'on évince est le premier conseiller général radical-socialiste de l'Aube et quand j'opposerai son nom au candidat de M. Meunier, je poserai cette question : Depuis combien de temps votre candidat appartient-il aux organisations radicales? Si M. Meunier veut mettre en opposition les titres de son candidat avec ceux de M. Denizot, l'Assemblée se prononcera. M. Denizot n'a pas démérité. Lorsque j'ai su indirectement que M. P. Meunier avait supprimé son nom, j'ai télégraphié à mon parti et j'ai reçu la dépêche suivante de Troyes : « Nous nous opposons avec énergie au remplacement de Denizot. Signé : QUERAND. »

Pour présenter un nouveau candidat, M. Meunier est obligé de prendre un candidat dans le canton de M. Bachimont et de le faire inscrire dans la circonscription de M. Meunier. Je demande instamment au Congrès de vouloir bien maintenir leurs mandats aux quatre délégués sortants. *(Très bien.)*

M. BACHIMONT. — Je me rallie aux explications du citoyen Israël.

LE PRÉSIDENT. — Personne ne demande plus la parole sur la question? *(Bruit.)*

M. PAUL MEUNIER. — Votre parti est pris d'avance. Si nous vous avons proposé ce matin dans les délais impartis cette substitution de notre ami ici présent, c'est pour trois raisons : 1° Donner la préférence aux militants qui sont parents...

M. ISRAEL. — Sur les quatre candidats, il n'y en a que deux présents.

M. PAUL MEUNIER. — Nous irons jusqu'à la fin. Ce qui se passe ici au Congrès, c'est ce qui se passe tout le temps au Comité Exécutif. M. Denizot, délégué au Comité Exécutif, n'a jamais assisté aux séances. M. Bachimont le reconnaissait. Voilà donc un premier point. Il s'agit de savoir si, au lieu d'un délégué présent qui vous offre toute sa bonne volonté, vous préférez substituer un absent qui, délégué au Comité Exécutif, n'a jamais assisté aux séances. Voilà un premier fait. *(Bruit.)* Il est entendu que cette première raison ne vous touche pas, que vous êtes résolus à réélire un absent qui n'assiste jamais aux séances du Comité Exécutif. Notre candidat est venu chez nous parce que dans la circonscription de M. Bachimont il n'y a pas de Comités. C'est un républicain pour lequel j'ai beaucoup d'estime. Il a été candidat au conseil général, il a même été candidat aux élections sénatoriales avec moi. Les temps changent, les hommes aussi. J'ai eu la tristesse de constater au mois d'août dernier, au Conseil général de l'Aube, — et voilà un argument politique sur lequel j'appelle l'attention de toute l'assistance, — j'ai eu la tristesse de constater que ce radical que j'ai beaucoup estimé dans le passé, pour être de la Commission départementale, s'est fait élire sur la liste de la droite patronée par le comte de Launay. *(Nombreuses et diverses exclamations.)* Vous choisirez entre M. Denizot ou M. Maire.

M. Bachimont. — Il est déplorable de venir étaler ici des dissensions intestines. Je suis l'ami de Meunier, je suis l'ami du candidat qu'il propose, ce n'est donc pas une question de personnalités; mais voilà un délégué de longue date, vous allez l'évincer pour nommer à sa place un nouveau venu qui jusqu'à présent n'a aucun titre. M. Merle veut conquérir le titre de bon radical, mais attendez qu'il ait conquis ce titre. Jusqu'à présent il n'est que l'ami de M. P. Meunier. Personnellement, je ne m'oppose pas à sa candidature mais vous ne pouvez pas donner ce camouflet à un homme qui ne l'a jamais mérité. Quant au reproche que vous lui faites de ne pas être ici, vous savez bien que c'est pour des raisons d'argent. La Fédération n'a pas envoyé de délégués parce qu'elle n'a pas d'argent en caisse. Voilà la vraie raison.

M. Bachimont. — Vous m'obligez à dire que vous avez l'an dernier, malgré mes supplications, présenté un candidat à la présidence du Conseil général, bien que l'échec soit certain, et vous l'avez fait en sollicitant les voix de nos adversaires. *(Bruit.)*

M. P. Meunier. — C'est une coalition de droite qui a fait nommer le président que vous défendez aujourd'hui.

M. Israel. — C'est vous qui avez sollicité les voix de M. de Launay. *(Bruit.)*

Le Président. — N'oubliez pas que vous êtes en Congrès.

M. P. Meunier. — Je tiens à dire aux amis qui sont ici que, militant du parti radical, je me suis toujours plié à sa discipline. J'ai défendu toujours les ministères Combes et Caillaux et, à l'heure actuelle, j'ai en toutes circonstances refusé mon concours au ministère Barthou, tandis que M. Israël est ministériel.

M. Israel. — Venant de M. Meunier, le reproche est étrange, puisqu'il invite à sa table les ministres de M. Barthou et qu'il le fait annoncer dans son journal.

Les altercations reprennent, violentes, entre les Aubois.

Le Président. — J'estime qu'il n'est pas possible, quelle que soit l'amitié que nous ayons pour les deux députés que nous avons entendus, quels que soient les services qu'ils aient rendus à notre Parti, de permettre au Congrès de se transformer en une sorte de réunion publique et que, réciproquement, on se fasse ici des reproches. J'ai une proposition à vous soumettre : elle a pour objet d'ajouter le nom de M. Merle à la délégation de l'Aube, en maintenant le nom de M. Denizot. *(Applaudissements.)* Voulez-vous accepter cette solution? *(Cris répétés : Oui, oui.)* *(La proposition est adoptée.)*

La séance est levée. Il est 6 h. 35.

TROISIÈME SÉANCE

Samedi 18 Octobre, matin.

La séance est ouverte à 9 heures, par M. Perchot, sénateur, qui invite l'assemblée à nommer son bureau.

Le bureau est ainsi constitué :

Président : M. Joseph Caillaux, député de la Sarthe.

Vice-présidents : MM. Decker-David, sénateur du Gers; D·eyt, député des Hautes-Pyrénées; Couyba, sénateur de la Haute-Saône; Henri Cosnier, député de l'Indre; Richard, sénateur de Saône-et-Loire; Léon Castel (Aude); Rémy Rendu (Oise); J.-L. Bonnet (Seine); Emile Desvaux (Seine); Blaquière (Hérault); Ferdinand Cahen (Seine); Dubois (Dordogne).

Secrétaires : MM. Ceccaldi, député de l'Aisne; Potié, député du Nord; Le Louëdec, député du Finistère; Dalbiez, député des Pyrénées-Orientales; Samama (Alpes-Maritimes); Balans (Seine); Hemmerschmidt (Seine-et-Oise); Hayem (Nord); Briois (Seine-Inférieure).

DISCOURS DE M. Joseph CAILLAUX PRÉSIDENT

M. J. Caillaux, député, président :

Citoyens,

De notre Parti, j'ai eu souvent l'occasion de dire qu'il était l'expression même de la démocratie française.

Je répéterai, ayant conscience de formuler des vérités historiques, qu'il continue les partis de gauche qui, sous des dénominations diverses, ont lutté pour obtenir, pour conserver, pour agrandir la liberté française, qu'il continue les grands mouvements de liberté en ce pays : mouvement des communes contre les féodaux, mouvement du peuple de France contre les seigneurs et les gens de Cour, mouvement du Tiers-État contre la royauté infidèle à sa mission nationale; le parti radical est le parti de la démocratie également éloignée des agitations révolutionnaires et des menées de la réaction. *(Vifs applaudissements.)*

Sous son drapeau, derrière nous, avec nous, se groupe la démocratie urbaine, la démocratie rurale, le petit et le moyen peuple des villes et des campagnes. Tous ceux qui peinent, tous ceux qui, ne se repaissant pas de chimères, sont avides de progrès économique et social, sont prêts à suivre le parti dont l'idéal est l'organisation de la démocratie, le développement de la société moderne, issue de la Révolution dans le cadre de la Patrie, dont la méthode est la méthode positive, proscrivant la démagogie comme la réaction, et qui fait de l'ordre la condition essentielle du progrès. *(Très bien, applaudissements.)*

Mais tous, chefs et soldats, réclament des réalisations et des actes. *(Vifs applaudissements.)*

Ils veulent que soit consolidée et développée l'œuvre de laïcité de la République.

En présence des faits que chacun sait, l'heure n'est plus d'un verbalisme brillant *(Très bien, applaudissements.)* qui cèle mal l'insuffisance d'action. A l'école menacée, à ses maîtres traqués, à l'œuvre de sécularisation suspendue et compromise, il faut mieux que l'éloquence des mots : la rigueur des actes. *(Bravos répétés.)*

Le parti radical les attend. Il les veut décisifs.

Sans anticiper sur les décisions que prendra le Congrès, je puis bien affirmer que vous réclamerez à tout le moins la suppression des privilèges que la loi Falloux a conférés aux écoles qu'on appelle, sans doute par antiphrases, les écoles libres *(Applaudissements.)* alors qu'elles sont en réalité des écoles de contrainte. *(Applaudissements prolongés.)*

Justement préoccupé de la situation financière que de nouvelles charges budgétaires ont faite, sinon grave, du moins de nature à retenir la plus sérieuse attention de tous, nos amis veulent, nous voulons qu'on rende à ce pays des finances libres et fortes en créant, avec l'impôt progressif sur le revenu et l'impôt progressif sur le capital, le système fiscal adopté aujourd'hui dans tous les grands pays civilisés. *(Vifs applaudissements.)* De cette transformation, nous attendons tous un régime de justice et d'égalité devant l'impôt qui, remetta les choses au point, dégrèvera les petits agriculteurs, les petits commerçants, les petits industriels. La première réalisation que nous attendons est celle de l'impôt sur le revenu voté par la Chambre en 1909, soumis depuis à l'examen du Sénat et que nous entendons voir aboutir dans ses principes, dans son cadre, dans ses lignes essentielles.

Plusieurs voix. — Parfaitement.

M. Caillaux. — Si nous sommes disposés à admettre que l'on apporte dans l'application de ces grandes réformes les tempéraments utiles, aucun d'entre nous n'accepterait une prétendue réforme qui écarterait les méthodes d'assiette et de contrôle des grands impôts modernes. Aux objections que l'on nous fait, nous répondrons en remarquant que la France républicaine peut bien mettre en œuvre les formules que, depuis longtemps, la libre Angleterre et, hier, la libre Amérique, ont adoptées. A ceux qui résisteraient, défendant, quoi qu'ils en puissent dire, le statut de privilège des grosses fortunes *(Vifs applaudissements.)*, nous rappellerons que le patriotisme ne consiste pas seulement à réclamer et à voter les crédits considérables, pour la défense nationale, qu'il consiste surtout à fournir les moyens d'y subvenir.

Ces moyens, nous ne les refusons pas, nous qui, d'autre part, comme l'ont indiqué vos votes d'hier, comme l'indiqueront sans doute vos votes d'aujourd'hui, que je ne veux pas développer à l'avance, entendons mettre pleinement en œuvre la conception démocratique de la nation armée. Et ce m'est une occasion de protester contre un des plus étranges et des plus *insolents* paradoxes que nos adversaires essaient d'accréditer et qui tend à opposer à la nation le Parti radical démocratique. *(Applaudissements unanimes et prolongés.)*

D'un mot, je rappellerai la glorieuse synonymie que la Révolution française a établie entre les mots de républicain et de patriote. *(Vifs applaudissements.)* D'un mot, je rappellerai qu'il y eut une heure où la patrie et la liberté furent également menacées et où la France fut défendue par les « Patriotes » contre l'étranger et contre ceux qui s'étaient joints à lui aux fins de la démembrer. *(Vifs applaudissements.)*

Au reste, vers l'unité, vers la cohésion et la démocratie française organisée, tendent toutes nos conceptions. Nous voulons l'organiser militairement de telle sorte qu'elle se lève toute entière pour défendre au premier signal le sort de la Patrie. *(Applaudissements.)* Nous voulons l'organiser financièrement de façon à ubstituer auxi mpôts disparates et fragmentaires, dont l'inégalité et la diversité satisfont les égoïsmes en laissant à l'abri les grosses situations, un système fiscal harmonique qui, ménageant le nécessaire, taxant l'aisance, frappant justement la richesse, demande à chacun des citoyens de la nation une collaboration à l'œuvre commune proportionnée à ses ressources.

Nous voulons encore préserver l'école laïque; affermir et étendre notre enseignement national pour rapprocher l'enfance, pour exclure la division fatale entre les deux jeunesses de notre pays que signalait Waldeck-Rousseau. En demandant que soit développée notre législation sociale, que soient contractées des assurances sociales, qu'on fasse la guerre au taudis, à l'alcoolisme, à la tuberculose, c'est la nation toute entière que nous entendons servir. *(Vifs applaudissements.)*

Parti national, nous sommes et nous entendons rester un parti, un grand parti qui se suffit à lui-même qui sans exclure aucun républicain n'a besoin ni d'offrir ni de rechercher des alliances. *(Applaudissements.)* Nous sommes un parti et, de ce fait, nous répudions toutes les vieilles antiennes conservatrices que depuis quelques années on a habillées de mots nouveaux et qui n'ont d'autre objet que de masquer une politique d'abdication démocratique et de diversion conservatrice. *(Vifs applaudissements.)* Notre politique est toute autre. Elle est une politique hardiment réformatrice, généreusement sociale, résolument laïque, où l'évolution démocratique se poursuit dans le cadre de la patrie et revêt aux frontières la fermeté sereine d'une volonté fière et pacifique. *(Salves répétées d'applaudissements, ovations prolongées.)*

RAPPORT DE LA COMMISSION DES FINANCES

M. Rémy Rendu, rapporteur,

Messieurs,

Votre Commission des finances s'est réunie jeudi matin dans une des salles du Congrès, immédiatement après le tirage au sort des membres qui la devaient composer.

Elle a nommé comme président M. Paul Guillemette, délégué de Seine-et-Oise, a choisi comme secrétaire, M. Paul Chapeyron, délégué du Lot-et-Garonne, et, après un examen attentif de toute la comptabilité, m'a chargé de rédiger le rapport qu'elle doit vous soumettre.

La Commission s'est fait remettre tous les registres, les reçus à souche et les factures acquittées, le tout mis à sa disposition par M. Balans, président de la Commission des finances du Comité Exécutif, qu'assistait M. Reynord, votre tant dévoué secrétaire général.

Pour établir complètement la sûreté de son examen et de la vérification des écritures, notre Commission s'est fait représenter la facture ou le reçu à souche, à l'appui d'un chiffre quelconque choisi tantôt dans les dépenses, tantôt dans les recettes, au hasard des demandes de chacun de ses membres qui a bien voulu les faire; la pièce a été recherchée devant la Commission et immédiatement produite par notre comptable.

Tous les chiffres relevés ont été en parfait accord avec les pièces à l'appui et vous reconnaîtrez, messieurs, que ce moyen de contrôle est de la plus rigoureuse exactitude et ne peut laisser place à la moindre irrégularité, ni à la plus légère erreur.

Notre Commission a trouvé, comme ses devancières, d'ailleurs, les registres et les pièces comptables dans un ordre parfait, les comptes d'ensemble présentés dans des tableaux pratiques qui ont rendu des plus aisés l'examen auquel elle s'est livrée sur chacun d'eux; aussi s'est-elle permis d'anticiper de quelques heures la décision que je vous demanderai de prendre enfin de ce rapport et, en votre nom, de féliciter votre personne et spécialement votre comptable, M. Walkin, sur lequel repose la plus lourde part de travail.

Les états financiers mensuels sont toujours tenus à jour et régulièrement signés par les membres de la Commission des finances du Comité Exécutif.

Au point de vue de la situation de caisse, nous avons constaté avec plaisir qu'à la veille des élections législatives de 1914, le nombre des parlementaires adhérents au Parti avait augmenté. Est-ce là un signe des temps? Un présage de victoire? Nous l'espérons, messieurs. Le fait atteste, en tout cas, la force et la vitalité de notre Parti; on embarque avec nous, c'est bon signe; sur le navire en danger, qui fait eau et risque de sombrer, le nombre des passagers n'augmente plus.

Et puisque je parle des parlementaires, messieurs, qu'il soit permis à votre Commission des finances qui doit se montrer avare des deniers de notre Parti et rechercher toutes économies, de demander à nos sénateurs, à nos députés adhérents au Parti, dont les facilités de circulation sont plus grandes que celles de nos militants, de vouloir bien multiplier les conférences dans toute la France, et se mettre dans leur région, à la disposition du Comité Exécutif, évitant ainsi à ce dernier d'envoyer au loin, à grands frais, les conférenciers du Parti et lui permettant à la fois et de diminuer ses dépenses et d'augmenter la propagande.

Par suite de cet accroissement du nombre de nos adhérents parlementaires, nos recettes ont augmenté de quelques milliers de francs sur celles de l'année précédente, ce qui a permis à notre Comité Exécutif de maintenir une propagande rigoureuse, indispensable à notre Parti.

Cette propagande, grâce au secrétariat spécial dont vous avez décidé la création, l'an dernier, a donné des résultats excellents et qui, eux aussi, ont eu une répercussion heureuse sur nos recettes.

Mais c'est surtout à la personnalité qui a rempli cette fonction nouvellement créée, à notre ami Louis Dumont, ancien député, que sont dus ces heureux résultats. Dumont a mis toute son expérience, toute son activité, tout son dévouement au service de notre Parti; nous lui en sommes profondément reconnaissants et lui en témoignons ici, publiquement, notre gratitude.

Notre Commission le prie et prie nos autres zélés propagandistes de redoubler d'efforts jusqu'au mois de mai 1914, et dès maintenant elle demande au Comité de commencer l'œuvre de propagande par la brochure, en en faisant des envois immédiats et en adoptant de préférence le type du « tract » très court, pouvant se lire rapidement; nos habitants des campagnes, pourront ainsi les lire et s'en pénétrer pendant l'hiver, époque de l'année où les travaux agricoles cessant, leur laissent plus de temps et plus de liberté.

C'est aussi pendant cette époque des moindres travaux agricoles, qu'il serait intéressant de voir nos militants commencer leurs conférences auxquelles auraient alors tout le temps d'assister les électeurs ruraux; nous nous permettons de le leur recommander, leur demandant de les continuer ensuite sans interruption, jusqu'aux élections législatives. .

J'en reviens à notre situation financière, de l'examen de laquelle m'a quelque peu éloigné cette si intéressante et si vitale question de la propagande de notre Parti; des faits que je vous ai cités précédemment, des explications que je vous ai données, il résulte qu'elle continue à être bonne et sensiblement égale à celle constatée par la Commission des finances élue par le sort l'an dernier, au Congrès de Tours.

Néanmoins, messieurs, tout en faisant cette heureuse constatation et en escomptant l'adhésion nouvelle de nombreux membres du Parlement en cette fin d'année 1913, nous avons le devoir de vous rappeler que nous sommes à la veille des élections de 1914, dont l'importance est considérable non seulement pour le triomphe de notre Parti, mais, je n'hésite pas à le dire, parce que c'est la conviction profonde et raisonnée de tous ceux qui sont ici, pour le salut de la République.

Et que nous devons, pour cette échéance redoutable pour le pays, augmenter dans la plus grande proportion possible le montant de nos fonds en caisse, de façon à pouvoir faire la propagande la plus intensive en faveur des candidats de notre Parti radical et radical-socialiste, dans chacune des circonscriptions électorales de la France.

Il nous faut donc, messieurs, faire appel à tous ceux qui parmi nous, sont les privilégiés de la fortune et leur dire : « Donnez selon la force de vos moyens, donnez peu, donnez beaucoup, mais donnez tous, pour permettre à notre Comité de lutter avantageusement, sur ce terrain de la propagande, contre tous les riches et puissants comités, qui, sous des noms divers, souvent même sous notre propre nom, soutiennent, par la toute-puissance de l'argent, tous les adversaires de la République.

Ayant ainsi constaté, messieurs, sauf ce dernier point spécial dû aux élections législatives de 1914, l'excellente situation financière de notre Parti, il nous reste à vous proposer les sanctions qu'elle comporte.

D'abord, en ce qui concerne nos dévoués président et trésorier de la Commission des finances du Comité Exécutif, nos excellents collègues, M. Balans et M. Cosnier, député, une sanction toute morale et platonique; ils n'en acceptent pas d'autre! Les remerciements cordiaux et sincères de la Commission des finances du Congrès, auxquels vous joindrez, je n'en doute pas un instant, messieurs, ceux de tous les congressistes présents au Congrès de Pau, pour la somme de travail et d'activité qu'ils apportent tous deux à cette partie financière de notre administration générale, la plus importante de toutes puisque c'est par elle, par sa situation prospère que nous pouvons exécuter toutes les autres parties de notre programme radical-socialiste.

Cet agréable devoir rempli, votre Commission des finances vous propose :

1° D'approuver les comptes de 1912-1913

2° De féliciter votre personnel tout entier pour son dévouement, son travail, la bonne tenue de ses livres de comptabilité, le bon ordre de ses pièces comptables, l'activité de sa propagande, et de lui allouer, à titre de gratification, un mois d'appointements supplémentaires. *(Applaudissements unanimes.)*

(Le rapport de M. Rémy Rendu est adopté à l'unanimité.)

RAPPORTS DE LA COMMISSION DES RÉFORMES SOCIALES

Son travail. — Les voeux qu'elle soumet au Congrès de Pau.

M. Paul Falot, *président de la Commission.*

Le Congrès de Tours à l'unanimité a décidé que les questions sociales seraient portées en tête de l'ordre du jour du Congrès de Pau.

S'inspirant de cette décision, la Commission des Réformes sociales du Comité exécutif adressa aux Comités et adhérents du Parti un questionnaire et demanda leur avis sur ces importantes questions.

A la suite de cette consultation, la Commission classa par catégories les quinze cents réponses reçues, tint de nombreuses séances, étudia successivement tous les avis, enregistra toutes les observations et adopta une méthode de présentation et de discussion pour soumettre ces questions — dont la réalisation paraît souvent difficile — au Congrès de Pau.

La Commission séria les questions et rechercha les modifications qu'il est nécessaire d'apporter aux Lois existantes pour en supprimer les imperfertions et les vices, sources continuelles d'abus qui sont un obstacle permanent à l'extension des lois sociales.

La Commission considéra qu'il était utile, tout d'abord, de perfectionner la Loi de 1898 sur les accidents du travail, puis de l'étendre aux maladies professionnelles, d'en faire bénéficier au plus tôt les domestiques, gens de maison, serviteurs de toutes sortes, employés des professions libérales, travailleurs des exploitations forestières, domestiques de fermes, ouvriers et employés des exploitations agricoles, en un mot tous les travailleurs de toutes catégories.

Toutes ces catégories de travailleurs doivent rentrer

dans le droit commun et bénéficier des avantages de la loi protectrice et bienfaisante de 1898 dont s'honorent les républicains et particulièrement les radicaux-socialistes.

Cependant la Commission a reconnu que l'application à l'Agriculture de la loi de 1898 paraissait présenter des difficultés, notamment en ce qui concerne la délivrance du certificat médical obligatoire constatant les conséquences de l'accident et que, par suite du manque de concurrence, les frais médicaux pourraient être hors de proportion avec les soins nécessaires.

Il est exact que souvent les exploitations agricoles sont très éloignées des centres où résident les docteurs médecins; il est exact que le déplacement de ceux-ci pour un long trajet dans les régions où les moyens de communication sont primitifs coûte un prix élevé et que, notamment pour les petits accidents, la dépense pourrait être hors de proportion avec leurs conséquences normales.

Mais la Commission estime qu'il serait possible d'éviter ces frais élevés et les abus, soit en établissant un tarif médical, soit en modifiant pour les localités ou régions dépourvues de service médical le système de constatation des accidents.

La Commission insiste auprès des Elus du Parti pour qu'ils obtiennent pour le personnel agricole, malgré toutes les difficultés invoquées, les mêmes avantages que ceux dont bénéficient les autres Travailleurs en ce qui concerne les accidents du travail.

***

Le perfectionnement et l'extension de la loi de 1898 réalisés, il apparut à la Commission qu'il fallait poursuivre aussitôt la réalisation de l'assurance des travailleurs contre l'invalidité.

Invalidité.

Notre éminent ami, M. René Renoult, a déposé en février 1913 un projet de loi qui établit la liaison entre la loi des Retraites et l'Assurance-Invalidité.

La Commission demande aux Elus du Parti d'unir leurs efforts afin d'obtenir du Parlement la discussion et le vote du projet de loi René Renoult sur l'invalidité.

***

L'assurance contre la maladie est réclamée par tous nos

Comités dont un grand nombre préconisent la réalisation par le développement des Sociétés de Secours Mutuels qui seraient largement subventionnées.

Tout en reconnaissant les services rendus par les Sociétés de Secours Mutuels et ceux que ces sociétés sont appelées à rendre encore, la Commission a reconnu que beaucoup de travailleurs trop chargés de famille ne possédaient pas les ressources nécessaires pour verser la cotisation des Sociétés de Secours Mutuels.

Pour être prévoyant, il faut déjà disposer d'un petit superflu, il faut gagner un peu plus que ce qui est strictement nécessaire pour vivre au jour le jour.

C'est pourquoi la Commission estime que le législateur doit intervenir et organiser l'assurance contre la maladie.

* * *

Tout en constatant que la loi sur le repos hebdomadaire ainsi que la limitation des heures de travail avaient diminué considérablement le chômage et que même actuellement, dans beaucoup de professions, le nombre des ouvriers n'est plus suffisant, la Commission estime qu'il est nécessaire d'étudier l'organisation de l'assurance contre le chômage, ce risque social qui frappe le travailleur aussi violemment que la maladie ou les accidents et parfois a des conséquences plus désastreuses.

Le chômage peut actuellement encore être diminué par une stricte application inconnue jusqu'ici des lois sur le repos hebdomadaire et sur la durée journalière du travail.

La difficulté de distinguer entre le chômage volontaire et celui involontaire paraît pouvoir être résolue en confiant la gestion des caisses de chômage aux bureaux de placement municipaux et aux organisations syndicales qui exercent le contrôle nécessaire et participent aux frais.

* * *

Conformément aux décisions du Congrès de Tours, la Commission a recherché les mesures à prendre en vue d'assurer l'harmonie dans les rapports entre le Capital et le Travail, elle a préparé un rapport basé sur les avis et observations des Comités et adhérents qui insistent pour l'obtention des réformes discutées et réclamées dans nos précédents Congrès.

* * *

La Commission, tenant compte des observations des

Comités, a estimé qu'il était urgent d'appeler l'attention du Congrès de Pau sur la crise de l'apprentissage.

Il serait utile d'obtenir du législateur que le patron qui n'occupe pas d'apprenti ne soit pas plus favorisé que celui qui instruit des apprentis.

En effet, le patron qui occupe même un seul apprenti n'a pas le droit de faire travailler ses ouvriers plus de 10 heures par jour, alors que celui qui n'occupe pas d'apprenti peut satisfaire plus rapidement sa clientèle, parce qu'il a le droit d'occuper ses ouvriers plus de 10 heures.

Il est incontestable que la nation est intéressée à la prospérité de nos industries qui péricliteraient si elles ne pouvaient plus recruter d'ouvriers français.

La Commission a décidé de présenter au Congrès un rapport sur cette question dont l'importance au point de vue social et national est de premier ordre.

Les instants du Congrès étant limités et d'autres questions importantes figurant également à l'ordre du jour, il a paru sage à la Commission de restreindre la liste des questions sociales qu'elle soumet à la discussion.

Mais l'enquête de la Commission ayant fait connaître la lamentable application des Lois sur l'Assistance aux vieillards et sur les Retraites ouvrières, il est nécessaire de poursuivre cette enquête auprès des Comités et adhérents du Parti afin d'en supprimer les abus, d'en faciliter l'application et de les modifier pour obtenir que tous les travailleurs des deux sexes âgés de plus de soixante ans, ceux qui sont usés physiologiquement et ne possèdent pas les ressources pour assurer leur existence, puissent bénéficier dès à présent d'une modeste retraite.

La Commission rappelle que les Réformes qu'elle réclame sont urgentes; leur réalisation apportera plus de justice sociale et diminuera le nombre des déshérités et des révoltés.

Les délégués au Congrès de Pau examineront les rapports établis consciencieusement, que nous leur présentons; ils apporteront leurs idées, fourniront de nouveaux arguments et feront œuvre utile en adoptant les vœux que la Commission des Réformes sociales à l'honneur de leur soumettre.

PAUL FALOT,

Président de la Commission des Réformes sociales.

VŒUX

1° Modification à la loi sur les accidents du travail.

Le Congrès, considérant :

Que la loi de 1898 sur les accidents du travail n'accorde pas entièrement aux travailleurs l'indemnité à laquelle ils ont droit;

Qu'en effet l'article 3 de cette loi stipule que l'employé ou l'ouvrier n'a pas droit à une indemnité journalière lorsque l'incapacité de travail a duré moins de quatre jours et que l'indemnité n'est pas due pour les quatre premiers jours lorsque l'incapacité n'a pas duré plus de dix jours;

Considérant que l'application de cet article 3 est la cause de beaucoup d'abus et qu'il est nécessaire de détruire tous les abus de cette loi bienfaisante, afin d'annihiler toute résistance à l'extension de l'assurance aux autres risques sociaux;

Emet le vœu :

Que le Parlement modifie l'article 3 de la loi de 1898, en accordant à l'ouvrier ou à l'employé le droit, pour l'incapacité temporaire, à une indemnité journalière à partir du premier jour de l'accident, quelle que soit la durée de l'incapacité temporaire.

Le Congrès, constatant que cette modification, en détruisant des abus, n'apportera aucune charge nouvelle aux assujettis, demande également au Parlement de prendre les mesures nécessaires pour que les contrats d'assurances en cours ne soient l'objet d'aucune augmentation de primes à la suite du vote de cette modification à la loi de 1898.

2° Extension de la loi du 9 avril 1898 sur les accidents du travail aux maladies d'origine professionnelle.

Le Congrès de Pau,

Considérant :

1° Que les maladies professionnelles, plus encore que les autres accidents du travail, sont partie intégrante du risque professionnel auquel les travailleurs sont journellement exposés;

2° Que les ouvriers de pays voisins, tels que la Suisse,

l'Angleterre et l'Allemagne, sont protégés par la loi, contre *tous* les risques professionnels;

3° Que la Chambre française a voté, le 3 juillet 1913, une proposition de loi généreuse mais incomplète « ayant pour objet l'extension aux maladies professionnelles de la loi du 9 avril 1898 sur les accidents du travail »;

4° Que cette loi s'applique uniquement *à deux catégories d'intoxications professionnelles*, et laisse de côté un grand nombre de maladies professionnelles tout aussi fréquentes et aussi graves que celles provoquées par les industries et les manipulations du plomb ou du mercure;

Emet le vœu :

Que le Sénat républicain, soucieux de la santé et de l'hygiène de tous les travailleurs, se préoccupe des diverses maladies professionnelles négligées par la Chambre et vote, sans retard, l'extension de la loi du 9 avril 1898 *à toutes les maladies dont l'origine professionnelle pourra être nettement démontrée.*

3° Extension de la loi du 3 avril 1898 sur les accidents de travail aux domestiques, gens de maison, serviteurs de toute sorte.

Le Congrès, considérant :

Que la Chambre des Députés a voté, le 25 juin 1913, un projet de loi « ayant pour objet d'étendre le régime de la législation sur les accidents du travail aux gens de maison, domestiques et serviteurs de toute sorte »;

Emet le vœu :

Que le Sénat vote rapidement le texte de loi adopté par la Chambre, concernant les domestiques, gens de maison et *autres serviteurs attachés à la personne.*

4° Extension de la loi du 9 avril 1898 sur les accidents du travail aux exploitations forestières.

Le Congrès, considérant :

1° Que les exploitations forestières constituent de *véritables entreprises industrielles ou commerciales*, dont les ouvriers travaillant *en chantier* « sur le parterre de la coupe » devraient être logiquement couverts par la loi de 1898;

2° Que deux textes de loi, à peine dissemblables sur le fond et donnant satisfaction aux intéressés, ont été votés respectivement au Sénat et à la Chambre de Députés;

Emet le vœu :

Que le Sénat et la Chambre fassent un effort sérieux de conciliation et veuillent bien se mettre enfin d'accord sur un texte définitif afin de faire bénéficier les travailleurs des exploitations forestières des avantages de la loi de 1898 sur les accidents du travail.

5° Extension de la loi du 9 avril 1898 sur les accidents du travail aux domestiques de ferme et aux ouvriers agricoles.

Le Congrès, considérant, d'une part :

1° Que les conditions particulières à l'exercice de certaines professions agricoles, et l'intérêt même de l'agriculture, ne permettaient pas facilement d'englober, d'un seul coup, tous les travaux agricoles dans la sphère de protection de la loi de 1898;

2° Qu'il convient de procéder prudemment et par étapes successives afin de permettre aux agriculteurs de se couvrir contre les charges financières de la loi, sans dommage appréciable;

Considérant, d'autre part :

1° Que les ouvriers et domestiques agricoles *sont les seuls*, parmi tous les salariés du travail, qu'aucune proposition de loi ne concerne, actuellement, au sein du Parlement;

2° Qu'il y aurait injustice flagrante à maintenir plus longtemps tous les travailleurs de la terre en dehors du droit commun, instauré par la loi du 9 avril 1898;

Emet le vœu :

1° Que le Parlement vote, le plus tôt possible, une loi étendant les bénéfices de la loi du 9 avril 1898 aux domestiques de ferme et aux ouvriers agricoles.

6° Assurance contre l'invalidité.

Le Congrès :

Invite les Elus du Parti à unir leurs efforts afin de faire voter par le Parlement, dans le plus bref délai, le projet de loi sur l'assurance contre l'invalidité, présenté par M. René Renoult et ses collègues.

7° Assurance contre la maladie.

Le Congrès :

Invite les Elus du Parti à déposer au plus tôt un projet de loi tendant à allouer à tous les travailleurs, avec le concours des Sociétés de secours mutuels, des indemnités d'assurance en cas de maladie ; et compte sur leurs efforts pour faire aboutir cette réforme dans la prochaine législature.

8° Assurance contre le chômage.

Le Congrès de Pau :

Invite les Elus du Parti à étudier et à proposer une loi d'assurance contre le chômage dont les organes de gestion pourraient être les bureaux de placement municipaux ou les organisation syndicales ;

Et émet le vœu :

Que les lois sur le repos hebdomadaire et sur la durée journalière des heures de travail soient strictement appliquées, afin de supprimer le chômage.

9° Mesures à prendre pour assurer l'harmonie entre le capital et le travail.

Le Congrès :

Après examen des questions sociales suivantes : arbitrage obligatoire, tribunaux régionaux d'arbitrage, contrat collectif du travail, participation obligatoire aux bénéfices, création d'actions de travail ;

Considérant que ces réformes ont été depuis longtemps déjà discutées par le parti radical et radical-socialiste en ses précédents congrès, et que ces réformes sont seules capables d'amener la bonne harmonie entre le capital et le travail ;

Invite tous les élus du Parti à poursuivre de façon énergique leurs efforts pour faire aboutir ces lois dans la prochaine législature ;

Considérant, d'autre part, qu'il y a lieu pour le Parti d'étudier les questions des travailleurs vendeurs de travail et de la réglementation du gain du capital, invite les comités et fédérations radicaux et radicaux-socialistes à mettre à l'étude ces questions à l'ordre du jour de leurs réunions.

La Crise de l'apprentissage.

Le Congrès émet les vœux :

1° Que la loi de 1900 sur le travail des mineurs soit modifiée afin de permettre aux patrons occupant des apprentis de faire travailler leurs ouvriers un même nombre d'heures que les patrons n'instruisant pas d'apprentis;

2° Que le législateur favorise l'apprentissage à l'atelier et la création de cours complémentaires d'instruction technique avec appui et suveillance de l'Etat;

3° Que des bourses d'apprentissage soient accordées aux apprentis dont les familles ne possèdent pas de ressources suffisantes.

Assistance aux vieillards et retraites ouvrières.

Le Congrès décide de mettre à l'ordre du jour du Congrès de 1914 l'examen des modifications à apporter aux lois sur l'assistance aux vieillards et sur les retraites ouvrières afin d'en supprimer les abus, d'en faciliter l'application et faire bénéficier d'une modeste retraite les travailleurs des deux sexes âgés de plus de 60 ans ou usés physiologiquement dans l'exercice de leurs professions et ne possédant pas les ressources nécessaires pour assurer leur existence.

Pour la commission des réformes sociales :

Le Président: PAUL FALOT.

Les Vice-Présidents :

LELORD, FABIUS, DE CHAMPVILLE.

Le secrétaire : LEON SALMON.

Les Rapporteurs :

PAULPEYRE, Dr POTTEVIN, L. PENE, F. MORIN.

Les Membres :

BOKANOWSKI, GÉNÉRAL GODARD, Dr BOUILLET, A. DOUZET, LÉVY-ULMANN, VOLLAEYS, Dr LIÈVRE, CLÉRISSE.

RAPPORT DE LA COMMISSION DES RÉFORMES SOCIALES SUR LES ACCIDENTS DU TRAVAIL

M. Paul Falot, *Président de la Commission.*

Avant le vote de la loi de 1898 sur les accidents du travail, de nombreux procès surgissaient entre ouvriers et patrons à la suite d'accidents.

Pour obtenir une indemnité légitime, les victimes d'accidents survenus au cours du travail devaient produire la preuve que la cause de l'accident était une faute de l'employeur; preuve sinon impossible, tout au moins très difficile à établir.

Les ouvriers n'ayant pas les capacités nécessaires pour se défendre utilement s'adressaient à de nombreuses agences qui s'étaient créées avec services médicaux, pharmaceutiques, juridiques et qui prenaient en charge — voire même à forfait — les litiges et intentaient les procès qui pouvaient être gros de conséquences pour les patrons, mais dont les résultats ne variaient guère pour les accidentés.

Ceux-ci, lorsque par hasard ils obtenaient gain de cause devant les juges, ne touchaient qu'une faible part de l'indemnité accordée, alors que la plus grande part, sinon la totalité, entrait dans la poche de leurs défenseurs.

***

Après de nombreuses luttes, les radicaux et radicaux-socialistes réussirent à faire voter la bienfaisante loi de 1898 sur les accidents du travail. Elle eut pour résultat immédiat de faire cesser le trafic abominable des agences spéciales.

Cette loi, qui est la meilleure réforme sociale obtenue par notre parti en faveur des travailleurs, établissait qu'en cas d'accident de travail il n'y avait pas lieu de rechercher si la cause déterminante de l'accident provenait d'une faute de l'employeur ou de l'employé, mais que la cause de l'accident était, en principe, une conséquence de la profession.

Ce risque professionnel était mis légalement à la charge de l'employeur au même titre que les autres risques de son entreprise (incendie, accidents chevaux et voitures, avaries de machines-outils, etc.) et devait compter dans ses frais généraux.

L'application de cette loi devait logiquement entraîner la suppression des procédures, des exploitations d'accidents, puisqu'elle supprimait toutes causes de contestations entre employeurs et employés.

Malheureusement, nous regrettons de constater que de nombreux abus subsistent encore, et que depuis quelques années, ont de nouveau surgi des entreprises d'accidents, des cliniques d'accidents, des banques d'accidents et qu'il y a même des membres de professions dites libérales qui vivent de l'exploitation des accidentés.

***

Ces abus paralysent l'action réformatrice des radicaux et radicaux-socialistes ; c'est parce que ces abus existent et se développent avec une intensité regrettable que nous rencontrons une résistance explicable à l'extension de la loi sur les accidents du travail aux nombreuses et intéressantes catégories de salariés qui n'en possèdent pas encore le bénéfice et que la même résistance se rencontre lorsque nous voulons étendre les bienfaits de l'assurance aux autres risques sociaux.

Nous avons le devoir de rechercher les causes de ces abus et de les faire disparaître.

La première question qui se pose à l'esprit, c'est de savoir pourquoi les accidentés, qui bénéficient de tous les avantages de la loi qui fonctionne automatiquement en leur faveur, éprouvent le besoin de s'adresser à des agences, à des exploiteurs d'accidents.

La réponse est facile :

C'est parce que la loi de 1898 ne leur accorde pas entièrement l'indemnité à laquelle ils ont droit justement.

***

La loi de 1898 présente une lacune dont l'importance si elle est nulle pour le législateur, est grande pour l'accidenté.

Les conservateurs et les libéraux s'efforcent toujours d'empêcher la réalisation des réformes populaires et trop souvent réussissent à faire voter des amendements qui paraissent anodins mais qui, généralement, détruisent ou paralysent l'effet des lois réformatrices.

Ils firent observer au moment du vote de la loi de 1898 qu'il serait nuisible de payer l'indemnité légale à partir du premier jour de l'accident ; que les petits accidents surchargeraient inutilement la loi et en rendraient l'application difficile.

Ils prétendirent que le paiement de l'indemnité à

partir du premier jour serait une prime à la fraude et que les lundis les ouvriers peu disposés au travail n'hésiteraient pas à simuler un petit accident, ce qui leur permettrait de toucher quelques demi-journées de salaires pendant les deux ou trois jours nécessaires pour mettre leur estomac d'aplomb.

C'était faire injure aux ouvriers, mais ces arguments ridicules portèrent et une majorité comprenant tous les parlementaires de droite décida que l'indemnité ne serait due qu'à partir du cinquième jour de l'accident.

L'article 3 de la loi de 1898, modifié par celle du 31 mars 1905, est ainsi conçu :

« *L'ouvrier ou l'employé a droit :*

« *Pour l'incapacité temporaire, si l'incapacité de travail a duré plus de* quatre jours, *à une indemnité journalière, sans distinction entre les jours ouvrables et les jours fériés, égale à la moitié de son salaire.*

« *L'indemnité est due à partir du* cinquième *jour après celui de l'accident; toutefois, elle est due à partir du premier jour si l'incapacité de travail a duré plus de dix jours.* »

***

Cet article 3 heurte les sentiments de justice et de bon sens des travailleurs.

Beaucoup d'honnêtes ouvriers, se croyant dupes et ne voulant plus l'être, ont été amenés à s'adresser aux exploiteurs d'accidents.

Se considérant comme lésés par la loi, ils ont écouté les conseils d'hommes peu scrupuleux.

D'autre part, des médecins, mêmes honnêtes, mais poussés malgré eux à se défendre contre la concurrence déloyale de certaines cliniques, étaient amenés à signer des certificats accordant aux accidentés un nombre de journées supérieur à celui auquel ils avaient réellement droit.

Ces docteurs médecins se rendaient compte de l'injustice de la loi dans les nombreux cas de petits accidents et ils croyaient peut-être bien faire en favorisant les accidentés.

***

En matière d'accidents, l'accident grave est l'exception, alors que le petit accident est la règle.

Lorsqu'un ouvrier est victime d'un léger accident, il reprend généralement son travail avant le quatrième jour, et conformément à l'article 3, il n'a droit à aucune indemnité.

Lorsqu'il reprend son travail après dix jours de chômage, l'ouvrier blessé touche comme indemnité non pas dix demi-journées de salaires, mais seulement six demi-journées.

Drôle de loi, disent les camarades d'atelier ; alors pendant les quatre premiers jours il faut se priver de manger.

Comme toutes les injustices, cette injustice révolta les plus honnêtes, elle créa des mécontents.

C'est ainsi que les exploiteurs d'accidents trouvèrent un terrain tout préparé ; ils captèrent facilement la confiance d'ouvriers honnêtes à qui ils délivraient pour le moindre bobo des certificats d'incapacité temporaire toujours supérieurs à onze jours, variant généralement entre quinze et vingt jours, alors qu'en réalité le blessé aurait pu reprendre facilement son travail après deux ou trois jours de soins ou d'observation : les frais médicaux et pharmaceutiques sont augmentés dans les mêmes proportions et la loi bienfaisante est faussée.

***

Le parti républicain radical et radical-socialiste, qui s'est ému à différentes reprises du relâchement des sentiments de moralité et d'honnêteté qui sont le fond des masses populaires françaises, se doit à lui-même de rechercher tous les moyens susceptibles de maintenir et de développer parmi nos concitoyens les principes de probité et de loyauté qui sont les qualités essentielles des républicains.

Les lois faites par les nôtres doivent être exemptes de fissures ; elles ne doivent pas choquer le bons sens et les idées de justice des masses laborieuses.

Or, la loi de 1898 sur les accidents du travail présente dans son article 3 une fissure qui a eu de fâcheuses conséquences et la cause d'abus nuisibles à la réalisation des réformes sociales projetées.

Notre parti doit exiger l'amélioration de cette belle et utile loi.

C'est pourquoi la commission des réformes sociales a décidé de soumettre au congrès de Pau la proposition suivante :

Le Congrès émet le vœu que le Parlement modifie comme suit :

« L'article 3 de la loi de 1898 sur les accidents du travail :

« *L'ouvrier ou l'employé a droit, pour l'incapacité temporaire, à une indemnité journalière, sans distinction entre les jours ouvrables et les jours fériés, égale à la moitié de son salaire.*

« *L'indemnité est due à partir du premier jour de l'accident, quelle que soit la durée de l'incapacité temporaire.* »

Cette modification ne devant apporter aucune charge nouvelle aux assujettis, le Congrès demande également au législateur de prendre les mesures nécessaires pour que les contrats d'assurances en cours ne soient l'objet d'aucune augmentation de primes de ce chef.

PAUL FALOT,

Président de la Commission des réformes sociales.

RAPPORT DE LA COMMISSION DES RÉFORMES SOCIALES SUR LES ACCIDENTS DU TRAVAIL ET LES MALADIES PROFESSIONNELLES

M. PAUL-PEYRE, *rapporteur.*

La Déclaration des Droits de l'Homme et du Citoyen a depuis longtemps posé le principe « que les secours publics sont une dette sacrée dont la loi doit déterminer l'étendue et l'application ».

Mais ce n'est que beaucoup plus tard que la notion du risque professionnel est entrée, en France, dans la réalité des faits.

Ce fut la loi du 9 avril 1898 « sur la responsabilité des accidents dont les ouvriers sont victimes dans leur travail ».

Depuis, cette loi organique a été modifiée et complétée par les lois du 30 juin 1899, du 22 mars 1902, du 31 mars 1905, du 18 avril 1906 et du 18 juillet 1907.

La Suisse, l'Angleterre, l'Allemagne et l'Italie nous avaient précédés dans la voie de l'assistance sociale.

Le bon peuple de France attend encore patiemment que le Parlement veuille bien étendre le bénéfice de la loi de 1898 *à tous les salariés* et à tous les accidents et *maladies* dont le travail est la cause ou l'occasion.

Le parti radical et radical-socialiste, qui est le parti des travailleurs, ne pouvait se désintéresser de la question.

Notre troisième congrès national s'en est plus particulièrement préoccupé. Il a émis un certain nombre de vœux excellents, *dont il a voté le principe* et le renvoi au Comité exécutif, pour l'étude des moyens d'application.

C'est ce que la commission des réformes sociales a bien voulu me charger de faire pour le treizième congrès national du parti, en me confiant un rapport, qui, je l'espère, pourra au moins servir de base de discussion.

Voyons donc ce que nos aînés avaient décidé, et quels vœux avaient été votés au troisième congrès.

Au Congrès de Marseille.

C'est à la 5e Commission que revenait la mission de défendre devant ce congrès le sort des travailleurs; après une discussion fort courtoise, une dizaine de vœux furent adoptés. Nous n'en retenons que ce qui se rapporte directement à l'objet de notre étude.

Premier vœu. — Le congrès émet le vœu : que le bénéfice de la loi du 9 avril 1898 soit étendu aux ouvriers de toutes professions notamment aux ouvriers agricoles. (V. Jean.) Adopté.

Deuxième vœu. — Le congrès, considérant que les ouvriers agricoles ont été jusqu'à ce jour placés en dehors des lois qui réglementent le travail industriel et protègent l'ouvrier de l'usine, de la manufacture et de l'atelier;

Emet le vœu que les lois et règlements qui visent la protection des travailleurs soient étendus aux ouvriers agricoles, sauf à y ajouter les mesures d'atténuation qui seraient nécessaires pendant les travaux de la moisson ou des vendanges, en ce qui concerne la durée du travail effectif quotidien. (Vitalis Brun.) Adopté.

Puis les vœux suivants, présentés à la commission par notre collègue Paul Falot, furent successivement adoptés par le congrès :

Troisième vœu. — Attendu que les maladies causées par l'exercice des professions malsaines... etc.., rentrent tout aussi bien dans le risque professionnel que les accidents du travail...

Emet le vœu que le bénéfice des indemnités prévues par la loi du 9 avril 1898 pour les accidents du travail soit accordé aux ouvriers victimes de maladies professionnelles ou à leur ayants droit. (Lacroix). Adopté.

Quatrième vœu. — Le congrès émet le vœu que le bénéfice des accidents du travail soit applicable aux maladies professionnelles. Il charge le Comité exécutif d'étudier les voies et moyens pour assurer la mise en pratique de ce prinicpe. (Victor Jean.) Adopté.

Cinquième vœu. — Le congrès émet le vœu que les pensions et indemnités pour les victimes des accidents du travail... soient assurées par une taxe de garantie sur les patentes perçues par l'État à l'exclusion de toute compagnie d'assurances.

Cela se passait à Marseille en 1903.

Il n'est peut-être pas trop prématuré d'en reparler aujourd'hui, — 10 ans après, — au congrès de Pau.

Mais il nous paraît utile d'examiner au préalable — et en toute impartialité — ce que les législations étrangères et française ont tenté de faire pour les victimes du travail.

Nous commencerons par la Suisse, petit pays, d'où viennent, souvent, de très grands exemples :

Législation Suisse.

La loi fédérale du 23 mars 1877 admet la responsabilité du risque professionnel étendu aux maladies professionnelles et aux accidents du travail dans les fabriques.

C'est le conseil fédéral qui détermine les industries « dont l'exercice suffit à engendrer certaines maladies graves auxquelles s'étendra la responsabilité prévue pour les accidents ».

Mais le fabricant n'est responsable du dommage causé à un employé ou à un ouvrier que « s'il est démontré que la maladie a exclusivement pour cause l'exploitation de la fabrique ». La preuve du caractère professionnel de la maladie est donc nécessaire. Ce n'est qu'en 1887 (le 25 juin) que la loi est modifiée, en ce qui concerne la responsabilité du patron, alors même qu'il n'y a pas faute de sa part dans un accident quelconque, sauf le cas de force majeure ou de faute personnelle de l'ouvrier.

Le 17 octobre 1882, le conseil fédéral fait une première application de la loi *à l'industrie des allumettes au phosphore jaune*. Il en fait une seconde, le 29 novembre 1884, relatives aux *métiers Jacquart* employant des contrepoids de plomb, dont il préconise le remplacement par des poids en fer. En 1887, l'application de la loi fut généralisée dans les industries où on emploie ou produit les substances suivantes :

Plomb et ses combinaisons, *mercure* et ses combinaisons, *arsenic* et ses combinaisons, *phosphore jaune*, *gaz irrespirables* et *vénéneux*, *cyanogène* et ses composés, *benzine*, *aniline*, *nitroglycérine*.

Ces industries sont soumises à la responsabilité civile pour les maladies déterminées et dangereuses *qui sont reconnues comme engendrées certainement et exclusivement par l'emploi des substances qui y sont dénommées*. Comme il est aisé de s'en rendre compte, les douze articles de cet arrêté fédéral englobaient déjà la majeure partie des corps ou composés toxiques (sans parler des virus de la variole, du charbon et de la morve) capables de provoquer des intoxications professionnelles.

Un nouvel arrêté vint encore, le 18 janvier 1901, en accroître le nombre.

Indépendamment de certains corps simples ou composés qui pouvaient normalement être classés parmi les gaz irrespirables et vénéneux de la liste précédente, la nouvelle comprend le *phosphore blanc* et ses combinaisons chlorées, les *bichromates* de potasse et de soude, l'*ammoniaque*, le *chloroforme*, les *chlorures*, *bromures et iodure d'éthyle* et de *méthyle*, l'*acide phénique*, les *benzols*, etc... en tout 34 articles. Et ce n'est sans doute pas fini, car l'article 3 précise « que cet arrêté peut être revisé et complété en tout temps ».

Il était à craindre qu'une loi au cadre aussi vaste puisse soulever, dans la pratique, de nombreuses difficultés.

Il n'en a rien été si l'on en croit M. de Pumgny, rapporteur général de la commission d'hygiène industrielle en 1902.

« Une mission de l'Office du travail a constaté, dit-il, que la réparation des dommages ainsi limitée fonctionne en Suisse depuis 16 ans, sans avoir soulevé aucune difficulté et sans que le contentieux relatif à cette réparation se distingue de celui qui se rapporte aux accidents du travail.

« La responsabilité mise à la charge des patrons a eu un autre résultat : c'est de les disposer à accepter et même à devancer les suggestions de l'inspection du travail en matière d'hygiène, eux-mêmes se trouvant matériellement intéressés à n'avoir pas de maladies sérieuses à indemniser. »

Comme on le voit, la question de l'hygiène se trouve étroitement mêlée à celle des maladies, ou plutôt des intoxications professionnelles, prévues par la législation suisse. Et ce n'est pas la moindre importance sociale de cette loi, que d'obliger les industriels à prévenir par des mesures d'hygiène les maladies suspendues sur la tête de leurs employés.

Le seul obstacle au libre jeu de la loi est dans la difficulté que l'ouvrier éprouve souvent pour établir la preuve juridique du caractère strictement professionnel de la maladie dont il est victime. Le patron n'est plus responsable s'il peut établir qu'il y a faute de l'ouvrier ou force majeure en cas d'accident, ou que la maladie n'a pas exclusivement pour cause l'exploitation de la maladie assujettie.

Mais si la preuve est faite par l'ouvrier, l'indemnité sera égale au préjudice subi, indépendamment des frais de maladie.

En cas de décès l'indemnité totale ira aux membres de la famille.

Sans doute — comme le dit M. Kummer — « si tous les débours qui sont nécessaires pour arriver à constater que la maladie a exclusivement pour cause l'exploitation de la fabrique étaient faits en faveur du pauvre malade, on rendrait assurément à celui-ci un plus grand service que par le moyen de cet article de loi. » Mais le peuple suisse est sage, et il suffirait de rendre la procédure gratuite pour faire disparaître du même coup la plus sérieuse des objections que l'on puisse formuler contre la législation suisse.

Législation Anglaise.

La loi anglaise sur les accidents du travail date de 1897 et c'est au gouvernement lui-même, par la voix de lord Gladstone, que revient l'initiative de l'extension de la loi aux maladies professionnelles, votée malgré l'avis de la commission.

« Nous proposons, disait le lord secrétaire d'Etat à l'intérieur, d'étendre l'indemnité ouvrière aux maladies professionnelles : de tous les maux auxquels est malheureusement exposée l'armée des travailleurs, ceux qui résultent de la maladie sont les plus pitoyables et les plus nombreux. Le gouvernement a pensé que le cas était assez grave pour qu'un grand effort fût fait pour surmonter les difficultés. En conséquence, nous proposons d'inclure dans la loi les maladies suivantes : *anthrax*, *empoisonnement* par le *plomb*, le *mercure*, le *phosphore*, l'*arsenic*, l'*ankylositomasie*. »

Personne au Parlement anglais n'osa critiquer le principe de « cet acte de justice envers un grand nombre de soldats de l'armée industrielle qui sont tombés à leur poste ».

M. Barnes demanda « qu'un système de responsabilité proportionnelle soit appliqué aux industriels ayant occupé l'ouvrier intoxiqué, ou mieux qu'un fonds industriel soit créé (comme dans l'industrie de la poterie) et que quel que soit l'endroit où un ouvrier est blessé, l'indemnité soit prélevée sur ce fonds et se trouve répartie sur tout l'ensemble de l'industrie ».

Pour M. Cochrane, « la meilleure façon d'agir serait de rendre responsable l'industrie entière, et non de transmettre la responsabilité d'un patron à l'autre ».

Malgré ces quelques critiques de simple modalité et certaines imprécisions, le projet du gouvernement « destiné à compléter et à modifier la loi relative aux indemnités accordées aux ouvriers pour les accidents dont ils peuvent être victimes au cours de leur travail », fut voté le 21 décembre 1906 et promulgué le lendemain.

« Si (article premier), *dans un travail quelconque*, un ouvrier est victime d'un accident produit *par et pendant ce travail* l'employeur sera tenu de lui payer une indemnité. »

L'indemnité n'est due que si l'accident est provoqué par la *négligence personnelle*, ou par le *fait volontaire* de l'employeur ou d'une personne du fait de qui il est civilement responsable. L'employeur n'est pas tenu à l'indemnité si l'ouvrier n'est pas mis hors d'état pendant *une semaine* au moins de gagner son salaire entier, par le travail auquel il était affecté.

S'il est prouvé que l'accident a été occasionné par la *maladresse grave* ou l'*imprudence volontaire* de l'ouvrier, toute indemnité sera refusée, à moins que l'accident n'entraîne la mort ou l'incapacité permanente de travail.

La loi doit s'appliquer à toute industrie à laquelle le secrétaire d'Etat en étendra les dispositions, par simple décret.

Elle s'applique aux patrons marins, pêcheurs et apprentis et aux *ouvriers agricoles*, si le contrat est relatif au battage en grange, au labourage ou à tout autre travail agricole, et si l'entrepreneur (ou le sous-entrepreneur) emploie à cet effet des *machines actionnées* par un moteur mécanique.

Elle ne s'applique pas aux personnes employées dans les armées de terre et de mer, mais en dehors d'elles, s'applique à ceux des ouvriers employés directement ou indirectement par l'État, auquel elle serait applicable si l'employeur était un simple particulier.

Un tableau parallèle énumérant les professions assujetties et les affections visées est annexé à la loi. Il est assez court et assez intéressant pour être reproduit ici :

Anthrax : Travail de la laine, des crins, des soies, des peaux.

Intoxications causées par le *plomb* et conséquences de cette intoxication : travail comportant l'emploi du plomb ou de ses composés.

Intoxications causées par l'*hydrargyre* et conséquences de cette intoxication : travail comportant l'emploi du mercure ou de ses composés.

Intoxications causées par le *phosphore* et conséquences de cette intoxication : travail comportant l'emploi du phosphore ou de ses composés.

Intoxications causées par l'*arsenic* et conséquences de cette intoxication : travail comportant l'emploi de l'arsenic ou de ses composés.

Ankylostomasie : Travail dans les mines.

Il est certain que la désignation des travaux qui peuvent provoquer les maladies énoncées au tableau laisse un peu à désirer comme précision, exception faite pour le premier et le dernier cas.

C'est au médecin à certifier que l'ouvrier est atteint d'une des maladies prévues au tableau et qu'il n'est plus capable de gagner le même salaire par son travail habituel. Si la maladie est provoquée par la nature du travail effectué par l'ouvrier pendant les 12 mois qui ont précédé la date de son incapacité, ou s'il meurt des suites d'une de ces maladies, l'ouvrier — ou ceux qui sont à sa charge — a droit à une indemnité comme si la maladie ou l'interruption du travail était le résultat d'un accident occasionné par ce travail.

L'indemnité sera due par l'employeur qui, le dernier, au cours de ce délai de 12 mois, aura occupé l'ouvrier au travail qui a occasionné la maladie.

Une statistique récente montre que le total des indemnités s'élève à 51,541 livres sterling, soit 1.288.525 francs.

Mais le patron peut exiger de l'ouvrier toutes les indications relatives aux noms et adresses des divers patrons chez lesquels il a travaillé au cours des 12 derniers mois et il n'est plus tenu de payer l'indemnité si ces indications sont insuffisantes, ou s'il peut prouver que ce n'est pas pendant la période où il a occupé l'ouvrier que celui-ci a contracté cette maladie.

Si la maladie est de celles qui se développent lentement tout patron qui pendant le délai de 12 mois aura employé l'ouvrier au travail d'où elle résulte sera tenu de verser à l'employeur débiteur de l'indemnité une contribution dont le montant sera, à défaut d'accord, déterminé par l'arbitrage prévu par la loi.

Le chiffre de l'indemnité est proportionnel au dernier salaire.

En 1907 et en 1910, de nouvelles extensions sont apportées à la loi et un nouveau tableau comportant 18 cas nouveaux est ajouté au premier.

Il s'applique aux maladies, dommages physiques et travaux consécutifs, aux *intoxications* par les *dérivés nitriques* et *amidoniques* de la *benzine*, par le *sulfure de carbone*, le *carbonyle de nickel*, les *vapeurs d'acide nitrique*, le *gonioma kamassi* (buis africain), aux *ulcères chroniques*, aux *ulcères eczémateux* causés par des *poussières ou des liquides caustiques*, au *cancer épithélial*, *ulcères cutanés*, ou *ulcères de la cornée* provoqués par la manipulation de la poix, du goudron et de ses composés. Au *cancer des ramoneurs*, à la *maladie du caisson*, au *nystagmus* (tremblement oculaire) *des mineurs*, aux *diverses inflammations cutanées ou sous-cutanées* qui atteignent les mineurs (main morte, coude mort, genou mort) et enfin aux cas de *morve* contractés au contact d'un animal atteint. Toute maladie portée au tableau correspondant au travail inscrit en face donne droit à réparation en faveur de la victime, à moins que l'employeur ne prouve le contraire.

Législation Belge.

La loi belge du 24 décembre 1903 ne prévoit actuellement que la réparation des accidents du travail, bien qu'il ait souvent été question chez nos voisins de l'extension de la loi aux maladies professionnelles.

Le gouvernement de cette époque proposait d'organiser une *caisse centrale, alimentée par les patrons de toutes les industries insalubres, proportionnellement à la nocivité de leur profession.*

Le gouvernement actuel voulait au contraire intéresser à l'affaire les sociétés de secours mutuels. Ces sociétés recevraient une contribution patronale en plus de la cotisation de leurs membres ordinaires.

Cette contribution serait basée sur les dangers industriels et sur les statistiques de maladies professionnelles.

La mutualité et l'inspection du travail viendraient donc en aide à la loi.

L'inspection du travail fonctionne d'ailleurs admirablement en Belgique : les médecins inspecteurs ne bornent pas leur rôle à verbaliser, mais ils s'attachent à signaler les améliorations hygiéniques nécessitées par l'exercice des diverses professions qu'ils ont à inspecter.

Les analyses d'air dans certains ateliers, l'examen du sang des ouvriers, sont couramment effectués au laboratoire de recherches et d'hygiène professionnelle, annexé à l'administration centrale. L'éclairage, le chauffage, l'aération, la désinfection des locaux, l'élimination des poussières, n'échappent pas à la vigilance des médecins inspecteurs et leurs prescriptions suffisent, dans la plupart des cas, à éviter la propagation des maladies professionnelles.

Ainsi se vérifie, une fois de plus, ce vieux principe que « mieux vaut prévenir que guérir »... ou verbaliser !

Législation Allemande.

En Allemagne, les ouvriers sont depuis longtemps garantis et indemnisés contre les accidents du travail, « caractérisés par un événement soudain et brutal, dont les effets sont instantanément incontestables ». (Loi du 6 juillet 1884, promulguée en 1886.) Une loi d'empire promulguée le 15 juin 1883 et complétée par celles du 28 mai 1885 et du 10 avril 1892 protège les travailleurs contre *toutes les maladies indistinctement*, qu'elles soient d'origine professionnelle ou non.

Les caisses d'assurance-maladies sont alimentées à la fois par les patrons et par les ouvriers, la contribution patronale étant de 1/3 et celle des ouvriers des 2/3: la part incombant à l'employé est retenue sur son salaire. Les secours accordés aux malades n'ont qu'une durée limitée qui ne peut en aucun cas excéder une année, quelle que soit la gravité de la maladie.

Mais l'assurance-maladies et l'assurance-accidents ne sont en Allemagne que deux des branches de *l'assurance obligatoire contre l'invalidité* instituée par la loi d'empire du 22 juin 1889, promulguée le 1er janvier 1891 et modifiée par la loi du 13 juillet 1899.

Cette assurance est *obligatoire*, à partir de l'âge de 16 ans, pour les ouvriers salariés et les apprentis de toute profession, sans limitation de salaire, pour les employés et les commis dont les appointements annuels n'excèdent pas 2.500 francs (2.000 marks), ainsi que pour les professeurs de l'enseignement libre.

Elle est *facultative* pour les employés gagnant plus de 2,000 et moins de 3.000 marks : pour les industriels n'employant que 1 ou 2 ouvriers et les artisans à domicile : ainsi que pour les travailleurs occasionnels ou ceux qui ne sont pas rémunérés en espèces.

Les fonctionnaires et agents des services publics, qui

ont une retraite en perspective, sont dispensés de l'assurance, quelque soit leur traitement.

Législation Italienne.

La loi des accidents du travail a été votée en Italie, le 17 mars 1898, la même année que chez nous. Comme la nôtre elle ne se préoccupe point encore des maladies professionnelles.

Seule une commission, nommée par décret, le 19 décembre 1901, et composée de médecins et d'hygiénistes, fonctionne assez régulièrement.

Elle est chargée d'établir la liste des diverses industries insalubres et des travaux qui y sont effectués, ainsi que les questionnaires spéciaux à chaque industrie et relatifs aux maladies professionnelles.

Ce questionnaire est adressé à tous ceux qui sont capables d'aider la commission par suite de leur profession : médecins, pharmaciens, directeurs d'usines et d'hôpitaux, bourses du travail et sociétés coopératives.

Dès maintenant la commission a constaté « que la relation entre les substances employées dans certaines industries, ou leur mode d'emploi, et les maladies de l'ouvrier, n'est pas moins nette et claire, que la relation existant entre le fonctionnement d'un moteur et une blessure produite par ce dernier».

Et elle conclut que « plus encore que les accidents du travail, les maladies professionnelles constituent des risques professionnels devant donner droit à la réparation :

1° Parce que ces affections sont très souvent inévitables et indépendantes de la prudence et de l'attention de l'ouvrier ;

2° Parce que leur gravité peut être atténuée par les soins de l'industriel qui modifiera la méthode du travail ou prendra des mesures de précaution appropriées, bien plus facilement que pour les accidents se manifestant par des blessures.

Pour elle : « l'exclusion des maladies professionnelles du régime de la loi du 17 mars 1898 constitue une grave lacune qu'il importe de combler d'urgence ».

Attendons-nous donc à voir bientôt le Parlement italien entrer dans la voie tracée par la commission.

En France.

C'est la loi du 9 avril 1898 qui règle, en France, les

responsabilités des accidents dont les ouvriers sont victimes dans leur travail.

Les accidents du travail étaient, avant cette loi, soumis au régime du droit commun.

Pour que l'ouvrier blessé obtînt une indemnité, il lui fallait invoquer le bénéfice des articles 1382 et 1383 du code civil (1) et prouver que l'accident était imputable à une faute de son patron. Seules les causes de l'accident pouvaient en déterminer la responsabilité. C'était là une source de procès interminables aussi onéreux pour le patron que pour l'ouvrier.

« Même lorsque les patrons avaient contracté des assurances contre les accidents du travail qui survenaient dans leurs usines (soit en payant eux-mêmes la prime, soit en prélevant une retenue sur le salaire de leurs employés), les blessés n'obtenaient pas toujours satisfaction, parce que les compagnies d'assurances, organisées pour les procès et les luttes judiciaires, finissaient par décourager les malheureuses victimes qui, au lieu de poursuivre la réparation complète du dommage causé, pour en finir et pour s'épargner les frais et les ennuis d'un long procès, se contentaient souvent d'une somme dérisoire. » Les patrons eux-mêmes n'étaient pas à l'abri des ennuis et étaient exposés à tous les aléas des procès, et l'on peut dire que la loi de 1898 est aussi profitable aux uns qu'aux autres. La prime d'assurance couvre aujourd'hui le capital humain, au même titre que le capital matériel, et l'article 25 de la loi, qui constitue le fonds de garantie, précise bien son caractère. « Ce n'est en réalité ni à l'ouvrier, ni au patron que la responsabilité incombe, mais à la société. Les accidents du travail relèvent, désormais, de la prévoyance sociale et non de la responsabilité civile » (Defontaine).

Depuis longtemps cependant le souci de protéger le monde du travail contre les risques professionnels hantait l'esprit de nos législateurs.

Dès 1880, le député Martin Nadaud présentait à la Chambre une proposition de loi en faveur de tous les salariés, victimes du travail, et en 1888, Camille Raspail voulait y comprendre même les *maladies professionnelles*. De cette époque à 1898, il n'y eut pas moins de 16 pro-

(1) Art. 1382. — « Tout fait quelconque de l'homme, qui cause à autrui un dommage, oblige celui par la faute duquel il est arrivé, à le réparer.

Art. 1383. — « Chacun est responsable du dommage causé, non seulement par son fait, mais encore par sa négligence ou par son imprudence. »

positions, 3 projets de loi et 12 rapports déposés tant à la Chambre qu'au Sénat, tendant à substituer le risque professionnel à la responsabilité délictuelle ou quasi délictuelle du patron.

« Les accidents survenus par le fait du travail, ou à l'occasion du travail, aux ouvriers et employés, occupés dans l'industrie du bâtiment, les usines, chantiers, manufactures, entreprises de transport par terre et par eau, de chargement et de déchargement les magasins publics, mines, minières, carrières, et en outre dans toute exploitation ou partie d'exploitation dans laquelle sont fabriquées ou mises en œuvre des matières explosives ou dans lesquelles il est fait usage d'une machine mue par une force autre que celle de l'homme ou des animaux, donnent droit au profit de la victime, ou de ses représentants, à une indemnité à la charge du chef d'entreprise, à la condition que l'interruption de travail ait duré plus de quatre jours. »

C'est l'article 1er de la loi du 9 avril 1898. Son apparition souleva de nombreuses réclamations aussi bien chez les ouvriers que chez les industriels. C'est le propre des lois sociales d'être toujours décriées, au début, par ceux-là même qui doivent le plus en bénéficier. Les avis du Conseil consultatif des assurances sur les accidents du travail (créé par le décret du 29 juillet 1899) et la jurisprudence établie par les tribunaux, ont heureusement atténué, depuis, les protestations et les appréhensions des assujettis.

Comme il fallait s'y attendre, les compagnies d'assurance, groupées en syndicats, ne manquèrent pas d'exploiter à leur profit les prescriptions de la loi. Il ne fallut pas moins d'une loi nouvelle pour les obliger à la modération : ce fut celle du 24 mai 1899 « étendant les opérations de la caisse nationale d'assurance, créée par la loi du 11 juillet 1868, à tous les risques professionnels prévus par la loi du 9 avril 1898 pour les accidents sauf pour l'indemnité journalière » qui vint servir de régulateur aux appétits des compagnies d'assurance, en créant à côté d'elles la concurrence de l'Etat, dont le tarif d'assurance fut publié à l'*Officiel*.

Depuis, *la loi du* 30 *juin* 1899 fixe les conditions dans lesquelles le risque professionnel s'étend *aux exploitations agricoles utilisant des machines à moteurs inanimés.* — Nous aurons, un peu plus loin, l'occasion d'y revenir.

Celle du 22 *mars* 1902 précise les droits des ouvriers dont le salaire annuel dépasse 2.400 francs, et fixe à un an les délais de déclaration d'accidents, par la victime ou ses représentants, et étend le bénéfice de l'assistance judiciaire à toute la procédure d'appel.

La loi du 31 *mars* 1902 s'occupe plus particulièrement des frais médicaux et pharmaceutiques et des frais d'hospitalisation des blessés du travail.

Mais ces modifications ne visaient que des modalités d'application de la loi de 1898. La majeure partie des commerçants y échappaient encore.

La loi du 18 avril 1906, qui étend à toutes les exploitations commerciales les dispositions de celle du 9 avril 1898 sur les accidents du travail, est venue heureusement combler cette lacune.

Un peu plus tard (le 26 décembre 1906), sont publiés les les statuts-types des syndicats de garantie, fixés par décret.

Enfin, la *loi du* 13 *juillet* 1907 permet aux employeurs et employés non soumis de plein droit à la loi sur les accidents du travail, de se placer contractuellement sous le régime de loi de 1898. Mais cette adhésion facultative exige le consentement mutuel du patron et de l'ouvrier et n'est que rarement réalisée.

Pourtant, dès 1904, lorsque M. Mirman proposait à la Chambre d'étendre à toutes les exploitations commerciales les dispositions de la loi de 1898, trois de ses collègues, MM. Defontaine, Pasqual et Poulain, demandèrent de ne plus faire de distinction entre les différentes professions soumises à la patente, qui emploient des salariés et définies aux articles 632 et 633 du code de commerce.

La liste des professions soumises par décret à la taxe sur les patentes en écarte *les professions libérales.*

Les domestiques attachés à la personne (patentée ou non) ne profitent pas davantage des indemnités prévues par la loi.

Les ouvriers agricoles n'en bénéficient point. Il n'est pas encore question de l'extension de la loi aux militaires et aux délégués à la sécurité des ouvriers mineurs (projet Basly).

Cependant l'on tente, timidement, d'aborder l'étude des maladies professionnelles.

La loi du 21 *avril* 1898, « ayant pour objet la création d'une *caisse de prévoyance* entre les marins français contre les *risques* et accidents de leur profession, » prévoit non seulement la réparation des accidents, mais encore celle *des maladies*, ayant leur cause directe dans un risque de leur profession.

« *Les inscrits maritimes*, qui sont atteints de blessures *ou de maladies,* ayant leur cause directe dans un accident ou dans un *risque* de leur profession..., etc., ont droit à une pension viagère dite demi-solde d'infirmité, fixée conformément au tarif annexé à la loi.

« La femme ou les enfants du marin qui meurt des conséquences des blessures ou maladies d'origine professionnelle ont également droit à une pension. »

Les sapeurs pompiers sont également indemnisés par la Caisse nationale d'assurances et ont droit à une pension viagère.

« Les sapeurs-pompiers communaux de tout grade, qui, dans un service commandé auront reçu des blessures ou *contracté une maladie* entraînant une incapacité absolue et permanente de travail, ont droit à une pension viagère annuelle.

« Si le pompier meurt, soit des blessures reçues, soit de *maladie contractée en service commandé*, etc., sa veuve a droit à une pension qui est des deux tiers de celle qu'il aurait pu obtenir ou aura obtenue. »

S'inspirant de ce précédent heureux, M. *Amédee Chenal* (député de la Seine), reprenant une proposition du groupe socialiste, a proposé, *le 22 mai* 1912, qu'une indemnité soit allouée *aux auteurs d'acte de sauvetage*, pour blessures ou infirmités survenues par le fait d'un acte de courage et de dévouement.

EXTENSION DE LA LOI DU 9 AVRIL 1898 AUX MALADIES PROFESSIONNELLES

Au Parlement, c'est M. *Jules-Louis Breton*, qui, avec sa ténacité habituelle, tient le record des propositions de loi concernant les accidents du travail et leur extension aux maladies professionnelles.

Poursuivant sa campagne en faveur des victimes des travaux insalubres, M. Breton demandait, le 5 *décembre* 1901, que la loi du 9 avril 1898 fût étendue aux maladies d'origine professionnelle et obtenait le renvoi de sa proposition — *déclarée* URGENTE ! — à la commission d'assurance et de prévoyance sociales.

Mais c'est à la commission d'hygiène industrielle fonctionnant auprès du ministère du commerce — qui étudiait à ce moment-là un projet sur l'emploi du blanc de céruse — que fut confié le soin « de déterminer les maladies qui peuvent être rattachées avec certitude à une cause professionnelle et qui, justiciables des risques industriels au même titre que les accidents du travail, paraîtront devoir être comme eux mises à la charge de l'industrie ». (3 mars 1902.)

M. Breton proposait l'assimilation d'une quinzaine d'intoxications ou maladies d'origine professionnelle, et de quelques affections pouvant présenter certains caractères professionnels mais la commission n'en retint que dix principales se rattachant aux poisons industriels, dont l'étude particulière fut confiée à sept docteurs en médecine, selon l'énumération qui est indiquée ci-dessous avec les noms des honorables rapporteurs :

Maladies causées par le plomb et ses composés (saturnisme) : M. le docteur Thoinot.

Le mercure et ses composés (hydrargyrisme) : M. le docteur Josias.

L'arsenic et ses composés (arcénicisme) : M. le docteur Bourges.

Le sulfure de carbone (sulfocarbonisme) : M. le docteur Heim.

La benzine, la nitrobenzine, l'aniline, les essences diverses (hydrocarburisme) : M. le docteur Courtois-Suffit.

L'hydrogène sulfuré (sulfhydrisme) : M. le docteur Courtois-Suffit.

Les vapeurs et gaz vénéneux ou caustiques : M. le docteur Le Roy des Barres.

Le virus de la variole et du charbon (septicémie) : M. le docteur Brémond.

Les poussières à pneumonies (pneumokonioses) : M. le docteur Courtois-Suffit.

Les dermatoses d'origine professionnelle : MM. les docteurs Le Roy des Barres et Courtois-Suffit.

La commission a décidé d'écarter les maladies causées par *le phosphore* et par *la nicotine*.

Ces maladies ont une assez grande importance à l'étranger, où la confection des allumettes et des produits du tabac est laissée à l'industrie privée et s'exerce souvent en chambre dans des conditions d'hygiène déplorable.

En France, ces industries s'exercent uniquement dans des ateliers appartenant à l'Etat, et celui-ci a toujours accordé libéralement les soins médicaux et les indemnités à son personnel en cas de maladie d'origine quelconque.

Sur le rapport de M. Leclerc de Pulligny, la commission n'avait pas cru devoir se préoccuper des maladies contagieuses, du virus de la morve, de l'ankilostomasie des mineurs, de la maladie des caissons (air comprimé) et de certaines pneumokonioses, proposées par M. Breton. Par contre, elle y faisait entrer les accidents causés par l'*hydrogène sulfuré* et par *les vapeurs ou gaz vénéneux et caustiques*. Ce rapport technique fut alors soumis au comité consultatif des assurances contre les accidents du travail chargé de préparer un projet de loi que M. Dubief, alors ministre du Commerce, déposa sur le bureau de la Chambre le 16 mai 1905.

Le 14 juin de l'année suivante, ce projet, à peine modifié, fut repris et déposé à nouveau par MM. Doumergue, ministre du Commerce, et Poincaré, ministre des Finances. Il amorçait nettement l'*assurance-maladie* pour tous les ouvriers et toutes les affections, — professionnelles ou non, — à la seule condition qu'elles n'entraînent pas une incapacité de travail supérieure à trente jours.

Mais les ouvriers devaient subir une retenue sur leurs salaires au profit d'une caisse de mutualité locale à laquelle ils étaient obligatoirement assujettis ainsi que leurs patrons.

L'indemnité de maladie supérieure à trente jours était à la charge collective de tous les chefs de l'industrie intéressée réunis obligatoirement en syndicats centraux de garantie ; mais elle ne s'appliquait qu'aux manipulations du plomb, du mercure et de leurs composés.

Le 9 juin 1910, M. Breton reprenait son rapport (déposé sous la législature précédente) et au nom de la commission d'assurance et de prévoyance de la Chambre, M. Gilbert-Laurent déposait un nouveau rapport le 23 décembre 1910, sur la même question. Il diffère très peu de celui de M. Breton.

C'est ce dernier rapport qui a servi de base de discussion à la nouvelle loi votée le 3 juillet dernier à la Chambre des députés.

Nous nous en sommes largement inspiré dans l'étude de ces délicates questions, et il est de notre devoir d'en remercier ici leurs auteurs, en nous excusant de n'avoir pu les citer chaque fois que leur nom est paru sous notre plume.

Entre temps, M. J.-L. Breton — qui avait été si longtemps à la peine — était parvenu à l'honneur, bien mérité, de présider les travaux de la commission, et l'on peut dire que c'est grâce à lui, que toute une nouvelle catégorie d'ouvriers devra bientôt une atténuation nouvelle à ses souffrances professionnelles.

Examinons donc d'un peu plus près la loi Breton :

Projet de loi ayant pour objet l'extension aux maladies d'origines professionnelles de la loi du 9 avril 1898 sur les accidents du travail. Voté à la Chambre, le 3 juillet 1913.

La Chambre des députés a adopté le projet de loi dont la teneur suit :

ARTICLE PREMIER. — La législation sur les responsabilités du travail est étendue aux maladies d'origines professionnelles sous réserve des dispositions spéciales de la présente loi.

ART. 2. — Sont considérées comme maladies professionnelles les affections aiguës ou chroniques, mentionnées aux tableaux annexés à la présente loi, lorsqu'elles atteignent des ouvriers habituellement occupés aux travaux industriels correspondants.

La nomenclature des maladies professionnelles auxquelles s'applique la présente loi pourra être augmentée et les tableaux annexés à ladite loi pourront être révisés et complétés par des lois ultérieures.

ART. 3. — Lorsqu'un ouvrier quitte une des exploitations assujetties à la présente loi, son employeur demeure responsable des maladies professionnelles correspondant à cette exploitation, qui peuvent atteindre cet ouvrier durant le délai spécialement fixé, aux tableaux mentionnés à l'article précédent, pour chacune de ces affections.

Toutefois cette responsabilité va en décroissant en raison du temps écoulé entre le départ de l'ouvrier et le moment où survient une incapacité de travail résultant de la maladie et comportant indemnité.

Si, à ce moment, l'ouvrier travaille dans une autre entreprise également classée dans les exploitations correspondant à ladite maladie, son employeur n'est responsable que pour le surplus de l'indemnité fixée par les articles 3 et 4 de la loi du 9 avril 1898.

Néanmoins, s'il est établi qu'un des employeurs a commis une faute inexcusable ayant pu avoir une répercussion sur la santé de la victime, le tribunal pourra augmenter sa part de responsabilité.

Le dernier des employeurs responsables sera tenu, vis-à-vis de la victime ou de ses ayants droit, pour le tout de l'indemnité, sauf son recours contre les employeurs précédents.

ART. 4. — Tout industriel ayant fait, dans les conditions

prévues par un règlement d'administration publique, la déclaration que ces procédés de travail ne comportent plus l'usage des substances susceptibles de provoquer les maladies professionnelles visées par la présente loi ne sera plus soumis aux obligations de cette loi.

Il demeure toutefois responsable, durant le délai de responsabilité fixé pour son exploitation et dans des conditions indiquées à l'article précédent, des maladies professionnelles pouvant atteindre les ouvriers qu'elle employait avant le dépôt de cette déclaration.

Toute déclaration du chef d'entreprise reconnue sciemment fausse entraînera à sa charge une condamnation et une amende de cent à cinq mille francs (100 à 5,000 fr.) et à un emprisonnement de trois jours à un mois.

Art. 5. — Toute maladie professionnelle dont la victime demande réparation en vertu de la présente loi doit être, par ses soins, déclarée dans les quinze jours qui suivront la cessation du travail au maire de la commune, qui en dresse procès-verbal et en délivre immédiatement récépissé.

Un certificat de médecin indiquant la nature de la maladie et ses suites probables doit compléter cette déclaration, dont la forme sera déterminée par décret.

Copie certifiée de cette déclaration est transmise immédiatement par le maire au chef de l'entreprise qui occupait l'ouvrier malade et à l'inspecteur départemental du travail, ou à l'ingénieur ordinaire des mines, chargé de la surveillance de l'entreprise.

Du jour de la déclaration court le délai de prescription prévu par l'article 18 de la loi du 9 avril 1898.

Art. 6. — Les opérations de la caisse nationale d'assurances en cas d'accidents, créée par la loi du 11 juillet 1868, sont étendues aux risques prévus par la présente loi, pour les maladies professionnelles ayant entraîné la mort ou une incapacité permanente, absolue ou partielle.

Les tarifs correspondants sont établis dans les six mois qui suivront la promulgation de la présente loi ou des décrets prévus à l'article 2, par la Caisse nationale d'assurances en cas d'accidents et approuvés par décret rendu sur le rapport du ministre du Travail et de la prévoyance sociale et du ministre des Finances.

Ces tarifs devront être calculés de manière que les risques et les frais généraux d'administration de la Caisse soient entièrement couverts, sans qu'il soit nécessaire de recourir à la subvention prévue par la loi du 11 juillet 1868.

Art. 7. — Les débiteurs qui désireront se libérer en une fois pourront verser le capital représentatif des pensions allouées en vertu de la présente loi à la Caisse nationale des retraites, qui établira à cet effet un tarif tenant compte de la mortalité des victimes de maladies professionnelles et de leurs ayants droit, ce tarif pouvant être modifié ultérieurement suivant les résultats de l'expérience.

Toutefois, jusqu'à l'établissement de ce tarif, la détermination des capitaux à verser sera faite d'après les tarifs en usage pour les rentes régies par la loi du 20 juillet 1886. La période transitoire pendant laquelle il pourra être fait application de ces tarifs ne devra pas excéder un délai de cinq ans à dater de l'entrée en vigueur de la présente loi.

Art. 8. — Un règlement d'administration publique déterminera les conditions spéciales dans lesquelles fonctionneront les syndicats de garantie qui, concurremment avec les sociétés d'assurances, pourront garantir les employés contre les risques visés par la présente loi.

Art. 9. — Les dispositions de l'article 25 de la loi du 9 avril 1898 et de l'article 4 du paragraphe 2 de la loi du 12 avril 1906, modifié par la loi du 29 mai 1909, sont étendues aux chefs d'entreprises assujettis à la présente loi.

Art. 10. — La commission supérieure des maladies professionnelles est spécialement chargée de donner son avis sur les modifications à apporter aux tableaux prévus à l'article 2, sur les extensions à donner à la présente loi et sur toutes les questions d'ordre médical et technique qui lui sont renvoyées par le ministre du Travail.

Elle est composée :

1 De deux sénateurs et de trois députés élus par leurs collègues ;

2° Du directeur général de la Caisse des dépôts et consignations ;

3° Du directeur du Travail ;

4 Du directeur de l'assurance et de la prévoyance sociales ;

5° Du directeur des affaires commerciales et industrielles au ministère du Commerce ;

6° Du chef du service du contrôle des assurances privées ;

7° De deux membres de l'Académie des sciences désignés par leurs collègues ;

8° De deux membres de l'Académie de médecine désignés par leurs collègues ;

9° De deux professeurs de la Faculté de médecine désignés par la Faculté;

10° De deux médecins membres de la Commission d'hygiène industrielle désignés par celle-ci;

11° De deux membres du Comité consultatif des assurances contre les accidents du travail désignés par le Comité;

12° De deux membres élus par les Chambres de commerce;

13° D'un conseiller prud'homme patron et d'un conseiller prud'homme ouvrier, de deux patrons et de deux ouvriers désignés par le Conseil supérieur du travail;

14° De cinq personnes spécialement compétentes en matière de maladies professionnelles;

15° De deux directeurs ou administrateurs de sociétés mutuelles d'assurances ou de syndicats de garantie contre les maladies professionnelles;

16° De deux directeurs ou administrateurs de sociétés anonymes ou en commandite d'assurances contre les maladies professionnelles.

Seront en outre spécialement adjoints à la Commission, pour chaque affaire, deux patrons et deux ouvriers, représentant les industries, objet de la délibération.

Un décret détermine le mode de nomination et de renouvellement des membres, ainsi que la désignation du président et du secrétaire.

Art. 11. — Sera puni d'une amende de cent à cinq cents francs (100 à 500 fr.) et d'un emprisonnement de trois jours à trois mois, quiconque, par menaces, don, promesse d'argent, ristourne sur les honoraires médicaux ou fournitures pharmaceutiques faits à des accidents du travail, à des syndicats ou associations, à des chefs d'entreprises, à des assurances ou à toute autre personne, aura attiré ou tenté d'attirer les victimes d'accidents du travail, ou des maladies professionnelles, dans une clinique ou cabinet médical, ou officine de pharmacie et aura ainsi porté atteinte ou tenté de porter atteinte à la liberté de l'ouvrier de choisir son médecin ou son pharmacien.

Art. 12. — En vue de la prévention des maladies professionnelles et de l'extension ultérieure de la présente loi, la déclaration de toute maladie ayant un caractère professionnel et comprise dans une liste établie par décret, après avis de la Commission supérieure, est obligatoire pour tout docteur en médecine ou officier de santé qui en peut reconnaître l'existence.

Cette déclaration est adressée au ministre du Travail,

par l'intermédiaire de l'inspecteur du Travail et de l'ingénieur ordinaire des Mines, et indique la nature de la maladie et la profession du malade ; elle est faite à l'aide de cartes-lettres détachées d'un carnet à souches, circulant en franchise et gratuitement mises à la disposition des médecins.

Art. 13. — Les dispositions de la présente loi entreront en vigueur quinze mois après sa promulgation. Toutefois, les dispositions de l'article 11 seront applicables un mois après la publication du décret prévu à cet article.

Les modifications et adjonctions ultérieures prévues à l'article 2 seront exécutoires dans un délai de trois mois, supputé à partir de la publication des décrets visés à cet article et augmenté de la durée de responsabilité adhérente à chacune des maladies.

Tableaux des travaux industriels assujettis à la présente loi et des maladies professionnelles qu'ils engendrent.

1° SATURNISME PROFESSIONNEL

(Maladies causées par le plomb et ses composés.)

Délai de responsabilité : un an.

MALADIES engendrées par l'intoxication saturnine.	TRAVAUX INDUSTRIELS susceptibles de provoquer l'intoxication saturnine des ouvriers.
Coliques de plomb. **Myalgies-arthralgies.** **Paralysie des extenseurs.** **Encéphalopathie.** **Hystérie saturnine.** **Anémie progressive saturnine.** **Néphrite.** **Goutte saturnine.**	1° Métallurgie et raffinage du plomb. 2° Fonte, laminage et ajustage du plomb et de ses alliages. 3° Fonte des caractères d'imprimerie en alliage de plomb. 4° Fabrication des poteries dites d'étain ou alliage de plomb. 5° Cintrage des tubes d'instruments de musique à l'aide du plomb. 6° Soudure à l'aide d'alliage de plomb. 7° Conduite des machines à composer utilisant un alliage de plomb. 8° Etamage à l'aide d'alliage de plomb.

MALADIES engendrées par l'intoxication saturnine.	TRAVAUX INDUSTRIELS susceptibles de provoquer l'intoxication saturnine des ouvriers.
Coliques de plomb. Myalgies-arthralgies. Paralysie des extenseurs. Encéphalopathie. Hystérie saturnine. Anémie progressive saturnine. Néphrite. Goutte saturnine.	9° Fonte des jouets en alliage de plomb. 10° Fabrication des capsules métalliques pour bouteilles en alliage de plomb. 11° Dessoudure des vieilles boîtes de conserve. 12° Montage des canalisations et des revêtements en plomb. 13° Manipulation des caractères d'imprimerie en alliage de plomb. 14° Taille des limes sur enclume revêtue d'une feuille de plomb. 15° Travail des métaux dans des étaux à mâchoires garnies de plomb. 16° Conduite des métiers Jacquard munis de contrepoids en plomb. 17° Fabrique de sels de plomb (céruse, minium, litharge, chromate de plomb, etc.). 18° Broyage des couleurs à base de plomb. 19° Peinture de toute nature comportant l'emploi de couleurs plombifères. 20° Fabrication des accumulateurs au plomb. 21° Fabrication et manipulation des mastics plombifères. 22° Montage des canalisations comportant des joints en mastic plombifère. 23° Fabrication des huiles siccatives et des vernis plombifères. 24° Fabrication de la poterie et de la faïence avec émaux plombifères. 25° Décoration de la porcelaine à l'aide de produits plombifères. 26° Fabrication du cristal. 27° Emaillage des métaux à l'aide d'émaux plombifères. 28° Fabrication de toiles cirées et des cuirs vernis.

MALADIES engendrées par l'intoxication saturnine.	TRAVAUX INDUSTRIELS susceptibles de provoquer l'intoxication saturnine des ouvriers.
Coliques de plomb. Myalgies-arthralgies. Paralysie des extenseurs. Encéphalopathie. Hystérie saturnine. Anémie progressive saturnine. Néphrite. Goutte saturnine.	29° Vernissage et laquage à l'aide de produits plombifères. 30° Report de dessins sur étoffes à l'aide de poncifs à la céruse. 31° Blanchissage de dentelle à l'aide de céruse. 32° Teinture à l'aide de couleurs à base de plomb. 33° Fabrication de fleurs en papier teint à l'aide de couleurs plombifères. 34° Fabrication des papiers satinés à l'aide de produits plombifères. 35° Polissage des glaces à l'aide de « potée d'étain ». 36° Travaux comportant l'usage d'appareils divers en plomb.

2° HYDRARGYRISME PROFESSIONNEL

(Maladies causées par le mercure et ses composés.)

Délai de responsabilité : un an.

MALADIES engendrées par l'intoxication mercurielle.	TRAVAUX INDUSTRIELS susceptibles de provoquer l'intoxication mercurielle des ouvriers
Stomatite mercurielle. Tremblements mercuriels.............. Troubles nutritifs mercuriels............ Cachexie mercurielle.. Paralysies mercurielles	1° Distillation du mercure. 2° Fabrication des lampes à incandescence et des ampoules radiographiques à l'aide de trompes à mercure. 3° Fabrication des baromètres, manomètres et thermomètres à mercure. 4° Dorure, argenture, étamage au mercure. 5° Fabrication des sels de mercure (azotate, chlorure, cyanure, etc.). 6° Sécrétage des peaux par le nitrate acide de mercure. 7° Fabrication des chapeaux de feutre.

MALADIES engendrées par l'intoxication mercurielle.	TRAVAUX INDUSTRIELS susceptibles de provoquer l'intoxication mercurielle des ouvriers.
Stomatite mercurielle. **Tremblements mercuriels.** **Troubles nutritifs mercuriels.** **Cachexie mercurielle.** **Paralysies mercurielles.**	8° Travail des fourrures et pelleteries à l'aide des sels de mercure. 9° Bronzage et damasquinage à l'aide des sels de mercure. 10° Empaillage d'animaux à l'aide de sels de mercure. 11° Fabrication des amorces au fulminate de mercure. 12° Désinfection des locaux par une solution de bichlorure de mercure.

MALADIES PROFESSIONNELLES
DÉFINITION

Le principal obstacle à l'extension de la loi de 1898 aux maladies professionnelles réside incontestablement dans la difficulté de définir d'une façon précise ce qu'on entend par maladie professionnelle.

Où commence-t-elle et où finit-elle?

Si l'accident du travail est toujours le résultat d'une action extérieure et soudaine, survenue en cours de travail, la maladie ne peut être « qu'une conséquence des fatigues et des insalubrités de la profession ».

Pour M. Razous, contrôleur au ministère du Travail, « on entend par maladie professionnelle d'une profession ou d'un groupe de professions déterminées celle dont l'une des causes réside dans l'exercice plus ou moins prolongé des professions considérées, et à laquelle ne sont pas exposées les personnes étrangères auxdites professions ».

Le docteur Delpeut conteste la dernière restriction suivante : « Les maladies professionnelles sont des affections pathologiques survenues pendant ou à la suite de l'exercice plus ou moins prolongé d'une profession du fait de manipulations de substances nocives pour l'organisme, ou de l'obligation d'exercer ladite profession dans des conditions hygiéniques incompatibles avec le fonctionnemen physiologique normal des différents organes ».

Selon M. Bonnevay « seraient considérées comme

maladies professionnelles les affections aiguës ou chroniques dont l'origine et le développement ont leur cause dans l'exercice de la profession ».

Pour le docteur H. Lamy, « la maladie professionnelle est toute maladie, à marche aiguë ou à développement insidieux, à allures rapides ou à échéance lointaine, qui trouve sa cause dans le genre de travail ou les conditions d'insalubrité d'une profession ou d'une industrie ».

Pour nous, simple pharmacien, nous considérons comme maladie professionnelle « toute affection aiguë ou chronique qui est la conséquence directe de l'exercice normal de la profession habituelle du malade et qui ne se rencontre pas couramment chez les ouvriers occupés dans les autres professions ».

La Chambre, dans son projet de loi, voté le 3 juillet, ne cherche même pas à résoudre la question. Elle se borne à considérer comme maladies professionnelles « les affections mentionnées aux tableaux annexés lorsqu'elles atteignent des ouvriers habituellement occupés aux travaux industriels correspondants », et ne se préoccupe que des maladies causées *par le plomb, le mercure* et *leurs composés*. Il semble bien que le gouvernement et la Commission d'assurance et de prévoyance sociales aient un peu trop sacrifié l'étendue de la loi au souci de rallier à leur proposition l'*unanimité* de la Chambre.

Il est malheureusement hors de conteste que le plomb et le mercure ne sont pas les seuls agents *d'intoxications professionnelles* dont les ravages soient à redouter et à garantir. Un très grand nombre de produits chimiques donnent naissance, soit dans leur préparation, soit dans leurs utilisations industrielles et commerciales, à des accidents plus ou moins graves dont l'origine professionnelle n'est pas douteuse.

Même étendue à toutes les branches de l'industrie chimique et des professions qui en découlent, la loi dite « des maladies professionnelles » ne justifierait pas son nom si elle ne s'appliquait, ainsi, qu'aux « intoxications professionnelles ».

Il existe toute une série de professions, d'apparence inoffensive, où l'absorption prolongée de certains corps non toxiques peut provoquer de graves désordres chez les ouvriers qui y sont occupés.

Nous allons, rapidement, passer en revue les principales :

Le saturnisme.

Le plomb, ses alliages et tous ses composés sont de redoutables toxiques et leur absorption par l'organisme est aussi dangereuse par la voie cutanée que par les voies respiratoires et digestives.

La gravité des accidents qu'ils provoquent, aigus ou chroniques, varient naturellement avec le genre des manipulations, la dose et le degré de solubilité du poison, comme, aussi, avec certaines prédispositions individuelles et les habitudes d'hygiène et de tempérance de l'ouvrier.

Le saturnisme se manifeste par une coloration très caractéristique de la muqueuse buccale (liséré gingival de Burton) et tatouage plombique des lèvres et de la face des joues. Ce stigmate très fréquent manque parfois comme élément de diagnostic, puisque sur 50 cas, cités par le docteur Manouvrier, il a pu en constater cinq fois l'absence chez des saturnins avérés. De tous les symptômes, les douleurs abdominales (coliques de plomb) sont les plus fréquentes. Viennent ensuite, par ordre de décroissance, les douleurs des membres (myalgies-arthralgies), les paralysies, les accidents cérébraux et nerveux. C'est, dit Grisolle, « une maladie complètement apyrétique, caractérisée par des douleurs abdominales vives, exacerbantes, qui se calment ordinairement par la pression, s'accompagnant de nausées, de vomissements verdâtres, d'une constipation opiniâtre, souvent de crampes dans les membres et d'autres sensations douloureuses dans les autres parties du corps ».

Ces troubles, généralement temporaires, sont sans gravité et sans danger pour l'existence du malade et n'occasionnent qu'une incapacité momentanée du travail. Ils disparaissent souvent ou vont en s'atténuant lorsque l'ouvrier cesse ses occupations nocives, mais ils ne tardent pas à réapparaître au moindre écart de régime (sous l'influence d'un excès de boisson alcoolique principalement) et peuvent aller jusqu'au *tremblement saturnin* et à l'*hémiplégie*.

Mais ce ne sont là que des épisodes aigus et subaigus provoqués par la pratique professionnelle, qui peuvent se répéter à intervalles variés sans dénoter une imprégnation profonde de l'organisme.

Une exposition plus longue aux poussières ou aux émanations plombifères provoquent chez les ouvriers des lésions chroniques du sang, du rein, de l'appareil circulatoire, assez limitées, mais auxquelles il est malaisé d'assigner une origine purement saturnine. L'étude des antécédents pathologiques professionnels et de l'étiologie du malade permettront seuls de poser un diagnostic avec quelques chances de succès : c'est alors la cachexie saturnine progressive, suivie parfois de néphrite saturnine, de goutte saturnine et d'artériosclérose. Ces éléments se trouvent assez souvent réunis chez les vieux saturnins, pour qu'il n'y ait point à hésiter sur l'origine professionnelle de la cachexie. La goutte est encore la plus fréquemment absente, mais lorsque ce stigmate se rencontre chez un travailleur du plomb, il n'est pas douteux que la manipulation de ce toxique en soit la cause déterminante.

Dans la plupart des cas, ces accidents chroniques causent une incapacité de travail absolue ou permanente qui rendent bien difficile la fixation d'un délai de révision, car il peut y avoir récidive plusieurs années après la cessation du travail.

Le projet de loi de la Chambre n'énumère pas moins de 36 catégories de professions susceptibles de provoquer l'intoxication saturnine, mais il n'en est pas une où l'on manipule l'un de ces toxiques qui ne puisse engendrer des accidents plus ou moins graves. Tous les sels de plomb, même insolubles dans l'eau ou les acides faibles, se décomposent au contact des liquides de l'organisme et sont absorbés par l'économie.

Le docteur Leydet a compté 110 professions capables de provoquer le saturnisme. Les poussières en sont la principale cause. Mais, même à l'état humide, des projections sont possibles, qui redeviennent poussière en séchant et s'attachent aux vêtements, aux cheveux, aux mains, aux aliments, pour aller en s'accumulant, peu à peu, dans les organes, y provoquer l'intoxication professionnelle.

S'il est certaines industries initiales, où la manipulation de ces dangereux toxiques ne peut être évitée, il en est par contre beaucoup d'autres dans lesquelles le plomb ne joue qu'un rôle accessoire où il suffirait d'un peu plus de souci de l'existence de l'ouvrier et de quelques précautions hygiéniques, pour faire cesser l'insalubrité coutumière ou routinière.

Ce qui a été fait en Suisse pour les métiers Jacquart à contrepoids de plomb, et en France pour les travaux de peinture, par exemple, où le blanc de zinc inoffensif remplace la céruse meurtrière, doit être généralisé dans la plus grande partie des industries du plomb. Ce sera l'œuvre de la prochaine loi de développer les principes d'hygiène et de perfectionnement de ces insalubres professions.

L'hydrargyrisme.

Le mercure et ses composés sont tous, plus ou moins, toxiques. Leur manipulation expose les ouvriers à des intoxications plus ou moins graves, depuis les troubles de la nutrition, avec inappétence et amaigrissement, jusqu'à la stomatite mercurielle et au tremblement mercuriel. Ces symptômes peuvent facilement être confondus avec d'autres semblables et certaines coïncidences sont nécessaires pour fixer le diagnostic; d'autant plus que les accidents se manifestent souvent longtemps après la période d'imprégnation, alors que tout travail dangereux est abandonné.

Seule, la recherche du mercure dans les urines peut donner une certitude.

Ce n'est guère qu'aux mines d'Almaden (en Espagne) et à Idria (en Illyrie) que l'on peut observer des cas classiques d'hydrargyrisme professionnel.

En France, ces accidents sont beaucoup moins graves et très rarement mortels. Leur évolution est assez longue, mais la cessation de tout travail n'est pas nécessaire à la bonne marche du traitement. L'incapacité professionnelle varie de 2 à 6 mois, et n'est qu'exceptionnellement permanente. Toutefois, comme les accidents n'apparaissent, parfois, que longtemps après l'abandon de tout travail mercuriel et que les cas de récidives sont fort nombreux, il ne semble pas excessif de fixer à 3 ans le délai de prescription dans la recherche de la responsabilité.

La Chambre a jugé le 3 juillet qu'une année suffisait.

En France, l'industrie du mercure est assez limitée, et le projet de loi du 3 juillet (dans son tableau parallèle) ne s'occupe que de 12 catégories de professions : *distillation du métal et préparation des sels ; fabrication des baromètres, thermomètres, manomètres, ampoules radiographiques, amorces au fulminate et lampes à incandescence ; sécrétage des peaux, travail des fourrures et chapeaux de feutre ; empaillage d'animaux ; bronzage, damasquinage, dorure, argenture, étamage ; désinfection des locaux au sublimé.*

Mais la dorure des métaux et l'argenture des glaces se font aujourd'hui rarement par intervention du mercure et dans beaucoup de lampes à incandescence le vide est fait à l'aide de pompes à l'huile. Le sécrétage des peaux au nitrate acide de mercure et les travaux des feutres et fourrures constituent les principales causes d'intoxication, en dehors des fabriques de produits chimiques, des ateliers de marchands de couleurs à base de sels mercuriels et des fabricants de certains accumulateurs.

De grands progrès ont déjà été réalisés dans toutes ces branches de l'industrie mercurielle; l'extension de la loi de 1898, même telle que l'a votée la Chambre, contribuera au développement des principes d'hygiène en engageant les patrons retardataires à réaliser dans leurs ateliers tous les perfectionnements capables de protéger leurs ouvriers contre les principaux risques de leur dangereuse profession.

L'arsénicisme.

L'arsenic à l'état métallique n'est pas, à proprement parler, un poison industriel.

Ses sels, par contre, sont tous particulièrement dangereux à manipuler et les accidents qu'ils provoquent revêtent souvent une forme grave, capable d'entraîner la mort. Ce sont d'abord des troubles digestifs accompagnés de manifestations cutanées bientôt suivis de troubles nerveux, de paralysie, de néphrite et enfin de cachexie : c'est par inhalation (sous forme de poussières ou de vapeurs) que l'arsenic pénètre couramment dans l'organisme, et s'il arrive, parfois, que la pénétration ait lieu par les voies digestives ou cutanées, c'est à un manque de précaution hygiénique qu'il faudra l'attribuer ; soit que les ouvriers aient négligé la pratique des ablutions corporelles nécessaires, soit qu'ils aient omis de tenir leurs vêtements, et *surtout leurs aliments*, à l'abri des poussières arsénicales.

Comme le plomb, l'arsenic est plus redoutable lorsqu'il est absorbé par petites doses quotidiennes, qu'à dose massive (inassimilable souvent), et le danger augmente encore lorsque, *brusquement*, on soustrait l'intoxiqué à son imprégnation journalière.

Les accidents aigus et locaux peuvent causer une incapacité totale ou partielle variant de 1 à 8 semaines. Ils laissent parfois une diminution permanente de capacité de travail, surtout lorsque le sujet présente quelques prédispositions particulières, ou se livre à l'alcoolisme.

Dans la pratique, les accidents aigus, suivis de mort, sont assez rares et les cas chroniques ne se manifestent guère après le quatrième mois de l'interruption du travail. Le délai d'un an paraît suffisant pour la prescription et celui de 3 ans est largement nécessaire pour la révision.

Le docteur Leydet, dans son ouvrage sur les poisons industriels, compte 27 industries capables de provoquer l'arsénicisme professionnel. Mais on pourrait en limiter la liste : 1° aux *fabriques de couleurs d'aniline*, utilisant la rosaniline arséniatée ; 2° aux *fabriques de verts arsénicaux* (mélanges d'arsénite, d'arséniate et d'acétate de cuivre), de *sulfures arsénicaux* et autres sels toxiques : 3° aux *fabriques de fleurs, feuillages, papiers et étoffes* teints aux couleurs précédentes ; 4° aux *fabriques de cristaux et émaux* à base d'arsenic ; 5° aux *corroyeurs, mégissiers, empailleurs* et *embaumeurs* qui utilisent habituellement des produits à base arsénicale ; 6° aux *industries produisant de l'hydrogène arsénié*, lors de la purification de certains corps, comme le zinc, le cobalt, l'étain, l'acide sulfurique.

Il conviendrait aussi, sinon d'en réglementer l'emploi, du moins d'appeler l'attention de nos vignerons *sur les dangers de certaines bouillies cupro-arsénicales et alcalino-arsénicales*, utilisées depuis quelque temps contre les altises de la vigne, et qui constituent un très réel péril aussi bien pour le consommateur du raisin que pour l'opérateur lorsqu'il vaporise ces liquides.

Le sulfocarbonisme.

Le sulfure de carbone du commerce est un produit impur dont le degré de toxité varie précisément avec la nature des impuretés qu'il contient.

Ce corps, très volatil, est sans danger lorsqu'il est manipulé à l'air libre. Par contre, son mélange avec l'air des ateliers, même dans l'infime proportion de 0,05 0/0, en rend le séjour rapidement dangereux.

L'intoxication aiguë, causée par l'inhalation brusque d'une forte dose de CS^2, peut être rangée dans les accidents du travail déjà couverts par la loi de 1898. Elle procure (de même que l'état de sulfocarbonisme chronique) « une *ivresse sulfocarbonée*, avec céphalalgie intense, vertiges, hallucinations, sueurs profuses, douleurs musculaires, oppression, palpitations, vomissements et régurgitations à saveur d'œuf pourri ». Les troubles oculaires et digestifs, les tremblements nerveux, suivis parfois de paralysie et de cachexie, quoique moins graves, sont plus durables et méritent d'être garantis par extension de la loi. Le diagnostic médical est assez difficile à établir à coup sûr, car il n'existe pas de caractère spécifique du sulfocarbonisme : la profession du malade, l'odeur spéciale de son haleine et une certaine dépression des sens génésiques seront, cependant, des guides utiles surtout chez la femme où ce dernier signe est particulièrement marqué au moment des règles, qui deviennent très douloureuses et très irrégulières.

J'ai pu personnellement en constater quelques cas, dans ma clientèle, chez des ouvrières occupées au trempage du caoutchouc soufflé dans des usines où nulle précaution d'hygiène n'était observée. Aucune de celles que j'ai interrogées n'a pu parvenir à être mère de famille. La plupart ne peuvent remplir leur emploi pendant plus d'une année consécutive. La misère seule les fait revenir vers leur insalubre profession pour une année nouvelle.

En France, c'est surtout dans les industries qui utilisent le caoutchouc que l'on peut constater les ravages causés par le $C\ S^2$. La fabrication et la distillation du produit lui-même, la préparation de la soie artificielle (viscose), l'extraction des huiles, graisses et essences par le $C\ S^2$ ne sont guère moins dangereuses, bien qu'au point de vue de l'hygiène et de la ventilation des ateliers, de notables améliorations aient été réalisées depuis quelques années.

L'application intégrale de la loi de 1898 étendue aux maladies professionnelles ne pourra que contribuer encore à l'amélioration des moyens de production dans cette branche d'industrie.

L'hydrocarburisme.

La distillation de la houille donne naissance à certains hydrocarbures aromatiques, tels que la benzine, le toluène, le xylène.

On en tire par nitration la nitrobenzine. Ce corps (réduit par l'hydrogène) donne à son tour des dérivés : aniline, toluidine, xylidine, qui sont encore plus toxiques que les précédents. Les ouvriers qui distillent ces hydrocarbures ou les manipulent avec les mains (comme les dégraisseurs et les teinturiers), dans des ateliers insuffisamment ventilés, sont exposés à de sérieux accidents.

Ce sont d'abord des *accidents cutanés*, des troubles du système nerveux et des éléments constitutifs du sang, puis des manifestations plus graves : telles que la cyanose de la face, de la langue et des extrémités.

Certaines impuretés que ces composés commerciaux renferment naturellement viennent encore augmenter leur toxicité.

Il en est de même du pétrole et de l'essence de térébenthine, dont les vapeurs condensées dans des salles mal aérées et trop étroites provoquent chez les ouvriers qui y sont exposés des troubles nerveux et des troubles respiratoires pouvant aller jusqu'à l'asphyxie.

Le sulfhydrisme.

L'hydrogène sulfuré pur est extrêmement toxique, mais il est bien rare qu'on le rencontre à l'état isolé ailleurs que dans les laboratoires de chimie. Malheureusement, les mélanges où il se rencontre (dans les égouts et les fosses d'aisances, par exemple) sont tout aussi dangereux que lui et « le coup de plomb », que ces émanations provoquent peut être — tant il est subtil et brutal — assimilé à un véritable accident du travail.

L'intoxication est généralement accidentelle et à forme aiguë, l'intoxication chronique par l'infiltration lente de gaz méphitiques ne présente aucun symptôme particulier et restera probablement longtemps encore impossible à démontrer.

Gaz vénéneux et vapeurs caustiques.

Il est un certain nombre de gaz et vapeurs dont l'action sur l'économie est très pernicieuse.

De ce nombre sont l'*acide carbonique* et l'*oxyde de carbone*, dont les méfaits sont trop connus pour qu'il soit besoin d'y insister beaucoup.

Le premier, assez inoffensif à faible dose, ne devient jamais dangereux que par accumulation dans une salle étroite ou mal aérée, lorsque l'atmosphère en est chargée de 15 à 20 °/₀. C'est principalement dans les mines, les caves, les distilleries, brasseries, amidonneries ou sucreries qu'il se dégage par fermentation de matières organiques.

Le second est beaucoup plus dangereux, puisqu'il suffit d'une proportion de 1 à 2 °/₀ d'oxyde de carbone dans l'air pour rendre ce dernier irrespirable. Toute combustion lente ou incomplète est génératrice de CO et les ouvrières, blanchisseuses et cuisinières, ainsi que les chauffeurs et les mineurs y sont particulièrement exposés. Mais c'est surtout chez les ouvriers des usines à gaz, à chaux, à plâtre et à ciment que se manifestent des troubles dus à des intoxications massives à forme aiguë et grave. La face se cyanose et la victime tombe comme foudroyée.

Les *vapeurs sulfureuses et nitreuses* ne se rencontrent guère que dans la grande industrie chimique : extraction du soufre des pyrites, grillage des sulfures métalliques, traitement des marcs de soude, affinage des métaux, fabriques d'acide sulfureux, de nitro-benzine, d'acide picrique, dans les laboratoires et dans certaines usines de blanchiment industriel de soie, laine, plumes, crins, boyaux ou baudruches.

Ces vapeurs caustiques déterminent une certaine rubéfaction de la peau et une grande irritation de l'appareil respiratoire, au cours de laquelle le malade peut succomber par suffocation ou par congestion du cerveau.

Le *chlore*, le *brome*, l'*iode* et l'*acide fluorhydrique* émettent aussi des vapeurs très irritantes et toxiques, qui provoquent des lésions plus ou moins graves sur les yeux et les muqueuses, ainsi que des troubles digestifs et respiratoires chez les chimistes et les ouvriers qui les manipulent.

Mais il est rare que ces accidents deviennent chroniques et entraînent une incapacité de travail de longue durée. Tous ces gaz et vapeurs provoquent surtout des *intoxications massives*, dont quelques-unes atteignent rapidement à un très haut degré de gravité. Mais leur forme brutale les a depuis longtemps rendus justiciables de la loi sur les accidents du travail.

Pneumokonioses.

Les *poussières*, mises en suspension dans l'air par la pratique de certaines industries, déterminent, chez les ouvriers qui y sont occupés, des *pneumokonioses* professionnelles qui irritent le tissu pulmonaire et favorisent l'éclosion *d'affections bacillaires* ou streptococciques. « De nombreuses observations montrent que les maladies des voies respiratoires, et *notamment la tuberculose*, sont d'une fréquence exceptionnelle dans les industries où les ouvriers sont exposés à un dégagement abondant et continu de poussières d'origine animale, végétale et minérale. »

Ces poussières peuvent être réparties en trois catégories :

Poussières animales. — Poussières de laine (batteurs de tapis, bonnetiers, tisseurs, peigneurs, cardeurs) ; poussière de soie (batteurs et cardeurs de soie) ; poussières de cheveux, poils et plumes (selliers, brossiers, tapissiers, chapeliers, plumassiers) ; poussières de nacre (nacriers).

Poussières végétales. — Poussières de charbon (anthracosis), mineurs, charbonniers, chauffeurs, fumistes, ramoneurs, mouleurs en émaux ; poussières de tabac (tabacosis), ouvriers de manufactures de tabac ; poussières de coton (byssinosis), batteurs, cardeurs et débourreurs ; poussières de farine (pneumonie blanche), meuniers et boulangers ; poussières de bois (xylosis), scieurs, tourneurs, menuisiers, ébénistes.

Poussières minérales. — Poussières de fer (sidérosis), tailleurs de limes, polisseurs, rémouleurs ; poussières silicieuses (chalicosis), casseurs de pierre, carriers, cantonniers, porcelainiers et potiers.

Toutes ces poussières sont capables de provoquer des bronchites et des pneumonies plus ou moins graves en occasionnant des incapacités de travail très variables. La guérison s'obtient facilement si aux premiers symptômes l'ouvrier cesse son travail : s'il persiste, l'oppression du début s'aggrave, l'amaigrissement et la toux, et bien souvent la *phtisie cavitaire avec ou sans bacilles tuberculeux* vient terminer le cycle. Il est rare que ces accidents se manifestent longtemps après toute cessation de travail, mais les malades sont sujets à rechute et à certaines aggravations. Les délais de prescription et de revision (un an et trois ans) suffisent à la plupart des cas.

Dermatoses professionnelles.

Dans un assez grand nombre de professions, les ouvriers sont exposés à contracter certaines maladies de la peau et des muqueuses, dont le caractère nettement professionnel nous paraît devoir être garanti par la loi.

Ce sont la plupart du temps : 1° *Des érythèmes* à forme simple, papuleuse ou eczémateuse provoqués par certaines des poussières dont il a déjà été question à propos des pneumokonioses, et qui frappent les ouvriers : maçons (gale des cimentiers), plâtriers, potiers, verriers, carriers, terrassiers, fondeurs, bronzeurs, etc.

2° Des *ophtalmies* et des *éruptions diverses :* eczéma, acné, furonculose, œdèmes, ulcères, etc., causées par la manipulation des produits chimiques, caustiques et matières colorantes, qui atteignent les chimistes, peintres, photographes, teinturiers, fabricants de couleurs, blanchisseurs, etc. ;

3° Les *cancers épithéliaux*, ulcères de la peau et de la cornée provoqués par la poix, le goudron et ses dérivés ; le *cancer des ramoneurs ;* le *pigonneau* des tanneurs et mégissiers ;

4° Les *cellulites* (main morte, coude mort, genou mort) des mineurs.

Mais dans toutes ces affections, les prédispositions individuelles jouent un très grand rôle. Leur caractère externe permet au médecin d'établir rapidement son diagnostic et si le malade est astreint à l'une des occupations que nous venons de passer rapidement en revue, l'origine professionnelle de la maladie laissera peu de doute. L'interruption du travail insalubre suffira dans la majorité des cas à activer la guérison et le délai d'incapacité excédera rarement quelques mois.

Septicémie professionnelle.

La commission d'hygiène professionnelle a groupé sous ce nom les accidents causés par trois virus : variole, morve et charbon.

« La variole, le charbon et la morve, — écrit M. Leclerc de Pulligny, rapporteur de la commission — ont toujours une origine externe consistant dans une affection microbienne qui s'est nécessairement produite à un instant déterminé, et il semble bien qu'on trouve ici le caractère de soudaineté que la jurisprudence exige des événements accidentels pour appliquer à leur réparation le bénéfice de la loi de 1898. »

Dans la pratique, ces intoxications ont donné lieu à diverses interprétations juridiques, et il ne paraît pas superflu d'apporter quelques précisions.

La *variole* est une fièvre éruptive qui frappe surtout les personnes qui, par profession, manipulent des vieux papiers ou chiffons et des linges sales. Blanchisseurs, chiffonniers, peintres, fripiers, brocanteurs, tapissiers et les ouvriers occupés au transport ou à la garde des malades, aux entreprises de désinfection et de funérailles. La période d'incubation varie de 5 à 30 jours, et l'incapacité de travail peut être permanente ou temporaire. Il y a aussi de nombreux cas mortels.

Le *charbon*, appelé aussi « pustule maligne », tue le plus souvent les ouvriers qui en sont atteints, s'ils ne sont pas soignés à temps. C'est pourquoi, dès 1884, le conseil d'hygiène de la Seine recommandait « à tous les ouvriers travaillant dans les boucheries, tanneries, mégissiers, etc. à donner la plus grande attention à la moindre enflure, démangeaisons persistantes, œdèmes et à se rendre sans retard, en cas d'accident, chez un médecin, qu'ils informeraient de la nature de leur profession. » Ces recommandations doivent s'adresser à toutes les personnes qui sont en contact avec des animaux capables de contracter le charbon ou avec les dépouilles de ces animaux (sang, graisse, crins, peaux, cornes, etc.) : palefreniers, cochers, équarrisseurs, criniers, brossiers, cardeurs de laines, mégissiers, tanneurs, boyaudiers, bouchers, etc.

La période d'incubation varie de quelques heures à 12 jours et l'incapacité temporaire qu'il entraîne ne peut être que de quelques semaines.

La *morve* est une maladie commune au cheval, que « la plus noble conquête de l'homme » transmet volontiers à ceux qui le soignent... ou qui l'exploitent : cochers, palefreniers, tondeurs, maréchaux-ferrants, criniers, équarrisseurs, etc. Elle se manifeste par un état fiévreux et varioliforme de la peau avec pustule à l'arrière-bouche. La période d'incubation varie de quelques jours à trois semaines, mais l'issue est généralement mortelle. Lorsqu'elle n'emporte pas le malade, la convalescence qui suit dure environ six mois et entraîne une incapacité permanente partielle (pendant plusieurs années), du côté des muscles et des articulations.

Maladies contagieuses.

Le contact des malades et la manipulation des objets qui ont pu être contaminés par eux exposent les gardes-malades et les employés de certaines professions particulières à des risques nettement professionnels et presque inévitables.

La variole, que nous avons classée aux côtés du charbon et de la morve, dans la catégorie des virus, aurait tout aussi bien sa place marquée ici. N'y aurait-il pas injustice flagrante à protéger par la loi le chiffonnier qui ramasse la variole au milieu des vieux linges souillés par un varioleux et à en écarter les typhiques, scarlatineux, rougeoleux, etc., contaminés par l'exercice de leur profession, au chevet du malade?

Les infirmières et infirmiers, qui, pour un salaire de famine, soignent les malades de nos hôpitaux, méritent mieux qu'une médaille des épidémies ou qu'une gravure de leur nom sur une plaque de marbre en cas de décès ; tous les jours ils risquent leur vie pour aider à soulager et à guérir les plus dangereuses et contagieuses maladies.

Les gardes-malades, les préposés aux funérailles et au transport des malades contagieux ne sont guère moins exposés. Les blanchisseurs, matelassiers, tapissiers, chiffonniers payent aussi un large tribut aux maladies épidémiques. Il est juste de les protéger, chaque fois qu'ils seront victimes de l'exercice de leur profession.

Un décret rendu, après avis de l'Académie de médecine et du comité d'hygiène, le 10 février 1913, en vertu de la loi du 15 février 1902 sur la protection de la santé publique, a fixé la liste des vingt-deux maladies contagieuses soumises à la déclaration médicale, obligatoire ou facultative, suivant les cas, de la part des médecins :

La variole et la varioloïde.
La fièvre typhoïde.
Le typhus exantématique.
La scarlatine.
La rougeole.
La diphtérie.
La suette militaire.
Le choléra.
La peste.
La fièvre jaune.
La dysenterie.
La méningite cérébro-spinale épidémique.
La tuberculose pulmonaire.
La coqueluche.
La grippe.
La pneumonie et la broncho-pneumonie.
L'érysipèle.
Les oreillons.
La lèpre.
La teigne.
La conjonctivite purulente et l'ophtalmie granuleuse.
Les infections puerpérales et *l'ophtalmie des nouveau-nés*.

A part les deux dernières, toutes ces affections contagieuses doivent normalement trouver place dans la loi sur les maladies professionnelles, car de toutes celles que nous avons vues, elles sont le moins évitables et frappent surtout les plus intéressants de tous les travailleurs : ceux qui se dévouent pour soulager la souffrance et la misère humaines.

RESPONSABILITÉ DES MALADIES PROFESSIONNELLES

De la revue fatalement incomplète des professions insalubres citées dans ce rapport et de l'étude sommaire des principales maladies qu'elles provoquent, il semble résulter que la faute ne saurait en être que rarement imputable à l'employé.

Tout au plus pourrait-on lui reprocher certaines prédispositions personnelles capables de diminuer sa résistance physique à l'imprégnation première des maux qui l'environnent.

Mais si l'application de la loi avait pour résultat de tenir tous *ces prédisposés* éloignés de la profession qui doit fatalement assurer leur fin prochaine, il faudrait déjà s'en réjouir, au point de vue de l'avenir de la race et de l'intérêt personnel des ouvriers. Il ne manquera pas d'autres métiers où leur santé sera moins exposée et où ils pourront tout aussi honorablement gagner leur vie.

Je n'ose préconiser ici la généralisation de la visite médicale et du *dignus est intrare* nécessaires à l'exercice de certaines professions particulièrement insalubres et délicates, mais il serait à souhaiter que les ouvriers aient, un jour, assez de souci de leur santé et de leur avenir pour provoquer eux-mêmes cette expérience préliminaire et... éliminatoire.

Les patrons, de leur côté, n'auraient qu'à gagner à cette mesure et la responsabilité *morale* et matérielle qu'ils assument vis-à-vis de leurs ouvriers, au moment de l'embauchage, en serait singulièrement atténuée.

Si l'on a pu attribuer, avec une apparence de raison, en matière d'accidents professionnels, 50 % des blessures à des cas fortuits, 25 % à la faute de l'ouvrier et 25 % à la faute du patron, il ne saurait en être de même à propos de maladies professionnelles.

L'insalubrité de la profession, les procédés de fabrication et l'hygiène des ateliers ne dépendent pas du salarié; sa prudence et son habileté professionnelles ne le préservent point des émanations délétères accumulées dans un local mal aéré, ni d'un brusque dégagement de vapeurs toxiques au cours de son travail.

Le patron est ici seul responsable de son imprévoyance ou de la rapacité au gain qui le pousse à dédaigner les perfectionnements de la grande industrie moderne, dans ses moyens de productions.

La responsabilité du patron serait donc entière, si à côté de lui d'autres industriels tout aussi imprévoyants ou cupides n'avaient pris soin de laisser, au préalable, s'intoxiquer chez eux l'ouvrier victime de sa profession. Ils sont tous responsables à peu près au même titre.

C'est pourquoi le principe voté par la Chambre le 3 juillet dernier nous paraît très critiquable, lorsqu'il prétend faire porter tout le poids des indemnités sur le dernier, ou les deux derniers patrons.

Comme il est matériellement impossible de « ventiler »

la responsabilité de chaque employeur, c'est à l'industrie tout entière à assurer la réparation due à l'ouvrier victime de sa profession.

Pourquoi la loi n'instituerait-elle pas *une patente spéciale*, proportionnelle au degré d'insalubrité de chaque profession et au nombre des employés occupés par chaque industriel ?

Ces fonds iraient alimenter une *caisse commune de garantie mutuelle* (dont les moyens de gestion seraient à déterminer), et qui pourrait fonctionner sous la direction ou la surveillance de l'Etat. Ce ne serait, en tout cas, que l'extension de la *taxe de garantie* à laquelle sont déjà soumises toutes les professions assujetties à la loi de 1898.

HYGIÈNE PROFESSIONNELLE

La loi du 12 juin 1893, modifiée par celle du 11 juillet 1903, et complétée par de nombreux règlements d'administration publique, prescrit des mesures d'hygiène et de sécurité dans tous les locaux de travail et de vente.

Ces locaux doivent être assez vastes pour que chaque ouvrier ait au moins 6 mètres cubes d'air, le chauffage et l'aération doivent être convenablement dispensés, selon les saisons. Souvent, pour faciliter l'élimination des poussières et des gaz lourds, la ventilation devra se faire également par le bas et par le haut. Ce nettoyage se fera toujours à l'aide de linges humides, en dehors des heures de travail, pendant le repos et les repas des employés. L'interdiction de prendre les repas dans les ateliers devrait être généralisée, de même que l'installation de robinets d'eau potable, de lavabos et de vestiaires, à l'usage du personnel.

Ces mesures d'hygiène générale, édictées par la loi, sont loin d'être appliquées partout, dans notre généreux pays de France. Là encore, c'est des pays voisins et principalement de Belgique que nous viennent les bons exemples : à l'étranger, partout où le risque, maladie professionnelle, est garanti par la loi, la responsabilité mise à la charge du patron a eu pour résultat immédiat de rendre plus efficaces les prescriptions des inspecteurs du travail, en matière d'hygiène : chaque industriel étant directement intéressé à diminuer le plus possible les cas de maladies, par des mesures préventives d'hygiène et de perfectionnement des méthodes de travail. Partout où cela a été possible, les vieilles méthodes de production ont été abandonnées et remplacées par des procédés nouveaux, qui rendent moins nocifs le séjour des ateliers et la pratique de l'industrie moderne. Nous en avons cité de nombreux exemples au cours de ce rapport. Déjà, la céruse meurtrière est remplacée par le blanc de zinc dans les travaux de peinture. Le mercure n'entre plus dans l'argenture des glaces et la dorure de certains métaux.

Les feuilles de plomb, dans les laminoirs, et les contrepoids de même métal dans les métiers Jacquard sont remplacées par d'autres contrepoids ou feuilles d'un métal inoffensif. L'extension de la loi aux maladies professionnelles activera encore le rajeunissement de nos vieilles routines.

Dans certaines industries, les directeurs ont spontanément organisé des consultations médicales, pour examiner leurs ouvriers avant l'arrivée à l'usine, et mensuellement par la suite. A la moindre alerte, au plus petit accident, le malade est l'objet de soins immédiats, appropriés à son cas, et le mal est bien souvent enrayé dès le début, soit simplement par le changement d'atelier, soit par le changement de profession.

Grâce à ces sages précautions, dont la loi en préparation ne peut manquer d'assurer la généralisation, beaucoup d'accidents graves seront évités.

Déjà, la fatale tuberculose, elle-même, dont il a été question à propos des pneumokonioses, tend à diminuer de fréquence, par l'application des principes d'hygiène dans la grande industrie.

Dans la petite et la moyenne productions industrielles où l'air se renouvelle mal, dans des ateliers surpeuplés, exigus, mal éclairés et mal aérés, elle est encore trop fréquente, et l'imprévoyance ou la cupidité patronale encourt de ce chef une grave responsabiité.

Ajoutez à cela certaines tares héréditaires, le surmenage, les veilles, les soucis, l'insuffisance alimentaire, l'alcoolisme, et autres excès, sans parler des logis insalubres, où l'ouvrier doit, *théoriquement*, se reposer des fatigues d'un labeur quotidien, dans un atelier non moins insalubre, et vous comprendrez mieux pourquoi... la France manque de bras... et de soldats !

Nous ne demandons pas que la tuberculose prenne rang — comme elle le devrait souvent — parmi les maladies professionnelles futures : elle est trop vieille pour cela. Mais nous voudrions, du moins, que, grace à des mesures d'hygiène rigoureuses et obllgatoires, ce redoutable fléau cesse enfin de tarir, dans son énergie comme dans sa source, la vitalité de la race francaise !

Toutes les lois militaires votées à grand fracas, par le

Parlement, demeureront inefficaces tant qu'elles ne seront pas accompagnées ou suivies du vote de la loi d'hygiène et de préservation sociales.

P. Peyre.

EXTENSION DE LA LOI DU 9 AVRIL 1898 SUR LES ACCIDENTS DU TRAVAIL AUX DOMESTIQUES ET GENS DE MAISON

L'esprit le moins prévenu contre les lenteurs et les tâtonnements de la machine parlementaire, reste rêveur devant l'oubli du législateur de 1898 et de ses successeurs, en ce qui concerne les domestiques et les gens de maison.

Si les adversaires de la loi appliquée successivement à l'industrie et au commerce peuvent, à la rigueur, faire valoir quelques arguments capables de retarder son extension à l'agriculture, il n'en est pas, semble-t-il, qui puissent être produits contre son application aux domestiques et aux gens de maison. L'on ne saurait prétendre que le payement annuel d'une prime d'assurance de 10 à 20 francs, pour garantir un serviteur contre les risques de sa profession, puisse constituer pour son riche patron une charge trop lourde.

Dira-t-on qu'un cuisinier victime de son travail est justiciable d'un traitement différent, selon qu'il est attaché à un simple restaurant, ou au service d'un opulent seigneur dans quelque château ou maison bourgeoise ?

Est-ce qu'un valet de chambre serait moins digne d'intérêt que son camarade le garçon d'hôtel voisin ? De telles citations pourraient être variées à l'infini.

Il serait temps que de semblables anomalies finissent, et la Chambre a été bien inspirée, le 25 juin dernier, lorsqu'elle a voté la courte proposition de loi qui suit :

« Article premier. — Dans le délai de six mois à compter de la promulgation de la présente loi, la législation sur les accidents du travail résultant des lois des 9 avril 1898, 22 mars 1902, 31 mars 1905, des articles 2, 3, 4, 5 et 7 de la loi du 12 avril 1906, modifiée par la loi du 25 mars 1908, est étendue aux domestiques, gens de maison, serviteurs à gages, concierges et salariés du même genre à un titre quelconque attachés ou non à la personne.

« Art. 2. — Le salaire servant de base à la fixation des indemnités s'entend uniquement, à l'exclusion de tous autres profits en argent, de la rémunération et des prestations en nature directement allouées par le maître en exécution du contrat de louage de services.

« Toutefois, les rétributions accessoires et habituelles concourant à former la rémunération effective, notamment sous forme d'étrennes, devront être ajoutées au salaire de base, pour le calcul d'indemnité en cas d'incapacité permanente.

« Art. 3 — La présente loi ne s'applique pas aux exploitations agricoles. »

Cette proposition de la loi a été votée à la Chambre le 25 juin dernier, sans aucun débat, tant l'injustice du législateur de 1898 vis-à-vis des domestiques et gens de maison paraissait flagrante.

Je m'étonnerai seulement que la Chambre ait mis quatorze ans à réparer son erreur si elle n'en avait, le jour même, commis une nouvelle, en spécifiant (article 3) que la « présente loi ne s'applique pas aux exploitations agricoles ».

Nous demanderons au congrès de Pau d'émettre un vœu formel dans ce sens, et nous insisterons auprès du Sénat pour faire entrer bientôt cette intéressante réforme dans la réalité de la loi.

EXTENSION DE LA LOI DU 9 AVRIL 1897 SUR LES ACCIDENTS DU TRAVAIL AUX EXPLOITATIONS AGRICOLES ET FORESTIÈRES

Depuis que la théorie du risque professionnel est entrée, en France, dans l'esprit du législateur, le problème de la protection légale des travailleurs de l'agriculture est à l'ordre du jour.

Dès 1882, M. Félix Faure, alors simple député, proposait de « rendre responsable du dommage causé à tout ouvrier ou employé tué ou blessé dans le travail *le chef de toute entreprise* industrielle, commerciale et agricole ».

Le rapporteur de cette proposition devant la Chambre, M. Alfred Girard, voulait simplement ajouter à l'article 1384 du Code civil le paragraphe suivant : « Pour les usines et manufactures, fabriques, *chantiers*, mines et carrières, chemins de fer et, en outre, dans les *autres exploitations de tout genre*, où il est fait usage *d'un outillage à moteur mécanique*, etc. »

Pour lui, l'usage d'un moteur mécanique pouvait seul établir la responsabilité. La Chambre retint le principe de cette proposition, d'où après maintes pérégrinations entre les deux assemblées, devait sortir la loi du 30 juin 1899 « concernant les accidents causés dans les exploitations agricoles par l'emploi de machines mues par des moteurs inanimés ».

En mai 1888, M. Ricard, soutenu par Félix Faure, disait : « Nous voulons faire une loi qui comprenne tous les ouvriers qui encourent véritablement un risque professionnel », et notre compatriote Maurice-Faure, par un amendement très opportun, le 23 juin 1888, faisait ajouter au texte primitif les mots « agricoles et forestiers », précisant ainsi, une fois de plus, toute sa sollicitude pour les travailleurs de *la terre natale*.

Par 540 voix contre 0, la Chambre lui donnait raison en votant l'amendement. Mais la loi promulguée le 9 avril 1898 ne contient pas ces deux professions.

L'extension de la loi au monde agricole restait donc entière : Le 13 décembre 1900, M. Mirman déposait un projet de loi étendant les bénéfices de la loi du 9 avril 1898 aux travailleurs de l'agriculture.

Le 25 mars 1903, M. P. Constans déposait également un projet de résolution « invitant le gouvernement à déposer un projet de loi sur le même sujet.

Le 9 juin 1904, nouvelle proposition Mirman, dont M Thivrier est nommé rapporteur.

Le 13 décembre 1905, question de M. Emile Chauvin au gouvernement.

Le 30 janvier 1906, question de M. Paul Constans.

Le 10 avril 1906, interpellation de M. Debaune, député du Cher.

Le 11 juillet 1906, rapport de M. Thivrier.

Enfin *le 5 novembre* 1906, le gouvernement se décidait à présenter un projet de loi en treize articles prévoyant la réparation des accidents du travail survenant aux ouvriers agricoles et forestiers.

M. Emile Chauvin est choisi comme rapporteur de ce projet, et le 22 février 1907 dépose sur le bureau de la Chambre un rapport favorable, au nom de la Commission d'assurance et de prévoyance sociales.

Mais la Commission de l'agriculture veillait et M. Chaigne, en son nom, demande une consultation préalable des syndicats et associations agricoles.

Le 11 décembre 1908, M.-J.-L. Breton déposait à son tour une proposition de loi, rapportée favorablement le 18 décembre suivant par M. Chauvin, demandant l'inscription dans la loi de 1898 des entreprises forestières.

Le 13 décembre 1908, nouveau rapport de M. Chauvin en

réponse au contre-projet Beauregard du 24 octobre 1907.

Le 9 février 1909, rapport de M. Chaigne au nom de la Commission d'agriculture favorable aux projets précédents, sous réserve que la dénomination « d'entreprise de coupe forestière ne s'appliquerait qu'à des étendues supérieures à 3 hectares ».

Le 11 février suivant, troisième rapport Chauvin acceptant cette restriction de la Commission de l'agriculture, pour en finir, après vingt-sept ans de parlotes, avec une loi aussi impatiemment attendue par les travailleurs des bois et des forêts.

Quatre jours après, le 15 février 1909, la Chambre se décidait à voter la troisième proposition Breton, ainsi amendée.

Proposition de loi adoptée par la Chambre.

ARTICLE PREMIER. — La législation sur la responsabilité des accidents du travail est étendue aux entreprises de coupes forestières de plus de 3 hectares.

ART. 2. — Les articles 2, 3 et 5 de la loi du 12 avril 1900 relatifs aux contrats d'annonce et au fond de garantie sont applicables aux entreprises visée à l'article précédent.

Selon l'usage, cette courte proposition de loi était renvoyée à l'examen de la Commission du Sénat le 18 février.

C'est à M. Henri Boucher, devenu sénateur, que fut confié le soin de rapporter un projet qu'il avait autrefois éloquemment défendu à la Chambre lorsque M. Mirman l'avait proposé pour la deuxième fois.

Le rapport Boucher fut déposé le 22 mars 1910, sur le bureau du Sénat.

Sans doute, le texte de la Chambre ne suffit pas à la Commission ni au Sénat qui renvoya au Palais-Bourbon une large proposition de loi, en 9 articles.

Sur le rapport de M. Emile Dumas (en date du 29 février 1912), la Chambre a voté le 30 mars suivant un nouveau texte, qui diffère très peu de celui que le Sénat lui avait renvoyé et qui est actuellement soumis à l'examen de la Haute Assemblée.

Nous donnons, côte à côte, ces deux textes, afin que le Congrès puisse mieux en faire la comparaison.

COMPARAISON DES TEXTES VOTÉS AU SÉNAT ET A LA CHAMBRE DES DÉPUTÉS

Texte voté par le Sénat.

Article premier. — La législation sur la responsabilité des accidents du travail est, sous les réserves des dispositions spéciales ci-après, étendue aux *exploitation de bois*.

Art. 2.— Sont seuls considérés comme exploitations de bois, les travaux d'abatage, d'ébranchage et, lorsqu'ils sont exécutés sur le parterre de la coupe, les travaux de débit, façonnage, sciage, empilage, écorçage et carbonisation.

Toutefois, la présente loi n'est pas applicable aux terrains boisés exploités en tout ou en partie, dont la superficie d'un seul tenant n'excède pas 3 hectares, ni aux arbres plantés hors des bois, lorsque l'opération n'aura pas le caractère d'une exploitation, ni aux éclaircies faites dans les plantations de moins de vingt ans.

Elle n'est pas non plus applicable aux coupes de bois effectuées pour son usage personnel par le propriétaire du sol, ou par le fermier ou métayer.

Art 3. — Est considéré comme chef d'entreprise le propriétaire des bois abattus ou mis en œuvre, si leur exploitation n'a été assumée par un entrepreneur à la suite d'une adjudication ou en exécution d'un contrat.

Dans tous les cas, la responsabilité du chef d'entreprise s'étend aux ouvriers ou employés de l'exploitation, même s'ils ne sont ni embauchés ni payés par la personne responsable, à la condition que leur embauchage ait été agréé par elle avant l'accident, nommément et par écrit.

Art 4. — Si la victime n'est pas salariée par le chef de l'entreprise ou n'a pas un salaire fixe, l'indemnité due est calculée d'après le salaire moyen des salariés agricoles de la commune.

Art. 5 — Si, dans les quatre jours qui suivent l'accident, la victime n'a pu reprendre son travail, l'accident doit être déclaré, soit par elle-même, soit par un représentant ou un ayant droit, au maire de la commune du lieu de l'accident, qui dresse procès-verbal, délivre immédiatement récépissé de la déclaration et en adresse en même temps copie au chef d'entreprise désigné.

A défaut par le déclarant d'avoir joint à la déclaration

un certificat de médecin indiquant l'état de la victime, les suites probables de l'accident et l'époque à laquelle il sera possible d'en connaître les conséquences définitives, le chef d'entreprise doit, dans les quatre jours de la réception de la copie de déclaration, et sous les peines prévues à l'arcle 14 de la loi du 9 avril 1898, provoquer l'établissement, à sa charge, d'un certificat médical et le déposer à la mairie du lieu de l'accident, contre récépissé.

Si, toutefois, le chef de l'entreprise a eu par lui-même ou ses proposés connaissance d'un accident ayant entraîné une incapacité de travail de plus de quatre jours et s'il n'a pas reçu copie d'une déclaration faite par la victime, son représentant ou un ayant droit il est tenu de faire la déclaration à la mairie, avec certificat médical à l'appui.

Un décret déterminera la forme et le contenu des déclarations et du procès-verbal sus-mentionnés, ainsi que les conditions dans lesquelles les avis d'accidents devront être transmis au Ministère du Travail par les mairies.

Le délai dans lequel le juge de paix doit procéder à l'enquête prévue au deuxième alinéa de l'article 12 de la loi du 9 avril 1898 est porté à trois jours et le délai de la clôture de ladite enquête est porté à quinze jours.

Le droit à l'indemnité temporaire ne courra au profit de la victime que du jour de la déclaration, si cette déclaration n'a pas eu lieu dans les quatre jours qui ont suivi l'accident.

Art. 6. — Dans les conditions spécifiées par la loi du 29 mai 1909, les chefs d'entreprise patentés seront soumis à la taxe prévue par l'article 25 du 9 avril 1898, et les chefs d'entreprise non patentés à la taxe prévue par l'article 5 de la loi du 12 avril 1906, modifiée par la loi du 26 mars 1908.

Art. 7. — Les syndicats de garantie, formés exclusivement entre exploitants de coupes de bois, pourront être constitués dans les conditions prévues par l'article 6 de la loi du 12 avril 1906, s'ils comprennent au moins 50 exploitants adhérents et si les salaires moyens assurés s'élèvent au moins à deux millions.

Art. 8. — Ne sont point applicables aux accidents régis par la présente loi les articles 11 et 31 de la loi du 9 avril 1898.

Art. 9. — La présente loi sera applicable trois mois après sa promulgation.

A partir de ladite promulgation, et dans les trois mois

qui suivront, les contrats d'assurance souscrits antérieurement pour les exploitations visées à l'article premier, pourront, même s'ils couvraient le risque spécifié par la législation en vigueur sur les accidents du travail, être dénoncés ou par l'assureur ou par l'assuré.

La dénonciation s'effectuera dans les conditions et avec les effets spécifiés aux deux derniers alinéas de l'article 2 de la loi du 12 avril 1906.

Texte voté par la Chambre.

Article premier. — La responsabilité des accidents dont sont victimes, par le fait ou à l'occasion du travail, les ouvriers ou employés occupés aux *exploitations de bois*, est à la charge de l'exploitant dans les conditions fixées par la législation, sous réserve des dispositions spéciales ci-après.

Art. 2. — Sont seuls considérés comme exploitations de bois, les travaux effectués sur le parterre de la coupe.

Toutefois, la présente loi n'est pas applicable aux arbres plantés hors des bois, lorsque l'opération n'aura pas le caractère commercial.

Ni aux coupes de bois effectuées pour son usage personnel, par le propriétaire du sol ou par son fermier ou métayer.

Art. 3.— Est considéré comme chef d'entreprise le propriétaire des bois abattus ou mis en œuvre, si leur exploitation n'a été assumée par un entrepreneur, à la suite d'une adjudication ou en exécution d'un contrat d'*entreprise*.

Dans tous les cas, la responsabilité du chef d'entreprise s'étend aux ouvriers ou employés de l'exploitation, même s'ils ne sont ni embauchés, ni payés par la personne responsable, à charge par la victime ou ses ayants droit d'établir la preuve de l'embauchage.

Art. 4. — Si la victime n'est pas salariée par le chef de l'entreprise ou n'a pas un salaire fixe, l'indemnité due est calculée d'après le salaire moyen des salariés agricoles du *département*.

Art. 5. — La déclaration de l'accident sera faite dans les formes prévues par l'article 11 de la loi du 9 avril 1898 ; cependant, le délai de déclaration prévu au premier alinéa de cet article sera porté de quarante-huit heures à dix jours.

Le délai dans lequel le juge de paix doit procéder à l'enquête prévue au deuxième alinéa de l'article 12 de ladite loi est porté à trois jours, et le délai de clôture de ladite enquête prévu à l'article 13 est porté de dix jours à quinze jours.

Art. 6. — *Conforme.*

Art. 7. — Les syndicats de garantie formés exclusivement entre exploitants de coupes de bois pourront être constitués dans les conditions prévues par l'article 6 de la loi du 12 avril 1906, s'ils comprennent au moins 50 exploitants adhérents, et si le montant de leurs acquisitions réunies, ou la valeur des coupes, s'élèvent au moins à cinq millions, ou si les salaires moyens assurés s'élèvent au moins à deux millions.

Art. 8. — L'article 31 de la loi du 9 avril 1898 n'est point applicable à la présente loi.

Les infractions aux dispositions de l'article 5 pourront être constatées par les inspecteurs du travail et seront passibles des peines prévues à l'article 14 de la loi du 9 avril 1898.

Art. 9. — La présente loi sera applicable le 1er septembre qui suivra la promulgation.

A partir de ladite promulgation et pendant les trois mois qui suivront, les contrats d'assurances contre les accidents, souscrits antérieurement à cette promulgation pour des exploitations visées à l'article premier et ne garantissant pas le risque spécifié par la législation en vigueur sur les accidents du travail, pourront être dénoncés par l'assureur ou par l'assuré, mais seulement pour la portion de risque visé par la présente loi.

La dénonciation s'effectuera dans les conditions et avec les effets spécifiés aux deux derniers aliénas de l'article 2 de la loi du 12 avril 1906.

Art. 10. — Les contrats mixtes, par lesquels l'assureur est engagé, d'une part, à garantir l'assuré contre le risque de la législation des accidents du travail, si celle-ci était déclarée applicable à tout ou partie des risques couverts par le contrat, et, dans le cas contraire, à le couvrir du risque de la responsabilité civile, pourront être dénoncés dans les proportions, formes et délais prévus à l'article précédent.

La dénonciation de l'assuré restera toutefois sans effet si, dans la huitaine de cette dénonciation, l'assureur lui remet un avenant garantissant expressément, sans aucune augmentation de prime, le risque visé et défini par la présente loi.

A l'expiration du délai de trois mois prévu à l'article précédent, le silence des deux parties aura pour effet, sans autres formalités, de rendre le contrat mixte applicable au risque déterminé par la présente loi.

De la comparaison de ces deux textes, il semble résulter que l'accord ne tardera pas à se faire, entre les deux assemblées, à propos des exploitations des bois et forêts.

Seules, les exploitations agricoles paraissent demeurer, encore, en dehors des préoccupations du Parlement malgré tout l'intérêt dont sont dignes les ouvriers de la terre.

Nous pensons que notre Congrès aura à cœur de s'occuper d'eux et de les recommander à toute la sollicitude du législateur.

OUVRIERS AGRICOLES ET DOMESTIQUES DE FERME

Il serait injuste de dire que le Parlement n'a absolument rien fait pour les ouvriers agricoles, puisqu'il en a parlé pendant trente ans, et que *la loi du* 30 *juin* 1899, votée par les deux Chambres, « concerne les accidents causés dans les exploitations agricoles par l'emploi de machines mues par des moteurs inanimés. »

L'article unique de cette loi est venu dissiper, heureusement, l'incertitude qui régnait sur la détermination des cas dans lesquels la loi du 9 avril 1898 était applicable à l'agriculture.

Il précise que « les accidents occasionnés par l'emploi de machines agricoles mues par des moteurs inanimés et dont sont victimes, par le fait ou à l'occasion du travail, les personnes quelles qu'elles soient, occupées à la conduite ou au service de ces moteurs ou machines, sont à la charge de l'exploitant dudit moteur. Est considéré comme exploitant, l'individu ou la collectivité qui dirige le moteur ou le fait diriger par ses préposés ».

Malgré le développement récent du machinisme dans la pratique agricole, ce tronçon de loi n'a apporté encore qu'un commencement de satisfaction aux travailleurs de la terre, dont la population dépasse 6 millions.

Sur ce chiffre de plus de 6 millions, il y a au moins 3,500,000 salariés dont 1,832,000 domestiques de ferme et 622,000 journaliers, en chiffres ronds. Les fermiers, métayers et régisseurs forment un total approximatif de 2,422,000 travailleurs.

De ces derniers nous ne nous occuperons point, pour le moment (afin de ne pas compliquer encore la question).

bien que leur sort ne soit, souvent, guère plus enviable que celui des simples salariés de l'agriculture.

Les professions agricoles, tout comme les professions industrielles et commerciales, exposent les travailleurs des campagnes à des risques professionnels divers, au même titre que leurs camarades des villes occupés dans le commerce et dans l'industrie.

Il semble paradoxal d'avoir encore à développer pareil axiome, alors que la loi de 1898 a consacré la théorie du risque professionnel, abstraction faite de toute idée de faute.

C'est la réalisation d'un simple principe de justice « puisque l'ouvrier obligé d'obéir, ne choisissant pas ses collaborateurs, bêtes ou gens, abandonné aux dangers de cette collaboration, coopérant en même temps à la création d'une richesse sociale, a droit à ce qu'une part de cette richesse soit consacrée à l'indemniser des accidents qui peuvent le diminuer au cours du travail ».

Nulle part, plus que dans l'agriculture, l'ouvrier n'est davantage livré à lui-même et exposé aux multiples accidents inhérents à la profession : perdu bien souvent, au milieu des champs, seul avec ses compagnons habituels de servitude, — bœufs, chevaux ou chien, — il n'a pas, comme son collègue de l'atelier, le moyen d'être rapidement secouru, et pour lui — circonstance aggravante — la preuve du cas fortuit ou de la faute patronale (que quelques esprits rétrogrades voudraient encore lui imposer) sont matériellement impossibles à démontrer dans la majorité des cas.

S'il ne réclame pas bruyamment, comme ses camarades de la ville, il n'en ressent pas moins les douloureux effets de l'injustice sociale où il est depuis trop longtemps maintenu et il faut, à tout prix, que cette iniquité prenne fin.

Notre enquête.

Tout en tenant compte des intérêts si respectables des agriculteurs, notre parti doit à ses traditions de venir en aide à leurs ouvriers et votre commission a cru bien faire d'établir sur cette situation délicate un questionnaire à l'usage de nos militants et de nos comités ou fédérations.

Les réponses qui nous sont parvenues, des points les plus divers du territoire, ne laissent place à aucun doute à ce sujet.

Le *comité de Bourges* se demande pourquoi le personnel employé dans l'agriculture n'est point appelé à jouir du bénéfice de la loi comme celui de l'industrie. C'est sans doute parce qu'il exerce une profession de premier ordre, nécessaire avant toute autre, qu'il gagne moins que les autres ouvriers et qu'il est exposé autant et plus qu'eux aux divers accidents du métier.

Le *comité de Saint-Dizier* déclare « qu'il faut étendre le risque professionnel à toute l'agriculture. Du reste, l'assurance-accident est déjà répandue dans les campagnes. Ce ne sera donc que la consécration légale d'un état préexistant, et ce serait simple justice ».

C'est aussi l'avis des fédérations de la Charente et de la Côte-d'Or, des fédérations des arrondissements de Sainte-Menehould et de Caen, des fédérations cantonales de Saint-Fargeau, Melun-Sud, Armentières, Nanteuil-le-Haudoin, des comités de la Chaussée-d'Antin, de la Goutte-d'Or, du Gros-Caillou, d'Arcueil-Cachan, de Colombes, d'Argenteuil, de Boulogne-Billancourt, de Saint-Cloud, de Rouen, de Moulins, de Saumur, de Charleville, de Paimbœuf, de Pont-Audemer, de Rivesaltes, de Rocroi, de Melles, d'Auray, d'Ercé, de Saint-Genou, de Saint-Etienne-de-Saint-Geoirs, de Bourg-Saint-Andéol, de Tulette, de Philippeville, de Constantine, etc.

(Nous en passons, car il y en aurait trop.)

Un seul comité, celui du canton de La Châtre, est d'un avis contraire : « Ces réformes, demandées par personne ici, ne pourraient qu'indisposer contre la République les petits propriétaires, fermiers, métayers, qui forment le fond de la population dans la région. »

Cette opinion, que nous nous attendions bien à voir émettre, n'est pas nouvelle. Mais elle n'est pas pour nous déplaire, et encore moins pour nous gêner. Nous l'avons déjà entendue, chaque fois qu'une réforme sociale utile est apparue à l'horizon.

La loi du 9 avril 1898 a soulevé les mêmes objections lors de son application à l'industrie et, plus tard, en 1906, au moment de son extension aux entreprises commerciales, les mêmes craintes ont été rééditées.

Cela n'empêche qu'elle ne soit la plus populaire de toutes nos lois sociales, et que tout le monde, patrons comme ouvriers, ne s'en déclare satisfait.

Quelques chiffres.

Une seule raison pourrait être invoquée contre cette proposition : celle du fardeau qu'elle risque de faire peser sur l'agriculture.

La commission de la Chambre qui a examiné ce projet

n'a pas voulu s'y arrêter et la commission du Comité exécutif a suivi son exemple parce qu'il fallait obligatoirement « choisir *entre la charge imposée à une entreprise* par la réparation des accidents qu'elle occasionne *ou l'injustice socialement mauvaise* de la non réparation des accidents du travail ».

« Il ne suffirait pas de démontrer que la charge sera lourde; il faudrait établir que cette charge sera considérablement plus lourde que celle dont l'industrie et le commerce sont frappés par les lois de 1898 et de 1906.

« Les craintes des industriels le 1898 -- continue son rapporteur, l'honorable M. Emile Chauvin — et la mauvaise humeur de quelques patrons sont encore présentes à nos esprits...

« Cependant, aujourd'hui, le calme est revenu et les industriels ont trouvé dans la sécurité résultant du caractère forfaitaire de la réparation une compensation satisfaisante.

« Enfin, les évaluations faites par comparaison avec les primes d'assurances en France et à l'étranger ne paraissent pas devoir placer l'agriculture sensiblement en plus mauvaise posture que l'industrie et le commerce. C'est ainsi que l'étude des statistiques allemandes nous conduirait aux environs d'une charge de 4 0/0 des salaires, celles des tarifs des compagnies anglaises à 1,5 0/0 et certaines évaluations de la commission des assurances sociales à environ 2,5 0/0. La charge serait, environ de 3 francs par hectare de terre arable. Or on évalue le chiffre des salaires à exposer pour la culture d'un hectare à 124 francs, ce qui donnerait bien une charge de 2,4 0/0 des salaires. »

M. Lelord, conseiller général de la Loire-Inférieure, administrateur de plusieurs compagnies d'assurances, estime que l'on pourrait parvenir en France à une prime de 150 0/0 des salaires, ce qui représenterait une dépense à peine supérieure à 1 franc par hectare.

Quel est l'agriculteur qui, pour une pareille somme, refuserait de mettre ses collaborateurs à l'abri de la maladie ou de l'invalidité?

Conclusions d'Enquête.

En dehors des Comités et Fédérations, quelques-uns de nos collègues du Comité Exécutif nous ont fait l'honneur de répondre à notre questionnaire et leurs conclusions sont utiles à retenir. Nous nous en voudrions de ne pas leur accorder ici la place qu'elles méritent ;

Pour *M. Curé* (délégué du Loir-et-Cher), « l'outillage

agricole s'est grandement perfectionné pendant ces quinze dernières années, et dans les grandes cultures le mécanisme a remplacé beaucoup de bras. D'où augmentation des risques pour l'ouvrier agricole; difficulté pour ces travailleurs de se faire rendre justice, beaucoup d'entre eux possédant quelques lopins de terre, l'assistance judiciaire leur est refusée et ils abandonnent devant les dépenses qu'il faut exposer pour engager une instance civile. L'extension de la loi de 1898 leur permettrait d'avoir, de *plano*, l'assistance judiciaire. »

De *M. Tête* (Nord) : « Les salaires agricoles étant généralement plus faibles que dans l'industrie, il n'est que juste que les ouvriers agricoles profitent des avantages de la loi sur les accidents du travail pour compenser cette différence, cause de l'exode vers les villes. »

De *M. Bienaimé*, délégué de la Somme : « Si l'on étend la loi de 1898 à tout le personnel agricole, il faudra des assurances à primes très faibles pour ne pas accabler le petit exploitant, et l'Etat, sans doute, devra intervenir pécuniairement. »

M. Gaston Gros, délégué d'Alger, nous paraît donner encore une note fort juste : cette réforme est indispensable, mais il sera peut-être bon de procéder par étapes, se garder de la surenchère et surtout tâcher de réaliser si peu que ce soit. »

C'est tout à fait notre avis, et votre commission, sur la proposition de son président, Paul Falot, estime, devant les difficultés que présente la mise en œuvre de cette importante réforme, qu'il est nécessaire d'élaborer une législation spéciale tenant compte des conditions particulières à l'exercice des professions agricoles. Elle considère cependant qu'il importe de faire bénéficier dès à présent des dispositions de la loi de 1898 contre les accidents du travail certaines catégories de travailleurs agricoles, tels que les domestiques de ferme et tous les ouvriers *employés habituellement à l'année* dans l'agriculture.

Loin de tout esprit de surenchère, ce sera la première étape.

Nous allons tenter de la doubler en faveur des ouvriers forestiers.

OUVRIERS FORESTIERS

Les bois et forêts couvrent, en France près du cinquième de la superficie totale du sol et leur exploitation occupe près de 65,000 travailleurs à des titres divers :

Bûcherons, scieurs de long, feuillardiers, écorceurs, démascleurs, résiniers, charbonniers, schlitteurs, etc.

Longtemps, on a voulu assimiler tous ces ouvriers des forêts aux ouvriers agricoles en les considérant comme des sylviculteurs.

Mais la sylviculture, qui consiste à aménager et à mettre en valeur la forêt, n'a rien de commun avec l'exploitation forestière, qui est d'essence purement industrielle ou commerciale.

Les ouvriers forestiers *travaillant en chantier* pour le compte de *négociants soumis à la patente* devraient normalement être garantis, depuis longtemps, par la loi de 1898.

La jurisprudence, d'ailleurs, n'a jamais été bien fixée à leur égard : certains tribunaux s'obstinant à les considérer comme des ouvriers agricoles, alors que d'autres les traitent comme des salariés du commerce ou de l'industrie.

Dès le 9 juin 1904, M. Boucher s'était ému de cette situation paradoxale. Au cours de la discussion de la loi sur les exploitations commerciales, il proposait « de faire cesser une jurisprudence hésitante, sinon contradictoire, et de faire en sorte que les très nombreux ouvriers qui exploitent nos forêts puissent bénéficier de la loi de 1898». Et il ajoutait, précisant sa pensée : « L'épithète d'agricole, appliquée à l'exploitation forestière, est évidemment erronée ; les entreprises d'exploitations en forêt sont de véritables industries. Les bûcherons sont de véritables transformateurs : ils prennent l'arbre, couché ou debout, ils l'ébranchent, le débitent en billes, en bûches ou en planches. »

M. Boucher avait raison : la Chambre l'approuva, mais le Sénat lui donna tort.

Dans tous leurs Congrès, depuis 1903, les ouvriers des forêts réclament le bénéfice de la loi de 1898, et en 1907 (deux mois après la promulgation de la loi du 18 juillet sur l'assujettissement facultatif à la législation sur les accidents du travail), le Congrès de Dun-sur-Auron invitait tous les travailleurs des forêts à faire insérer cette clause dans tous leurs contrats de travail.

Un peu plus tard, en 1909, un député de la Nièvre, M. Robin, « invitait le gouvernement à inscrire dans le cahier des charges des adjudicataires des forêts domaniales une clause les obligeant à garantir aux ouvriers qu'ils emploient le bénéfice de la loi de 1907 ». La Chambre approuva cet amendement, mais le Sénat le disjoignit, et les bucherons durent attendre jusqu'au 24 mai 1909 pour voir figurer, enfin, cette clause dans le cahier des charges de l'administration des eaux et forêts pour les exploitations de 1909-1910.

« Art. 66, paragr. 2. — Chaque adjudicataire devra, en outre, lorsqu'il s'agira de forêts domaniales, placer ou faire placer sous le régime de la loi de 1898 les bûcherons travaillant dans les coupes qui lui ont été adjugées, soit qu'il les exploite directement, soit qu'il ait traité avec des entrepreneurs pour leur exploitation, ou qu'il les ait revendues avant exploitation. »

Ainsi donc, grâce à leurs énergiques revendications, les bûcherons sont parvenus à faire généraliser dans les forêts de l'Etat, une mesure légalement facultative. Nous ne demandons *que la légalisation de cette faculté, et son extension à toutes les entreprises forestières* par l'application pure et simple de la loi de 1898.

L'assujettissement facultatif de la loi de 1907 a créé pour tous ces travailleurs une situation fâcheuse génératrice de conflits perpétuels et de formalités longues et ennuyeuses.

Il importe de faire cesser tout cela en plaçant les ouvriers des forêts sur le même pied d'égalité que les autres travailleurs.

VERS L'ÉGALITÉ

Les salariés de la forêt et de la campagne ne doivent pas demeurer davantage en dehors du droit commun.

Sans chercher à mêler la politique où elle n'a que faire, il nous sera bien permis de noter, au passage, la différence de traitement qui subsiste encore entre les ouvriers des villes et les ouvriers des champs.

Serait-ce parce que les employés du commerce et de l'industrie sont mieux organisés et, en majorité, socialistes (plus ou moins bien unifiés) que le Parlement — avec raison d'ailleurs — s'est de tout temps et tout d'abord occupé d'eux ?

Est-ce parce qu'il est de *bon ton*, parmi les domestiques et gens de maison, de se montrer parfois plus réactionnaires encore que leurs patrons (les ci-devant comtes ou marquis) que la Chambre s'est souciée de leur malheureux sort, et que le 25 juin, après quatorze ans d'attente, elle a voulu les faire entrer, à l'unanimité, dans le droit commun ?

Nous ne demandons pas davantage pour les travailleurs salariés de l'agriculture et des forêts, qui sont presque tous de loyaux et fermes républicains :

« Loin du bruit de la cour... des miracles de la C.G.T. et des tracas de la ville, » trop occupés d'ailleurs à leur écrasant et ingrat labeur, ils font, simplement, à chaque consultation électorale, leur devoir, en déposant dans l'urne le nom d'un bon républicain, comme eux, généralement radical ou radical-socialiste.

Cela mérite tout de même — pour silencieux que soit ce geste — que notre parti s'occupe d'eux, et il y aurait quelque ingratitude de la part de nos élus à se désintéresser plus longtemps du sort de tous ces travailleurs, qui sont le meilleur élément de leur succès et de soutien pour la République.

Ainsi, successivement, les employés de l'industrie et du commerce ont été protégés par la loi, ceux des maisons bourgeoises et des châteaux sont sur le point de l'être. Il ne faut pas permettre que les ouvriers de la campagne soient traités plus longtemps en *parias* parmi tous les salariés du travail !

CONCLUSIONS

Les lois sociales ont, avec les personnes, certains points de ressemblance : Plus elles sont utiles et sages, et moins elles font de bruit.

Je n'en veux pour preuve que les trois ou quatre textes de lois qui sont actuellement soumis aux délibérations du Parlement.

Trois de ces projets sont déjà votés au Palais-Bourbon. Ils témoignent de la préoccupation de nos députés en faveur d'un grand nombre de victimes du travail.

Le Sénat a déjà examiné et voté une proposition de loi concernant les exploitations forestières. Il convient de faire confiance à la sagesse des Hôtes du Luxembourg et d'espérer le vote prochain des autres propositions venues de la Chambre.

Pour incomplètes qu'elles soient, à notre avis, elles n'en constituent pas moins une avance sérieuse dans la voie de la prévoyance sociale.

Sans chercher à empiéter sur les prérogatives parlementaires, votre commission avait le devoir de s'occuper du sort des victimes du travail, et le 13e Congrès doit avoir le souci de prendre en leur faveur des décisions formelles.

Il y a dix ans, dans une autre ville du Midi, à Marseille, nos prédécesseurs, en nous donnant l'exemple, nous ont tracé la voie que nous devions suivre.

Votre rapporteur a été très heureux de pouvoir s'inspirer de leurs travaux. Sa tâche en a été grandement facilitée.

Et puisque c'est du Midi que nous doit toujours venir la lumière, il ne faut pas que le Congrès de Pau se sépare sans avoir discuté et, s'il se peut, voté les vœux et résolutions qui précèdent :

Le premier vœu concerne l'extension de la loi du 9 avril 1898, aux maladies professionnelles, déjà votée par la Chambre.

Le deuxième vise les domestiques, gens de maison et serviteurs de toutes sortes ainsi que les employés des professions libérales, dont personne ne paraît se soucier, et que ne prévoyait pas le questionnaire de la Commission.

Le troisième s'occupe des ouvriers forestiers, dont les deux Chambres se sont tour à tour préoccupées, puisque deux textes ont été votés à leur sujet.

Le quatrième a trait aux domestiques et aux ouvriers agricoles pour lesquels rien de sérieux n'a été fait encore.

Nous espérons que le congrès de Pau aura le souci de régler ces diverses questions au mieux des intérêts des travailleurs, qui n'ont rien d'incompatible — quoi qu'on en ait dit — avec ceux du commerce, de l'industrie et de l'agriculture.

Nous pourrons alors faire appel à la clairvoyance du Sénat pour les traduire en un large texte de loi, pour le plus grand profit des victimes du travail.

Mais il serait tout à fait superflu de discuter au congrès et de légiférer au Parlement, si, dès maintenant, les militants et les *élus* du parti ne prenaient la résolution de faire connaître la loi à tous ceux qu'elle doit intéresser.

Il ne faut pas qu'elle demeure lettre morte, comme la loi du 13 juillet 1909 sur *la constitution du bien de famille*, par exemple que la plupart de nos villageois ignorent encore, ou méconnaissent, parce qu'on n'a jamais voulu prendre la peine de la leur expliquer. Il ne faut pas, davantage, permettre qu'elle soit dénaturée devant le pays, comme *la loi des retraites ouvrières et paysannes*, par les éternels adversaires de la République, auxquels nos élus ont, jusqu'ici, laissé tout le soin de la commenter et de l'expliquer à leur façon.

Il ne suffit pas, pour les députés d'une démocratie, de mettre un bulletin bleu ou blanc dans l'urne, il faut aller dire au peuple de France ce que la République a fait pour lui et tout ce qu'elle peut entreprendre encore, pour le plus grand bien de la justice sociale !

P. Peyre,

délégué de la Drôme.

RAPPORT DE LA COMMISSION DES RÉFORMES SOCIALES

Assurance des travailleurs contre l'invalidité et le chômage.

M. le Docteur POTTEVIN, *rapporteur.*

Votre Commission des Réformes Sociales n'a pas eu la prétention de vous apporter une œuvre personnelle, elle a voulu simplement organiser une consultation aussi large que possible de nos Comités et essayer d'en dégager les indications qui semblent correspondre le mieux aux besoins et aux aspirations du pays.

Les réponses qui nous sont parvenues en ce qui concerne l'assurance contre le chômage tendent à prouver que sur ce point l'opinion n'est pas faite. Il ne nous a pas paru possible d'en tirer quelque donnée valable et nous avons cru sage de laisser la question venir entière devant vous.

En ce qui concerne l'assurance contre l'invalidité, les résultats de notre enquête témoignent que notre Parti est unanime pour en demander la réalisation. Mais très nettement aussi, notre opinion s'affirme qu'il faudra, pour la réaliser, s'appuyer avant tout sur les organisations mutualistes.

Déjà lors de l'élaboration de la loi sur les retraites ouvrières et paysannes, il avait été dit, notamment à la tribune du Sénat, par MM. Ribot et Viviani, que le projet en discussion représentait seulement le premier article d'un programme d'assurances sociales dont la réalisation méthodique appellerait l'institution prochaine de l'assurance contre l'invalidité. Au cours de la séance du 15 juin 1911, MM. Paul-Boncour, ministre du Travail, et Caillaux, ministre des Finances, déclaraient à la Chambre que le Gouvernement avait l'intention de déposer à la rentrée un projet de loi sur l'assurance contre l'invalidité. La Chambre prit acte de cette déclaration dans l'ordre du jour qu'elle adopta, sur la proposition de MM. Dalimier, Chéron, René Besnard et Amiard, à l'issue de la discussion sur la loi des retraites ouvrières et paysannes.

On a parfois voulu considérer que l'assurance contre l'invalidité se trouve réalisée par la loi sur les accidents du travail. C'est une erreur évidente : La loi sur les accdents n'assure que les risques d'invalidité qui sont la conséquence directe et immédiate du travail : les accidents, et au besoin les maladies professionnelles. Mais elle ne saurait mettre à la charge de l'entreprise toutes les causes d'invalidité, même celles qui sont manifestement indépendantes des conditions même du travail.

La loi d'assistance du 14 juillet 1905 accorde des secours aux incurables, c'est-à-dire à des individus atteints d'incapacité de travail absolue et permanente. D'autre part, la loi du 5 avril 1910, modifiée par la loi du 27 février 1912, s'occupe, dans un article 9, des invalides. Les assurés atteints d'invalidité absolue et permanente peuvent, à tout âge, demander la liquidation de leur retraite et bénéficier d'une bonification de l'Etat. Cette bonification ne peut dépasser 100 francs. Elle ne peut porter la pension à une somme triple de la liquidation, ni supérieure à 360 francs. Aux termes de l'article 152 du décret du 25 mars 1911, la bonification est fixée à 20 francs si l'assuré a effectué pendant une année les versements réglementaires. Elle est portée à 30 francs si les versements ont été effectués pendant trois années et s'augmente ensuite de 5 francs par chaque groupe supplémentaire de deux années de versements. Jusqu'ici ces dispositions sont restées pratiquement inopérantes, et les bénéficiaires de l'article 9 de la loi du 5 avril 1910, s'ils existent, doivent être extrêmement rares. Il n'est donc pas possible de dire qu'il existe, dans notre liquidation actuelle, même une amorce sérieuse de l'assurance d'invalidité.

L'assurance contre l'invalidité fonctionne déjà dans divers pays, notamment en Allemagne et en Angleterre. Nous pouvons demander à leur expérience d'utiles indications, mais non des modèles tout faits, prêts à être copiés purement et simplement. En ces matières, il est indispensable de tenir le plus grand compte de la psychologie particulière des populations auxquelles la réglementation doit s'appliquer, et des conditions dans lesquelles se trouvent équilibrés les éléments ruraux et industriels. Il faut se préoccuper aussi de créer des organes dont le jeu puisse s'harmoniser avec celui des institutions existantes. En France, l'assurance contre l'invalidité devra nécessairement s'adapter aux dispositions de la loi sur les retraites ouvrières, et à celles qui régissent les organisations mutualistes d'après la loi du 1er avril 1898.

Toutes réserves faites en ce qui concerne les modalités d'adaptation, il se dégage de l'expérience acquise à l'étranger un certain nombre de données qui doivent, à notre avis, constituer les principes directeurs de toute liquidation sur les assurances-invalidité.

En premier lieu, on ne saurait se borner à assurer les cas où l'incapacité de travail devient absolue et permanente. Le risque d'invalidité doit être assuré à partir du moment où il entraîne une notable dépréciation de la puissance de travail. La législation allemande, et après elle la législation anglaise ont admis que le droit à l'allocation était acquis dès que la capacité de travail, ou plus exactement de gain habituel, avait subi une diminution des deux tiers.

L'assurance contre l'invalidité doit intervenir comme conséquence et prolongement d'une assurance-maladie. L'invalidité n'est pas, le plus souvent, la suite d'un accident brusque. Elle est le résultat d'un état maladif prolongé. Elle a son histoire et c'est par cette histoire qu'elle se caractérise le plus sûrement. Il est nécessaire que l'invalide éventuel soit suivi dès le début par une institution intéressée à le surveiller, à le soigner, à le guérir. En France, les sociétés de secours mutuels ont, dans l'état actuel des choses, des budgets trop faibles pour songer à indemniser de longues maladies; pratiquement elles ne peuvent accorder de secours au delà de six mois. Celles qui veulent aller plus loin se tournent aujourd'hui déjà vers les caisses de réassurance qui peuvent encore suivre le malade pendant six mois, peut être un an, mais qui apparaissent indiquées pour devenir le trait d'union nécessaire entre les caisses-maladies et les caisses-invalidité.

Toutes ces institutions: caisse-maladie, caisse de réassurance, caisse invalidité, pour prospérer et donner les résultats sociaux que dans l'avenir nous pouvons attendre d'elles, devront fonctionner en liaison avec une politique sanitaire capable de donner une même orientation aux diverses lois intéressant la prévoyance sociale, l'hygiène publique et les maladies professionnelles. Quand fut créé le ministère du Travail, il eût été logique d'y concentrer tous les services d'hygiène. Nous savons les raisons de commodité administrative qui, alors et depuis, ont milité en faveur de l'éparpillement actuel. Elles ont leur valeur, mais combien mesquine, à côté des énormes avantages que le pays pourrait tirer de la concentration.

Les caisses qui visent l'assurance contre la maladie ou contre ses conséquences sont directement intéressées dans toutes les mesures d'hygiène sociale. Elles peuvent et doivent devenir l'auxiliaire le plus précieux du législateur et des pouvoirs publics. La statistique des placements effectués par les caisses d'assurances allemandes contre l'invalidité montrent que la moitié de leurs capitaux ont une affectation « sociale ». Mais tandis que les prêts pour « Crédit rural » n ont fait que doubler de 1900 à 1911, pendant cette période, les prêts pour habitations ouvrières ont quintuplé, et les prêts aux « œuvres philanthropiques et sanitaires diverses » ont décuplé. La loi anglaise sur l'assurance contre la maladie et l'invalidité est aussi, on serait presque tenté de dire surtout, une loi d'hygiène sociale. Les sociétés de secours mutuels sont, en première ligne, les organes d'assurance. Mais les personnes non inscrites à leurs caisses pourront effectuer leurs versements directement à la poste. La gestion des sommes ainsi recueillies est confiée aux Comités d'Hygiène. Ces Comités, en outre de cette mission de gestion, sont chargés de gérer les fonds consacrés aux sanatoria. Ils devront s'enquérir des besoins de l'hygiène publique signaler aux autorités compétentes toute cause et d'insalubrité. Ils devront aider à la diffusion des notions d'hygiène par des conférences et des publications.

En France, comme en Angleterre, les institutions mutualistes présentent des avantages évidents pour l'organisation de l'assurance-invalidité. Mais pas plus dans un cas que dans l'autre il ne semble possible de s'en rapporter exclusivement à elles. En France, où le problème se trouve nécessairement lié à celui des retraites ouvrières, et où tous les ouvriers ne sont pas des mutualistes, on pourrait envisager sans doute un système qui donnerait à toutes les caisses instituées par la loi du 5 avril 1910 la faculté d'organiser l'assurance contre l'invalidité avec les mêmes avantages que les sociétés de secours mutuels.

M. René Renoult a déposé, le 17 février 1913, en son nom et au nom de 150 députés appartenant aux groupes radicaux et radicaux-socialistes de la Chambre, un projet de loi qui, du seul fait de son origine, serait assuré de trouver parmi nous un excellent accueil, et qui réalise, dans son principe, de la façon la plus heureuse, la liaison nécessaire entre la loi des retraites et l'assurance-invalidité. Aux termes du projet Renoult, qui vise essentiellement une extension de l'article 9 de la loi sur les retraites, le droit à la liquidation, avec bonification de l'Etat, serait acquis à tout assuré dont la capacité de travail se trouverait réduite des deux tiers, pourvu qu'il ait accompli un stage de trois ans dans l'assurance. L'obligation du stage sera supprimé pour les assurés spécifiant qu'ils sont secourus depuis une année par une société de secours mutuels ou une caisse de réassurance contre les longues maladies. La bonification de l'Etat comporterait dans tous les cas une allocation de 100 francs. Celle-ci se trouverait accrue d'un supplément calculé à raison de 1 fr. 50 par année d'assurance, mais qui ne pourrait s'élever au delà de 30 francs, ni porter la retraite totale au delà de 360 francs.

Ce rapide exposé de l'état actuel de la question de l'assurance-invalidité nous a semblé utile pour mieux apprécier le sens et la portée des conclusions suivantes que votre Commission a cru pouvoir dégager de l'enquête instituée par vos soins.

RAPPORT DE LA COMMISSION DES RÉFORMES SOCIALES

Mesures à prendre pour amener l'harmonie entre le capital et le travail.

M. F. MORIN, *rapporteur.*

Parmi les questions que, conformément aux décisions du congrès de Tours, votre commission permanente a posées dans une circulaire aux fédérations et comités du parti, figurait celle-ci : « Quelles sont, à votre avis, les mesures à prendre en vue d'assurer l'harmonie entre le capital et le travail, et dans quellles conditions concevez-vous l'association entre le capital et le travail ? »

Nombreux sont les comités et fédérations qui ont répondu à cette question. Nous ne pouvons citer toutes ces réponses, et nos collègues nous en excuseront. La plupart concluent en dehors de l'arbitrage obligatoire, du contrat collectif du travail (questions, disent-ils, qu'il serait enfin temps de solutionner), les uns à la participation aux bénéfices, les autres à la création d'actions de travail ; d'autres, estimant que la participation aux bénéfices n'a pas justifié les espérances qu'elle avait fait naître, préconisent de considérer les travailleurs comme vendeurs de travail, tout comme des vendeurs de marchandises ; d'autres, enfin, estiment que la réglementation du gain du capital pourrait résoudre la question et faire régner l'harmonie entre le capital et le travail.

Votre commission a examiné point par point toutes ces questions, les a sériées en deux chapitres et six articles : 1° arbitrage obligatoire et tribunaux régionaux ; 2° contrat collectif du travail ; 3° participation aux bénéfices ; 4° création d'actions de travail ; 5° travailleurs vendeurs de travail ; 6° réglementation du gain du capital.

Arbitrage obligatoire et tribunaux régionaux.

Depuis longtemps déjà, cette question figure à l'ordre du jour de nos congrès ; différents rapports ont été établis, mais malgré nos vœux la question de l'obligation n'a pas fait un pas.

Au congrès de Nantes, la création de tribunaux régionaux d'arbitrage composés de trois patrons, trois ouvriers ou employés, et un juge de paix comme président par région, fit l'objet d'un vœu, lequel également concluait à l'arbitrage obligatoire avec sanction ; personne n'a repris ce vœu, il est resté lettre morte. Il y avait là cependant un excellent moyen d'harmoniser en toute garantie les relations entre le capital et le travail ; nous ne pouvons donc que demander aux députés membres du parti de mettre en chantier une loi concernant l'arbitrage obligatoire et la création de tribunaux régionaux.

Contrat collectif du travail.

Sur cette question également, l'unanimité de nos comités et fédérations s'est prononcée en faveur du contrat collectif du travail.

Rappelons que nos congrès ont cherché depuis longtemps, non pas à solutionner cette question, mais tout au moins à y intéresser le législateur. Différents projets de loi ont du reste été déposés par MM. Groussier, député de la Seine, Viviani, Doumergue, Chambon, députés, sur le bureau de la Chambre.

Le projet de loi déposé par M. Groussier est venu en première délibération à la séance de la Chambre du 29 juillet 1913, et a été adopté par celle-ci.

Nous pouvons donc en conclure que la question du contrat collectif du travail a fait un grand pas.

Votre commission prend acte du vote de la Chambre et, se rappelant les vœux émis dans les précédents congrès, espère que le Sénat fera aboutir rapidement cette convention.

Participation aux bénéfices.

Cette question de la participation aux bénéfices intéresse au plus au point nos comités et fédérations. Mais si tous sont d'accord sur le principe, des divergences existent sur la façon de l'appliquer. Les uns la veulent facultative, les autres obligatoire.

Il est évident qu'à l'heure actuelle, partout où la participation aux bénéfices est consentie par les patrons, le résultat a été assez satisfaisant. Néanmoins, en 1900, une enquête fut faite par l'Office du travail. Sur cent vingt-six maisons pratiquant la participation aux bénéfices quatre-vingt-douze seulement répondirent, sur lesquelles sept déclarèrent avoir abandonné le système. Tels étaient les résultats à cette époque. Depuis, le mouvement en faveur de la participation facultative ne s'est pas accentué de façon notable.

Faut-il la rendre obligatoire ? Beaucoup de nos comités et fédérations se sont prononcés pour l'affirmative, d'autres non, d'autres, enfin, estiment que la participation aux bénéfices est un leurre pour les salariés. Nos congrès ont émis, il est vrai, des vœux tendant à rendre cette participation aux bénéfices obligatoire.

Le Parlement a été saisi de nombreux projets de loi tendant à rendre obligatoire la participation aux bénéfices :

1° Pour les sociétés ou entreprises concessionnaires de l'Etat ou des villes (1910), renvoyée à la commission du travail.

2° Pour tout commerçant, industriel ou agriculteur, toute société commerciale, industrielle ou agricole salariant des employés ou ouvriers (1911), renvoyée à la commission du travail.

Se ralliant à l'avis de la majorité des comités et fédérations du Parti, se rappelant les différents vœux émis précédemment dans nos congrès, voyant d'autre part que l'idée de l'obligation a pris corps au Parlement sous forme de projets de loi déjà déposés, votre commission permanente des réformes sociales considère que le Parti radical et radical-socialiste se doit de faire aboutir cette loi et de rendre obligatoire la participation aux bénéfices tout au moins pour les entreprises concessionnaires de l'Etat, des départements ou communes.

Actions de travail.

La création d'actions de travail telle que la préconise M. J. Godard et que bon nombre de nos comités et fédérations appuient très fortement, tout en restant une des formes de la participation aux bénéfices, serait à notre avis une amélioration en faveur des salariés et contribuerait beaucoup à faire régner l'harmonie entre le capital et le travail, tout au moins dans les sociétés aux entreprises montées par actions. Elles permettraient à cette catégorie d'actionnaires d'assister aux assemblées générales de la société ou entreprise au même titre que les autres actionnaires et de pouvoir, le cas échéant, y discuter et soutenir leurs intérêts en même temps que ceux de la société, qui du fait même de la création d'actions de travail deviendrait les leurs.

Là, encore, votre commission applaudit à l'initiative prise par M. J. Godard, et avec les comités et fédérations du Parti souhaite que cette loi aboutisse au plus tôt.

Travailleurs vendeurs de travail.

Cette idée figure pour la première fois à l'ordre du jour de nos congrès ; votre commission permanente s'est fait un scrupuleux devoir de l'insérer dans ce rapport, pour que les militants du parti puissent l'étudier et donner leur avis.

En effet, pour rendre l'harmonie complète entre le travail et le capital, il faut rendre le travail l'égal du capital, de façon à lui permettre de traiter à force égale, il faut donner la puissance aux salariés, soit sous la forme d'associations, de coopératives de production, voire même de syndicats, et pour cela armer réellement le prolétariat par des lois qui ne seraient pas des armes à double tranchant. Il faut et il suffit que le salariat arrive à conquérir le bien le plus précieux et le plus essentiel : *la sécurité de l'avenir.*

Les pouvoirs publics sont déjà venus en aide aux salariés, par la création des lois : accidents du travail, assurance contre la maladie, chômage, invalidité, retraites pour la vieillesse, etc., etc. Notre parti demande instamment, lui aussi, l'arbitrage obligatoire, le contrat collectif du travail, etc., réformes qu'il croit nécessaires pour armer le salariat et lui permettre de lutter à égalité pour la défense de ses intérêts.

Lorsque le salariat aura conquis ces armes, se sera transformé grâce aux lois précitées, l'opposition entre employeurs et salariés subsistera encore, mais seulement comme elle existe entre producteurs et négociants, entre commerçants et consommateurs, entre tous ceux qui ont à débattre les clauses d'un marché ; mais la lutte de classes, l'antagonisme haineux et violent perdra sa raison d'être et cessera naturellement, car la lutte de classes est une révolte de la classe ouvrière contre un certain état de dépendance économique.

Alors l'harmonie entre le capital et le travail s'établira de façon certaine et durable, bien plus et bien mieux que par tout autre genre d'association entre eux.

La réglementation du gain du capital.

Cette formule peut, à *priori*, paraître osée, mais elle est cependant celle qui peut amener non seulement l'harmonie entre le capital et le travail, mais encore, en empêchant l'accroissement scandaleux, aux dépens du travail qui produit, du capital-argent qui exploite, remédier, par la diffusion même du gain du capital, aux exigences créées par ce qu'on a appelé la vie chère, problème que l'on cherche en vain à résoudre.

En effet, ne voyons-nous pas les sociétés ou entreprises montées par actions faire coter, en Bourse et sur le marché, ces actions dix, vingt fois et même plus leur valeur d'émission ; nombreux en sont les exemples, et pourquoi ? Pour masquer souvent le taux énorme des dividendes que donnent ces actions.

Partout où un patron a pu transformer son affaire en société anonyme, le même phénomène se produit, et partout vous voyez la vie augmenter ; pourquoi ? Parce que le capital, de plus en plus, se rémunère au delà de ce qu'il devrait. Et cependant, quand un capitaliste consent un prêt à quelqu'un à un taux usuraire, la loi, lorsqu'elle le peut, intervient. Le capitaliste, partant le capital, fait la même chose : il prête pour exploiter une industrie, il prend le nom d'actionnaire, et sous ce nom récolte un dividende très souvent usuraire, si on le compare au taux légal.

Pourquoi, dans ce cas comme dans le premier, la loi n'intervient-elle pas ? Parce que l'actionnaire a su tourner la loi en masquant l'intérêt exagéré qu'il touche par l'augmentation anormale de l'action.

Dans ces conditions, pourquoi ne pas réglementer l'un comme l'autre ?

Qu'on ne nous dise pas que ce faisant on porte atteinte aux droits des actionnaires, qu'ils risquent plus que le prêteur d'argent à taux usuraire ; non, les risques sont les mêmes.

En réalité, le capital ne se perd jamais ; en admettant une affaire mauvaise, il change simplement de maître, passant de la poche des inhabiles dans celle des habiles, et si le capital argent a disparu d'une caisse, qu'on se tranquillise, il est allé en d'autres caisses, où il continue à fructifier et à exploiter.

Certes, l'impôt payé par les riches, par ceux qui possèdent, en sa formule (impôt sur le revenu, sur la fortune acquise) peut séduire, mais, outre que nous considérons ces formules comme des palliatifs, elles ne peuvent soulager le pauvre, celui qui possède peu ou prou, car il est toujours tributaire du riche, lequel lui fait payer les charges qu'on lui impose, avec un pourcentage toujours en sa faveur.

Tandis que si la réglementation du gain existait, le capital n'ayant plus intérêt à exploiter le travail, le riche à récupérer sur le pauvre les impôts dont on le charge, l'harmonie pourrait régner entre le capital et le travail, et le riche ne chargeant plus le pauvre de payer ses impôts, ce dernier pourrait enfin vivre moins misérablement.

Conclusion.

De cet exposé, inspiré de l'esprit des réponses faites par les comités et fédérations du Parti aux questions posées par la commission permanente des réformes sociales, il résulte que les premières réformes faisant partie du questionnaire : arbitrage obligatoire, tribunaux régionaux d'arbitrage, contrat collectif du travail, participation obligatoire aux bénéfices, création d'actions de travail, réformes et améliorations sociales depuis longtemps déjà à l'étude de nos congrès et admises par le Parti, sont devenues immédiatement réalisables et doivent passer d'urgence à la période d'exécution.

Notre parti se doit d'améliorer le sort des salariés de façon normale par la légalité ; il est temps de le faire.

En ce qui concerne la deuxième partie de cet exposé — question des travailleurs vendeurs de travail, réglementation du gain du capital, formes nouvelles émises par de nombreux militants, car, en réalité, la participation aux bénéfices, la création d'actions de travail tendent, sous d'autres formes, à réglementer le gain du capital — le Parti radical et radical-socialiste, s'il veut rester fidèle à son programme, s'il entend rester parti d'évolution, si réellement, comme il le proclame non sans raison, il veut amener l'harmonie entre le capital et le travail, et prendre la défense des exploités et des humbles, se doit d'étudier ces idées nouvelles et d'en poursuivre la réalisation.

En conséquence, votre commission vous propose d'émettre le vœu suivant :

« Le congrès,

« Après avoir discuté les questions sociales suivantes : arbitrage obligatoire, tribunaux régionaux d'arbitrage, contrat collectif du travail, participation obligatoire aux bénéfices, création d'action de travail ;

« Considérant que ces réformes ont été depuis longtemps déjà discutées par le parti radical et radical-socialiste, en ses précédents congrès, et que ces réformes sont seules capables d'amener la bonne harmonie entre le capital et le travail ;

« Invite tous les élus du Parti à poursuivre de façon énergique leurs efforts pour faire aboutir ces lois dans la prochaine législature ;

« Considérant, d'autre part, qu'il y a lieu pour le Parti d'étudier les questions des travailleurs vendeurs de travail et de la réglementation du gain du capital, invite les comités et fédérations radicaux et radicaux-socialistes à mettre à l'étude ces questions à l'ordre du jour de leurs réunions. »

RAPPORT DE LA COMMISSION DES RÉFORMES SOCIALES

Assurance contre le chômage.

M. L. PÉNE *délégué du Finistère, rapporteur.*

La Révolution industrielle, en brisant les anciens cadres corporatifs, a laissé le travailleur salarié sans défense contre le fléau du chômage.

L'Etat moderne se voit donc obligé de remplacer les appuis qui lui manquent et de lui fournir une assistance nouvelle contre ce danger nouveau.

Tant que le travail se poursuit régulièrement, la condition de l'ouvrier peut être médiocre, mais on s'habitue à tous les genres de vie.

Ce qui fait la misère de la vie ouvrière, c'est plus encore l'irrégularité que le niveau du salaire.

La plupart des travailleurs, il faut le reconnaître, sont dans l'impossibilité matérielle et morale de réunir les réserves d'épargne nécessaires à la prévoyance en vue des risques de la vie et notamment du chômage.

Celui-ci est la conséquence de la maladie chronique inhérente au régime industriel de notre époque en quête de transformations et de perfectionnements du machinisme susceptibles d'accroître sa force productive et de la concurrence effrénée à laquelle se livrent des producteurs à outrance, provoquant des crises qui paralysent la vie économique dont les organes de la circulation se trouvent désaccordés.

Mais le chômage n'a pas pour origine exclusive ces erreurs de la production et de la spéculation et il y a lieu de citer d'autres occasions dans lesquelles le chômage peut se produire.

Telles sont : les perturbations atmosphériques, les variations de la mode, les stagnations économiques, la réduction des frais généraux, l'ignorance et la maladresse professionnelles, l'afflux constant des ruraux vers les villes, etc.

Les statistiques minutieusement élaborées du chômage font à peu près défaut.

Si nous nous en rapportons à celles fournies par les Syndicats ouvriers, nous voyons que 1.008 groupements comprenant 163.500 membres indiquaient le nombre de leurs chômeurs pour la période de janvier 1900 à janvier 1908 et la courbe dressée pour ces huit années accusait une moyenne de 7,25 o/o.

En appliquant cette proportion à l'ensemble des travailleurs, on obtient en chiffres ronds 800.000 chômeurs.

L'étendue du chômage est variable suivant les industries et professions.

Elle varie suivant les époques.

Les mois d'hiver sont les plus pénibles à traverser, les plus coûteux aussi pour le vêtement, la nourriture et le chauffage et ceux qui comptent le plus d'ouvriers hors du chantier ou de l'usine.

Trois remèdes ont été essayés pour rétrécir les effets du chômage :

L'ouverture de chantiers temporaires et distributions de secours par l'Etat et les communes ;

Les bureaux de placement ;

Les subventions de l'Etat et des communes aux caisses de chômage créées par les organisations ouvrières ;

L'ouverture des chantiers temporaires a été pratiquée notamment sous la Constituante et la République de 1848.

Le décret du 31 août 1790 ordonnait de créer des ateliers dans les départements avec paiement à la tâche et calculé de telle sorte que le salaire quotidien demeure inférieur au salaire courant.

Les résultats de cette expérience furent insignifiants.

Quant aux fameux ateliers ouverts dans cet hiver terrible de 1848 et fermés si tragiquement en juin, il n'est pas besoin d'insister sur leur fonctionnement et leur rôle platonique.

L'usage s'est perpétué d'ouvrir de temps en temps des chantiers pour occuper momentanément des chômeurs, surtout au lendemain des expositions universelles.

Mais on a le sentiment que toutes ces créations artificielles n'ont aucune valeur effective.

Les distributions de secours par l'Etat et les communes viennent pour un temps en aide aux travailleurs.

C'est là évidemment l'indice d'un sentiment généreux de pitié fraternelle ; pourquoi faut-il que son champ d'action en soit trop souvent si limitatif?

Sans doute les secours ont leur mérite et leur utilité, mais ne fournissent pas une solution radicale au problème du chômage.

Le rôle des bureaux de placement est autrement intéressant et son importance pour l'avenir dépasse celle de tous les autres moyens considérés jusqu'ici.

Cette institution libre à ses débuts a dû être réglementée lorsqu'elle a apparu contraire à l'intérêt commun en rançonnant les travailleurs.

A notre époque, le placement est entrepris gratuitement

par des offices municipaux, les syndicats et les bourses du travail.

Ce service se perfectionne et se fortifie; les bourses du travail se fédèrent pour organiser un service de renseignements centralisé dont l'activité se montre particulièrement féconde.

Déjà on peut entrevoir le jour où les associations ouvrières arrivées à l'état de force et de maturité seront capables, avec une bonne organisation, d'équilibrer les offres et les demandes de bras.

L'Etat, qui ne ménage pas ses subventions à l'Agriculture et à l'Industrie ainsi qu'aux services de Transports, a laissé jusqu'en 1905 les travailleurs aux prises avec le risque du chômage. C'est depuis cette époque seulement que le principe de ce risque professionnel a été adopté et qu'il est alloué aux Caisses locales de chômage involontaire une subvention de 20 °/₀ du montant des indemnités versées par celles-ci.

Quelques villes telles que Dijon, Limoges, Amiens, Paris, etc., subventionnent des caisses locales.

L'Angleterre, vieux pays industriel, a mis en application depuis le 16 décembre 1911 l'assurance contre le chômage.

La nouvelle loi anglaise contre le chômage distingue deux catégories d'assurés : les assurés obligatoires et les assurés facultatifs.

En matière de chômage, l'obligation ne s'applique qu'à certaines professions : Constructions mécaniques, fonderies, constructions navales, carrosserie, bâtiment et terrasse (hommes et femmes de plus de 16 ans).

L'Etat ajoute au montant du double versement patronal et ouvrier une somme égale au tiers de ce montant.

Quant aux ouvriers des autres professions, il ont la faculté de s'affilier à des associations faisant l'assurance-chômage et que l'Etat encourage par des subventions.

La gestion des caisses de chômage est attribuée au Labour Exchange (bureau de placement).

Il est évident que notre système de Caisses de chômage avec subventions conditionnelles ne peut supporter la comparaison avec l'institution nouvelle du pays voisin qui procure à des millions de travailleurs des indemnités de chômage dans une mesure large et étendue.

D'autre part le risque professionnel de chômage dont le fardeau a été supporté jusqu'ici par l'ouvrier seul doit être définitivement rangé parmi les charges que l'industrie doit couvrir au moyen de ses produits.

On amènera ainsi certains industriels à se préoccuper

davantage de la façon dont la production est organisée dans leurs établissements en les rendant responsables, s'il est nécessaire, des irrégularités de leur industrie vis-à-vis de leur personnel salarié.

Pourquoi ne pas réduire temporairement, par exemple, les heures et les journées de travail de tous les ouvriers plutôt que d'en renvoyer quelques-uns?

L'assurance contre le chômage réduira dans des proportions considérables, si elle ne l'anéantit pas tout à fait, le grand grief de la classe ouvrière contre la civilisation moderne.

Car l'expérience nous montre que dans les grands pays civilisés où les risques de la vie sont les mieux assurés, l'esprit de l'ouvrier est moins révolutionnaire.

La Commission des Réformes sociales après étude, estime qu'il est utile d'appeler l'attention des Parlementaires du Parti afin qu'ils étudient et proposent une loi d'assurance contre le chômage dont les organes de gestion pourront être les bureaux de placement municipaux ou ceux des organisations syndicales.

Assurance contre la maladie.

La maladie, par l'incapacité de travail qu'elle entraîne, bouleverse l'économie domestique du ménage ouvrier et frappe toute la famille.

Il faut vivre alors sur les réserves et les économies ; au bout de quelques jours, on se trouve privé de tout, forcé d'acheter à crédit et de contracter des dettes écrasantes.

Les moyens de défense mis en œuvre à notre époque contre les conséquences de la maladie sont :

La mutualité libre;

L'assistance publique.

La mutualité s'applique aussi bien à la population ouvrière qu'à l'ensemble des citoyens puisqu'un petit commerçant, un artiste, un fonctionnaire peuvent s'adresser à elle comme un charpentier et un charron.

C'est une institution plutôt sociale que professionnelle.

Patronné, défendu, exalté par les pouvoirs publics, le mouvement mutualiste a pris de l'ampleur sous la poussée du besoin.

Pourtant le mouvement n'a pas été général et la grande masse ouvrière s'est tenue à l'écart.

Les uns hésitent devant l'insuffisance des secours que la prévoyance mutualiste leur assure : d'autres, hélas, trop nombreux dans notre démocratie, au lieu de se réserver quelque chose pour le lendemain, n'y songent même pas.

Pour eux, le présent est tout. Leur imprévoyance égale leur inconscience.

Il y a enfin ceux dont le salaire infime ne peut souffrir un prélèvement.

L'Assistance publique ne va qu'aux déshérités et aux pauvres.

D'après la loi du 15 juillet 1893, tout citoyen malade et sans ressources reçoit des secours médicaux de la Commune. La femme en couches est assimilée à un malade.

Mais ceux qui ne sont pas indigents et qui restent en dehors de l'association mutualiste continuent à être isolés et par ce fait exposés au risque écrasant de la maladie.

Pour eux, la question reste entière puisque réfractaires à toute idée de prévoyance ou incapables à ce sujet ils ne disposent pas des bienfaits de la mutualité.

Finiront-ils par s'y ranger?

Ce résultat ne semble pas être proche et le temps presse.

Quand les mutualistes se tournent vers l'Etat et lui disent : Aidez-nous et ne vous inquiétez pas de ceux qui ne veulent pas être des nôtres, nous devons dire : Non, la mutualité se trompe, car l'Etat moderne a moins de devoirs envers les forts, envers les mutualistes qui pensent à eux et à leurs familles, tandis qu'il en a beaucoup plus envers ceux qui préparent pour eux et leurs familles un avenir malheureux.

C'est à ces derniers surtout que doit aller notre sollicitude, car c'est la raison d'être de la République, de notre parti enfin qui ne cesse de dépenser son activité généreuse pour venir en aide à ceux qui ont besoin d'appui.

Aider uniquement les premiers, cela serait presque consacrer un privilège pour ceux que la nature a doués d'une énergie morale plus forte que les autres.

Si nous voulons remplir notre devoir social, les faits sont là devant nos yeux pour nous indiquer la voie à suivre.

D'un côté, les sociétés de secours mutuels procurent des secours de maladie, soins médicaux et pharmaceutiques à un nombre restreint de travailleurs.

D'un autre côté, l'assurance obligatoire procure à des millions de travailleurs les secours et soins susdits dans une mesure plus large que ne peuvent le faire les sociétés de secours mutuels.

Dans ces conditions, en présence d'une telle supériorité de services rendus, il ne nous paraît pas admissible que les esprits non prévenus ne hâtent de leurs vœux l'introduction dans notre pays d'une institution de cette nature.

Pour ceux qui pourraient craindre que cette institution nouvelle vienne stériliser l'action mutualiste, le tableau suivant leur permettra de se rendre compte que leurs craintes sont vaines à ce sujet.

	Sociétés.	Mutualistes.	Proportion à la population pour 0/0.
Allemagne...	22.364	9.156.000	16.3
Angleterre...	28.718	5.281.000	14.3
France	13.030	2.195.000	5.6

800,000 mutualistes français appartiennent à des sociétés de Retraites et autres qui ne donnent pas de secours pour la maladie.

Vis-à-vis de l'Allemagne et de l'Angleterre, qui sont, comme tout le monde le sait, des pays assurés, notre pays n'existe même pas au point de vue de la mutualité.

On peut voir ainsi que, là encore, nous n'occupons pas le premier rang.

L'assurance obligatoire peut être instituée sans être une charge pour l'Etat et être simplement pour ce dernier une mesure de sollicitude légale qui impose surtout la prévoyance aux ouvriers intéressés ainsi qu'aux patrons.

C'est ainsi qu'en Allemagne, en Autriche, dans le Luxembourg et deux cantons Suisses où l'assurance contre la maladie est obligatoire, ce sont les ouvriers et les patrons seuls qui cotisent sans subventions de l'Etat.

La cotisation patronale se justifie par l'aggravation des conditions dans lesquelles s'exécute le travail à notre époque.

Les exigences du développement industriel et commercial ont créé des devoirs nouveaux à la population ouvrière réunie dans des ateliers, bureaux et magasins où les prescriptions d'hygiène relatives à l'encombrement, l'aération et l'éclairage ne sont pas toujours observées.

Dans ces milieux très denses, des tâches abusives sont trop souvent imposées et la maladie y trouve un champ propice.

Or le travail est un capital économique qu'il faut savoir ménager et ceux qui en usent, qui bénéficient de sa production ont intérêt, pour la sauvegarder, à prendre leur part dans la répartition de ce risque qui pèse jusqu'ici sur l'ouvrier seul.

Certains patrons ne manqueront pas de dire que cette charge nouvelle va ruiner l'industrie nationale et rendre impossible la concurrence avec l'étranger.

Il semble que les industriels allemands, anglais, autrichiens qui paient leur part du risque de maladie supportent très bien la concurrence et font bien leurs affaires; il n'y a pas de raisons pour que dans notre pays les choses se passent différemment.

En Angleterre, la loi du 16 décembre 1911 sur l'assurance contre la maladie comprend deux catégories d'assurés : les assurés obligatoires et les assurés facultatifs.

Les assurés obligatoires comprennent tous les salariés âgés de plus de 16 ans et de moins de 70 ans ayant un revenu inférieur à 4,000 francs.

Pour ces assurés, les ressources nécessaires au fonctionnement de l'institution sont constituées par une triple contribution : la contribution de l'assuré lui-même, celle de l'employeur et celle de l'Etat.

Ces versements varient suivant le niveau du salaire de l'ouvrier qui peut même en être dispensé si ce salaire est inférieur à un chiffre déterminé.

Le fonctionnement est assuré essentiellement :

1° Par toute association ne poursuivant pas un but lucratif ;

2° A leur défaut, par les caisses d'assurance postale.

Je crois avoir suffisamment démontré que l'assurance est seule susceptible de permettre à tous les travailleurs de se défendre contre les conséquences cruelles de la maladie.

D'ailleurs nous n'innovons rien, nous ne faisons qu'imiter d'autres pays industriels qui nous ont devancés dans la voie de la justice et de la solidarité.

DISCUSSION

M. Paul Falot, *président de la Commission, rapporteur.*

Citoyens,

Le Parti radical-socialiste a placé au premier rang de son programme l'importante question des Réformes sociales et s'est toujours préoccupé d'établir l'harmonie entre le capital et le travail par des mesures susceptibles de supprimer l'acuité des conflits entre employeurs et employés.

Nous voulons l'intervention de l'État dans la lutte contre les misères des humbles, des faibles, des déshérités, mais nous voulons aussi son intervention en faveur des travailleurs de toutes catégories pour diminuer les risques sociaux et atténuer leurs conséquences.

L'intervention de l'État doit, non pas supprimer mais doit encourager et développer l'effort personnel, faciliter l'initiative privée pour que tous les travailleurs vivent dans l'aisance et soient assurés contre les coups du sort.

L'œuvre accomplie par notre Parti est déjà considérable; les lois d'hygiène, de protection de l'enfant et de la femme; celles destinées à combattre l'alcoolisme et la tuberculose, les admirables lois sur les accidents du travail, sur l'assistance aux vieillards, sur le bien de famille, la loi des retraites ouvrières, celles sur le repos hebdomadaire et sur la limitation des heures du travail dans certaines professions, ont amélioré les conditions d'existence des masses laborieuses et leur ont donné plus de bien-être et plus de sécurité.

Le Parti radical-socialiste est fier à juste titre des résultats qu'il a obtenus, résultats qui nous donnent pleine confiance pour l'avenir.

Mais si nous avons fait beaucoup pour le peuple, dont nous sommes, il reste encore plus à faire et notre programme de réformes sociales est peut-être le plus important et aussi le plus difficile à réaliser.

Nous n'ignorons pas, en effet, que les réformes sociales que nous préconisons ne peuvent pas être l'œuvre d'un jour et qu'il faudra, pour les faire aboutir, du temps, de la méthode, de la persévérance et surtout la bonne volonté de tous, même des bénéficiaires.

Ces réformes, qui nécessitent, pour la plupart, de grosses dépenses, ne peuvent être obtenues que grâce à une politique économique mettant en valeur toutes nos forces de production et aussi à des réformes fiscales comme l'impôt sur le revenu qui permettra d'obtenir la participation de tous les citoyens aux charges sociales proportionnellement à leurs réelles facultés contributives. *(Applaudissements.)*

Le Congrès de Tours ayant décidé que les questions sociales seraient portées en tête de l'ordre du jour du Congrès de Pau, la Commission permanente des réformes sociales du Comité Exécutif consulta, ainsi que vous le savez, les Comités et adhérents du Parti, étudia attentivement leurs nombreuses réponses et prépara des rapports en tenant compte des avis et observations des militants.

Vous avez tous reçu les rapports sur les mesures à prendre pour amener l'harmonie entre le capital et le travail; sur l'apprentissage, sur l'assurance contre l'invalidité, le chômage et la maladie, sur les modifications à apporter à la loi sur les accidents du travail et son extension aux maladies professionnelles, aux domestiques, gens de maison, employés des professions libérales, au personnel occupé dans les exploitations agricoles et forestières, rapports établis par nos amis, F. Morin, Salmon, docteur Pottevin, Pène, Peyre et par moi-même; la Commission du Congrès les a discutés pendant trois séances, les rapporteurs spéciaux sont présents et se joindront à moi pour répondre, s'il y a lieu, à vos observations.

La Commission du Congrès a tenu compte des observations présentées par nos collègues Salmon, Coulon, Pène, Lelord, Barit, Gorjus, Billiet, Fabius de Champville, Merisier, Lannois, Clerisse, Gautherin, au nom de leurs groupements, et nous sommes fondés à dire que les vœux que nous vous proposons sont l'expression des désirs et de la volonté de l'ensemble du Parti.

La Commission a, sur la proposition de notre ami Petit Georges, de Lille, décidé de vous soumettre le vœu suivant :

Revision et fusion des lois sociales existantes et leur remplacement par une loi unique de prévoyance sociale, assurant tous les risques sociaux.

Mais en attendant la réalisation de ce vœu, nous avons recherché les modifications qu'il est nécessaire d'apporter immédiatement aux lois existantes pour en supprimer les imperfections et les vices, sources continuelles d'abus qui sont un obstacle permanent à l'extension des lois sociales.

La Commission estime qu'il est utile, tout d'abord, de perfectionner la loi de 1898 sur les accidents du travail, puis de l'étendre aux maladies professionnelles, d'en faire bénéficier au plus tôt les domestiques, gens de maison, serviteurs de toutes sortes, employés des professions libérales, travailleurs des exploitations forestières, domestiques de fermes, ouvriers et employés des exploitations agricoles, en un mot tous les travailleurs de toutes catégories.

Toutes ces catégories de travailleurs doivent rentrer dans le droit commun et bénéficier des avantages de la loi protectrice et bienfaisante de 1898 dont s'honorent les républicains et particulièrement les radicaux-socialistes.

Cependant, la Commission a reconnu que l'application à l'Agriculture de la loi de 1898 paraissait présenter des difficultés, notamment en ce qui concerne la délivrance du certificat médical obligatoire constatant les conséquences de l'accident, et que, plus équitable que le tarif actuel, les frais médicaux pourraient être hors de proportion avec les soins nécessaires.

Il est exact que souvent les exploitations agricoles sont très éloignées des centres où résident les docteurs médecins; il est exact que le déplacement de ceux-ci pour un long trajet dans les régions où les moyens de communication sont primitifs coûte un prix élevé, et que, notamment pour les petits accidents, la dépense pourrait être hors de proportion avec leurs conséquences normales.

Mais la Commission estime qu'il serait possible d'éviter ces frais élevés et les abus, soit en établissant un tarif médical plus équitable que le tarif actuel. soit en modifiant pour les localités ou régions dépourvues du service médical le système de constatation des accidents.

Des observations et renseignements fournis à la Commission, notamment par nos amis Peyre et Lelord, il apparaît qu'une autre raison sérieuse invoquée contre l'extension de la loi, c'est le fardeau qu'elle ferait peser sur l'Agriculture.

La charge serait d'environ 3 francs par hectare de terre arable soit 2 fr. 40 0/0 des salaires, la culture d'un hectare étant évaluée en moyenne à 124 francs.

Le total des frais d'assurances s'élèverait à 130 millions environ.

Mais il y a lieu de remarquer que l'Agriculture supporte actuellement une partie de cette somme puisque les employeurs paient les conséquences des accidents lorsque leur responsabilité est établie, aussi la Commission insiste auprès des élus du Parti pour qu'ils obtiennent pour le personnel agricole, malgré toutes les difficultés invoquées, les mêmes avantages que ceux dont bénéficient les autres travailleurs en ce qui concerne les accidents du travail.

J'appelle tout particulièrement votre attention sur le rapport très complet et très documenté de notre ami Peyre sur l'extension de la loi aux maladies professionnelles et vous demande de décider qu'il sera joint au compte rendu du Congrès. *(Approbations.)*

Avec le perfectionnement et l'extension de la loi de 1898, la Commission juge nécessaire de poursuivre aussitôt la réalisation de l'assurance des travailleurs contre l'invalidité, complément de la loi sur les accidents et sur les retraites ouvrières.

Parmi les projets déposés au Parlement, notre attention a été retenue sur celui de notre éminent ami, M. René Renoult; le Congrès devra insister, auprès des élus du Parti, pour obtenir la mise à l'ordre du jour du Parlement de l'assurance-invalidité. *(Applaudissements.)*

L'assurance contre la maladie est réclamée par tous nos Comités dont un grand nombre préconisent la réalisation par le développement des Sociétés de Secours Mutuels qui seraient largement subventionnées.

Tout en reconnaissant les services rendus par les Sociétés de Secours Mutuels et ceux que ces sociétés sont appelés à rendre encore, la Commission a reconnu que beaucoup de travailleurs trop chargés de famille ne possédaient pas les ressources nécessaires pour verser la cotisation des Sociétés de Secours mutuels.

Pour être prévoyant, il faut déjà disposer d'un petit superflu, il faut gagner un peu plus que ce qui est strictement nécessaire pour vivre au jour le jour.

C'est pourquoi la Commission estime que le législateur doit intervenir et organiser l'assurance contre la maladie avec le concours de la Mutualité si possible, mais à la condition que les plus malheureux puissent également profiter de l'assurance par les Sociétés de secours mutuels subventionnées à cet effet.

Tout en constatant que la loi sur le repos hebdomadaire ainsi que la limitation des heures de travail avaient diminué considérablement le chômage et que, même actuellement, dans beaucoup de professions, le nombre des ouvriers n'est plus suffisant, la Commission estime qu'il est nécessaire d'étudier l'organisation de l'assurance contre le chômage, ce risque social qui frappe le travailleur aussi violemment que la maladie ou les accidents et parfois a des conséquences plus désastreuses.

La difficulté de distinguer entre le chômage volontaire et celui involontaire paraît pouvoir être résolue en confiant la gestion des caisses de chômage aux bureaux de placement municipaux et aux organisations syndicales et mutualistes qui exercent le contrôle nécessaire et participent aux frais.

La Commission insiste pour que les élus du Parti fassent aboutir les réformes discutées et réclamées dans nos précédents Congrès concernant de nombreuses mesures à prendre et les lois votées à appliquer en vue d'assurer l'harmonie dans les rapports entre le capital et le travail, notamment : Arbitrage obligatoire, contrat collectif du travail avec extension de la capacité des syndicats professionnels, création d'actions de travail, crédit mutuel au travail, petits commerçants, petits industriels, ouvriers, employés, *minimum* de salaire pour le travail à domicile, biens de famille, habitations ouvrières. *(Applaudissements.)*

La Commission, conformément aux demandes de nos Comités, a estimé qu'il était urgent d'appeler l'attention du Congrès de Pau sur la crise de l'apprentissage.

Il serait utile d'obtenir du législateur que le patron qui n'occupe pas d'apprenti ne soit pas plus favorisé que celui qui instruit des apprentis.

En effet le patron qui occupe même un seul apprenti n'a pas le droit de faire travailler ses ouvriers plus de 10 heures par jour, alors que celui qui n'occupe pas d'apprenti peut satisfaire plus rapidement sa clientèle parce qu'il a le droit d'occuper ses ouvriers plus de 10 heures.

Il est incontestable que la nation est intéressée à la prospérité de nos industries qui péricliteraient si elles ne pouvaient plus recruter d'ouvriers français.

Cette question au point de vue social et national est de premier ordre, nous la signalerons à la vigilance de nos élus. *(Plusieurs voix : Très bien, très bien. — Vifs applaudissements.)*

Pendant les quelques instants que vous voulez bien m'accorder, il ne m'est pas possible d'examiner toute les questions sociales qui se présentent à notre attention.

Je sais que d'autres questions importantes figurent également à l'ordre du jour du Congrès et je ne veux pas prolonger ce discours que, malgré l'aridité des questions traitées, vous avez accueilli avec des marques de sympathie et d'approbation qui montrent combien vous êtes d'accord avec la Commission et avec son rapporteur.

Je vous soumettrai tout à l'heure des vœux pris en considération par la Commission sur les propositions de nos amis Caminade, de Lyon, et Albert Dalimier, député, vœux concernant l'hygiène et la préservation tuberculeuse du travailleur, ainsi qu'un vœu présenté par notre collègue Cavalier, d'Alger, et soutenu par moi-même, demandant l'extension des lois sociales à l'Algérie et aux colonies.

Mais en terminant cet exposé succinct, j'ai le devoir

de faire connaître la lamentable application des lois sur l'assistance aux vieillards et sur les retraites ouvrières.

Pour ma part, j'estime que ces lois doivent être profondément remaniées, mais avant d'exprimer notre opinion, il est nécessaire d'observer attentivement les faits et d'en tirer les conclusions qu'ils comportent.

La Commission vous demande de faire une enquête auprès des Comités et adhérents du Parti afin de supprimer les abus qui existent dans l'application de ces lois nécessaires, de les modifier en les simplifiant afin d'obtenir réellement et facilement que tous les travailleurs des deux sexes, âgés de plus de 60 ans, ceux qui sont usés physiologiquement et ne possèdent pas les ressources pour assurer leur existence, puissent bénéficier d'une modeste retraite, du morceau de pain et de l'abri nécessaires pour vivre.

J'insiste vivement auprès de vous pour que vous décidiez, dès à présent, de porter cette question si importante à l'ordre du jour du prochain Congrès. *(Vifs applaudissements.)*

Vos applaudissements unanimes indiquent que, comme la Commission, vous considérez que les réformes dont je viens de vous entretenir sont urgentes et que vous pensez comme nous que leur réalisation apportera plus de justice sociale et diminuera le nombre des déshérités et des révoltés.

Dans ces conditions je vais vous donner lecture des vœux que nous vous proposons. Vous pourrez les discuter et les approuver immédiatement :

Modifications à la loi sur les accidents du travail.

« Le Congrès considérant que la loi de 1898 sur les accidents du travail n'accorde pas entièrement aux travailleurs l'indemnité à laquelle ils ont droit ;

« Qu'en effet, l'article 3 de cette loi stipule que l'employé ou l'ouvrier n'a pas droit à une indemnité journalière lorsque l'incapacité de travail a duré moins de quatre jours et que l'indemnité n'est pas due pour les quatre premiers jours, lorsque l'incapacité n'a pas duré plus de dix jours ;

« Considérant que l'application de cet article 3 est la cause de beaucoup d'abus et qu'il est nécessaire de détruire tous les abus de cette loi bienfaisante afin d'annihiler toute résistance à l'extension de l'assurance aux autres risques sociaux ;

« **Emet le vœu** :

« Que le Parlement modifie l'article 3 de la loi de 1898, en accordant à l'ouvrier ou à l'employé le droit pour l'incapacité temporaire, à une indemnité journalière à partir du lendemain de l'accident, quelle que soit la durée de l'incapacité temporaire.

« Le Congrès, constatant que cette modification, en détruisant des abus, n'apportera aucune charge nouvelle aux assujettis, demande également au Parlement de prendre les mesures nécessaires pour que les contrats d'assurances en cours ne soient l'objet d'aucune augmentation de primes à la suite de la loi de 1898. »

Extension de la loi sur les accidents du travail aux maladies professionnelles.

« Le Congrès de Pau,

« Considérant :

1° Que les maladies professionnelles, plus encore que les autres accidents du travail, sont partie intégrante du risque professionnel auquel les travailleurs sont journellement exposés;

« 2° Que les ouvriers de pays voisins, tels que la Suisse, l'Angleterre et l'Allemagne, sont protégés par la loi contre tous les risques professionnels;

« 3° Que la Chambre française a voté, le 3 juillet 1913, une proposition de loi généreuse mais incomplète ayant pour objet l'extension aux maladies professionnelles de la loi du 9 avril 1898 sur les accidents du travail;

« 4° Que cette loi s'applique uniquement à deux catégories d'intoxications professionnelles, et laisse de côté un grand nombre de maladies professionnelles tout aussi fréquentes et aussi graves que celles provoquées par les industries et les manipulations du plomb ou du mercure;

« Émet le vœu :

« Que le Sénat républicain soucieux de la santé et de l'hygiène de tous les travailleurs vote la loi déjà élaborée par la Chambre des députés et que les élus du parti poursuivent l'extension de la loi du 9 avril 1898 à toutes les maladies dont l'origine professionnelle pourra être nettement démontrée. » (Proposition P. Peyre, rapporteur.)

La Commission nous propose également d'adopter le vœu émis par le Comité radical-socialiste du IVe arrondissement de Lyon, à la suite de la discussion du rapport présenté par le citoyen Caminade, docteur en médecine, sur *l'Extension de la loi du 9 avril 1898 aux maladies professionnelles.*

Ce vœu est ainsi conçu :

« Le Congrès de Pau

« Emet le vœu :

« Que l'initiative privée prenne d'elle-même les mesures de prévention contre les maladies de la profession du travailleur.

« Que cependant cette initiative privée ne soit pas exclusive et soit combinée avec celle de l'Etat. »

Extension de la loi sur les accidents de travail aux domestiques, gens de maison, serviteurs de toutes sortes et employés de toutes professions libérales.

« Le Congrès considérant :

« Que la Chambre des députés a voté, le 25 juin 1913, un projet de loi ayant pour objet d'étendre le régime de la législation sur les accidents du travail aux gens de maison, domestiques et serviteurs de toute sorte.

« Emet le vœu :

« Que le Sénat vote rapidement le texte de loi adopté par la Chambre des Députés, concernant les domestiques, gens de maison et autres serviteurs attachés ou non à la personne et veuille bien l'étendre également à tous les employés des professions libérales. » (Proposition P. Peyre, rapporteur.)

Extension de la loi sur les accidents de travail aux exploitations forestières.

« Le Congrès considérant :

« 1° Que les exploitations forestières constituent de véritables entreprises industrielles ou commerciales, dont les ouvriers travaillant en chantiers sur le parterre de la coupe devraient être logiquement couverts par la loi de 1898;

« 2° Que deux textes de loi, à peine dissemblables sur le fond et donnant satisfaction aux intéressés, ont été votés respectivement au Sénat et à la Chambre des députés;

« Emet le vœu :

« Que le Sénat et la Chambre fassent un effort sérieux de conciliation et veuillent bien se mettre enfin d'accord sur un texte définitif afin de faire bénéficier les travailleurs des exploitations forestières des avantages de la loi de 1898 sur les accidents du travail. » (Proposition P. Peyre, rapporteur.)

Extension de la loi sur les accidents du travail aux domestiques de fermes et aux ouvriers agricoles.

« Le Congrès, considérant d'une part :

« 1° Que les conditions particulières à l'exercice de certaines professions agricoles, et l'intérêt même de l'agriculture, ne permettraient pas facilement d'englober d'un seul coup tous les travaux agricoles dans la sphère de protection de la loi de 1898;

« 2° Qu'il convient de procéder prudemment et par étapes successives afin de permettre aux agriculteurs de se couvrir contre les charges financières de la loi, sans dommage appréciable.

« Considérant d'autre part :

« 1° Que les ouvriers et domestiques agricoles sont les seuls, parmi tous les salariés du travail, qu'aucune proposition de loi ne concerne, actuellement, au sein du Parlement;

« 2° Qu'il y aurait injustice flagrante à maintenir plus longtemps tous les travailleurs de la terre en dehors du droit commun, instauré par la loi du 9 avril 1898;

« Emet le vœu :

« Que le Parlement vote, le plus tôt possible, une loi étendant dans la plus large mesure les bénéfices de la loi du 9 avril 1898 aux domestiques de ferme et aux ouvriers agricoles. » (Proposition P. Peyre et P. Falot.)

Assurance contre l'invalidité.

« Le Congrès :

« Invite les élus du Parti à unir leurs efforts afin de faire voter par le Parlement, dans le plus bref délai, le projet de loi sur l'assurance contre l'invalidité, présenté par M. René Renoult et ses collègues. »

M. Lafferre. — Je n'ai pas très bien compris ce que demande la Commission au sujet de la proposition de loi sur l'invalidité, déposée par M. Renoult.

M. Falot. — Il y a plusieurs projets de loi contre l'invalidité dont l'un déposé par un membre du Parti, M. R. Renoult. Il y a 150 députés de gauche qui l'ont signé. Nous demandons que les élus du parti unissent leurs efforts afin de le faire voter par le Parlement dans le plus bref délai possible avec les modifications qui seront jugées utiles.

M. Lafferre. — Au dernier Congrès des sociétés de Secours mutuels de Montpellier, ce projet a été très vivement discuté. Je demanderai si on ne pourrait pas adopter un texte permettant aux élus de concilier leurs principes mutualistes avec le principe du projet de loi.

Le Président. — Votre objection me paraît tout à fait fondée. On peut donner satisfaction à tout le monde en adoptant le texte du rapporteur et en faisant état de l'observation si judicieuse que vous venez de présenter. *(Approbations.)*

M. Falot. — J'ai encore quelques vœux à soumettre à l'approbation du Congrès.

Assurance contre la maladie.

« Le congrès,

« Invite les élus du parti à déposer au plus tôt un projet de loi tendant à assurer tous les travailleurs contre la maladie et compte sur leurs efforts pour faire aboutir cette réforme avec le concours des Sociétés de secours mutuels. »

Hygiène sociale.

Sur la proposition de notre ami Dalimier, je vous demande d'adopter les vœux suivants :

« Le Congrès émet le vœu que le Sénat examine le plus tôt possible la proposition de M. Léon Bourgeois et de plusieurs de ses collègues, tendant à instituer des dispensaires d'hygiène sociale et de préservation antituberculeuse. »

« Le Congrès émet le vœu que la Commission d'hygiène de la Chambre dresse un plan méthodique d'examen et de discussion des projets et propositions dont elle est saisie. »

Assurance contre le chômage.

« Le Congrès de Pau :

« Invite les élus du Parti à étudier et à proposer une loi d'assurance contre le chômage, dont les organes de gestion pourraient être les bureaux de placement municipaux ou les organisations syndicales et mutualistes. »

Sur la proposition du Comité d'action démocratique d'Alger, la Commission vous demande d'adopter le vœu suivant :

Extension des lois sociales à l'Algérie et aux Colonies.

« Le Congrès émet le vœu :

« Que le bénéfice de la loi du 14 juillet 1905 sur l'assistance aux vieillards soit étendu à l'Algérie et aux colonies dans le plus bref délai. »

Rapports entre le capital et le travail

« Après examen des questions sociales suivantes : arbitrage obligatoire, tribunaux régionaux d'arbitrage, contrat collectif du travail, participation obligatoire aux bénéfices, création d'actions de travail;

« Considérant que ces réformes ont été depuis longtemps déjà discutées par le parti radical et radical-socialiste, en ses précédents Congrès, et que ces réformes sont capables d'amener la bonne harmonie entre le capital et le travail;

« Invite tous les élus du Parti à poursuivre de façon énergique leurs efforts, pour faire aboutir ces lois dans la prochaine législature.

« Considérant, d'autre part, qu'il y a lieu pour le Parti d'étudier les questions des travailleurs vendeurs de travail et de la réglementation du gain du capital, invite tous les Comités et fédérations radicaux et radicaux-socialistes à mettre à l'étude ces questions à l'ordre du jour de leurs réunions. »

Crise de l'apprentissage.

« Le Congrès émet les vœux :

« 1° Que la loi de 1900 sur le travail des mineurs soit modifiée afin de permettre aux patrons occupant des apprentis de faire travailler leurs ouvriers un même nombre d'heures que les patrons n'instruisant pas d'apprentis;

« 2° Que le législateur favorise l'apprentissage à l'atelier et la création de cours complémentaires d'instruction technique avec appui de l'Etat;

« 3° Que des bourses d'apprentissage soient accordées aux apprentis dont les familles ne possèdent pas de ressources suffisantes. »

Assistance aux vieillards et retraites ouvrières.

« Le Congrès décide de mettre à l'ordre du jour du Congrès 1914 l'examen des modifications à apporter aux lois sur l'assistance aux vieillards et sur les retraites ouvrières. »

Sur cette dernière question, la Commission permanente, en présence des réponses venues de tous les points de la France, n'a pas pris de décision et elle ne peut que vous demander de faire une grande enquête parmi nos Comités et de porter la question à l'ordre du jour du prochain Congrès. *(Vifs applaudissements.)*

M. Lafferre. — Peut-être n'ai-je pas écouté d'une façon assez attentive, mais il me paraît que le rapporteur n'a pas pensé à introduire parmi les réformes très prochaines la réglementation du travail à domicile qui fait en ce moment-ci l'objet des préoccupations du ministre du travail et qui est une question très urgente pour la démocratie. On pourrait peut-être ajouter simplement que la Chambre se hâte de faire voter le plus rapidement possible le projet de loi sur le travail à domicile.

M. Falot. — Nous sommes d'accord, ce fut voté les années précédentes, mais il serait utile en effet de voter la proposition de notre ami M. Lafferre.

Le Président. — Je demande si, sur la question posée par M. Lafferre, il y a des objections? *(Cris : Non. — Adopté.)*

M. Schmidt. — Je proposerai un vœu consistant à demander la transformation de la loi du repos des femmes en couche et une loi complète de protection maternelle.

J'espère bien, par un prochain amendement au prochain budget, arriver à ce résultat.

M. Falot. — Vous avez satisfaction par le premier vœu qui demande la fusion des lois existantes. Pour ma part, j'approuve votre vœu.

Le Président. — Les observations de M. Schmidt ont certainement rencontré les sentiments approbateurs unanimes du Congrès. Je mets aux voix l'ensemble des vœux rapportés par M. Falot.

M. GORJUS. — Je voudrais que, l'année prochaine, nous étudiions en même temps la question du minimum des salaires dans le travail à domicile.

LE PRÉSIDENT. — Cela rentre dans la réglementation du travail. L'an prochain, il sera tenu grand compte de vos observations.

M. LAFFERRE. — Ce point n'est pas distinct, il est compris dans le projet de loi.

LE PRÉSIDENT. — Personne ne demande plus la parole? Je mets aux voix l'ensemble du rapport et des vœux présentés par M. Paul Falot. *(Adopté à l'unanimité.)*

LE PRÉSIDENT. — Je suis saisi d'une motion de MM. Schmidt, Dalimier, Dumesnil, Perchot, Lafferre et plusieurs de leurs collègues, ainsi conçues :

« Le Congrès, désireux d'éviter toute équivoque, affirme son loyalisme constitutionnel et déclare qu'il place la personne du Président de la République au-dessus des luttes de parti. » *(Applaudissements.)*

Je mets la motion aux voix. *(Adoptée à une grosse majorité.)*

Dans le fond de la salle, quelques délégués demandent le renvoi à la Commission.

LE PRÉSIDENT. — L'ordre du jour appelle les questions économiques. La parole est à M. Maurice Vollaeys, rapporteur.

COMMISSION DES ÉTUDES ÉCONOMIQUES DU COMMERCE, DE L'INDUSTRIE ET DE L'AGRICULTURE

Des Conditions du Progrès Économique et Social dans les Industries du Transport.

M. VOLLAEYS, *Avocat, Professeur de Droit maritime à l'École d'Hydrographie de Dunkerque, rapporteur, présente le rapport suivant.*

I

Les transports et la vie nationale.

Le transport est un des éléments essentiels de la vie; le progrès de la civilisation prévoit le développement des moyens de transport.

Depuis le moment où l'homme réussit à domestiquer

les animaux, il n'a cessé de travailler au perfectionnement de la locomotion. Grâce à son ingéniosité et à sa persévérance, il a successivement conquis la terre, l'eau et l'air. Le submersible a fait de lui un amphibie et les prouesses des aviateurs dépassent tout ce que l'imagination pouvait concevoir il y a seulement cinquante ans.

Le besoin de déplacement est aussi grand que nos moyens de transport naturels sont faibles. Nous considérons le chemin de fer comme une des merveilles du XIXe siècle et nous n'entrevoyons qu'à peine la locomotion de demain.

L'imagination peut se donner libre cours en cette matière ; tout ce qu'elle créera sera sans doute au-dessous de la réalisation.

Nous ne prétendons point anticiper sur les réalités futures, mais seulement rechercher comment et dans quelle mesure les moyens de transport dont nous disposons peuvent concourir au progrès économique et social de notre temps.

Sans les transports, il n'y a pas de vie sociale possible ; tous nos actes individuels, familiaux, sociaux, sont intimement liés à l'idée de transport. Un des principaux facteurs de la guerre est la mobilisation, c'est-à-dire le transport des hommes, des chevaux, des canons et des munitions en un point de concentration déterminé. Le commerce, l'industrie et l'agriculture n'existeraient pas sans le transport, qui met en valeur la matière, depuis son extraction du sol jusqu'au moment de la consommation.

Le transport est dans la forme concrète de l'activité humaine ; le rendement des chemins de fer, des ports et des canaux donne la mesure exacte de la prospérité d'un pays.

Le rail est l'instrument du progrès intellectuel, autant que du développement économique. Dans les grandes villes, le problème de la circulation est un des plus importants. La difficulté, la lenteur et la cherté des communications avec la banlieue est la cause principale de la crise des loyers, du défaut d'hygiène individuelle et sociale dans ces logements sans air et sans lumière, où s'étiolent les petits bourgeois et les ouvriers. La solution de la vie chère est tout entière dans le transport rapide, fréquent et bon marché, des voyageurs et des denrées.

La question du transport domine toutes les autres, soit qu'elle apporte, sous le nom de tourisme, la richesse à des régions pittoresques et pauvres, soit qu'elle donne l'air, la lumière et la nourriture à ceux qui sont enfermés dans les villes, ou qu'elle mette en valeur les richesses nationales.

Les transports rapides, fréquents et à bas prix donnent aux marchés producteurs des débouchés plus nombreux et permettent aux grands centres de s'alimenter de produits meilleurs, plus abondants, plus frais et à bas prix; ils décongestionnent les centres où affluent chaque jour les travailleurs; ils sont un des principaux facteurs de la prospérité nationale, de l'hygiène physique et morale du pays, de l'échange des richesses et des idées, du progrès, de la civilisation. En un mot, le transport est à la collectivité ce que la circulation du sang est à l'individu.

Les proportions dans lesquelles il transforme et active la vie sociale sont infiniment plus considérables que celles dans lesquelles il évolue lui-même.

Depuis le XVIIe siècle, la locomotion a fait des progrès considérables. Le rapide de Paris à Calais franchit 295 kilomètres en 3 h. 15. Les gens du XVIIIe siècle se félicitaient de ne plus mettre que treize jours pour aller de Paris à Marseille; nous trouvons que treize heures c'est long. C'est parce que nous nous rendons compte qu'une exploitation plus rationnelle des moyens de transport est possible. La première locomotive fut une sorte de cheval mécanique et le premier wagon une diligence sur rails. Malgré les progrès énormes et incessants des chemins de fer, nous restons liés à la dimension des voitures de l'autre siècle et à la conception économique et juridique du Code de 1807. On s'extasie sur l'emploi des camions automobiles aux manœuvres : on ne peut être étonné que d'une chose, c'est que le cheval soit encore un animal de trait, puisque le moteur à explosion existe. Cela tient à ce que toute invention nouvelle est d'abord un objet de luxe que les snobs adoptent parce qu'il est d'un prix élevé et que l'usage n'en est pas encore courant; le public est ainsi privé du bénéfice immédiat d'un progrès dont l'État devrait pouvoir doter de suite la collectivité.

Il s'ensuit que l'industrie des transports ne bénéficie pas aussi complètement qu'elle le pourrait des perfectionnements techniques, industriels et commerciaux.

La contribution du transport à la richesse générale est incontestable; la valeur d'un objet s'augmente du fait de son déplacement, et cette augmentation s'accroît en raison de la régularité et de la rapidité des transports.

Vainement, on contesta l'utilité directe des chemins de fer, en dehors du déplacement des objets; à la séance du Sénat du 11 juillet 1879, M. de Freycinet combattait la doctrine d'après laquelle une voie ferrée ne devrait être construite que lorsque des recettes suffisantes pourraient assurer la rémunération du capital de premier établissement.

« Un pareil raisonnement, disait-il, est un raisonnement de négociants, mais ce n'est pas un raisonnement d'homme d'État »; il y a autre chose que le bénéfice immédiat qu'envisage le négociant : « il y a l'économie énorme réalisée par le public sur les transports ».

Cette économie de temps et d'argent suffit à modifier les conditions de la vie sociale. Si l'on admet que le transport est un des facteurs principaux de la vie moderne, — et l'on peut difficilement le contester, — on doit reconnaître au transport le caractère de besoin de première nécessité, et à l'État le devoir d'en assurer la libre jouissance à chacun.

L'idéal serait dans le chemin roulant, le wagon rapide pour les grands trajets, à la disposition gratuite de tous.

Avant la loi du 17 juillet 1793, les routes étaient soumises au péage qui, en fait, ne fut aboli qu'en 1810. Le transport gratuit apparaîtra peut-être à certains tout aussi révolutionnaire; il n'est, en réalité, qu'une des conséquences de la notion du service public.

Peut-être notre éducation sociale n'est-elle pas encore assez complète pour un progrès aussi décisif; la propagande en faveur de l'hygiène et de la tempérance s'exercerait utilement en ce sens.

Mais il viendra un jour où l'on considérera comme tout naturel que l'État assure l'exode quotidien des travailleurs urbains vers la campagne environnante.

Le Métro ne transporte-t-il pas déjà chaque jour, de la périphérie au centre, et vice-versa, pour un prix modique, tout une population qui ne peut, faute de place, habiter à proximité de son travail?

Supposez qu'on prolonge chaque ligne de Métro et de tramway dans un rayon de cinquante kilomètres autour de Paris; qu'on y fasse circuler des trains rapides, sans augmenter les prix actuels; examinez les conséquences qui en résulteraient pour chacune des questions économiques et sociales. Aucune révolution n'aurait jamais eu des effets aussi considérables.

Techniquement, la chose est possible; commercialement, M. de Freycinet a déjà répondu à l'objection en 1879. L'objection disparaît complètement si l'on adopte notre point de vue, que le transport, étant une nécessité sociale, doit être mis par l'État à la disposition de la collectivité, comme le sont les routes et les canaux. Que serait, d'ailleurs, ce budget des transports à côté de ce que coûtent les armements !

Cette question est intimement liée à celle des habitations à bon marché.

La Caisse d'épargne de Soissons a construit des habitations ouvrières en dehors de l'agglomération, indépendantes les unes des autres. Chaque logement comporte quatre pièces principales, un grenier dans lequel peuvent être établis des mansardes, une cave, une buanderie, des water-closets et un petit jardin.

Chaque maison, terrain et clôture compris, revient à 5,250 francs environ. La location annuelle est de 168 francs, soit 14 francs par mois, avec promesse de vente. Le locataire devient propriétaire moyennant des acomptes versés.

Combien d'ouvriers parisiens peuvent-ils se loger pour 168 francs par an?

L'automobile a transformé les habitudes des classes aisées; l'industriel, le commerçant s'éloignent, autant que le permettent leurs ressources, de l'usine, du bureau pour habiter le château ou la villa, tandis que l'ouvrier, et l'employé sont limités au faubourg et à la petite banlieue.

L'État n'a-t-il pas le devoir de rétablir l'égalité économique entre tous les citoyens?

Si l'on démontrait que l'extension, ainsi entendue, des voies de communications suburbaines pourrait réaliser des bénéfices, il est probable que les conséquences économiques et sociales en seraient telles que tout ce qu'il y a de force conservatrice se soulèverait pour faire échouer un tel progrès. Quelques kilomètres de rail changeraient les conditions de l'existence. Ce n'est pas vrai seulement pour Paris. Il en est de même pour toutes les grandes villes.

Est-ce une utopie? Si l'on considère que le transport est une industrie quelconque, susceptible d'appropriation privée, — peut-être, et encore c'est une question de chiffres, — l'expérience démontre que les prévisions des ingénieurs sont en général au-dessous des réalisations. Si, au contraire, l'on admet que le transport est un service d'État, un service public, — on sait comment les Partis de conservation sociale ont applaudi le président de Conseil qui s'est engagé à assurer ce service public, même au prix d'une illégalité, — l'État a le devoir d'assurer et de développer le transport en commun dans des conditions de rapidité, de confortabl et de bon marché qui soient égales pour tous.

Il ne s'ensuit pas que l'on doive confier à l'État la direction des compagnies de transport. Le rachat de l'Ouest fut une opération nécessaire; on ne peut en tirer argument ni pour, ni contre l'exploitation, par l'État des chemins de fer. Les pratiques de l'Administration ne peuvent qu'alourdir la gestion commerciale. L'État ne peut, en effet, changer le mode d'exploitation; il en serait de même pour n'importe quelle autre compagnie rachetée, l'État substituant aux agents nommés par les conseils d'administrations ses propres fonctionnaires. L'État devient entrepreneur de transports; il ne transforme pas cette entreprise commerciale en un service public. L'Ouest-État ne mérite ni les éloges qui lui sont prodigués, — à l'époque des vacances, — ni les critiques tout aussi intéressées qui ne peuvent rien contre ce fait, d'ordre économique, que nos réseaux et leur mode d'exploitation ne répondent plus aux besoins actuels.

Ce qu'il faut modifier, c'est la conception économique et sociale du transport; cela ne peut être fait que lorsque l'opinion publique, suffisamment éclairée, comprendra que l'État doit faire les sacrifices nécessaires pour réaliser le transport économique et rapide à la portée de tous.

Le problème se pose donc dans son entier. Mais nous ne pouvons prétendre modifier en un jour les conditions de l'exploitation technique et commerciale des transports.

Nous n'envisageons pas davantage une transformation immédiate du régime de nos chemins de fer capable de léser les compagnies, sociétés commerciales qui ont le devoir de sauvegarder les intérêts de leurs actionnaires. Il nous importe peu que ce soit l'État ou des compagnies privées qui exécutent le transport; l'État, tel qu'il administre actuellement, est un mauvais exploitant; c'est notre faute : nous confions à une administration politique des entreprises industrielles.

En attendant que l'État ait fait son apprentissage commercial, il lui faut assurer, par les moyens dont il dispose, la conception du transport, service public.

Pour les chemins de fer, la formule transitoire est une diminution du tarif, l'établissement de tarifs dégressifs, l'augmentation de la vitesse moyenne des trains, le développement des voies ferrées et des trains rapides très bon marché, autour des grandes villes. Tout cela peut être réalisé à bref délai et il n'est pas contestable que l'État doive en supporter, dans une large mesure, la charge comme de tout service public.

Les moyens actuels de transports doivent être améliorés au profit de la collectivité; il s'agit non seulement des chemins de fer et des tramways, mais aussi de la navigation fluviale et de la marine marchande. Au transport se rattachent donc intimement l'aménagement des routes de terre et d'eau, les canaux, les ports fluviaux et maritimes; en un mot, tout ce qu'on appelle l'outillage national et qui n'est qu'un des éléments du transport.

II

La Navigation fluviale.

Le développement du chemin de fer détourna l'attention du transport par eau. L'hostilité discrète mais certaine des Compagnies de chemins de fer, si elle n'a pas réussi à entraver complètement la navigation fluviale, a du moins été assez forte pour l'empêcher d'atteindre son développement normal.

Il suffit de jeter les yeux sur une carte de France pour voir le parti qu'on pourrait tirer de notre admirable réseau de canaux et de rivières. Nous y avons dépensé des sommes considérables, mais a-t-on fait toujours un emploi judicieux des crédits?

Il est incontestable que la Belgique, la Hollande, l'Allemagne, ont atteint un degré de perfectionnement auquel notre navigation intérieure ne peut prétendre. Tandis que les Compagnies de chemins de fer anglaises réussissaient à réduire à des proportions infimes les transports par eau, nos voisins de l'Est donnaient aux leurs un développement capable d'amener à leurs ports maritimes un fret régulier.

Depuis quelques années un mouvement s'est produit en France en faveur de la navigation fluviale. Des Congrès ont émis des vœux, des projets ont été préparés, mais la réalisation est assez lente. L'insuffisance et le mauvais état de navigabilité d'un grand nombre de cours d'eau laisse en état d'infériorité des régions que le canal mettrait en valeur. Il nous suffit de citer le Sud-Ouest navigable, l'aménagement du Rhône, que notre collègue, M. Chambaud de La Bruyère, a étudié au triple point de vue de la navigation, de l'irrigation et de l'utilisation des forces motrices (1).

Sait-on que pour quatre départements français, Meurthe-et-Moselle, Meuse, Ardennes et Vosges, la houille française, par suite du manque de voies de communication économiques, ne fournit que 42,3 0/0 de la consommation totale, tandis que les houilles allemandes et belges fournissent le reste, soit 57,7 0/0.

La question des transports par eau est relativement complexe. Elle met en jeu l'aménagement des voies navigables, leur exploitation commerciale, le bateau, le marinier et la Compagnie de navigation fluviale.

Les bateaux, à la fois lourds et fragiles, s'acheminent lentement à travers les canaux encombrés, vers les ports où ils attendent l'arrivée des navires pour charger ou décharger. La belaudre devient une sorte de magasin flottant, ce qui, d'ailleurs, n'est pas sans avantages pour le commerce (2).

La liberté absolue dont jouissent les bateaux occasionne l'extrême lenteur du débit des voies navigables; le halage se fait encore à l'aide de chevaux étiques, dans la plupart des canaux; le plus souvent, le marinier ne tient pas à aller vite, la vitesse augmentant les risques d'avaries.

Les zones d'accès du canal sont limitées à la proximité de ses rives faute de raccordement avec la voie ferrée.

Les bateaux encombrent à certains moments des ports dépourvus de fret, tandis qu'à d'autres, la marchandise encombre les quais faute de moyens de transports. On voit alors les mariniers se précipiter tous vers l'endroit où on pourra avoir besoin d'eux et arriver trop tard ou en trop grand nombre, alors que, mieux informés,

(1) *L'Aménagement du Rhône.* Guy Chambaud de La Bruyère. Communications aux Congrès du Sud-Ouest navigable. *Ibid.* 1902, 1905, 1906.

(2) La question de stationnement donne lieu à des contestations fréquentes entre les mariniers et le commerce; le prix du stationnement est établi dans des conditions aussi régulières que le fret. Voici, par exemple, le bulletin publié par le *Neptune*, d'Anvers, du 16 septembre 1913 :

« *Séjours.* — Il se fait encore assez d'affrètements en séjours. Les prix restent fermes. On paye encore pour les grands bateaux 18 et 19 francs par jour, chargement et séjours en bassins. Vendredi, un bateau a été traité avec charbons à 21 fr. par jour. En rade, on paye de 45 à 50 francs par jour avec suite de séjours en bassins à raison de 19/20 francs par jour. »

La différence de prix entre le séjour au bassin et le séjour dans l'Escaut nuit à l'augmentation des risques en rade.

mieux dirigés, ils auraient pu être répartis proportionnellement aux besoins des ports.

Il faut incriminer l'état anarchique des transports fluviaux et non cette catégorie si intéressante de travailleurs que sont les mariniers.

A la fois, patrons et ouvriers, travailleurs nomades, propriétaires d'un outil qui vaut de 12 à 15,000 francs, — c'est le prix des belaudres de 300 tonnes, — le marinier n'a que le bon marché du fret pour lutter contre la concurrence que lui fait le chemin de fer par la facilité et la rapidité de ses communications et la division de son trafic. Les efforts des mariniers pour défendre leurs intérêts corporatifs n'ont pas amélioré sensiblement leur situation. Les conseils ne leur ont pas manqué et les parasites de la batellerie ont eut beau jeu. Les associations professionnelles des mariniers ont eu des fortunes diverses depuis la grève du Nord de 1904.

Peut-être le marinier ne se rend-il pas suffisamment compte de la valeur de son industrie?

Le ministère des Travaux publics a créé récemment l'Office de la Navigation, dont il a confié la direction à un de ses ingénieurs en chef des plus distingués, lequel fera très certainement des efforts sérieux pour que l'Office donne des résultats. S'il parvient à concilier les intérêts des petits patrons mariniers, des grandes compagnies, du commerce et l'intérêt général, il aura fait accomplir à la navigation fluviale le progrès le plus appréciable qu'elle ait jamais connu. Nos vœux l'accompagnent; mais nous n'osons pas espérer une réussite aussi complète.

Non seulement les transports par eau ont à soutenir la redoutable concurrence du chemin de fer, mais les bateliers se font entre eux une concurrence qui a été l'une des causes de la grève du Nord en 1904. Aujourd'hui, un bureau d'affrètement, où les mariniers sont inscrits et appelés à tour de rôle, a supprimé la concurrence ouverte.

L'institution du bureau de tour est intéressante en tant que contrat collectif de travail qui a d'ailleurs été renouvelé récemment pour une nouvelle période. Avant 1904, certains mariniers avaient une clientèle à peu près fixe, faisant presque toujours les mêmes voyages, pour les mêmes négociants.

C'était en quelque sorte, dans le Nord, la continuation traditionnelle du privilège de l'ancienne corporation des bateliers dunkerquois et qui était le *droit de préférence;* l'article 13 de l'ordonnance du Magistrat de

Dunkerque du 15 mai 1566 porte, en effet, que « les bélaudriers auront pendant toute l'année la préférence de charger en cette ville, devant les forains, pour naviguer par dedans le pays où il leur plaira et aux marchands, pourvu qu'ils le fassent avec d'aussi bonnes bélaudres, la même quantité de monde, et aussi bon marché que les forains le feraient et, depuis Pâques jusqu'à la saint Rémy, ils auront pareillement la préférence de charger en cette ville, devant les forains, pour naviguer par mer là où les marchands le souhaiteront et cela avec les mêmes bélaudres et aux conditions devant dites. »

Ce droit de préférence fit la fortune des bélaudriers dunkerquois, qui furent ruinés lors de la suppression par arrêt du Conseil du Roi du 2 août 1675. Il fut rétabli par l'arrêt du Conseil d'État du 23 juin 1781 qui permit à la corporation de se relever et de prospérer jusqu'à la Révolution (1).

Le fret n'était pas libre; il était fixé par les ordonnances. Ainsi pour un transport de Dunkerque à Bruges, les bateliers touchaient par tonneau « cinq florins argent d'Espaigne » et devaient transporter quinze tonneaux. L'ordonnance du 3 février 1873 ordonnait de maintenir dans le vieux port quatre bélaudres pour les besoins du commerce; ce nombre fut ensuite porté à huit par le règlement du 19 septembre 1787.

L'arrêt du Conseil d'État du 23 juin 1781 qui rétablit les bélaudriers de Dunkerque dans leur privilège, obligea la corporation à posséder, dans un délai de deux ans, cent vingt bélaudres au lieu de soixante.

Ces bélaudres faisaient de la navigation côtière pendant l'été; elles rendirent d'importants services à la flotte royale. Quand la corporation des bélaudriers dunkerquois réclama de l'Assemblée nationale le maintien de ses privilèges, elle les fit valoir. Elle avait à son actif de glorieux faits d'armes. Sous les ordres de Jean Bart, les bélaudres dunkerquoises tinrent tête pendant deux jours, en 1765, aux flottes anglaise et hollandaise, qui venaient bombarder le port de Dunkerque.

Les mariniers d'aujourd'hui ne sont pas moins vaillants que leurs devanciers; le génie militaire utilise leurs aptitudes professionnelles et le corps de santé mobilise les péniches pour l'évacuation des blessés.

La vie du marinier est particulièrement laborieuse; la femme et les enfants travaillent avec le père. Mais il n'en est guère qui puissent se retirer après fortune

(1) *La Corporation des bélaudriers.* Léon Noston.

faite. N'est-il pas pénible de voir, à notre époque, une femme et des enfants faire le métier de bêtes de somme, halant la péniche que l'homme gouverne? C'est ce qu'on rencontre fréquemment le long des canaux.

Ainsi donc, alors que la France possède un réseau fluvial qui serait merveilleux s'il était aménagé partout, alors que les mariniers forment une population laborieuse, travaillant de père en fils, possédant des qualités admirables de courage et de résistance, alors que des compagnies se sont fondées, soit pour le halage soit pour le transport, il faut constater que, malgré tous ces éléments de succès, l'état inorganique de notre régime fluvial et de la batellerie a arrêté l'industrie des transports fluviaux dans son essor normal.

Les Compagnies de chemins de fer qui semblent, en la circonstance, affectées d'une courte vue, envisagent défavorablement la suture du réseau fluvial avec le réseau ferré. Or, le transport mixte permettrait un abaissement de tarif, la seule conséquence que nous ayons à envisager en faveur de l'intérêt général. M. Marvéjols avait déposé, en 1903, un projet de loi tendant à imposer aux compagnies les raccordements avec les voies navigables. Le 6 février 1908, M. Barthou a déposé un projet de loi sur le même sujet, accordant aux compagnies le droit à des indemnités. La question n'est pas encore solutionnée.

Les travaux d'aménagement des cours d'eau sont en préparation; des procédés plus rapides de halage seront installés. Une transformation paraît devoir se faire dans l'exploitation commerciale des voies navigables.

Comment et dans quelles conditions cela sera-t-il fait? Voilà ce que nous devons nous demander. Au régime de liberté absolue succédera la réglementation. Les intérêts en présence sont considérables. Quoi qu'on fasse, le problème ne peut être envisagé séparément.

Le système des cloisons étanches entre les chemins de fer, les canaux, la marine marchande qui ne se connaissent que pour se concurrencer, au détriment de l'intérêt général, n'est plus possible à cette heure. L'avenir de la navigation fluviale dépend de l'unité technique, économique et juridique des transports.

Nous ne pouvons ici que signaler quelques-unes des questions à résoudre : l'hypothèque fluviale, la responsabilité du marinier comme transporteur et les assurances fluviales, le connaissement direct.

Enfin, avant de clore ce chapitre, nous devons men-

t
tionner les ressources de la houille blanche que nous laissons inexploitées. Malgré des projets nombreux, le jour est encore loin où la lumière, la chaleur et la force motrice seront mises à la disposition de tous dans des conditions abordables pour toutes les bourses.

III

La Marine marchande.

Notre marine marchande n'est pas dans une situation dont nous puissions nous enorgueillir. Il n'y a qu'à comparer, dans n'importe lequel de nos ports, le nombre des navires français et de ceux battant pavillon étranger, pour voir, plus clairement qu'avec une statistique, que nous n'occupons qu'un rang très inférieur parmi les puissances navales. La crise maritime française est un lieu commun; nous ne nous y attarderons pas. Les causes en ont été étudiées fréquemment avec une réelle compétence par des hommes qui ont foi, malgré tout, dans l'avenir maritime de la France.

Nous pensons comme eux que notre pays, grâce aux avantages de la situation géographique, doit occuper la première place comme transporteur maritime, parmi les nations européennes.

Quand on considère ce que l'Allemagne a su faire avec son faible développement de côtes et la place qu'elle occupe dans le monde maritime, c'est un sentiment de honte qu'il nous faut ressentir, nous qui avons accès direct à la mer du Nord, à la Manche, à l'Atlantique, à la Méditerranée, nous qui possédons des fleuves et des canaux qui sont les voies naturelles de pénétration dans l'Europe Centrale. Nous ne voulons pas envisager ce que d'autres que nous auraient fait de nos ports et de nos voies d'eau en les exploitant comme ils ont su exploiter leur propre pays. Mais, puisque tout le monde est d'accord pour reconnaître que nous n'occupons pas la place à laquelle nous devrions être, cette constatation faite une fois pour toutes, les causes de notre infériorité étudiées, mettons-nous résolument à l'œuvre pour regagner, à pas de géants, le temps et l'argent perdus.

Il n'entre pas dans le cadre réduit de ce rapport d'examiner toutes les questions relatives à l'armement de la flotte, aux équipages, au fret, aux ports de commerce, à la construction navale. La marine est en rapport avec les ministères de la Marine, des Travaux publics, des

Postes et Télégraphes, des Affaires étrangères, des Finances; le sous-secrétariat d'État de la Marine marchande vient d'enlever au Commerce les services qui lui avaient été passés par la Marine.

Si notre marine marchande n'est pas prospère, ce n'est pas faute d'administrations et de fonctionnaires pour la soigner. Mais, au fait, sa débilité ne tient-elle pas précisément à ce luxe administratif qui la gêne, l'entrave et l'étouffe?

Les Français sont les gens les moins révolutionnaires du monde. Leur marine vit encore sous le régime de Colbert. Si le ministre de Louis XIV revenait à son bureau, il n'est pas bien sûr qu'il trouverait beaucoup de changement dans les règles administratives qu'il a prescrites. La tradition toute puissante a maintenu intact les principes et les règles créés pour les frégates de haut bord, sans qu'on n'ait jamais eu l'idée de se demander si, vivant de nos jours, Colbert conserverait l'inscription maritime.

L'édifice glorieux et vermoulu tient encore debout, maintenu par les intérêts qui s'y abritent et qui ne sont pas le plus souvent, il faut le dire, ceux de la marine et du pays. La résistance contre tout progrès y est admirablement organisée et les efforts les plus généreux, tentés pour moderniser ce monument vétuste, s'y sont brisés lamentablement.

Tout ce qui touche de loin ou de près à la défense nationale est *tabou;* celui qui voudrait moderniser un peu la marine ferait figure de sacrilège. Quand on examine la raison d'une foule de prescriptions, quand on recherche le pourquoi de la plupart de nos institutions maritimes, on trouve, comme seule justification, la raison historique. Vous trouverez sans doute que cela ne suffit pas à justifier les millions gâchés chaque année pour le seul plaisir d'honorer et maintenir le passé.

On s'en rend si bien compte qu'on s'efforce de donner une impulsion vigoureuse à l'administration de la marine marchande. La création du sous-secrétariat a fait naître bien des espérances. Quelque initiative, quelque labeur qui s'y manifeste, il apparaît déjà que le sous-secrétariat ne pourra jamais être que l'organisme central des services administratifs, une sorte de bureau central de l'inscription maritime. S'il reste sans influence sur le développement de la marine marchande, ce ne sera pas la faute des hommes, mais uniquement celle de l'institution elle-même. Notre marine marchande est sous une tutelle perpétuelle qui l'anémie, alors qu'il lui faudrait la liberté.

La liberté, voilà un mot qu'il ne faut pas prononcer ici. La liberté évoquera pour l'armateur la suppression des primes, pour le marin, la suppression de la caisse des invalides, de prévoyance, de la protection dont il jouit pour ses salaires. On est arrivé, en effet, à faire croire aux uns et aux autres qu'il n'y avait pour eux aucune existence possible en dehors de l'aile protectrice du « *Bureau de la Marine* ». Nous ne nions pas les services que l'Inscription maritime a rendus. Nous ne voulons pas davantage porter atteinte aux droits légitimemement acquis. Il faut cependant arriver à poser nettement la question.

Quand Colbert instituait l'Inscription maritime, il n'avait en vue que le recrutement des marins pour les vaisseaux du roi. Sous Louis XIV, alors que le service militaire pour tous n'existait pas, c'était un progrès considérable. Mais aujourd'hui que le recrutement militaire fournit déjà un certain nombre d'hommes pour la marine, ne pourrait-il pas les fournir tous? Poser la question, c'est la résoudre. Or c'est la base de toute notre organisation maritime.

La force de la routine est telle que les marins, conservant tous les avantages de leur situation de marins, protesteraient sans doute si on leur parlait de toucher à l'inscription maritime. Il leur faut encore faire l'apprentissage de la liberté. Il leur faudrait aussi entendre des voix désintéressées, n'ayant aucune attache ni avec l'administration ni avec l'armement. Y en a-t-il eu déjà beaucoup?

Il faut vivre au milieu des populations maritimes pour connaître tout le dévouement, le courage qui est en eux et combien ils en sont peu récompensés. Le jour n'est peut-être pas loin où éclatera la crise de la main-d'œuvre pour la marine. Des hommes gagnent un salaire d'environ 80 à 90 francs par mois pour des voyages de plusieurs mois à bord des voiliers qui vont au Chili, tandis qu'en travaillant comme dockers dans les ports, ils peuvent avoir un salaire de 6 à 20 francs et plus par journée de huit heures : les dockers qui gagnent plus de 2,000 francs par an sont nombreux. Est-on bien sûr de ne jamais manquer de matelots? Déjà la pêche ne peut plus vivre que là où elle se transforme industriellement ; n'y aura-t-il pas lieu de prévoir des conditions nouvelles pour les marins du commerce?

Si, quittant le personnel subalterne, on s'adresse

à l'officier, on ne trouve pas plus de satisfaction. Un jeune capitaine au long cours, embarqué comme lieutenant sur un vapeur d'une de nos grandes compagnies, écrivait à l'un de ses anciens professeurs ses impressions sur le personnel officier avec lequel il naviguait :

« Je ne suis guère content de mes investigations; je me suis heurté à une inertie qui procède de la méfiance du progrès et d'un espoir invraisemblablement tenace dans « l'ordre des choses » et dans une chance au-devant de laquelle on ne veut même plus courir. C'est à croire que le désert maritime rend le navigateur aussi contemplatif et fataliste que le Bédouin est aussi peu amoureux d'action.

« Il a acquiescé une fois à l'idée de Fédération où il a tout avenir; l'effort lui a été grand et il s'y confie, sans pour cela l'aider bien davantage que de la cotisation.

« Certes, il avoue que de nombreux rouages marchent mal, qu'il y a des abus, qu'il y a beaucoup à faire; mais il ne veut pas préciser, soit que l'effort lui en coûte, soit que l'avenir lui soit vaguement indifférent, soit, enfin, par crainte de représailles.

« Il est bien différent de ce qu'une année de cours peut le faire paraître; cette quasi-indépendance et cette discipline forcées d'études l'initiant un peu à ses droits. Le diplôme conquis, il retourne à l'ancienne routine, à part les rares apparitions à terre, où il éprouve le besoin de discuter service et idées générales, souvent au café, n'est-il pas vrai?

« Je ne voudrais pas généraliser : je n'ignore pas que, chez nous, on a affaire à de vieux états-majors fort bien encadrés et brisés à une surveillance administrative assez stricte et qui pardonne rarement les écarts...

« ... Mais le contraste est saisissant entre cet état d'âme et les « purs » que vous nous ouvriez au cours et où je voyais, vous surtout d'ailleurs, mes collègues se précipiter avec un instinctif enthousiasme, bien jeune et irréfléchi parfois, mais qui répondait à des besoins et à des malaises obscurément ressentis.

« Aussitôt pourvu, l'officier se sent un peu le tampon entre l'armateur et la masse; la situation, quelque minime qu'elle soit, en est gage. Il est accoutumé à se « débrouiller ». La formule : « Pas d'histoire et du rendement ». Pour assurer son autorité, il a besoin de sentir derrière lui l'attirail solennel des vieux « us et coutumes », *l'ordre établi*; d'où indécision et méfiance à l'égard des changements.

« Les autorités maritimes le savent si bien qu'elles protègent beaucoup plus, en certaines circonstances, les états-majors que les petits (n'y eût-il encore à cela d'autre raison qu'un sentiment d'affinité, d'éducation et d'instruction) et elles s'allient par ce fait même à l'intermédiaire et à l'employeur, puisqu'il faut « que cela marche ».

« C'est ce joli mirage d'orgueil et d'autorité tacite qui empêche l'officier de voir qu'il est un prolétaire comme les autres, plus instruit, un peu plus difficile à manier et plus proche de la queue de la poêle. Mais prolétaire tout de même, puisque salarié et à petits gages.

« Et cette situation très délicate, admirablement comprise par l'armement, est, je crois, un des nœuds de la question. »

Plein d'enthousiasme pour son métier, au lendemain d'un examen brillamment passé, le capitaine au long cours fait ainsi, dans un poste modeste de 2e ou 3e lieutenant, l'apprentissage de la vie des états-majors. L'avenir ne paraît guère brillant à cet observateur. Si la crise des équipages est éventuellement probable, celle des états-majors est certaine. Les modifications incessantes des programmes et des examens ne peuvent qu'être néfastes et il en sera de cela comme de la crise de la marine marchande elle-même, tant qu'on continuera à regarder le problème par le petit bout de la lorgnette administrative.

On exige des jeunes gens qui se destinent à la carrière maritime des études et des examens longs et difficiles. Quand ils ont conquis leur diplôme, ils sont dans l'impossibilité, le plus souvent, de trouver le moyen de l'utiliser. Nous connaissons des capitaines au long cours qui naviguent comme matelots-pilotes — encore ceux-là ont l'espoir de devenir pilotes un jour — mais combien y en a-t-il qui dissimulent leur brevet pour avoir une place de 80 à 100 francs par mois.

Les conditions de la navigation moderne ont fait du capitaine un conducteur de navire, réduisant à peu près à rien la part qu'il avait jadis dans la gestion commerciale de l'expédition. A mesure qu'on augmente la somme des connaissances exigées des capitaines, on voit diminuer l'étendue de leurs fonctions.

Le petit armateur disparaît devant les compagnies puissantes. Pour le long cours, les primes et les contrats passés avec l'État assurent aux compagnies des avantages qui leur permettent de vivre honorablement, malgré la concurrence étrangère. Pour le cabotage, elles ont réussi aisément à évincer les concurrents possibles. Le monopole de pavillon entre la France et l'Algérie, qui avait pour but de réserver au pavillon français le trafic de notre grande colonie méditerranéenne, a eu pour effet de faire disparaître les petits transporteurs au profit des compagnies qui sont aujourd'hui maîtresses du fret. Le consommateur français en subit les conséquences aussi bien que le voyageur.

Eh bien, malgré la protection qui s'étend sur tous ceux qui touchent à la marine marchande, tous sont mécontents et se plaignent. Il semble que nous payions très cher l'entretien d'un mauvais outil dont on ne fera jamais rien de bon.

Quelque fâcheuses que soient les apparences, elles sont fort heureusement trompeuses; l'outil peut donner des résultats, à la condition que nous sachions nous en servir. Ce qui nous manque, c'est une vue d'ensemble. Si l'on persiste dans cette pratique défectueuse qui consiste à vouloir apporter de petites améliorations de détail à telle ou telle partie de notre système maritime, en maintenant soigneusement les cloisons étanches qui les séparent, il est inutile de tenter des efforts qui sont voués à un échec certain.

Ce qu'il faut envisager, c'est la question des transports maritimes, en mettant au premier plan l'exploitation commerciale. Tout se tient dans le transport, le canal, le chemin de fer, le port maritime, la marine marchande.

Une marchandise expédiée de l'intérieur de la France devra transiter par eau, par terre et par mer; on imagine facilement les complications et les frais de ce voyage et de ces transbordements. En Allemagne, en Belgique, en Angleterre, le connaissement direct, signé par le premier transporteur, marinier ou employé de chemin de fer, comme agent des transporteurs successifs, facilitera l'opération. Le contrat de transport direct établi par le connaissement direct est entré aujourd'hui dans la pratique courante, à l'étranger Nous l'ignorons encore en France.

Il ne suffit pas de subventionner les lignes régulières, de distribuer des primes, de creuser des ports, de les développer. La grande faute, et tous ceux qui se sont attachés à ces questions l'ont déclaré, a été de considérer plutôt les exigences électorales que les nécessités économiques. On paraît vouloir revenir de ces pratiques. Il ne servirait à rien de faire, en une matière, un emploi plus normal des ressources, si l'on n'envisageait la question des transports tout entière.

Si l'on peut, dans une certaine mesure, envisager les chemins de fer et les canaux du seul point de vue français, — ce qui, à notre sens, est une erreur, — il en va différemment de la marine marchande, qui est en concurrence, sur le marché du monde, avec les marines étrangères. Alourdie par sa dépendance vis-à-vis de la marine militaire, entravée par le régime archaïque de l'Inscription maritime, notre marine marchande est infériorisée par une exploitation commerciale onéreuse, compliquée, et qui n'a pas la souplesse des compagnies étrangères.

Ce n'est pas le législateur qui pourra modifier cet état de choses. Est-il, cependant, désarmé au point de rester spectateur impassible devant ce qui est pour la France un poids lourd, une sorte de luxe qu'elle paie très cher, alors que cette marine, qui a fait la fortune de pays moins bien avantagés que le nôtre, devrait être un des principaux éléments de prospérité de la France?

Nous croyons, au contraire, que l'intervention du Parlement et des pouvoirs publics peut être efficace, si elle se produit dans le sens de l'intérêt général et si elle est accompagnée des sacrifices nécessaires.

IV

Les Chemins de fer.

Le mode de transport le plus important est le chemin de fer Les progrès techniques ont été relativement rapides; le développement des voies ferrées n'a pas été aussi important qu'il aurait pu l'être, mais le rendement des voies existantes a été accru dans des proportions élevées. La locomotion à vapeur est l'objet de perfectionnements incessants qui permettent d'obtenir de grandes vitesses; la traction électrique est appliquée dans les villes, en montagne, dans les voies souterraines. On peut envisager le moment où elle supplantera complètement la vapeur; ce sera le grand progrès technique de demain.

C'est sur les chemins de fer que portent principalement les réclamations du public; les aveux des Conseils généraux, des Chambres de Commerce et des associations professionnelles en témoignent.

Les compagnies ont le souci légitime de faire le plus de bénéfices possibles, tandis que c'est par les services qu'ils rendent aux populations et non par les dividendes qu'ils distribuent à leurs actionnaires, que les chemins de fer transforment la France et l'Europe; c'est donc à ce point de vue qu'il convient de les examiner, si l'on veut sciemment les apprécier (1).

Cependant, les défauts du service des chemins de fer sont généralement passés sous silence par la presse; n'en recherchons pas les motifs, non plus que de la protection insuffisante des intérêts de l'État par le contrôle administratif et parlementaire, désarmés tous deux en face de la toute-puissance des compagnies.

Le préambule de l'ordonnance du 15 novembre 1846 disait : « Les chemins de fer font essentiellement partie du domaine public; ils ne peuvent, ils ne doivent être exploités que dans l'intérêt de tous ». Peut-on dire que ce principe est conciliable avec l'intérêt des compagnies? Des apports incontestables ont été faits pour améliorer les transports par fer; sous la poussée de l'opinion publique, et aussi en commerçants avisés, les compagnies ont amélioré leur exploitation. Des tarifs avantageux sont accordés aux familles pour les vacances, à certaines marchandises; mais l'État reste légalement et pratiquement désarmé lorsqu'il s'agit de modifier des tarifs, d'en créer de nouveaux, de donner, en un mot, une impulsion vigoureuse à l'industrie des transports.

L'unification : l'abaissement des tarifs, l'augmentation de la vitesse commerciale des trains, le raccordement des réseaux, la création de grandes lignes transversales, le développement des lignes d'intérêt local, sont à la merci de la bonne volonté des compagnies. Encore une fois, nous ne leur reprochons pas de se préoccuper avant tout de leurs intérêts financiers.

La constatation que nous faisons démontre la nécessité de modifier le régime économique et juridique des industries de transport, pour les mettre en harmonie avec le progrès économique et social.

Comment transformer un régime établi par des conventions qui lient les deux parties? L'État doit-il exercer le rachat sans attendre l'expiration des concessions? Les conventions de 1883 en ont rendu les conditions plus onéreuses.

On a déploré, avec raison, que le Parlement ait consenti des avantages aussi considérables aux compagnies'

(1) Krantz. — *Observations sur les chemins de fer d'intérêt local.*

que la garantie d'intérêt rend, en réalité, tributaires de l'État. Les compagnies ont réussi à échapper, par ce moyen, au rachat. On n'a pas oublié la lutte ardente menée à l'occasion du rachat de l'Ouest.

Si l'on considère que l'État doit faire des bénéfices comme une compagnie, les critiques peuvent, dans une certaine mesure, être fondées. Mais si l'on maintient le principe des transports, service public, on n'a pas à craindre l'objection. Nous allons plus loin : l'exploitation par l'État de tous les chemins de fer français doit couvrir les frais dans la mesure du possible ; le bénéfice doit être absorbé par la diminution des tarifs ; si même il se produit un déficit, il doit être supporté par le budget.

Le tourisme apparaît comme une industrie nouvelle pour certaines régions. Les chemins de fer ont facilité les voyages ; l'initiative des habitants des pays pittoresques s'est employée à attirer la clientèle qui a pris l'habitude de changer de résidence. Nous avons tous, plus ou moins, la *bougeotte*, selon le mot inventé fort à propos, par un de nos plus spirituels chroniqueurs, à l'usage des gens qui veulent aller partout sans avoir besoin d'aller nulle part.

On connaît cette boutade d'Alphonse Karr, à propos des voyages :

« Les anciens voleurs de grand chemin ont remarqué qu'on les emprisonnait souvent, qu'on les pendait quelquefois ; ils ont cru devoir alors apporter quelques modifications dans une des plus anciennes professions ; ils ont quitté ces vestes brunes, ces pantalons rouges, ces ceintures de pistolets qu'on ne retrouve plus que dans les mélodrames ; ils ont revêtu un bonnet de coton et un tablier blanc ; ils ont pris une patente d'aubergiste et continuent d'exercer sur les grandes routes, théâtres de leurs anciens exploits, mais aujourd'hui sous la protection immédiate des autorités et des gendarmes, leur ancienne industrie. »

Nos hôteliers se sont perfectionnés depuis ce temps. Des cours d'industrie hôtelière ont été installés en France et fonctionnent dans de bonnes conditions.

A côté du touriste, il y a le voyageur, qui se déplace pour ses affaires et qui a besoin de confortable et de rapidité. Les facilités qui lui sont accordées doivent être augmentées et il suffit, pour les justifier, d'invoquer le profit que retire la collectivité du développement commercial et industriel.

Ainsi, qu'il s'agisse de marchandises ou de voyageurs,

des chemins de fer, des canaux, de la marine, l'intervention de l'État peut s'employer utilement en faveur des abaissements de tarifs et de l'augmentation des moyens de communication. Mais c'est en vain que des efforts partiels seraient tentés. C'est de plus haut qu'il faut envisager le problème.

Le personnel des chemins de fer, de la navigation fluviale et de la marine marchande doit obtenir des améliorations de salaires et de retraites. Petits et grands cheminots doivent être traités sur le même pied. La Chambre a adopté les grandes lignes du rapport Ceccaldi sur les retraites des petits cheminots; le Sénat et le gouvernement ne peuvent refuser à ces modestes et vaillants travailleurs le bénéfice de ce projet.

Conclusions.

Le transport, envisagé comme exploitation commerciale, manque de vue d'ensemble. Il faut une cohésion complète dans cette branche de l'activité humaine.

On proposait récemment de centraliser au sous-secrétariat d'État de la Marine marchande le mouvement des navires, de la construction des travaux des ports, des frets, du personnel et de la main-d'œuvre. L'idée est ingénieuse. Est-il possible de la mettre en pratique en l'isolant des autres organes de transport?

L'exploitation technique et l'exploitation commerciale sont deux choses distinctes.

Il manque un organisme centralisant l'exploitation commerciale des industries de transport, l'*Office Commercial des transports*, si l'on veut. Si l'on ne peut pas immédiatement créer le ministère des transports, qu'on confie, au moins, au ministre du Commerce cette fonction nouvelle, comprenant tout ce qui est relatif à la vie commerciale, au développement économique et social de toutes les industries de transport.

Avec les moyens dont l'État dispose actuellement, sans risquer des modifications trop profondes dans les relations avec les compagnies, ni réclamer des crédits trop élevés, il est possible de provoquer une diminution des tarifs. Il ne faut pas se dissimuler qu'il y aura à vaincre des résistances. Les compagnies commencent à envisager le relèvement de ces tarifs que nous voulons abaisser. C'est ici que l'État pourra intervenir de façon efficace.

Nous connaissons le but à atteindre; on nous combattra. M. Thiers ne niait-il pas l'utilité des chemins de fer, et quelle ardeur n'ont pas apportée certaines régions à empêcher le rail de pénétrer chez elles?

L'opinion publique, éclairée par nos travaux, nos brochures, nos articles, nos conférences, sera notre meilleure auxiliaire.

Nous aurons à envisager l'outillage national. La Commission extra-parlementaire des grands travaux a exprimé l'avis que les seuls moyens de créer des ressources pour des entreprises nouvelles consistaient à transformer une partie des subventions annuelles du budget en annuités destinées à rembourser les collectivités qui auraient consenti à avancer les fonds nécessaires à la prompte exécution des travaux qui les intéressent et à concéder à des collectivités les grandes entreprises pour lesquelles aucun crédit n'est actuellement prévu au budget et dont la dépense incombera plus ou moins à l'État.

On peut entrevoir que de grandes entreprises financières vont se substituer à l'État pour certains travaux publics. Sans repousser à priori cette conception, nous voulons en mesurer les conséquences. Comment le faire utilement, si toutes ces questions ne sont pas ramenées au progrès économique et social?

Nous pouvons, dès maintenant, envisager le programme suivant :

I. — Développement des moyens de transport terrestres, fluviaux et maritimes.

II. — Développement par l'État de l'outillage national.

III. — Développement des moyens de communication suburbains rapides, fréquents et à bas prix.

IV. — Amélioration et développement des voies navigables et de la batellerie.

V. — Réforme du régime de la marine marchande et de l'inscription maritime; organisation de l'enseignement maritime commercial, technique et professionnel; réforme du régime disciplinaire et pénal de la marine marchande en accordant aux marins le libre exercice des droits que possède tout citoyen.

VI. — Réforme de la législation des transports.

Telles sont les grandes lignes du programme que la Commission propose au Congrès d'adopter. Il y aura lieu d'en préparer les plans de détail et de les traduire en propositions législatives. Ce serait l'œuvre à accomplir par l'*Office commercial des Transports*. A défaut de cet organisme officiel, nous proposons au Congrès de la confier à la Commission qui constituera, en quelque sorte, le modèle en réduction de cet organisme nouveau, de cet *Office commercial des Transports*, qui aura, avant peu, la charge de diriger et régler les industries de transport, de façon à mettre notre pays au premier rang des transporteurs de l'Europe et à lui donner ainsi la place à laquelle ses avantages géographiques lui donnent droit, tout en réalisant un des plus grands progrès économiques et sociaux qui soient.

EXTENSION DU CRÉDIT AGRICOLE AUX ASSOCIATIONS SYNDICALES DE PROPRIÉTAIRES

M. Lefébure, *au nom de la Commission des Etudes économiques, présente le rapport suivant :*

Un vœu a été déposé au congrès de Tours par M. Treignier, délégué de la Creuse, demandant que les syndicats ruraux pour l'amélioration des routes puissent bénéficier du crédit agricole.

Le vœu est intéressant et mérite un avis favorable. Il incite votre rapporteur à examiner une question d'ordre plus général : l'utilisation des organes de crédit agricole par les associations syndicales de propriétaires.

Ce serait une mesure extrêmement favorable aux intérêts de l'agriculture, permettant la meilleure mise en valeur du sol et de nature, en outre, à encourager des initiatives qui, faute d'avances suffisantes, ne peuvent se produire.

Les associations syndicales ont été prévues par la loi du 21 juin 1865, modifiée par la loi du 22 décembre 1888.

Elles sont, selon la nature des travaux, soit fondées librement, soit autorisées, et dans ce cas elles bénéficient d'avantages spéciaux et comportent la faculté de coercition à l'égard des propriétaires dissidents, soit même obligatoires, imposées à des propriétaires par l'administration dans des circonstances impérieuses.

Les travaux effectués par les associations syndicales sont de deux catégories :

Ce sont des travaux de défense contre des dommages éventuels, d'une part, des travaux d'amélioration, d'autre part.

Presque tous, directement ou indirectement, intéressent l'agriculture. L'article premier les énumère.

Ce sont l'exécution et l'entretien des travaux : 1° de défense contre la mer, les fleuves, les torrents et rivières navigables ou non navigables; 2° de curage, approfondissement, redressement et régularisation des canaux et cours d'eaux ni navigables ni flottables et des canaux de dessèchement et d'irrigation; 3° de dessèchement des marais; 4° des étiers et ouvrages nécessaires à l'exploitation des marais salants; 5° d'assainissement des terres humides et malsaines; 6° d'assainissement dans les villes et faubourgs, bourgs, villages et hameaux; 7° d'ouverture, d'élargissement, de prolongement et de pavage des voies publiques, et de toute autre amélioration ayant un caractère d'intérêt public, dans les villes et faubourgs, bourgs, villages ou hameaux; 8° d'irrigation et de colmatage; 9° de drainage; 10° de chemins d'exploitation et de toute amélioration agricole d'intérêt collectif.

Abstraction même de ce dernier paragraphe, qui intéresse d'une façon générale l'amélioration agricole, les spécifications comprises aux autres paragraphes concernent presque toutes la défense des intérêts de l'agriculture, la mise en valeur du sol, l'hygiène des villages et des campagnes, et toutes sortes d'améliorations rurales.

Si les associations syndicales de propriétaires, au lieu d'avoir des ressources réduites aux seules cotisations de leurs membres ou aux redevances fixées par l'administration, pouvaient bénéficier d'avances fournies par les caisses de crédit agricole, elles pourraient entreprendre des œuvres plus importantes et augmenter la valeur du patrimoine national, tout en obtenant des avantages personnels à leurs membres.

Aussi faut-il souhaiter qu'à l'instar des sociétés coopératives agricoles admises depuis 1899 à bénéficier d'avances spéciales par l'entremise des caisses régionales de crédit agricole, les associations syndicales, qui sont d'ailleurs dans leur essence des coopératives formées entre propriétaires pour réaliser un but déterminé, puissent bénéficier des avantages du crédit agricole.

Les cotisations des propriétaires, et au besoin leur recouvrement obligatoire par la taxation administrative, comme il est d'ailleurs de règle pour les associations syndicales autorisées, garantiraient la sécurité des prêts.

LES MESSAGERIES. — LES COLIS POSTAUX LES POSTES. — TÉLÉGRAPHES TÉLÉPHONES

M. G. Bienaimé, *au nom de la Commission des Études économiques, présente le rapport suivant.*

Les Messageries.

Un homme, qui, tous les jours, se trouve aux prises avec les difficultés que présentent les transports de marchandises par voie ferrée, *M. Baube*, président du Syndicat National et Mutuelle transports, s'exprimait ainsi en 1911 : *Depuis soixante-dix ans qu'existent les chemins de fer, on a bien peu amélioré les voies et les gares. L'outillage, les appareils de levage n'existent encore qu'à l'état embryonnaire dans la plupart des stations. Les voies de garage sont trop peu nombreuses, les triages sont insuffisants... D'une façon générale, le matériel roulant est imparfaitement utilisé, son utilisation ne répond pas à ce que l'on attend d'une exploitation intensive... D'ailleurs, l'exploitation est paperassière, archaïque, trop administrative...*

Telles sont les critiques que les Compagnies de chemins de fer méritent. Ces critiques appellent des réformes. Or, un ministre des Travaux publics a pu dire au Parlement : « Le gouvernement est désarmé devant les Compagnies de chemins de fer ! »

Dans ces conditions, les réformes paraissent bien difficiles. Faisons-les connaître cependant, en considérant la série d'opérations que subit une marchandise remise à la gare de départ, jusqu'au moment où l'expéditeur la reçoit enfin.

Formalités au départ.

Les marchandises amenées dans les gares pour attendre leur expédition ne sont pas toujours convenablement *abritées* contre les intempéries; dans la majorité des douze mille gares françaises, elles y demeurent exposées un temps plus ou moins long. Quand la place fait défaut dans les petites gares, ou lorsque les marchandises sont quelque peu encombrantes, elles restent sans abri et même sans surveillance. Pareil traitement leur est infligé dans les gares d'arrivée; il en résulte des pertes, des manquants ou des avaries.

En 1910, les Compagnies ont *payé de ce fait et du fait des retards, 26 millions* d'indemnités et de dommages-intérêts aux particuliers.

La somme est considérable; elle permettrait d'entretenir nombre d'employés supplementaires, dont la présence et la surveillance diminueraient considérablement cette somme de 26 millions. Mais, pour le public, la perte est plus grande encore si l'on tient compte de tous les destinataires qui subissent sans se plaindre le préjudice que leur cause le voiturier et de tous ceux qui ne reçoivent que des indemnités insuffisantes.

Les expéditions en petite vitesse ont à souffrir souvent du mauvais chemin de la gare, entretenu d'habitude par la Compagnie, dont il est la propriété, de l'exiguité de la cour, du défaut de quai exhaussé jusqu'à la hauteur de la plate-forme du wagon, de l'insuffisance des grues et des bascules.

Les expéditions de colis postaux sont celles qui intéressent le plus grand nombre de personnes. Tout le monde a l'occasion, une ou plusieurs fois l'an, d'expédier un colis postal. Si les commerçants peuvent grouper leurs expéditions et s'organiser spécialement pour ce service, le particulier, au contraire, va lui-même à la gare (et non pas à la poste, car le colis postal, en dépit de son nom, n'a rien de postal), remplit plus ou moins mal les formalités exigées, provoque une perte de temps, encombre la gare et le bureau, et remet souvent un colis mal ficelé, mal étiqueté, qu'il faut alors retoucher.

Le service d'expédition des colis postaux ne sera bien fait que le jour où, moyennant un petit supplément de taxe, le colis pourra être pris à domicile et l'expéditeur étant exempt de toute cette paperasserie, pour laquelle il n'est pas préparé d'habitude. A tout le moins devrait-on, dans les villes et dans les principaux villages privés de chemin de fer, multiplier les bureaux de réception des colis postaux.

Le système des colis parisiens servirait d'exemple. Créé en 1897 par M. Chauvin, il constitue une entreprise privée, dont les intermédiaires sont les débitants de tabac; la paperasserie y est réduite au minimum et l'entreprise, n'ayant pas le caractère administratif, réussit fort bien.

Le colis postal, bien organisé, augmenterait en nombre plus rapidement encore qu'il ne fait, aussi bien dans le service intérieur que dans le service extérieur, où ses progrès s'affirment d'année en année (1).

Fournitures de wagons.

Les fournitures de wagons présentent de multiples difficultés; pour les matières poudreuses, pour les minerais, pour les produits agricoles, pour le transport des animaux vivants, il faut des wagons nombreux, souvent d'un type particulier, réunis rapidement en un même lieu et parfois même à date fixe, sous peine de voir les produits à transporter subir de graves dommages. Les Compagnies ont établi des règlements *assez étroits pour la demande et l'obtention de wagons.* Ces règlements sont en rapport avec les exigences anciennes du commerce, avec le nombre insuffisant des wagons dont disposent les Compagnies, mais ne répondent plus aux besoins présents de l'économie nationale.

Grâce à M. Claveille, directeur de l'Ouest-État, qui a établi des brigades mobiles d'employés, ce réseau a pu cette année répondre assez bien aux besoins de wagons manifestés en Bretagne et en Normandie pour le transport des pommes à cidre; mais on n'a pas oublié les pertes subies dans les campagnes précédentes du fait de l'insuffisance des transports.

Même sur le Nord, on a vu les houillères manquer de wagons pour leurs expéditions vers Rouen et vers Nancy.

Mais un préjudice très grave et d'un caractère permanent résulte du manque de wagons spéciaux pour le transport des bestiaux.

Les réseaux de l'Ouest et de l'Orléans se sont occupés de cette question qui intéresse particulièrement les provinces qu'elles desservent; mais ils sont loin de l'avoir résolue.

Aux termes des règlements, la demande de wagons doit être faite au chef de la gare de départ, vingt-quatre heures au moins d'avance, en lui faisant connaître le nombre et la nature des animaux que l'on veut faire transporter.

(1) La progression de la valeur des exportations en colis postaux se monte à 8 ou 10 0/0 par an. Elle serait plus grande encore si l'administration voulait bien suivre le progrès. Aujourd'hui, en Europe, nous sommes les seuls à ne pas acheminer nos colis postaux, pour la Chine et le Japon, par le Transsibérien qui est de beaucoup la voie la plus courte.

Les animaux doivent être amenés et *embarqués* au moins trois heures avant le départ du train par lequel l'expédition doit être effectuée. Enfin les transports ne sont acceptés que dans les gares où il existe des quais d'embarquement.

Ceci pour la grande vitesse, mais en petite vitesse, pas de réglementation; les animaux doivent donc être traités comme les marchandises inertes; impossibilité évidente.

Les Compagnies l'ont reconnu et leur réglementation sur ce point ne répond pas à la pratique. Mais en théorie, elles peuvent opposer à l'expéditeur la lettre d'un règlement impossible et qu'il convient en conséquence de changer.

Les délais de transport.

On sait que les marchandises à grande vitesse comme les animaux doivent être expédiées par le *premier train de voyageurs comprenant des voitures de toutes classes* et correspondant avec leur désignation, pourvu qu'elles aient été présentées à l'enregistrement trois heures avant le départ du train (art. 2 Ar. Min. 12 juin 1866).

« Toutefois, ajoute le règlement, cette prescription n'est pas obligatoire pour les trains express et les trains poste dans lesquels les Compagnies admettent *exceptionnellement* des voitures de 2e et 3e classe... ».

Cette restriction permet aux Compagnies de garder les mêmes délais d'expédition qu'elles avaient il y a un demi-siècle. Un voyageur peut profiter des trains express qui admettent des wagons de 3e classe, les marchandises également; mais, pour celles-ci, la Compagnie n'est tenu à les livrer que dans les délais de transport, que les trains *ordinaires* auraient exigés.

Il n'y a donc qu'un progrès facultatif en quelque sorte, réalisé dans le transport des marchandises.

Spécialement pour le *transport des bestiaux*, les Compagnies devraient toujours accorder le transport le plus *rapide* et non le plus court; elles s'y refusent malgré l'intérêt qu'il y a à faire voyager le moins longtemps possible les animaux de boucherie.

En petite vitesse, le transport des animaux devient presque impossible quand il s'agit de distances dépassant 100 à 150 kilomètres. Selon les règlements, les animaux (comme les marchandises) sont expédiés *dans le jour qui suit celui de la remise;* la durée du trajet est calculée à raison de vingt-quatre heures par fraction indivisible de 125 kilomètres, les excédents de distance jusqu'à 25 kilomètres n'étant pas comptés. (Ainsi 150 kilomètres, 275 kilomètres comptent respectivement 125 et 250.) En outre, un jour de délai est accordé aux Compagnies pour la transmission d'un réseau à l'autre (délai porté à deux jours quand chaque Compagnie a une gare distincte dans la même ville).

Par ce moyen, des bestiaux envoyés de la Mayenne à Calais (550 kilomètres) ne peuvent être réclamés par le destinataire que *neuf* jours pleins après leur remise à la gare-départ.

A ce compte, un journal anglais n'a pas tort de dire qu'en France les marchandises en petite vitesse voyagent moins rapidement que dans des chars à bœufs.

Conditions du transport des marchandises.

La condition de la marchandise en cours de transport présente un intérêt particulier, à cause des *avaries*, des *déchets*, des *pertes* et des *retards* dont elle peut souffrir.

Fréquemment les colis expédiés en grande vitesse souffrent de la rapidité extrême avec laquelle ils sont embarqués. Les Compagnies, ne disposant que du strict minimum d'employés, n'assurent pas toujours dans des conditions satisfaisantes le chargement et le déchargement des marchandises.

Dans les trains de voyageurs qui comportent deux ou plusieurs fourgons pour les marchandises, celles-ci sont reçues, rangées, classées, distribuées par l'employé serre-frein ou même par le chef de train, lequel ne devrait s'occuper que de la surveillance des signaux en cours de route et de la montée et de la descente des voyageurs dans chaque station. Ces employés surmenés ont souvent des négligences ou des distractions; les colis se trouvent avariés ou égarés.

Ces mauvaises conditions de transport ont valu souvent des amendes et des punitions aux employés; la discipline s'en est ressentie et plusieurs fois la justice a dû informer contre des employés infidèles, coupables de vols au préjudice des expéditeurs.

Le voiturier, *en l'espèce la Compagnie, est garant de la perte des objets* à transporter, décide l'art. 103 du *C. Com.*, hors le cas de force majeure.

Ce n'est pas tout, il est garant des avaries autres

que celles qui proviennent du vice propre de la chose ou de la force majeure.

Cette présomption générale de fautes, édictée contre elles, gênait fortement les Compagnies et pour y échapper dans la mesure du possible, elles ne consentirent de tarifs spéciaux, intérieurs ou communs, emportant des taxes plus réduites que celles du tarif général, qu'en insérant dans leur conditions d'application, *une clause de non-garantie* (la Compagnie ne répond pas des déchets ou avaries de route), laquelle, disait-on, n'était que la juste compensation de l'abaissement de tarification accordé.

De la sorte, *le fardeau de la preuve* était déplacé; le destinataire devait prouver la faute de la Compagnie, chose presque toujours impossible.

Les protestations du public furent très vives. En 1895, M. Rabier déposa un projet de loi destiné à compléter l'art. 103, par la disposition suivante :

« Toute clause contraire insérée dans toute lettre de voiture, tarif ou autre pièce quelconque est nulle. » *(Loi Rabier.)*

Ce projet fort sage ne fût voté qu'en 1905 (17 mars), dix ans après son dépôt.

La loi nouvelle du 17 mars 1905 ne donne cependant pas toutes garanties à l'expéditeur. Les Compagnies peuvent s'exonérer de toute responsabilité en faisant la preuve que l'avarie ou la perte provient de force majeure, de cas fortuit ou du vice propre de la marchandise et par des expertises rejeter, s'il y a lieu, la faute sur l'expéditeur.

D'ailleurs, les Compagnies n'ont pas hésité à insérer des « clauses contraires » à la loi, dans certains tarifs, notamment dans le Tarif spécial P. V. n° 1 qui régit le transport des animaux vivants et qui dit : « Les expéditeurs peuvent charger à leurs frais, *risques et périls*, le nombre d'animaux qu'ils jugent convenable. »

Deux arrêts de la Cour de Cassation, 17 mai et 7 juillet 1909, ont d'ailleurs posé en principe que les administrateurs des Chemins de fer peuvent à leur choix et suivant leurs seules convenances fournir aux expéditeurs (lorsque ceux-ci doivent faire le chargement de leurs marchandises) *des wagons quelconques* quelle que soient la nature de la marchandise et les précautions qu'exige son transport.

Elles peuvent aussi fournir de simples plate-formes... c'est à l'expéditeur à s'arranger pour éviter les chutes et avaries en cours de route; de même, fournir des wagons découverts, sans bâches pour marchandises craignant la pluie... Quand elles ont fourni des bâches, elles ne sont pas responsables de leur défectuosité.

Enfin, d'après ces mêmes arrêts, les Compagnies ne sont pas tenues de vérifier le conditionnement des expéditions, dont elles prennent charge, ce qui leur permet de soutenir qu'il était défectueux, ni de donner en cours de route les soins nécessaires à leur conservation.

Pour combattre de pareils faits, *M. Dom. Delahaye* a déposé le 30 novembre 1909, au Sénat, *un projet de loi modifiant l'article* 103 *C. Com.*, concernant la responsabilité du voiturier. (Proposition Bignon, analogue à la Chambre, 30 décembre 1909.)

Le Sénat a adopté le texte suivant (19 décembre 1911), sur *le rapport de M. Lemarié.*

« Quelles que soient les conditions du contrat ou du tarif revendiqué, quel que soit le matériel affecté au transport, même quand le chargement est fait par l'expéditeur, le voiturier est tenu, sous sa responsabilité, d'assurer la conservation et la bonne arrivée des objets qui lui sont confiés : il est présumé les avoir reçus en bon état et bien conditionnés. »

La Chambre, à son tour, devrait voter ce texte et en faire une loi.

Transports des animaux vivants.

Nous avons déjà dit l'insuffisance des wagons spéciaux pour bestiaux et la difficulté de se les procurer.

Insistons sur leurs inconvénients. L'étranger possède des wagons pour bestiaux comprenant mangeoires et abreuvoirs; leur aération est convenablement assurée.

En France, *des centaines de bœufs, moutons, porcs périssent* tous les ans du fait des mauvaises conditions où on les transporte. Certains de ses animaux parcourent 7 à 800 kilomètres avant que de tomber à l'abattoir. D'autres viennent à Paris et s'en retournent le lendemain fort loin en province.

Pour ce bétail ambulant, les Compagnies n'ont prévu ni alimentation ni soins hygiéniques ou vétérinaires. On dirait qu'elles attendent l'heureuse époque où les abattoirs régionaux feront l'œuvre de La Villette, expédiant de la viande aux lieu et place des animaux vivants.

En attendant le jour lointain où le marché de La Villette cessera d'être le marché régulateur de France, le marché central du pays, et n'attirera plus dans la capitale des centaines de milliers de têtes de bétail, il convient de rechercher pour cet immense troupeau les meilleures conditions de transport.

Chaque Compagnie aujourd'hui a des tarifs et des conditions de transport complexes et distinctes; ces tarifs n'ont jamais été réduits dans des proportions aussi considérables que ceux qui s'appliquent aux matières poudéreuses. Les Compagnies n'ont pas à lutter dans le transport du bétail avec la concurrence des canaux, qui, pour certaines marchandises, les a obligées à établir des véritables *tarifs de guerre*, au point de transporter quelquefois à perte.

Présentement, l'expédition d'une ou deux têtes de bétail se fait au tarif général appliqué sur tous les réseaux; mais pour les expéditions par wagons, chaque Compagnie garde ses tarifs et ses procédés.

Un tarif commun pourrait s'établir non pas en grande ou en petite vitesse, mais pour des *trains désignés* tels que ceux mis en marche par l'Ouest-État; car il n'est pas admissible que le bétail soit astreint à la petite vitesse comme les marchandises inertes. Les transports d'animaux rapportent d'ailleurs aux Compagnies plus de 40 *millions* par an.

Depuis le 1er janvier 1901, les Compagnies sont tenues de mettre *à la disposition des expéditeurs en petite vitesse, à jour fixe, les wagons demandés par eux* (la Cour de Cassation ne l'admettant pas jusque-là); mais pour le transport d'animaux ces facilités ne sont pas accordées et dans les localités où se tiennent des foires, les Compagnies, qui cependant le savent, laissent les animaux s'entasser sur les quais faute de matériel.

D'ailleurs, dans de pareilles localités, la Suisse et la Hollande ont soin de construire des hangars ou des étables pour le bétail.

Les délais de transport ont, en matière de bétail, la plus grave importance. Or, le tarif réduit G. V. de certaines Compagnies permet *d'augmenter de moitié tous les délais ordinaires de G. V.* Il peut en résulter un *doublement* des délais, notamment sur les lignes où n'existent pas de trains de nuit.

D'ailleurs, *en cas de retard* à l'arrivée, les Compagnies ne sont responsables du préjudice réellement éprouvé par les expéditeurs ou les destinataires que jusqu'à concurrence de tout ou partie *du prix de transport*, sauf pour le cas où le retard dépasse 24 heures. (Le recours de l'expéditeur reste alors libre.)

La Tarification des transports d'animaux est très diverse; selon les Compagnies, on compte par wagon, par tête ou par mètre superficiel. Certaines Compagnies distinguent les animaux de haute taille et les animaux de petite taille; d'autres prennent pour unité le lot de 8 bêtes ou de 16, suivant la taille.

Le tarif spécial G. V. de l'Orléans est de 50 0/0 plus élevé que celui du P.-L.-M.; quant au Midi, il n'a pas de tarif réduit G. V. pour les animaux transportés. L'ancien réseau de l'État et l'Ouest-État n'ont pas encore les mêmes tarifs.

Telles sont *les principales anomalies* que présentent les tarifs en G. V. Elles doivent disparaître nécessairement pour la plupart, à moins que les Compagnies ne se décident à organiser pour les animaux des *transports en Petite Vitesse accélérée.*

Les animaux sont souvent accompagnés en voyage par des hommes *(toucheurs)* chargés de leur donner des soins. Quoique ces hommes voyagent souvent dans le même wagon que les animaux ou dans un fourgon, les Compagnies exigent d'eux le *prix d'une* 3e *classe.* D'autre part, ils éprouvent des difficultés pour nourrir et abreuver les animaux, du fait que les trains dans les gares de triage s'arrêtent souvent en pleine voie; les quais de plain-pied n'étant pas assez nombreux dans les stations.

Les soins à donner aux animaux, nous l'avons déjà dit, ne sont pas convenablement assurés. D'ailleurs les wagons *dits à bestiaux* ne sont pas construits de façon à recevoir des animaux dans des conditions d'hygiène satisfaisantes. L'aération est insuffisante, les porcs de ce fait meurent en grand nombre; les autres animaux arrivent à l'abattoir dans un état fiévreux. L'écoulement des urines n'est pas assuré. Quant à la nourriture et à l'abreuvement, ils se font dans des conditions difficiles. Contrairement à ce qui se passe en Angleterre, les Compagnies ne sont pas astreintes à entretenir des approvisionnements d'eau et de nourriture dans les gares principales. En Amérique, des auges en toile à voile sont attachées aux parois internes des wagons; elles sont pliables. Un système de tuyautage y amène l'eau facilement.

Il y aurait d'autres améliorations à réaliser dans cet ordre d'idées; les Compagnies n'ont rien fait.

Transport des marchandises périssables.

Les fruits, les primeurs, les fleurs, le poisson, d'autres denrées encore, susceptibles de se gâter, doivent être transportés rapidement. Depuis quelques années, les Compagnies, le P.-L.-M. et le Nord en particulier, ont créé des trains spéciaux à vitesse accélérée, pour ces transports spéciaux.

Ainsi les trains de fleurs qui partent des Alpes-Maritimes et du Var, vers Paris. Ainsi les trains de primeurs d'Algérie (par Marseille), et du Vaucluse. Ainsi les trains de marée, allant de Boulogne à Paris.

Des progrès analogues, des progrès nouveaux pourraient être réalisés sur tous les réseaux. Quantité de fruits en Bretagne, dans le bassin de la Garonne, se perdent, faute de transports rapides et économiques. Les wagons frigorifiques sont d'ailleurs insuffisants chez nous.

Les Coopératives de production peuvent, en groupant les expéditions, rendre de grands services. Leur organisation, leur multiplication doit être encouragée.

De même, doit-on perfectionner les emballages et l'on ne saurait attacher trop d'importance au concours d'emballage organisé récemment à Paris.

Les expéditions en grande vitesse de produits du sol viennent d'ailleurs d'être facilités par la création des *Colis postaux agricoles*. Toutefois, il y aurait lieu d'étendre le bénéfice du tarif réduit aux colis postaux agricoles circulant sur les chemins de fer d'intérêt local et sur les tramways. (Circul. min. du 22 janvier 1912, demande aux Compagnies locales d'étudier la question.)

D'ailleurs, le Syndicat national et Mutuelle transports réunis a adressé une lettre au ministre des Travaux publics pour signaler les améliorations au nouveau tarif en vigueur pour le transport des colis agricoles.

Arrivée des marchandises. — Lettre d'avis. — Camionnage.

La lettre d'avis est *facultative*. Ne devrait-elle pas être obligatoire, surtout que *l'art.* 104 *C. Com.* s'exprime ainsi : « Si, par l'effet de la force majeure le transport n'est pas effectué dans le délai convenu, il n'y a pas lieu à indemnité contre le voiturier pour cause de retard .»

Si le destinataire n'est pas averti de l'arrivée des marchandises, ou de leur date d'arrivée, il ne peut faire de réclamation le cas échéant.

En conséquence, le 21 *juin* 1909, MM. Couesnon et Ceccaldi ont proposé :

1° Que le voiturier soit obligé d'aviser le destinataire de l'arrivée des marchandises.

2° Qu'il soit obligé de mettre à la disposition du destinataire les marchandises, sans égard aux délais de transport expirés.

3° De poser le principe d'une responsabilité pour simple fait de retard dans la livraison, sans que le destinataire ait à accomplir aucune formalité.

La lettre d'avis est d'autant plus indispensable que le destinataire est plus éloigné de la gare.

L'art. 52 *du Cahier des charges des Compagnies* décide que le factage et le camionnage ne sont pas obligatoires pour les bourgs situés à plus de 5 kilomètres d'une gare et comptant moins de 5,000 habitants. Un service de réexpédition peut d'ailleurs être créé avec correspondants locaux, qui desservent des communes déterminées.

Mais les marchandises livrables à domicile dans les autres localités, la Compagnie doit seulement les expédier à son correspondant, lequel devrait nécessairement avertir le destinataire.

La Ligue de défense contre les Chemins de fer préconise l'obligation de cet envoi.

Enfin, la multiplication des chemins de fer d'intérêt local, des tramways sur route et des services d'automobiles subventionnés augmentent le nombre des localités desservies.

Les Contestations à l'arrivée des marchandises.

C'est présentement *l'art.* 106 *C. Com.* qui les réglemente : En cas de refus ou contestation pour la réception des objets transportés, leur état est vérifié ou constaté par des experts nommés par le président du tribunal de commerce ou, à son défaut, par le juge de paix, et par ordonnance au pied d'une requête.

Diverses modifications et élargissements de cet article ont été proposés :

« En cas de refus ou de contestation de quelque nature qu'elle soit sur *la formation ou l'exécution* du contrat de transport, l'état des objets transportés ou présentés pour être transportés est vérifié ou constaté par un ou plusieurs experts nommés... (comme ci-dessus).

De la sorte, les contestations au sujet des emballages, de l'heure du départ, des wagons et des trains utilisés, se trouveraient mises sur le même pied que celles soulevées pour les pertes, avaries et retards.

Les colis postaux.

Tout d'abord, remarque-t-on, *ces colis qui n'ont rien de postal* pourraient changer de noms. Ils rentrent dans la catégorie des colis à G. V. et supportent certaines charges en compensation des avantages de tarif qu'on leur accorde.

Ainsi le décret du 5 septembre 1897 décide qu'en matière de colis postal, *la perte ou l'avarie* ne fait donner lieu qu'à une indemnité correspondant au montant réel de la perte ou de l'avarie, sans que cette indemnité puisse dépasser 40 francs.

Évidemment, le monde du commerce proteste contre pareille limitation.

De même, *l'heure du dépôt des colis postaux* n'est pas indiquée, et à une lettre de M. Chaumet (22 août 1911), les Compagnies ont répondu que cette indication est impossible.

Les colis postaux partent par le train régulier, trois heures après le dépôt, telles les marchandises en G. V., et rien de plus.

D'ailleurs, ces colis postaux ne sont pas protégés par tous les règlements des Messageries G. V., en cas de perte et de retard, notamment.

La responsabilité du voiturier est limitée aux seuls cas de perte, spoliation, avarie (jusqu'à concurrence de 40 francs). La jurisprudence n'admet pas de dommages-intérêts pour préjudice causé en dehors des cas susdits (retard, par exemple). Et, cependant, aucun texte n'interdit de reconnaître ce préjudice, que l'équité commande, au contraire, d'indemniser.

Administration des Postes, Télégraphes, Téléphones.

Le projet de *budget* pour l'année 1913 s'élève à 350 millions; il a quintuplé depuis l'établissement de la République. Son *augmentation* sur l'année précédente est de 8 millions et demi.

Il paraît évident que l'administration des P. T. T. a montré plus d'activité dans ses extensions et dans ses perfectionnements que l'administration des chemins de fer.

A l'une comme à l'autre, cependant, il reste beaucoup à faire.

1° *Les Postes.*

Sous l'influence des représentants locaux, *les bureaux de poste* ont été remarquablement multipliés depuis trente ans. Dans beaucoup de simples villages, un facteur-receveur fait office de chef de service et dirige, avec la poste, le télégraphe et le téléphone.

L'administration ne doit pas hésiter à augmenter encore le nombre des communes dotées d'un bureau de poste; le public y trouvera son compte, les tournées des facteurs pourront être diminuées en étendue tout en demeurant aussi longues dans le temps, ce qui permettrait à tous les villages de bénéficier d'une seconde levée.

Les *recouvrements postaux* devraient être encouragés, perfectionnés; la poste, dans les campagnes, devrait pouvoir faire tous les paiements et encaissements des particuliers.

Ainsi, le *mandat-carte* est encore trop peu connu; son usage serait plus répandu si le public savait bien que son expédition est très rapide et qu'il permet quelques lignes de correspondance.

La *formalité* du mandat-poste est encore trop longue. Les frais en sont élevés.

L'organisation du *chèque postal* aurait de grands avantages, et il se passerait du temps avant que les inconvénients que les Banques ont signalés avec complaisance dans leurs journaux fussent réellement sensibles.

Le *bureau de poste* peut être appelé de la sorte à jouer un rôle toujours plus large, d'autant plus qu'il est en même temps un bureau télégraphique et téléphonique. D'où vient donc qu'il soit d'ordinaire si négligé intérieurement et extérieurement, d'où vient que l'administration ait si peu d'égards pour l'hygiène de ses bureaux, pour la santé des employés, pour les commodités du public?

Une critique qui résume toutes les autres peut s'énoncer ainsi : les bureaux de poste sentent mauvais, ils dégagent une odeur insupportable, qui dit assez l'entassement où vivent les employés, la promiscuité des services, l'encombrement des expéditions et toutes les difficultés d'une administration avaricieusement installée, et logée d'habitude dans des locaux qui ne sont pas faits pour elle.

Il est vrai que toutes les fois que l'administration a fait construire des *hôtels des postes*, la laideur de ces établissements ne le cède qu'à leur incommodité.

D'une façon générale, un immeuble quelconque sert de bureau de postes — et l'on voit des villes de 50.000 âmes où les services des P. T. T. sont plus misérablement logés que le plus infime bureau privé.

Sans quitter Paris, que dire de la tristesse lugubre que des architectes diplômés ont su aménager dans la Poste centrale? Que penser du bureau de la gare Saint-Lazare, l'un des plus chargés de Paris, mais l'un des plus sales, des plus délabrés, des plus empuantis, où l'administration maintient, dans une atmosphère de tuberculose, des employés et un public littéralement empilés, cependant qu'elle ouvre des bars et des cafés dans les locaux voisins, qui empiètent sur les services de la poste aussi bien que sur les services de la gare?

Dans l'état actuel de l'Administration des Postes, on peut dire, sans exagération, que *presque tous les bureaux des villes sont défectueux ou mauvais;* que, seuls, les bureaux de campagne sont à peu près satisfaisants — non pas qu'ils offrent toujours au public et aux employés les commodités auxquelles ils pourraient prétendre — mais parce que le service n'y étant pas encore exagéré, les fonctionnaires peuvent y observer certaines règles d'hygiène indispensables.

M. Chaumet a organisé un *Comité consultatif pour l'exploitation commerciale des P. T. T.* Ce comité aurait dû fonctionner dès les premières années de la République. L'administration devrait se décider à des réformes d'ensemble, dont l'utilité est reconnue, mais que la médiocrité des crédits annuels empêche de réaliser.

On ne devrait pas plus reculer devant les *emprunts en matière* de P. T. T. qu'on ne le fait en matière de chemins de fer.

Tarifs postaux.

Depuis 1906, la lettre pour l'intérieur paie 10 centimes au lieu de quinze. Pour obtenir cet abaissement de tarif, on a invoqué l'exemple de l'étranger (quoique l'Allemagne paie 10 pfennings, soit 12 centimes et demi).

On a invoqué aussi le *caractère démocratique* de la

réforme. A vrai dire, le *peuple* n'écrit pas beaucoup plus depuis que la lettre est à deux sous. Par contre, les maisons de commerce et de banque, les agences de publicité ont réalisé de notables économies sur leurs frais de correspondance. Les sept ou huit lettres que le paysan écrit tous les ans, les dix ou douze qu'écrit l'ouvrier leur ont fait réaliser une économie d'autant de sous; pour ce maigre résultat, on a encombré des services déjà trop chargés, dans des bureaux déjà trop petits ; on a dû ajourner certaines améliorations de traitement promises aux employés, pour faire face aux pertes que le nouveau tarif occasionnerait, et il ne serait pas étonnant que les grèves postales aient trouvé une raison dans cette réforme.

La réforme n'était *pas mauvaise;* elle *était inopportune.*

M. Dalimier était mieux inspiré lorsque, dans son rapport, il demande le relèvement à 0 fr. 05 des tarifs de papiers d'affaires (au lieu de 0,02), dont certaine maisons font un usage si abusif, si ennuyeux pour le public, se livrant à un gaspillage de papier qui n'a pas toujours d'effet utile. D'ailleurs, si l'État doit exploiter les services publics au prix coûtant, il ne doit pas le faire à perte.

Télégraphes et Téléphones.

L'organisation télégraphique était heureusement poussée fort loin déjà, lorsque l'usage du téléphone s'est répandu, sans quoi elle n'aurait peut-être pas pris l'importance que nous lui voyons. L'administration, avec raison, tend à pousser partout, jusque dans les lieux les plus déshérités, le fil télégraphique; il faut l'en féliciter. Il reste cependant à réaliser la taxation spéciale des télégrammes urgents, la lettre télégramme, la simplification des taxes.

Toutefois, il est certain que les fils téléphoniques sont destinés à prévaloir.

Un programme rationnel de *circuits* et d'outillage dans les départements a été élaboré. Dès maintenant, il est partiellement exécuté avec le concours des Conseils généraux et des Chambres de commerce.

Il faut pousser partout le téléphone.

On propose un système de Compte spécial (12 millions pour 1913). M. Dalimier, dans son rapport, estime que l'on ne doit y recourir que pour les travaux extraor-

rant dans un loyalisme absolu au point de vue républicain, vous entendez que chacun reste dans ses attributions et que la politique du bluff national ne vienne pas obscurcir les idées républicaines. *(Longs applaudissements sur un très grand nombre de bancs.)*

M. Camille Pelletan. — Je demande à parler de ma place.

J'étais président quand on a adopté devant le Congrès complet la motion dont on vous parlait tout à l'heure. Cette motion, je la regrette, je dois le dire à mon excellent ami Bouyssou parce que *(Interruptions.)* le nom du Président de la République ne doit pas paraître dans nos délibérations ni dans un sens ni dans un autre. *(Applaudissements, exclamations diverses, bruit prolongé.)*

Mais, j'avoue qu'avec ma conscience de radical, avec les sentiments qui nous remplissent, devant le spectacle que nous avons aujourd'hui en France, j'ai été, permettez-moi de le dire, révolté en apprenant que, devant un nombre infime de membres présents qui excluait le vote de toute motion de cette importance, on avait fait voter un texte de loyalisme. En République, le loyalisme ne s'applique qu'à la République. *(Vifs et répétés applaudissements.)* Hier, on a voté un texte qui ne coïncidait que trop avec certaines manifestations dont je ne rends pas le Président de la République responsable mais qui donnent à tout le pays une impression peu républicaine. *(Vifs applaudissements.)* Si c'est dans cette enceinte, si c'est dans un Congrès radical qu'on doit retrouver pareil symptôme du changement des mœurs publiques, alors, je l'avoue, je n'y comprends plus rien. *(Vifs applaudissements.)* Il est navrant qu'un pareil incident ait été soulevé. *(Plusieurs voix : A qui la faute?)* Il est également impossible, permettez-moi de le dire, et de l'accepter et de le corriger. Voilà où est la difficulté. Je tiens tout au moins à ce qu'une protestation éclatante soit prononcée ici contre une formule dont je ne connais pas les mobiles qui l'ont inspirée *(Applaudissements et rires.)*, qui assurément n'était pas dans l'esprit du Congrès. *(Bruit prolongé.)*

M. Camille Pelletan. — Il me semble tout au moins qu'il faudrait retrancher le mot loyalisme que nous n'avons jamais appliqué qu'à la République, et le mot de « au-dessus »; on pouvait mettre « en dehors des luttes politiques ». *(De vifs colloques s'échangent entre des groupes.)*

Si mes souvenirs sont exacts, alors que nous avions des Présidents de la République incontestablement élus par des majorités de gauche, jamais pareil ordre du jour n'a été voté dans un Congrès pour un Président de la République. Je renouvelle ma protestation de la façon la plus énergique. *(Applaudissements répétés.)*

M. Marie-Georges Ferron. — Peut-être notre grand ami Pelletan a-t-il raison quand il dit que nous aurions pu nous dispenser hier de voter l'ordre du jour Bouyssou. *(Bruit.)* Peut-être certains d'entre nous avons-nous été étonnés de l'avoir voté; si, tout à l'heure, notre ami Pelletan parlait d'une salle qui n'était pas suffisamment pleine, hier soir, la salle était-elle peut-être un peu trop débordante. Mais il n'en est pas moins vrai qu'hier nous avons pris une décision, que nous nous sommes engagés sur un vote et que nous ne pouvons revenir sur ce vote.

J'estime, quant à moi, que nous avons dit hier ce que nous avions voulu dire et que, par conséquent, aujourd'hui, nous ne pouvons pas donner le spectacle d'une contradiction et d'une humiliation. *(Vifs applaudissements.)*

Dans ces conditions, précisément parce que j'estime, comme l'orateur qui m'a précédé, quelle est la difficulté sinon l'impossibilité de remanier un semblable ordre du jour, je demande que nous annulions purement et simplement le dernier vote émis. *(Cris divers : Oui, non, bruit prolongé.)* Il faut que le vote d'hier ait son plein effet. *(Vifs applaudissements.)*

M. Dalimier, dans la salle, debout à sa place, veut parler. *(Bruit prolongé.)*

M. Schmidt. — Je suis l'un des signataires du vœu présenté tout à l'heure et je viens devant vous défendre le vœu qui, tout à l'heure, a été voté par le Congrès. Il a été une réponse non pas à la motion Bouyssou, votée hier soir, mais une réponse à l'interprétation qu'on est en train de lui donner dans toute la France. On est en train de dire, et vous le verrez demain, que le parti radical tout entier est en train de violer la Constitution. *(Longues et bruyantes exclamations, tumulte prolongé.)*

Mon expression a été peut-être trop forte; elle a pu dépasser ma pensée; elle ne veut pas moins dire qu'on va reprocher au parti radical de se servir de la personnalité du Président de la République pour la jeter dans la mêlée des partis. *(Applaudissements, bruit.)* Certes, nous avons à élever ici une protestation contre l'attitude des partis de réaction qui tous les jours se servent...

Plusieurs voix. — Ce sont eux qui l'ont nommé.

M. Schmidt. — Se servent du nom du Président de la République pour combattre les meilleurs républicains. Eh bien ! il ne nous appartient pas d'entrer dans la même voie, de commettre la même faute et de discuter la personnalité du Président de la République qui doit rester au-dessus *(Protestations.)* et en dehors de nos luttes de partis. Nous vous avons présenté une motion qui affirmait très nettement notre respect loyal de la Constitution. Il vous appartient, surtout à vous, radicaux, d'affirmer votre respect de la Constitution et d'accepter la motion. *(Mouvements divers.)*

Le Président. — Elle est acceptée.

M. Schmidt. — Le Congrès doit affirmer son respect loyal de la Constitution républicaine et déclarer nettement que la personnalité du Président de la République est en dehors des luttes politiques. *(Applaudissements sur quelques bancs.)*

M. Dalimier. — Lorsque le groupe radical et radical-socialiste de la Chambre s'est réuni avant l'élection présidentielle, je fus le seul à prendre la parole et à conjurer les membres du groupe de voter pour un candidat appartenant à notre parti. J'ai pensé que tant que la bataille durait, j'avais le droit de prendre la parole et de prendre ouvertement mes responsabilités. Quand la bataille est finie, nous devons faire ce que, pendant quatorze ans, nous avons imposé aux autres partis : respecter le chef de l'État. *(Applaudissements.)* Et personne plus que moi ne regrette l'incident qui n'a pu naître que parce que le bureau de la séance d'hier avait violé le règlement. *(Applaudissements sur quelques bancs, vives protestations.)*

M. Ranson. — Je m'associe à la protestation de Dalimier.

M. Camille Pelletan. — Personne ne songe à remettre en discussion les résultats du vote de Versailles. Personne ne songe à mêler à nos débats la personnalité du chef de l'État. *(Interruptions.)* Mais ce qu'il faut expliquer, c'est pour quoi, alors que jamais on ne s'est occupé du Président de la République dans nos Congrès, alors qu'avec des présidents nommés par les groupes de gauche, conformément à la doctrine républicaine, on ne faisait aucune manifestation sur leurs noms, pourquoi commence-t-on avec une présidence qui entraîne tant de manifestations.

PLUSIEURS DÉLÉGUÉS. — C'est hier qu'on a commencé, ce n'est pas nous. *(Bruit.)*

M. CAMILLE PELLETAN. — Je proteste contre certaines mœurs qui semblent s'établir et pénétrer dans nos Congrès. *(Nombreuses interruptions.)*

UN DÉLÉGUÉ. — La réaction ne s'y est pas trompée et elle ne s'y trompe pas.

M. CAMILLE PELLETAN. — Vous parlez de la réaction...

UN AUTRE DÉLÉGUÉ. — Nous ne voulons pas être un parti jeté en pâture à la réaction.

M. LAFFERRE. — Vous conviendrez avec moi que la question était assez grave lorsqu'elle se posait à la séance d'hier pour que le règlement du Parti fût observé à ce moment-là et pour que cette motion, comme toutes les autres, fût renvoyée à la commission. La chose en valait la peine.

PLUSIEURS VOIX. — Pourquoi ne l'avez-vous pas demandé hier?

M. CAMILLE PELLETAN *à M. Lafferre.* — Vous auriez dû intervenir hier. *(Bruit.)*

M. LAFFERRE. — Le président de la séance d'hier, M. Pelletan, me pose une question. J'y réponds. J'étais présent à mon banc avec quelques collègues. Nous avons eu l'impression très nette que la motion Bouyssou n'avait pas été adoptée. *(Violentes protestations sur un très grand nombre de bancs, bruit prolongé.)* La contre-épreuve n'a pas eu lieu. *(Nouvelles protestations.)*

M. CAMILLE PELLETAN. — Je vous en donne le démenti le plus formel. *(Applaudissements, bruit.)*

UN DÉLÉGUÉ. — Pas une main ne s'est levée à la contre-épreuve.

M. LAFFERRE. — Il faut renvoyer les deux motions à la Commission.

M. FABIUS DE CHAMPVILLE. — Le renvoi à la Commission est de droit. *(Mouvements divers.)*

LE PRÉSIDENT. — Vous avez parfaitement raison de dire que le renvoi est de droit mais des orateurs peuvent toujours demander la parole pour s'expliquer sur la question. Je la donne au citoyen Loyson.

M. HYACINTHE LOISON. — Au nom d'un certain nombre de jeunes radicaux. *(Cris : Lesquels? Lesquels?)* je dis que le vote enlevé ce matin devant une fraction infime du Congrès n'a pas été enlevé par surprise car il paraîtra ce matin dans des journaux de Paris des interviews où l'on met en cause — je n'ai pas lu les numéros — des parlementaires du Congrès qui se désolidarisent d'avance avec le vote d'hier. Donc l'incident d'aujourd'hui a été prémédité et préparé. *(Applaudissements et protestations.)* Nous en avons assez des équivoques et des manœuvres. Nous demandons que le vote d'hier soit maintenu et que le Congrès ne se déjuge pas. *(Applaudissements et rumeurs sur divers bancs.)*

M. F. de Champville. — Il faut renvoyer la motion à la Commission.

Le Président. — Ce n'est pas possible, c'est voté. *(Protestations et bruit.)* Le renvoi à la Commission d'une proposition n'est pas possible. Je suis en présence de deux motions. On demande la clôture et l'annulation du vote d'aujourd'hui. *(Crie : Non, non.)* En premier lieu, je dois mettre aux voix la clôture qui est demandée. *(Nombreuses interruptions.)* Mais je répète qu'il n'est pas possible, aux termes mêmes du règlement, de renvoyer à la Commission des propositions qui ont été votées. Je dois observer le règlement. Je ne peux ou que faire prononcer la clôture ou que mettre aux voix telle autre motion qu'il appartiendrait de présenter.

M. Bouyssou. — La motion qu'il y a lieu de présenter est simple. Il s'agit de savoir si le Congrès va maintenir l'une des deux motions. Je vous demande de maintenir la motion d'hier. *(Applaudissements, cris divers.)*

Le Président. — Laissez-moi poser la question. Vous avez entendu la proposition de notre collègue et ami Bouyssou. Je dois mettre d'abord aux voix la clôture et, si elle est repoussée, je mettrai aux voix la motion Bouyssou. *(Vives protestations.)* Que ceux qui sont d'avis de clore l'incident veuillent bien lever la main. *(Nouvelles protestations.)*

M. Camille Pelletan. — S'agit-il de clore la discussion ou de clore l'incident?

Le Président. — Il s'agit de clore l'incident. *(Très bien.)* Si j'interprète mal la pensée de ceux qui demandent la clôture de l'incident, je les prie de rectifier. *(M. Bepmale monte précipitamment à la tribune, le président lui fait observer que le vote était commencé. Des altercations violentes se produisent au fond de la salle. M. Bepmale insiste pour parler.)*

Le Président. — Je ne crois pas refuser au vieux militant qu'est le citoyen Bepmale la satisfaction de prononcer quelques paroles.

M. Bepmale. — Je regrette que l'incident soit né; je crois qu'il eût été préférable, pour la bonne tenue du

Congrès, qu'il ne se produisît pas. Mais la question a été posée, et, à l'heure actuelle, deux votes ont été émis. Clore l'incident serait laisser le pays en présence de deux votes contradictoires. *(Applaudissements.)* Vous ne pouvez pas laisser dans l'indécision ceux qui vous ont envoyés ici. Il faut voter l'un ou l'autre des deux ordres du jour. *(Applaudissements.)*

M. Lièvre. — Il serait plus simple de les annuler tous les deux.

Le Président. — Vous avez entendu les observations de M. Bepmale. Je reviens maintenant à la question telle qu'elle se présente. J'ai été saisi d'une demande de clôture de l'incident. Je vais la mettre aux voix.

M. Bouyssou.—Je vous prie, dans ces conditions, de voter contre la clôture; nous passerons ensuite au vote de ma motion, car je maintiens l'ordre du jour d'hier. *(Applaudissements.)*

Le Président. — Je mets aux voix la clôture de l'incident. *(La clôture est repoussée à la majorité. Applaudissements, mouvements divers.)*

Le Président. — Je suis saisi d'une motion Bouyssou demandant le maintien de l'ordre du jour, voté hier.

M. Bokanowsky. — Nous voulons la plus grande clarté. Je désire poser une seule question. *(Bruit, interruptions.)*

Le Président. — Messieurs, M. Bokanowsky cède son tour de parole à M. Bouyssou.

M. Bouyssou. — Le sens du vote que vous allez émettre est bien que vous êtes animé du plus entier loyalisme au point de vue constitutionnel, mais que vous ne permettrez pas que des ennemis de la République se servent du Président de la République pour faire une œuvre réactionnaire. *(Applaudissements sur un grand nombre de bancs, le bruit continue.)*

M. Dalimier. —*Bruyantes protestations.*— Je voudrais poser une question à notre ami Bouyssou. Je lui demande d'aller jusqu'au bout de sa pensée, et de proposer l'exclusion du Parti de tous les députés qui sont allés dans leurs circonscriptions recevoir le Président de la République; le premier qui y est allé, c'est M. Bouyssou. *(Applaudissements sur divers bancs, bruyantes et longues protestations.)*

M. Bouyssou. — Dalimier, vous savez que votre affirmation est inexacte. *(Bruit prolongé.)*

M. Dalimier, — En ce cas, je retire.

M. Bouyssou.—Je suis le seul à ne pas être allé au-devant du Président de la République. Le Président est venu chez nous faire la division républicaine contre le parti radical. C'est pourquoi je n'ai pas pris part aux réceptions. (*Applaudissements.*)

Le Président. — M. Dalimier a retiré ses paroles,

M. Bokanowsky. — Vous admettrez qu'il est utile, avant que nous procédions au vote qui va finir cet incident, que quelques éclaircissements soient donnés. Quand un chef vénéré comme C. Pelletan vient dire que lui-même il a regretté que l'on ait voté cette motion hier, quand on a entendu des parlementaires comme Ranson, Lafferre, qui ont toujours eu notre confiance (*Très bien.*) dire : Il faut bien réfléchir à ce que nous faisons, je dis qu'il serait lamentable qu'on se rallie à une opinion que j'ai entendu exprimer et qui consisterait à déclarer : Nous nous sommes trompés, tant pis, persistons dans notre erreur. (*Bruit.*) Laissez-moi aller jusqu'au bout. Je veux tout simplement que nous sachions exactement quelle était la portée du vœu d'hier. M. Bouyssou me répondra sur ce point. Est-ce que, dans la pensée de M. Bouyssou, cet ordre du jour... (*Vives interruptions.*)

M. H. Loyson proteste dans le bruit.

M. Bokanowsky. — M. Loyson, je vous en prie, vous qui avez publié et imprimé que vous ne veniez ici que parce que Hervé vous y engageait... (*Violentes exclamations. De leur place, MM. Vollaeys et H. Loyson, particulièrement, protestent avec énergie.*)

Un Délégué. — Je demande le rappel à l'ordre.

M. Bokanowsky. — Etant donné qu'on veut faire un vote conscient, je demande si, dans la pensée de M. Boyssou et des amis qui l'ont suivi hier; la motion votée impliquait, oui ou non, un blâme ou une désapprobation à l'égard du Président de la République. (*Bruit, mouvements divers.*) Je demande aussi si, dans la pensée de ceux qui appuient l'ordre du jour de notre ami Bouyssou, il n'entre aucune idée de blâme au Président de la République que nous mettons au-dessus de nos débats politiques. S'il en est ainsi, nous nous inclinons, la question est résolue immédiatement.

Nous demandons à M. Bouyssou de dire à quel moment le Président de la République, issu du Congrès de Versailles à la majorité des voix, dans quels discours, dans quelle attitude précise, le Président de la République est sorti de ses attributions constitutionnelles. Le jour où on nous démontrera que le Président de la République est sorti de ses attributions, de son rôle constitutionnel, nous serons tous avec vous *(Applaudissements.)* mais tant que vous n'aurez à nous donner comme arguments que ceux que nous entendons ordinairement, reprocher à tel préfet ou sous-préfet de n'appuyer pas de façon suffisante la politique de notre Parti, je dis qu'il serait indigne de nous de voter une motion de blâme contre le Président de la République pour le seul fait qu'il n'est pas sorti de notre Parti. *(Très bien.)* Si nous avons le droit de blâmer les ministres et le gouvernement qui appartenant au Parti radical ont fait une politique contraire à notre Parti, je déclare que nous n'avons pas le droit, jusqu'à ce qu'une preuve tangible soit donnée que le Président de la République soit sorti des attributions constitutionnelles, nous n'avons pas le droit, dis-je, de porter un tel blâme. *(Applaudissements.)*

M. Camille Pelletan. — Une explication sur un fait personnel. L'orateur a cité mon nom. J'ai dit que j'aurais mieux aimé que la motion Bouyssou ne fût pas présentée, cela est vrai, mais je l'ai lue et écoutée attentivement avant de la mettre aux voix et je crois que mes souvenirs ne me trompent pas en affirmant qu'il n'y avait pas un mot personnel contre le Président de la République. *(Très bien. Plusieurs voix. Nous sommes d'accord.)*

On y blâme un certain nombre de manifestations, mais on ne dit pas un seul mot d'accusation contre le Président lui-même.

M. Dalimier. — Nous sommes d'accord.

M. Camille Pelletan. — Je déclare que j'aurais mieux aimé qu'elle ne soit pas présentée ici pour éviter l'incident actuel et ce vote de ce matin, obtenu alors que la salle était à peu près vide. *(Mouvements divers.)*

M. J.-B. Morin. — Je demande à M. Bouyssou si sa motion implique ou non un blâme au Président de la République. *(Bruit.)*

M. Bouyssou. — Je ne serai pas long. Remarquez d'abord que dans ma motion il n'y a nullement le nom du Président de la République. *(Bruit.)*

M. Lafferre. — Alors, qu'est-ce que c'est? *(Nouvelles protestations et altercations.)*

Le Président. — C'est l'ordre du jour pur et simple qu'il conviendrait d'adopter.

M. Bouyssou. — Y a-t-il dans le texte de ma motion un blâme à l'égard de l'attitude du Président de la République?

Ma motion dit : Les manifestations qui, peut-être

même à l'insu du Président de la République, se sont produites dans son voyage. *(Bruit.)* La motion vise des manifestations regrettables. *(Applaudissements sur presque tous les bancs.)* Ces manifestations se produisent sans doute à son insu, mais je constate qu'il accepte ces concours *(Applaudissements.)* et je l'avise qu'il faudrait gouverner avec le parti républicain. *(Applaudissements.)* C'est tout.

Cris. — L'ordre du jour pur et simple.

M. Estier. — Le Congrès, dans la plénitude de son autorité, a voté deux motions contradictoires. *(Non, non, bruit.)* Le débat auquel nous assistons est profondément regrettable et nous détourne des questions importantes que nous avons à examiner. Je propose formellement de clore l'incident par l'ordre du jour pur et simple. *(Protestations, applaudissements.)*

Le Président. — L'ordre du jour pur et simple est également demandé par MM. Binet et Clerget. Je le mets aux voix. *(L'ordre du jour pur et simple est repoussé en majorité.)*

M. Bouyssou. — Je demande le vote de ma motion.

Le Président. — Messieurs, je suis saisi de trois propositions. *(Interruptions.)* Il y a avantage pour tout le monde à ce que nous terminions le plus rapidement possible. Prêtez-moi quelques minutes de votre attention bienveillante pour que je pose la question au Congrès. Je suis saisi de trois motions. Je les prends dans l'ordre où elles sont.

La première est ainsi libellée : Les soussignés demandent l'annulation des deux votes contradictoires et leur renvoi à la Commission. Signé : Lafferre, etc.

La deuxième, de M. Fabius de Champville : Le Congrès, regrettant que des ordres du jour mal entendus et mal compris aient été votés, les déclare nuls et non avenus et passe à l'ordre du jour.

Le troisième, ainsi libellé, de M. Bouyssou : Le Congrès décide de maintenir son ordre du jour d'hier. Je pense que ce ne sera contesté par personne, je dois, conformément à la procédure classique, mettre d'abord aux voix la motion la plus large, celle de M. Lafferre et ses collègues.

M. Fabius de Champville. — Je retire ma motion et je me rallie à celle de M. Lafferre. *(La motion Lafferre est adoptée à la majorité.)*

La séance est levée.

QUATRIÈME SÉANCE

Samedi 18 octobre, après-midi.

La séance est ouverte à 2 heures, par M. Paul Falot; qui invite l'assemblée à nommer son bureau.

Le bureau est ainsi constitué :

Président. — M. Gaston Doumergue, sénateur du Gard.

Vice-président. — MM. Ournac, sénateur de la Haute-Garonne; Herriot, sénateur du Rhône; Dalimier, député de Seine-et-Oise; Ranson, sénateur de la Seine; F. Buisson, député de la Seine; Lafferre, député de l'Hérault; Armand Charpentier (Seine); Dr Dupeux (Gironde); Irénée Bonnafous (Tarn-et-Garonne); Gavaudan (Bouches-du-Rhône); Paul Virol (Seine).

Secrêtaires. — MM. Thalamas, député de Seine-et-Oise; Franklin-Bouillon, député de Seine-et-Oise; Schmids, député des Vosges; Chevillon, député des Bouches-du-Rhône; Gasc (Haute-Garonne); Labroue (Dordogne); Ferrasse (Hérault); Bertiaux (Nord); Ohl (Seine); Paul Josias (Gard).

ALLOCUTION DE M. Gaston DOUMERGUE

M. Gaston Doumergue, président. — En mon nom et au nom des membres du bureau, désignés par vos acclamations, je vous remercie de l'honneur que vous nous avez fait en nous demandant de présider cette séance qui doit être importante. Elle ne débutera pas par un discours de ma part. Tout ce qui devait être dit a été dit et fort bien dit, et, alors que j'étais auditeur et spectateur parmi vous, j'ai entendu maintes fois, à mes côtés, de nos camarades congressistes répéter qu'il fallait moins des discours que des actes nombreux et précis. *(Applaudissements.)* Des actes, il n'en faut nulle part d'aussi précis et d'aussi sûrs qu'en matière de défense laïque et c'est l'objet des premières délibérations que vous serez appelés à prendre dans la séance de cet après-midi.

Le programme minimum que nous avons préparé pour éviter toute confusion et toute équivoque comprend en première ligne la défense laïque.

Il semble qu'après trente ans de laïcité un pareil

article devrait être rayé de nos délibérations. *(Très bien très bien.)*

La République s'est faite autour de l'école; l'on peut dire que les majorités qui ont voté les grandes réformes qui sont l'honneur du Pari républicain et surtout du Parti radical, que ces majorités ont été formées et éduquées par les maîtres de l'enseignement laïque. *(Applaudissements.)* C'est parce que cette constatation a pénétré les esprits de nos adversaires, c'est parce qu'ils ont vu les résultats, les conséquences produites par l'enseignement laïque donné à l'école par des instituteurs laïques dévoués à leur œuvre, que nos adversaires recommencent la bataille contre nous en attaquant l'école laïque. Dans maints départements, la question ne se pose pas ou bien elle ne se pose pas au même degré d'acuité que dans d'autres départements; il y a des régions dans lesquelles le Parti républicain est fort depuis longtemps, où il est organisé, où il se défend, où il soutient l'école, l'instituteur, l'enseignement laïque; il y en a fort heureusement un grand nombre en France; là, les adversaires sont mesurés et prudents dans leurs actes; ils n'osent même pas se découvrir. Mais il est d'autres départements, ceux dans lesquels l'idée républicaine se heurte depuis longtemps à des forces de réaction et à des forces de conservation sociale tout à fait violentes, il est des départements dans lesquels, à l'heure qu'il est, les écoles laïques sont vides de leurs enfants.

J'ai vu, comme ministre de l'Instruction publique, dans quelques départements, de nombreuses écoles, à la tête desquelles se trouvaient l'instituteur, l'institutrice et sur les bancs desquelles ne se trouvait pas un seul enfant, pas même les enfants des fonctionnaires du canton ou de la commune.

Si je fais cette observation, c'est pour rappeler à quelques-uns de nos amis, qui, voyant dans leur département ou dans la région la situation plus calme, sont tentés de ne pas donner à la question de défense laïque toute l'importance qu'elle doit avoir; qu'il y a ailleurs dans d'autres départements une grande lutte à livrer, une œuvre importante à faire; en faisant appel à leur esprit de solidarité, je veux leur demander de s'unir à nous pour obtenir par la défense de l'école laïque la privauté de l'école laïque, le respect de nos maîtres, le respect de l'enseignement, le respect de l'enseignement non pas neutre, mais de l'enseignement vivifié par les données de la science, par les leçons de la Révolution française et par l'esprit qui animait celle-ci. *(Applaudissements prolongés.)*

Nous ne voulons pas de la neutralité trompeuse, de celle que l'on prêche quelquefois *(Bravos répétés.)*; et qui nous fait paraître devant nos adversaires comme honteux de nos doctrines et de nos idées, honteux d'affirmer notre idéal et notre volonté de le réaliser dans le cœur des enfants et des générations de demain. *(Vifs applaudissements.)*

Les mesures qu'il faut prendre, vous les demanderez et j'ajoute même que vous les imposerez. *(Très bien, très bien. Applaudissements.)*

Nous sommes ici, nous, parlementaires adhérents au Parti, dévoués au Parti, prêts à toutes les abnégations en faveur du Parti, pour recevoir vos directions, vos enseignements et pour savoir la ligne de conduite que nous devons adopter. C'est forts de vos décisions raisonnées, étudiées, qu'à la Chambre et au Sénat, nous irons dire au nom des masses que nous représentons et de la majorité de l'opinion républicaine : « Voilà ce que nous voulons, voilà ce qu'il faut faire. »

J'en ai trop dit, citoyens. *(Non, non, parlez.)* C'est à vous qu'il appartient de parler. Dans un débat de cette nature, il me semble que toutes les décisions doivent être prises à l'unanimité. Je ne dirai point que c'est un débat académique qui va s'engager, mais c'est un débat dans lequel ne doivent pas se heurter violemment des opinions contraires, parce que tous, nous voulons la même chose : l'école laïque triomphante, dominante, formant le cœur, l'esprit, le patriotisme et le républicanisme des générations de demain. *(Vifs applaudissements.)*

Si nous avons laissé par l'école, pour un avenir prochain, une génération instruite selon les données de la raison et celles de la science, nous aurons préparé l'avènement d'un régime social meilleur. Soyons les ouvriers du jour, de l'heure présente. Il n'y a pas de tâche supérieure à celle qui nous incombe aujourd'hui : à la défense de l'école laïque; et souvenons-nous que pour la défendre, on ne l'a pas assez dit ces temps derniers, il faut attaquer. *(Applaudissements répétés.)*

On contrôle nos écoles, on regarde dans nos écoles; tant qu'il y aura d'autres écoles à côté, regardons dans ces écoles, contrôlons ces écoles. *(Vifs applaudissements.)*

Plusieurs Voix. — Et le monopole?

M. Doumergue. — Exigeons, tant qu'elles existent, que chez elles il y ait les mêmes garanties de science, d'honorabilité, d'esprit libre, de garanties matérielles, qu'il en a dans les écoles laïques, dans les écoles de l'État. Nous ferons ainsi notre devoir et nous prendrons surtout les intérêts des pères de famille et des enfants à qui nous assurerons partout des écoles plus hygiéniques, des responsabilités plus précises et un enseignement supérieur plus libre, plus éclairé. *(Applaudissements répétés.)*

Le Président. — La parole est à M. Debierre.

M. le Dr Debierre. — J'éprouve le besoin de donner une courte explication à mes collègues, délégués au Comité Exécutif. J'avais déposé ma candidature à la présidence du bureau du Comité Exécutif. A midi j'avais retiré cette candidature. Si je l'ai retirée, c'est dans l'unique pensée d'assurer dans le Congrès l'union intime du Parti, union que je considère comme indispensable pour l'avenir même du Parti radical et radical-socialiste. *(Applaudissements.)* Je n'ai pas voulu de le multiplicité de candidatures. J'estime ensuite que jamais le président du Comité Exécutif n'aura plus que cette année besoin d'une autorité incontestée et incontestable et qu'il ne pourrait avoir cette autorité que si derrière lui sont massés tous les militants de nos organisations radicales et radicales-socialistes. *(Très bien.)*

C'est dans cette pensée d'union, messieurs, que je retire ma candidature. Toute ma vie j'ai lutté pour des idées et pour des principes.

Plusieurs voix. — C'est vrai.

M. Debierre. — Ma vie entière, je l'ai consacrée à la libre pensée et à l'éclosion dans ce pays de la République sociale. *(Vifs applaudissements.)* J'ai voulu montrer une fois de plus que malgré ce qu'on a dit de moi...

Un Délégué. — C'est une infamie.

M. Debierre. — ... j'ai le sentiment très profond et très intime de l'union et de la discipline. *(Très bien vifs applaudissements.)*

Je remercie ceux de mes camarades qui avaient pensé à moi pour présider le bureau du Comité Exécutif. Celui qui sortira des urnes de ce Congrès, quel qu'il soit, est assuré par avance d'avoir mon concours le plus absolu et le plus dévoué *(Vifs applaudissements.)* à la condition qu'il soit à la tête du Comité Exécutif non pas seulement un fervent soldat de la démocratie sociale du bout des lèvres, mais tout entier, en paroles et en actes. *(Vifs applaudissements.)*

Le Président. — M. Hemmerschmidt, rapporteur de la Commission de l'enseignement et de la défense laïque, a la parole.

ENSEIGNEMENT ET DÉFENSE LAIQUE

Le Président. — La parole est à M. Hemmerschmidt. rapporteur de la Commission d'enseignement.

M. Hemmerschmidt, rapporteur :

Citoyens,

Je vais me permettre, très brièvement, de vous exposer les vœux divers que votre commission de l'enseignement et de la défense laïque m'a chargé de rapporter devant vous.

Le rapport imprimé qui vous a été remis à tous avant le congrès en contenait un certain nombre. Au cours de la discussion dans le sein de la commission, ces vœux ont été modifiés; de nouveaux même ont été ajoutés.

Je me garderai bien de m'étendre longuement, ni de vous faire un exposé détaillé des multiples raisons qui toutes militent en faveur de la défense de l'école laïque; les rapports des congrès précédents ont suffisamment mis en lumière les faits nombreux qui nous imposent cette attitude, pour me dispenser de recommencer une narration tant de fois faite.

Notre école, cette pierre angulaire de la République, est également meurtrie : des coups qu'elle reçoit de ses adversaires et des embrassades énergiques qu'on lui prodigue si fréquemment. Elle a les oreilles rebattues des termes élogieux dont la qualifient depuis de nombreuses années les voix les plus autorisées, dans des circonstances solennelles.

Le moindre grain de mil ferait mieux son affaire.

L'école laïque et tout ce qui en est le complément indispensable ne peuvent se payer de mots; on voudrait un peu moins de déclarations enflammées d'affection profonde et un peu plus d'actes de protection efficace. *(Applaudissements.)*

Les militants de notre parti, et *ceci est le symptôme le plus grave*, en voyant l'inutilité de leurs efforts qui ne sont pas secondés, en arrivent à se désintéresser et trouvent superflu de continuer à chercher la solution d'une question qui leur paraît insoluble, ou, du moins, dont on semble vouloir ajourner indéfiniment la solution.

Nous ne pouvons plus agiter cette question de défense laïque sans voir se manifester des sourires sceptiques et des gestes qui signifient un « à quoi bon » éloquent.

On comprendrait notre indifférence si à cette apathie correspondait en face un sentiment semblable, mais il n'en est malheureusement pas ainsi.

Pendant que nous tergiversons, des adversaires résolus et adroits usent et abusent de la liberté que nous leur avons octroyée pour s'organiser et envelopper le pays d'organisations nombreuses qui touchent à toutes les formes de l'activité nationale. Mais elles visent surtout l'enfance qui permet, quand on la possède, de s'assurer l'avenir.

Les questions que nous allons vous soumettre sont d'intérêt si capital que dans tous les sujets traités depuis l'ouverture de notre congrès, il n'en était pas un seul où ne revînt comme un leitmotiv cette éternelle question de la défense laïque, qui a besoin de se manifester sous des formes multiples, car si l'école est menacée, elle n'est pas seule en péril : l'assaut réactionnaire menace à la fois toutes les positions.

Un membre de la commission ne nous a-t-il pas fait observer que dans une région de la France, en Bretagne, et surtout en Vendée, le monopole de l'enseignement congréganiste — dit libre — était presque établi de fait, grâce aux mesures de prohibition prises pour boycotter l'école publique?

Aussi votre commission, qui a jeté tant de fois le cri d'alarme, notamment au congrès de Nîmes et de Tours, vient à nouveau vous soumettre des vœux qui vous ont déjà été soumis tant de fois; elle s'excuse de traiter derechef des questions qui devraient être résolues et de vous dire toujours la même chose, parce que c'est toujours la même chose.

Nous espérons néanmoins, grâce à la bonne volonté de tous nos élus, et surtout à la collaboration de tous les militants, que nous obtiendrons un résultat qui nous permettra, au congrès de l'an prochain, de nous réjouir du succès remporté et en même temps de nous occuper de la réforme des programmes d'enseignement, de façon à ce qu'ils soient établis d'accord avec les besoins et les exigences de la vie moderne et de tant d'autres questions utiles.

Notre commission a reçu divers vœux très intéressants, mais dont elle n'a pu faire état, voulant se borner à l'étude d'un nombre de points très limités qu'elle voudrait voir aboutir.

Nous tenons néanmoins à vous en donner connaissance.

L'un émane de M. Félicien Court, de la Fédération toulousaine, portant interdiction aux fonctionnaires des trois ordres d'enseignement de professer dans les établissements — dits libres — concurrents de ceux de l'État. *(Applaudissements.)*

Un vœu déposé par les délégués d'Indre-et-Loire, au nom de la Fédération de la première circonscription de Tours, et du conseil d'arrondissement de Tours, concernant le monopole de l'enseignement et les œuvres post-scolaires.

Une communication du citoyen Dupuy contenant diverses propositions auxquelles il sera en partie donné satisfaction dans les vœux que la commission va soumettre au congrès.

Un vœu du Comité de concentration du cinquième arrondissement de Lyon, tendant à ce que l'État fasse le nécessaire pour assurer, à bref délai, la gratuité de l'enseignement à tous les degrés.

Voici les vœux que la commission soumet à l'approbation du congrès :

1° Abrogation de tout ce qui reste encore en vigueur de la loi Falloux. *(Vifs applaudissements.)*

2° Adoption de la proposition Brard, tendant à réglementer l'ouverture des écoles primaires privées dans les communes où les locaux publics sont suffisants pour recevoir toute la population scolaire, afin d'assurer aux pères de famille républicains la même liberté qu'aux autres.

3° Organisation progressive de la laïcité intégrale de l'enseignement, en assurant immédiatement le contrôle efficace et permanent des écoles privées.

4° Assurer légalement la fréquentation obligatoire et régulière de l'école.

Le fonctionnement obligatoire des Caisses des écoles avec subvention de l'Etat.

La répression du boycottage de l'école laïque.

Interdiction de pratiquer la R. P. scolaire.

5° Faire voter d'urgence le projet de loi Dubief-Astier, rapporté par M. Verlot, sur l'enseignement complémentaire professionnel et technique.

6° Organisation légale par l'État de l'éducation physique, de la préparation militaire et des œuvres complémentaires de l'école,

La commission fait en outre un pressant appel à tous les adhérents de notre Parti pour qu'ils s'intéressent personnellement à toutes les œuvres postscolaires, notamment les patronages laïques existant dans leurs localités, et d'en créer partout où il n'y en a pas.

Voici les vœux que la commission apporte au congrès. Suivant la demande qui nous a été adressée, on nous a en outre chargés de soumettre au congrès un programme minimum, qui devrait être inscrit avec le reste des questions à imposer à tout candidat se réclamant de notre Parti :

1° Organisation progressive de la laïcité intégrale de l'enseignement en assurant immédiatement le contrôle efficace et permanent des écoles privées;

2° Lois assurant la fréquentation régulière et obligatoire de l'école et réprimant le boycottage de l'école laïque;

3° Organisation obligatoire des caisses des écoles publiques, avec le concours de subventions de l'État. Interdiction de pratiquer la R. P. scolaire;

4° Organisation de l'enseignement complémentaire technique et professionnel.

Voici donc tous les vœux que la Commission apporte au Congrès. On nous a chargé de soumettre au Congrès la partie qui nous concerne du programme minimum qui, avec le reste des questions intéressant le Parti, doit être imposé à tout candidat se réclamant de notre Parti; en voici le texte :

1° Organisation progressive de la laïcité intégrale de l'enseignement en assurant immédiatement le contrôle efficace et permanent des écoles privées;

2° Lois assurant la fréquentation régulière et obligatoire de l'école et réprimant le boycottage de l'école laïque.

3° Organisation obligatoire des caisses des écoles publiques avec le concours de subventions de l'État. Interdiction de pratiquer la R. P. scolaire.

4° Organisation de l'enseignement complémentaire technique et professionnel. *(Vifs applaudissements.)*

M. Livet. — Et l'amendement Brard?

Le Président. — Cela va venir. La parole est à M. Clerget.

M. Clerget. — Je vous demande pardon de solliciter quelques minutes seulement l'attention du Congrès; mais, dans un débat sur la question laïque, il m'a paru intéressant de vous apporter une communication qui vous montrera que l'on doit surtout se défendre de ceux sur lesquels on devrait pouvoir compter. Le gouvernement que nous avons aujourd'hui à notre tête trahit l'école laïque. Voici ce qui se passe et ce que j'apprends aujourd'hui. Il y a dimanche prochain, à Langres, une fête en l'honneur du bi-centenaire de Diderot. Or, quelle n'est pas ma stupéfaction d'apprendre que le gouvernement vient d'interdire aux élèves des écoles publiques de Langres, dans un scrupule de neutralité scolaire, d'assister à ces fêtes ! *(Nombreuses exclamations.)* Le fait m'a paru tout d'abord incroyable; il m'a paru impossible qu'un ministre républicain interdise aux élèves des écoles de l'État d'assister aux fêtes du bi-centenaire de Diderot. Cela est d'autant plus incroyable que M. Klotz, ministre de l'intérieur, doit venir dimanche à Langres.

Alors nous saisissons sur le vif la diversité du gouvernement qui, en paroles, se proclame défenseur de l'enseignement laïque et qui, en dessous, accomplit des actes comme celui que je cite et qui montre que, non seulement il n'entend pas défendre l'école laïque, et encore moins attaquer, comme on le disait tout à l'heure, mais qu'il entend faire une politique de reniement. On a honte, aujourd'hui, de défendre l'école laïque, de s'attacher à ceux qui ont été les meilleurs serviteurs du parti républicain; on va jusqu'à rougir des précurseurs de la République.

Voilà la lettre adressée par l'inspecteur d'Académie de Langres à l'inspecteur primaire :

« J'ai l'honneur de vous informer que je trouve préférable, vu les contestations auxquelles donne encore lieu le nom de Diderot *(Exclamations.)*, que les élèves des écoles de Langres ne participent point officiellement aux fêtes de son bi-centenaire.

« Je vous prie de vouloir bien voir à ce sujet, M. le maire, qui comprendra, j'en suis convaincu, notre scrupule de neutralité scolaire. » *(Nombreuses et violentes exclamations.)*

M. Falot. — Avez-vous la preuve de l'authenticité de cette lettre?

M. Fabius de Champville. — Etes-vous sûr de l'authenticité de cette lettre?

M. Clerget. — J'entends que plusieurs d'entre vous se demandent si cette lettre n'est pas l'œuvre d'un faussaire. Je peux vous affirmer qu'il n'en est rien. J'ai remis cette lettre à quelqu'un qui doit publier un article dans l'*Homme libre* : c'est Clemenceau qui a l'original de la lettre. Je n'en ai que la copie.

Maintenant, messieurs, un mot seulement : Je connais l'inspecteur d'Académie qui a signé cette lettre. Je le tiens pour un des fonctionnaires des plus distingués. *(Exclamations.)* M. F. Buisson, qui le connaît, ne me démentira pas.

M. F. Buisson. — C'est un des fonctionnaires les plus républicains qui soient en France. *(Exclamations, mouvements divers.)*

M. Clerget. — Je tiens à dire ici, après avoir signalé le fait, ce que je pense de celui qui a signé cette lettre. Je considère, vous en tirerez les déductions que vous voudrez, que M. Blanc-Grignon a été toujours considéré comme un fonctionnaire des plus distingués, imbu de l'esprit laïque. *(Interruptions.)* Je ne veux pas m'arrêter à des questions de personne. Je constate un fait : c'est qu'il se trouve, à l'heure actuelle, en République, au moment où nous parlons de défense laïque, il s'est trouvé un fonctionnaire, obéissant aux ordres de son ministre, qui a signé la circulaire que je viens de vous lire.

Un Délégué. — C'est sur les ordres de M. Barthou.

M. Clerget. — C'est un signe des temps; c'est à vous de prendre les mesures les plus énergiques puisque nous ne pouvons pas compter sur un gouvernement qui fait une politique d'abdication et de reniement. *(Très vifs applaudissements.)*

Le Président. — Le débat qui est ouvert a une importance exceptionnelle. Les résolutions que nous prendrons auront d'autant plus de poids que nous les prendrons dans le silence, avec méthode et réflexion. Je vous engage donc, dans l'intérêt de la clarté et de la portée de ces débats, à écouter les orateurs en silence et à apporter ensuite successivement les observations que vous aurez à présenter.

M. S. Etcheberry. — Je vais vous lire un papillon joint à la circulaire adressée par le proviseur du lycée de Nantes à un citoyen qui désirait cette année même mettre son fils dans ce lycée à la rentrée dernière :

« Les parents qui redouteraient pour leurs enfants la vie d'internat trouveront à Nantes des familles et des ecclésiastiques qui prennent chez eux comme pensionnaires des élèves suivant les cours du lycée en qualité d'externes. » *(Nombreuses exclamations.)* Je précise : cette circulaire a été envoyée à un de mes amis qui avait l'intention de mettre son fils au lycée de Nantes à l'entrée des classes en 1913. *(Rumeurs diverses.)*

M. Brard. — Il faudrait plusieurs heures pour traiter

devant vous le problème de la fréquentation scolaire dans toute son ampleur et je me souviendrai d'un certain article du règlement de nos Congrès qui n'accorde que quelques minutes aux orateurs pour exposer les questions que vous avez à résoudre.

Par conséquent, rassurez-vous, d'autant plus que je ne suis pas un professionnel de la parole.

Je n'aurai pas la témérité d'exposer ce problème sous tous ses aspects; je me bornerai, moi, qui ne suis pas un spécialiste de questions d'enseignement, à être ici ce que j'ai toujours été dans ma vie politique : un modeste et un républicain qui a entendu la plainte des instituteurs et le cri de douleur des pères de famille républicains. *(Vifs applaudissements.)*

Tout à l'heure, notre président, en prenant place au fauteuil, a déclaré qu'il fallait autant que possible ne pas prononcer de discours et se livrer à des actes. Eh bien, ce sont des actes que je viens vous demander d'accomplir aujourd'hui. Vous connaissez la situation. Cette situation a fait l'objet de longs exposés à la tribune de la Chambre. Elle a fait également l'objet d'une enquête très étudiée et approfondie de la part de l'association et des fédérations des amicales d'instituteurs. Il n'est pas besoin de vous apporter ici les résultats de cette enquête. J'ai récemment exposé les faits à la tribune du Parlement; vous les avez tous vus, je n'insisterai donc pas et je ne vous infligerai pas ce douloureux calvaire qui consisterait à refaire pas à pas l'historique de la persécution cléricale, de cette persécution qui est dirigée contre nos écoles publiques et contre les pères de famille républicains. Vous savez aussi bien que moi que les œuvres privées font preuve d'une vitalité considérable. La France en est couverte; elles portent différents noms. J'en trouve l'énuméra- dans ce Bulletin de l'Association des amicales d'instituteurs. Je ne ferai que vous les énumérer, car je n'ai pas l'intention de vous retenir longtemps : ces associations s'appellent du nom de confréries diverses; Saint-François du Rosaire, Enfants de Marie, Associations de pères de famille, Jardins ouvriers, Mutualités agricoles, Crédit agricole, Femmes françaises, Propagation de la Foi, Patronages de jeunes gens et de jeunes filles, Œuvres du trousseau, Œuvres de placement, Théâtres, Cinématographes, Préparation militaire, Sociétés d'escrime- Bulletins paroissiaux, Bulletins de la bonne presse, Sociétés de gymnastique et de tir, etc., etc.; vous avez encore les oreilles toutes remplies de ces manifestations tapageuses et insolentes qui circulent dans les rues de nos villages, venant provoquer les meilleurs républicains sous leurs fenêtres. *(Vifs applaudissements.)*

Qu'a-t-on fait pour essayer de porter un remède à cette situation? J'allais dire rien, j'aime mieux dire à peu près rien. Vous savez qu'à la suite de mon intervention à la Chambre on a fini par décider de mettre à l'ordre du jour les problèmes qui ont été posés dans le projet de loi du gouvernement et qui ont pour rapporteur l'honorable Dessoye. Vous savez aussi que j'ai dû récriminer et faire appel à la protection du règlement de la Chambre pour obtenir que la proposition de loi que j'avais déposée, et qui n'avait pas été rapportée dans le délai minimum, fût inscrite à l'ordre du jour après le rapport Dessoye; enfin, un 3e projet est déposé et M. Viviani en est rapporteur.

Eh bien, pour ne parler que des projets relatifs à la fréquentation scolaire, je vous disais tout à l'heure qu'on n'avait fait presque rien; j'insiste et dis presque rien, car les projets que l'honorable M. Dessoye défend à la tribune de la Chambre avec son talent habituel se réduisent à de simples admonestations, de simples avertissements, quelques petites gronderies, quelquefois l'avertissement va jusqu'à une amende de cinq francs.

C'est ainsi que, pour avoir boycotté nos écoles publiques, les cléricaux s'exposent à recevoir, pour la somme de 5 francs, cette couronne de martyre à laquelle ils tiennent tant. *(Applaudissements.)*

Partant de ce principe, que l'enseignement est un service public au même titre que l'armée, la marine, les P. T. T., que l'État doit sans doute assurer à la nation sa sécurité et sa prospérité matérielles, je dis aussi qu'il a pour principal devoir d'apporter à la nation la sécurité et la prospérité intellectuelles; tout naturellement je suis amené à étudier les solutions qui permettent d'obtenir ce résultat.

L'une, c'est le monopole pur et simple. L'autre, c'est la réglementation de l'ouverture des écoles libres. Le monopole pur et simple, je l'ai déclaré bien des fois, j'en suis un partisan convaincu *(Vifs applaudissements.)*, mais pour des raisons politiques et financières, je ne crois pas que nous devions aujourd'hui nous arrêter à discuter cette question du monopole intégral car elle n'aurait aucune chance d'obtenir une majorité quelconque devant le Parlement. Il reste donc la question de la réglementation des ouvertures d'écoles libres.

Voilà comment j'ai été amené à déposer sur le bureau de la Chambre une proposition de loi signée par un certain nombre de députés républicains, appartenant à tous les groupes de la gauche républicaine, depuis la gauche démocratique jusqu'aux socialistes unifiés dont je pourrais vous donner les noms. La proposition était à l'origine ainsi conçue : *Article unique* : Dans les communes de moins de 3,000 habitants où les établissements primaires publics sont suffisants pour recevoir toute la population scolaire...

Telle était la proposition au début, lorsque je l'ai déposée en février 1913. Nous avions obéi à la préoccupation de défendre l'école laïque dans les endroits où nous la croyions la plus menacée, c'est-à-dire dans les petites communes. Nous avions pensé que, dans les grandes villes, les ouvriers, les pères de famille républisains se trouvaient tout naturellement protégés par toutes les organisations sociales mises à leur disposition. Nous estimions que c'était dans les petites communes qu'il fallait faire intervenir la loi pour éviter la surveillance journalière du prêtre sur l'enfant, les menaces des employeurs sur les employés, le boycottage de toutes les heures. Mais on nous a fait remarquer — et je dois à la loyauté de mon éminent collègue Ferdinand Buisson d'avoir bien voulu, avant la lettre, m'expliquer quelles étaient les objections qu'il avait l'intention de faire à notre proposition, — on nous a fait remarquer que si nous avions bien pour but de ne pas diviser la jeunesse en deux clans — on faisait allusion à Waldeck-Rousseau, — nous arrivions tout de même au résultat qui consiste à diviser la France en deux parties, l'une comprenant les communes de plus de 3,000 habitants non protégées, et, l'autre, les communes de moins de 3,000 habitants, seules protégées. C'étaient donc, comme le disait notre contradicteur, de nouvelles mesures d'exception que nous proposions et on nous demandait de généraliser. Pour bien montrer de quel esprit nous sommes animés, nous avons presque aussitôt que les objections nous ont été apportées, nous avons décidé que nous élargirions le texte pour donner satisfaction à notre contradicteur. Nous avons décidé cela quelques jours avant la séparation des Chambres, et, si nous n'avons pas fait connaître par la presse ou autrement quelles étaient les modifications que nous apporterions à notre texte, c'est parce que nous avons pensé qu'il n'était pas nécessaire de jeter à nouveau nos noms en pâture aux partis de réaction et que nous nous expliquerions au Congrès de Paul, où nous devions rendre des comptes à notre Parti, dont nous dépendons. *(Vifs applaudissements.)*

Ce sont ces raisons qui font que je vous donne lecture du texte auquel nous nous sommes ralliés hier soir à la Commission de l'enseignement. Nous avons décidé d'adopter, à la majorité considérable d'une soixantaine de voix contre quarante-quatre, le texte suivant :

Dans les communes où les établissements publics sont suffisants pour recevoir toute la population scolaire, il ne pourra être ouvert aucune école libre sans autorisation du ministre de l'Instruction publique, sur avis du conseil départemental.

M. F. Buisson. — Je demande la parole. *(Mouvements.)*

M. Brard. — Nous supprimons complètement la délimitation entre les grandes et les petites communes, nous généralisons et étendons la protection de notre projet de loi à toutes les communes sans distinction du chiffre de population. Ce nouveau texte est soumis à vos délibérations.

L'objection la plus sérieuse qui ait été faite a été que nous accrochions la question du monopole de l'enseignement et que, sous une forme détournée, on a même dit hypocrite, c'était tout simplement le monopole de l'enseignement que nous voulions instaurer dans ce pays. Je n'ai pas dissimulé ma pensée et je répète que je suis un partisan convaincu du monopole *(Vifs applaudissements.)* et que si le monopole de l'enseignement faisait l'objet de projets ou de propositions de loi, je le voterais des deux mains afin de libérer les malheureux pères de famille bretons dont j'entends tous les jours les plaintes. *(Applaudissements répétés)*.

Je dis : Ma proposition n'est pas le monopole, malheureusement, car je respecte toutes les écoles existantes à ce jour, ma proposition n'ayant pas d'effet rétroactif; elle n'est pas le monopole parce qu'il n'est pas dit que l'autorisation d'ouvrir une école quand elle sera demandée sera toujours refusée; elle sera étudiée quand les locaux scolaires publics seront suffisants pour recevoir la population scolaire et cette autorisation sera toujours accordée quand il sera démontré que les locaux scolaires publics sont insuffisants; car, à aucun prix, nous ne voulons laisser les enfants dans la rue, et plutôt que de les voir dans la rue, nous aimons mieux les laisser aller provisoirement à l'école privée. Eh bien, on nous a objecté que les écoles seraient tôt ou tard fermées; on nous a menacé pour les prochaines campagnes électorales de faire ce qu'on a fait en 1906 au moment des inventaires pour les églises et d'afficher sur toutes les portes : « Cette école sera fermée en 1914 si vous votez pour tel député qui a voté la proposition Brard. Il faut que vous puissiez dire dans les pays que vous représentez que les écoles ne seront pas plus fermées après 1914 que les églises l'ont été après 1906; il faut que vous puissiez développer les arguments que nous apportons ici et que vous triomphiez en 1914 des arguments réactionnaires.

Vous le savez, l'action de l'Eglise s'exerce d'une façon tout à fait générale; je connais de mes collègues au Parlement qui étaient tout près de se rallier à l'opinion du respectable M. F. Buisson. J'en connais qui accueillaient d'un sourire les républicains bretons quand ils venaient leur parler de péril clérical; aujourd'hui je vois ces députés qui cependant appartiennent à des départements qui ne sont pas bretons, je les vois s'inquiéter; leurs fronts s'obscurcissent car l'œuvre de l'Église s'étant étendue sur toute la France, ils s'aperçoivent qu'à leur tour ils sont menacés. *(Applaudissements prolongés.)* L'action de l'Église s'exerce partout, et non seulement à l'école; elle s'exerce aussi à l'atelier, au champ, dans les compagnies de chemin de fer, dans l'armée. Cette action contre nos écoles publiques, contre notre enseignement national, a pour résultat de vider nos écoles. A ceux qui contesteraient les affirmations que j'apporte, je répondrai par des statistiques en disant que dans certains départements il y a seulement quelques communes qui n'ont pas d'écoles privées; ce sont, en effet, les départements bretons et les départements de l'ouest; mais j'irai plus loin et je dirai que des départements comme les Bouches-du-Rhône, comme les Côtes-du-Nord, le Finistère, le Loir-et-Cher, la Loire, la Lozère, le Rhône, la Saône-et-Loire, la Somme, les Deux-Sèvres, je dirai que ces départements-là sont aussi menacés et que le nombre de communes qui ne possèdent pas d'écoles libres diminue de plus en plus.

Il ne faut donc pas dire que nous venons seulement défendre la cause des républicains bretons et de ceux de l'ouest.

Je vais plus loin, et, me rappelant ce qu'a dit l'honorable président Doumergue, je dis qu'en admettant même que la proposition de loi que nous déposons n'aurait pas d'autre but que de protéger seules de très peu nombreuses communes; vous auriez un devoir de solidarité républicaine à remplir et à nous apporter votre protection puisque nous vous la demandons. *(Applaudissements.)*

Quand, militants que vous êtes, vous vous êtes approchés des paysans pour tâcher de les arracher au sillon dans lequel ils sont accroupis, vous avez bien remarqué la résistance qu'ils faisaient à vos objurgations. Ils n'entendaient pas bien cette chanson nouvelle, et je ne veux pas vous rappeler qu'à partir du jour où ils se sont jetés dans vos bras, ils y sont venus sans arrière-pensée parce que vous aviez parlé de justice, de liberté, d'égalité, de fraternité humaine. Eh bien ! aujourd'hui qu'ils sont venus à la République définitivement, sans arrière-pensée, aujourd'hui que des départements comme le Morbihan donnent pour la première fois des majorités républicaines au Conseil général, viendrez-vous semer le découragement parmi nous et nous dire : Vous avez conquis quelques sièges, c'est très bien; mais ne comptez plus sur nous.

Je suis persuadé que le Congrès n'abandonnera pas plus les libertés des populations de l'ouest qu'il n'abandonnera des populations plus favorisées aujourd'hui mais qui, dans quelques années, je le crains, seront les premières à faire appel au Parti, pour demander des mesures plus énergiques que celles que nous réclamons. *(Applaudissements.)*

On nous dit : C'est le renversement de toutes les lois républicaines que nous avons votées et étudiées avec Ferry, avec Goblet, c'est le renversement de la République. Permettez-moi de vous dire que ce n'est pas très sérieux de nous faire une pareille objection. Vous parlez de Jules Ferry et de Goblet, mais s'ils étaient ici, ils seraient avec nous, ils seraient contre vous parce qu'ils vous reprocheraient l'inertie que nous déplorons tous. *(Vifs applaudissements.)* Les projets qui sont étudiés, qui sont rapportés par l'honorable M. Dessoye, auraient, comme je vous le disais tout à l'heure, pour résultat d'apporter quelques petites punitions ou plutôt quelques petites auréoles à ceux qui persécutent l'école laïque; quelquefois l'instituteur arriverait à paraître un dénonciateur. En admettant que les projets qui sont discutés en ce moment vous donnent cette satisfaction de punir quelques-uns des délits, je dis que votre loi n'atteindra pas les délits les plus graves, ceux qui sont commis sous forme de chantage économique, qui s'exercent par les influences sociales, des clients sur les fournisseurs, du propriétaire sur le fermier, du patron sur l'ouvrier, de l'employeur sur l'employé; je dis que votre loi n'atteindra pas non plus le chantage religieux qui s'exerce sous la forme d'influences spirituelles du clergé sur les croyants et sur les mères de famille religieuses.

Ce que vous n'empêcherez pas avec votre loi, c'est ce chantage religieux qui s'exerce par les influences spirituelles du clergé sur les croyants, dans les circonstances solennelles de la vie, au moment du baptême, le jour du mariage et au chevet des morts.

Je viens vous supplier de convertir cet amendement en délibération de Congrès et je viens vous prier de l'adopter purement et simplement et d'inviter les élus radicaux et radicaux-socialistes à le voter à la Chambre et au Sénat. *(Vifs applaudissements.)*

Le Président. — Avant de donner la parole à M. Bepmale et à M. F. Buisson, inscrits pour cette discussion, je vous demande la permission de vous soumettre une méthode de travail qui nous permettra de procéder rapidement et de ne pas perdre de temps.

La Commission saisit le Congrès d'un ensemble de vœux dont quelques-uns soulèvent des débats et dont les autres ne présentent pas de difficultés. Je demande la permission au Congrès de lui lire d'abord les projets de résolution qui ne paraissent pas devoir soulever de débat; nous pourrons les voter et nous ne discuterons que sur les points où il vous paraîtrait qu'une discussion plus étendue puisse être ouverte.

Voici le premier vœu : Abrogation de tout ce qui reste encore en vigueur de la loi Falloux. *(Vifs applaudissements. Adopté à l'unanimité.)*

2° C'est le vœu sur la proposition Brard que l'on discute en ce moment; je le passe.

3° Organisation progressive de la laïcité intégrale de l'enseignement en assurant immédiatement le contrôle efficace et permanent des écoles privées. *(Adopté à l'unanimité.)*

4° Assurer légalement la fréquentation obligatoire et régulière de l'école et le fonctionnement obligatoire des Caisses des écoles avec subventions de l'État; répression du boycottage de l'école laïque; interdiction de pratiquer la R. P. scolaire. *(Adopté à l'unanimité.)*

5° Faire voter d'urgence le projet de loi Dubief-Astier rapporté par M. Verlot sur l'enseignement complémentaire professionnel et technique. *(Adopté à l'unanimité.)*

6° Organisation légale par l'État de l'éducation physique, la préparation militaire et des œuvres complémentaires de l'école. *(Adopté à l'unanimité.)*

Le Congrès adresse un pressant appel à tous les adhérents de notre parti pour qu'ils s'intéressent personnellement à toutes les œuvres post-scolaires, notamment les patronages laïques existant dans leurs localités, et d'en créer partout où il n'y en a pas. *(Adopté à l'unanimité.)*

Ensuite viennent les vœux qui soulèvent des discussions. Je rappelle à nos camarades et amis l'obligation où nous sommes de prendre des décisions et je les invite tous — avec une liberté que nous accorderons aux uns et aux autres, mais dans les limites d'un règlement qui n'a pas été fait pour les besoins de la cause, mais qui a été élaboré autrefois pour le bon ordre et la rapidité de nos débats — à résumer aussi brièvement que possible leurs arguments. Nous parlons devant des militants qui connaissent la plupart des questions, il n'est pas besoin de leur donner des explications de détails comme on pourrait le faire dans des réunions publiques. *(Applaudissements.)*

On demande, d'autre part, l'inscription dans le programme minimum de trois vœux dont il vous a été donné lecture et qui ne soulèvent aucune objection. Voulez-vous l'inscription de ces articles au programme minimum? *(Oui, oui. Adopté à l'unanimité.)*

M. Bepmale. — Je ne viens ni combattre, ni appuyer la proposition Brard, mais il faut élever le débat. Vous avez entendu tout à l'heure et applaudi l'éloquent discours de notre président. Vous avez vu combien la question de l'enseignement est, à cette heure, une question vitale pour notre pays; or, lorsque nous arrivons à discuter les résolutions sur la défense laïque à insérer dans le programme minimum de notre Parti, nous insérons simplement dans ce programme un certain nombre de vœux comme le ferait un conseil d'arrondissement. *(Rires.)* Nous n'apportons pas, sur les autres questions, autant de ménagements. Lorsqu'il s'agit de questions de finances, nous disons à nos élus qu'ils devront faire ceci ou cela, et nous leur demandons une application très étroite des décisions prises; mais, lorsqu'il s'agit de l'enseignement, il y a des intérêts électoraux à ménager et on devient ondoyant et souple. *(Très bien, applaudissements.)* On dit : Nous allons émettre un vœu; il semblerait véritablement que le intérêts matériels de la démocratie doivent prendre le pas sur ses intérêts intellectuels.

Eh bien, je dis qu'il ne faut pas se cantonner dans des formules aussi étroites; il faut étendre, élargir la question.

Il y a dix ans que, dans tous les Congrès, revient cette éternelle question des mesures à prendre pour la défense de l'école laïque. Il y a quatre ans que le Parlement est saisi d'un projet. Qu'est-ce qu'il a fait? Absolument rien, par des scrupules que je comprends mais qui restent sans excuses. Il y a quatre ans que l'on discute des projets de détail pour ne pas porter atteinte à la liberté qu'invoquent nos adversaires qui ont, eux, l'intention bien arrêtée de s'en servir contre nous. On n'ose pas prendre des résolutions viriles. J'estime qu'il n'est ni de notre rôle ni de notre devoir d'entrer dans le menu des décisions à prendre pour la défense de l'école laïque. Nous devons dire à nos adversaires: Vous étiez autrefois contre la neutralité que nous proclamions nous-mêmes; vous avez donné à ce mot de neutralité une signification qui le dénature complètement, en prétendant empêcher les maîtres de montrer aux enfants les ruines et le sang dont les luttes religieuses ont couvert notre pays, en vous élevant, sous couleur de neutralité, contre l'enseignement de l'histoire vraie, vécue de ce pays. Cette neutralité s'est traduite par la lettre qu'on vous a apportée tout à l'heure, par laquelle un fonctionnaire du ministère de l'instruction publique ose dire que Diderot, deux cents ans après sa mort, est encore discuté et qu'on ne peut associer l'école laïque à sa glorification. Nous ne devons pas nous cantonner dans des formules étroites. Nous devons donner mandat à nos élus de prendre toutes les mesures, sans en préciser aucune, qu'ils croiront devoir prendre pour la défense de l'école laïque menacée, dût-on aller jusqu'au monopole de l'enseignement. *(Très vifs applaudissements sur la plupart des bancs.)*

Le Président. — C'est par habitude et parce que la formule est admise que nous appelons vœux les résolutions qui nous sont présentées. Mais la Commission considère, le bureau aussi, et le Congrès également, que ces vœux engagent tout le Parti et tous les adhérents du Parti. On a dit que l'école laïque était la pierre angulaire de la République. Nous disons, nous, ici, que la question de la défense de l'école est la pierre de touche à laquelle on reconnaît les républicains. *(Vifs applaudissements.)*

M. Ferdinand Buisson. — L'unanimité avec laquelle nous avons accueilli d'une part toutes les résolutions de la Commission, sauf celle relative au monopole, et les trois propositions qui entrent dans le programme minimum, cette unanimité prouve qu'il n'y a, au fond, entre nous, aucune divergence sur cette nécessité que le président vient de formuler de manière heureuse en disant que la défense de l'école laïque est la pierre de touche à laquelle on reconnaît les républicains.

Un point sur lequel je demande au Congrès de vouloir bien porter un instant son attention, c'est une proposition additionnelle nouvelle en ce sens que déjà, à plusieurs reprises, ce débat a été engagé dans les Congrès et qu'à plusieurs reprises nous nous sommes divisés à ce sujet. Il s'agit aujourd'hui de la proposition Brard. On met clairement en lumière l'intention de vous faire émettre un vœu qui est un vote tendant à proclamer la nécessité du monopole de l'enseignement primaire. Voilà la question.

Plusieurs Voix. — Tant mieux. Cela vaut mieux.

M. Ferdinand Buisson. — Je voudrais vous présenter le plus rapidement, non pas éloquemment, les observations qui me paraissent s'imposer à votre conscience.

La première observation est d'ordre tout pratique.

Il y a une trentaine d'années, la République sortait — et ceux qui militaient alors ne me le démentiront pas — de la crise terrible du 16 mai. C'est là qu'on avait vu la puissance de l'Eglise et la puissance de la réaction. C'est là que l'école laïque, à peine capable de se défendre...

Un Délégué. — Et aujourd'hui?

M. F. Buisson. — ... a subi des assauts terribles. Elle a été, semble-t-il, à deux doigts de sa perte.

Un Délégué. — Pas tant qu'aujourd'hui. C'est toujours la même situation.

M. F. Buisson. — Quand vous faites des comparaisons semblables vous faites tort à votre esprit d'équité. Dire que nous sommes dans la même situation qu'en 1872 c'est n'avoir pas vécu en ce temps-là. N'exagérons rien.

Quand la République a enfin triomphé, quand elle a échappé à toutes les embûches, c'est alors qu'on a très bien compris que, dans un élan de colère et d'indignation, elle fit une loi scolaire terrible, qui, répliqua, en rendant coup pour coup, aux hommes du 16 mai. A ce moment-là, le monopole n'eût pas été seulement qualifié de justes représailles, on aurait pu dire que c'était une nécessité politique et que la vie même de la République en dépendait.

Un Délégué. — Les événements vous y conduiront.

M. F. Buisson. — A ce moment-là, la République a voulu appliquer une autre politique. Sciemment et volontairement les hommes, — dans l'histoire, ils sont encore au même rang, — qui représentaient les idées républicaines, les plus purs et les plus avancés, tous ont été d'accord pour imposer aux adversaires l'école de la République. Quoi! la violence, la force, l'autorité, une législation qui musèlerait les tentatives terribles de la réaction contre la République? Non, ils ont été d'avis de faire une loi qui se fonde sur l'idée même de la République, sur la conception qui était noble alors et qui l'est encore, c'est la conception française de l'école. Il n'y en a pas deux.

Comme l'a entendu la République française, on fonda les écoles publiques laïques; ce qui veut dire que cette école c'est celle de la nation, qu'elle est ouverte à tous les enfants, qu'elle est indépendante non seulement de toute église, mais de toute croyance religieuse ou métaphysique, qu'elle est respectueuse des consciences et qu'elle n'entre à aucun degré dans ce domaine sacré qu'est la conscience des parents ou des enfants. *(Mouvements divers.)*

Voilà l'idée originelle des lois de 1880 et 1882.

On nous disait : Il y aura autant d'écoles qu'il y a de confessions et l'État gardera une sorte d'impartialité entre elles, il les ménagera également. Nous, nous avons rêvé autre chose; — passez-moi le mot si je dis nous en me reportant à un temps ancien mais très près dans ma pensée; — nous avons dit : Nous ferons mieux que cela; nous n'aurons pas deux écoles confessionnelles, nous aurons une seule école où il n'y aura plus rien de confessionnel et rien qui puisse froisser ni les catholiques, ni les protestants, ni les partisans d'une politique ni ceux d'une autre; ce sera l'école dans laquelle les enfants apprendront à fraterniser comme Français avant de se décider comme catholiques ou comme libres-penseurs. *(Applaudissements.)*

Notre protestation s'est traduite par les lois que vous connaissez et qui existent depuis plus de 30 ans. A maintes reprises, nos ministres ont dit que la puissance de l'école laïque, c'est précisément qu'elle a fait la paix et qu'elle a imposé dans l'école publique une éducation que personne ne peut trouver mauvaise puisqu'elle n'est attentatoire aux droits de personne. *(Bruit, interruptions.)*

M. Livet. — Il n'y a pas deux laïcités, il n'y en a qu'une.

Le Président. — Vous connaissez tous la sincérité et la conviction des sentiments laïques de notre collègue Buisson. Il a sur cette idée une conception différente de celle de beaucoup de nos militants. Notre honneur à tous est qu'il puisse les exposer en toute liberté *(Vifs applaudissements.)*, avec le respect et la sympathie qui sont dus à son caractère, à sa conviction et à sa sincérité. *(Vifs applaudissements.)*

M. F. Buisson. — Au moment où les lois scolaires qui nous régissent encore ont été votées, la République a fait, vous me passerez cette comparaison historique dans la ville où nous sommes, elle a fait une réédition de l'édit de Nantes; ce qu'on vous demande aujourd'hui, c'est de faire une révocation de l'édit de Nantes. *(Cris divers : Mais non, mais non. Nous voulons la liberté.)* Pardon, que ce soit bien ou mal, que ce soit nécessaire ou pas utile, ce qu'on vous propose, c'est de supprimer la loi que nous avons faite nous-mêmes, la loi qui nous régit. Il ne s'agit pas d'améliorer une loi quand on en supprime la condition fondamentale : c'est précisément d'avoir permis, en même temps, à l'école publique de fonctionner dans les conditions que vous savez et d'avoir admis que sous le contrôle de l'État il serait permis à l'école privée d'exister dans des conditions déterminées par la loi. *(Nombreuses interruptions. Cris : il n'y a pas d'écoles libres.)*

Eh bien, citoyens, vous voulez aujourd'hui que nous disions : Non, nous retirons notre promesse, nous n'acceptons plus ce que nous avons décrété comme loi et ce qui à l'heure présente est encore la loi.

Un Délégué. — Autre temps, autres mœurs, autres mesures.

M. F. Buisson. — Je vous ai fait tout à l'heure une comparaison historique qui a pu vous paraître trop lointaine. Voulez-vous en prendre une plus près de nous, dans le domaine de la défense nationale? Il y a quelques années, la même République qui a eu l'audace de faire les lois laïques, cette même République a eu l'audace tout en voulant défendre et parce qu'elle voulait défendre l'intégrité nationale de la manière la plus absolue, elle a eu l'audace de réduire le service militaire à 2 ans, à une condition : c'est qu'il y aurait une organisation des réserves, la préparation militaire qui rendrait cette organisation nationale plus effective qu'avec le service de 3 ans. Un jour, par suite d'événements venus du dehors, on vous a dit : Cette loi était très belle, mais tout de même, il faut revenir à l'autre; faisons machine en arrière, revenons à la loi de 3 ans. C'est la même chose qu'on vous demande aujourd'hui. *(Violentes exclamations.)* C'est exactement la même chose qu'on vous demande; on vous demande de revenir à la méthode césarienne. Vous avez deux armes pour défendre l'école et la République : la loi et la liberté.

Une Voix. — C'est la liberté de préparer l'étranglement de la République. *(Bruit.)*

M. F. Buisson. — C'est le même raisonnement que pour la loi de 2 ans; il faut revenir à la loi de 3 ans. Vous dites également : les lois libérales de 1880 et 1882 sont impossibles, il faut revenir aux lois impériales, aux lois monarchistes. *(Bruit.)* Vous voulez nous faire revenir à ce régime qui était nécessaire à la monarchie. *(Bruit.)*

C'est une grave question, ne fût-ce qu'au point de vue politique, qu'un Parti, après 30 ans d'exercice, soit obligé de dire : Eh bien, nous sommes vaincus, nous avons fait des sottises, une témérité. *(Interruptions, applaudissements.)* Il y a une loi? Nous y substituons l'arbitraire. *(Non, non.)* Comment non? mes chers collègues, comment non? Il se trouve ici des hommes pour me dire : Non ! vous n'avez donc pas entendu ce qui vous est proposé? Il y a aujourd'hui une loi, c'est-à-dire une condition écrite dans la loi pour qu'on ait le droit d'ouvrir et de tenir des écoles privées. Qu'est-ce qu'on vous propose? On vous propose de dire à l'avenir : Il dépendra de l'État de l'autoriser ou non. C'est l'arbitraire pur et simple, c'est l'arbitraire impérial qu'on vous propose de substituer à la loi républicaine. *(Applaudissements.)*

Vous le ferez si vous croyez devoir le faire; mais permettez-moi de rappeler au parti républicain que l'idée fondamentale de toutes nos revendications, de toutes nos campagnes politiques, ce fut de substituer une loi écrite au caprice des autorités. *(Applaudissements.)*

On vous demande de revenir au caprice des autorités. On dit : Il n'y aura plus d'écoles privées. C'est une chose insensée ! C'est une folie ! Parce qu'il se trouve une personne qui viendra dire à un groupe de pères de famille : Nous voulons élever nos enfants avec telles idées, nous croyons que certaines idées religieuses sont très utiles pour nos enfants.

M. POTERLOT. — Qu'ils aillent à l'Eglise. *(Bruit.)*

M. F. BUISSON. — Comment? vous êtes si sûrs que cela de vous-mêmes? Comment? vous ne permettrez pas à tel groupe de vos concitoyens, catholiques, protestants, ou libres-penseurs...

PLUSIEURS DÉLÉGUÉS. — Qu'ils aillent à l'Eglise.

M. F. BUISSON. — Nous ne parlons pas de l'Eglise. Il ne s'agit pas de l'Eglise. Je vous mets en présence de la question. Si vous le permettez, tâchons de l'examiner froidement. *(Très bien.)* Est-ce que réellement vous avez conscience d'avoir le droit d'empêcher des pères de famille de donner une certaine instruction à leurs enfants *(Applaudissements, interruptions.)*, avec le respect de toutes les lois de la République, en remplissant les conditions que vous leur imposerez et qui seront imposées par la loi? Est-ce que vous avez la prétention de dire que c'est un crime? Vous sentez si bien que vous ne pouvez pas le défendre que notre ami Brard est le premier à aller au-devant de l'objection et à vous dire : Je ne veux pas interdire toute espèce d'école, mais on exigera une autorisation qui dépendra du gouvernement. Eh bien, messieurs, je ne crois pas qu'une assemblée républicaine puisse se résigner à accepter comme loi le bon plaisir d'un gouvernement quel qu'il soit. *(Applaudissements.)*

Voilà au point de vue politique. C'est une très mauvaise chose pour un Parti de se juger, et quand il est obligé de le faire, il faut convenir qu'il se met dans une terrible situation; cela fait penser autant de mal de son passé que de son présent, de son passé puisqu'il le désavoue, de son présent, puisqu'il change de tactique du tout au tout. Ce n'est pas une condition. C'est cependant celle où vous allez nous mettre. Voilà le parti républicain qui depuis 30 ans soutient publiquement qu'il est le parti de la loi et de la liberté *(Applaudissements.)*, le parti républicain a été jusqu'ici unanime à soutenir qu'il ne voulait pas toucher à aucune des libertés; je ne parle pas de libertés illilmitées, puisqu'il n'y en a pas; il n'y a que la liberté faite et réglée par la loi; il n'y a pas de libertés en dehors de la loi. *(Cris : Assez.)*

D'AUTRES DÉLÉGUÉS. — Parlez, parlez.

M. F. BUISSON. — Notre président, tout à l'heure, en termes très dignes, nous parlait de la neutralité et quand il disait qu'il ne veut pas d'une neutralité qui serait l'effacement, il ne faisait que répéter en très bons termes ce qui a été dit dans plusieurs de nos Congrès et aussi dans tous les Congrès de la Ligue de l'Enseignement. — La neutralité absolue, l'instituteur neutre qui ne serait rien, un être fuyant, sans couleur, sans saveur, sans odeur, sans âme et sans esprit, un être qui, par définition, serait le valet de tout le monde, qui pourrait supposer cela? Ce n'est pas cela la neutralité que nous entendons. C'est le devoir pour l'instituteur d'enseigner la science, toute la science, rien que la science et ne pas se mêler à ce qui se dit en face, à l'église ou partout ailleurs où l'on pratique une confession quelconque. *(Applaudissements, bruit.)*

M. Hemmerschmidt. — La science est en contradiction avec le dogme.

M. F. Buisson. — Ces précautions ne sont pas pour ménager le dogme, elles ne sont pas pour être agréables aux ecclésiastiques. Ce n'est pas de cela qu'il s'agit. Il s'agit de tout autre chose. Il s'agit de savoir si vous voulez supprimer et supprimer sans dire par quoi vous le remplacerez, sinon par l'arbitraire, le régime légal que nous avons institué nous-mêmes. En supposant que vous y soyiez décidés, que vous vous y résigniez, que vous vous y décidiez, c'est bien malheureux car nous allons nous donner un démenti, nous allons proclamer notre faillite. On dit : Il le faut. Il faudrait prouver qu'il le faut *(Bruit.)* d'abord, et ensuite montrer que le remède ne sera pas pire que le mal.

Voulez-vous regarder? Rendez-vous-en compte vous-mêmes? Pourquoi nous demande-t-on de faire cette espèce de sauve-qui-peut et dire : Nous ne pouvons plus rien, nous sommes perdus. Comment? Pourquoi? Parce que dans ce pays de France où l'expérience se continue avec un éclatant succès *(Bruit, interruptions.)*, la préoccupation de quelques points locaux vous aveugle. Je sens autant que qui que ce soit, peut-être plus que d'autres, la douleur, la souffrance des instituteurs auxquels vous pensez, auxquels je pense, mais enfin réfléchissez. Voilà 30 ans que le régime institué par la République dure, voilà 30 ans qu'il fonctionne, et alors nous allons dire tout d'un coup que nous sommes perdus ! Aujourd'hui y a-t-il un fait nouveau? Il y a, mettons 1/10 peut-être, du territoire où les idées républicaines font très lentement leur chemin et où nous avons à lutter plus longtemps qu'ailleurs avec des préjugés qui se perpétuent et avec des haines politiques que l'argent permet d'entretenir et que le fanatisme stimule activement. Oui, cela existe, mais qu'est-ce qu'il y a de nouveau?

Eh bien, messieurs, entre républicains, parlons franchement : ce qu'il y a de nouveau, c'est que vous avez fait la séparation; il ne fallait pas la faire *(Très bien sur quslques bancs.)*, si vous ne vouliez pas trouver l'Eglise le lendemain capable de se transformer en une société; aujourd'hui nous n'avons plus les moyens de coercition que nous avions encore il y a dix ans. *(Très bien, exclamations*s *diverses.)* Voulez-vous les rétablir? *(Bruit.)*

Le Président. — Je vous prie de faire silence.

M. Stern. — Écoutez en silence le créateur de l'école laïque. *(Applaudissements sur quelques bancs, bruit.)*

Le Président. — Ce n'est pas un seul homme qui a créé l'école laïque, c'est le Parti républicain, et j'ai le devoir de rappeler que cette grande œuvre que nous défendons, que nous voulons perfectionner, est l'œuvre de tous les républicains, principalement des radicaux. *(Applaudissements.)*

Sans vouloir rappeler à notre ami que d'autres orateurs attendent leur tour, je fais remarquer que le débat s'allonge, que l'heure s'avance et que nous risquons de n'aboutir à aucune conclusion. Je prie donc et l'orateur qui parle et ceux qui parleront, je crois parler dans leur intérêt et dans l'intérêt des solutions qu'il faut prendre, de résumer leurs observations et de les présenter avec toute la brièveté qu'ils pourront y mettre. *(Applaudissements.)*

M. F. Buisson. — S'il y avait là un moyen pour permettre de lutter, je comprendrais que l'assemblée républicaine se résignât à faire cet abandon de son passé; mais je répète qu'il ne faut pas perdre la tête. *(Nombreuses interruptions. On crie : Partout, partout.)* J'ajoute que je ne prétends pas qu'il n'y ait rien à faire. Je dis que déjà tout ce que vous avez voté, et ce que nous avons voté à l'unanimité, constitue un ensemble de moyens considérables.

Un Délégué. — Ce n'est pas assez.

M. F. Buisson. — Permettez-moi de finir. On a parlé avec raison et depuis quelques années surtout de défense laïque. Je trouve ce mot insuffisant et inexact; quand on nous a dit : Ce n'est pas cela, pour la défense aïque il faut la méthode offensive, j'ai approuvé encore ce mot; mais en y réfléchissant, je ne l'ai pas trouvé juste. Non, ce n'est pas une méthode offensive, attendu que c'est un acte de révolte contre la République de supposer que nous sommes à deux dans un duel d'école à école, entre l'État et l'Église. Non, citoyens, ce n'est pas une méthode offensive, attendu que nous n'avons pas à demander à l'Église de jouter avec nous et de lutter avec l'État. L'État est souverain et la seule méthode qui existe ce n'est pas la méthode préventive ou la méthode offensive, c'est la méthode répressive. Nous sommes les maîtres et nous avons le droit pour nous, il faut l'appliquer. *(Applaudissements.)* Et qu'est-ce qu'il y a contre nous, en face de nous? Ce qu'il y a en face de nous, ce n'est pas du tout l'école elle-même. la petite école libre; ce n'est pas du tout celle-là qui est personne importante, et l'ennemi, c'est l'Église (*Très bien.)* et l'Église entreprend à l'heure où nous sommes, depuis qu'elle a reconstitué, grâce à la séparation, son organisme et ses moyens d'envahissement, l'Église poursuit un double but très clair, très avéré. L'Église, d'une part, espère remettre la main sur l'école publique en se faisant juge des livres scolaires et des méthodes, premier point *(Très bien.)* sur lequel je n'admets pas que l'État traite ou pactise avec elle ou se mette dans la situation de l'offensive. Il est maître, il doit commander et briser toutes résistances. *(Applaudissements.)* Je pense ce que vous pensez de la circulaire Barthou. Ce n'est pas la question, c'est un détail. Dans ce domaine-là, si l'État n'exerce pas la toute-puissance et la majesté de la souveraineté nationale, il est en faute et je m'inscris avec vous pour attaquer sans mollesse tout gouvernement qui traiterait d'égal à égal avec l'Église. *(Vifs applaudissements.)*

Le deuxième point, c'est que l'Église veut se rendre maîtresse toute-puissante et exclusive de l'enseignement privé dans toute la France; elle veut en constituer le monopole et s'en emparer, elle fait tout ce qu'il faut pour cela. *(Bruit, interruptions.)*

Il ne s'agit pas de procéder avec elle à coups de petites mesures et de petites tracasseries, de taquineries. Je dis que nous devons — vous l'avez implicitement voté tout à l'heure en abrogeant la loi Falloux — mettre à la place une charte organique de l'enseignement privé qui replace l'enseignement privé dans son véritable et seul rang que la loi française lui assigne, c'est-à-dire sous l'obéissance de la loi; nous avons à faire une loi d'ensemble qui remplacera la loi Falloux et qui organisera cette véritable, complète et légitime subordination de l'école privée comme de l'école publique, à l'Etat Et, messieurs, est-ce une des choses nouvelles que je demande là? Est-ce la création du monopole de l'enseignement? Pas du tout. C'est une simple application des lois mêmes de la République que nous avons laissé tomber en désuétude. *(Très bien, très bien.)* Ah ! vous demandez des armes contre l'Église, mais vous les avez et ne vous en servez pas. *Vifs applaudissements.)* Nous manquons bien moins de textes que d'hommes pous les appliquer. *(Vifs applaudsisements.)* Ce qui nous manque, ce sont des gouvernements qui veulent se servir et des lois que nous avons et de celles qui vont remplacer la loi Falloux, pour réduire à l'obéissance — je ne dis pas simplement au respect de la loi — l'Église, seule et unique organisatrice du mouvement que vous redoutez et dans lequel les petites écoles primaires privées ne sont qu'une infime bagatelle. *(Exclamations, bruit, nombreuses interruptions.)* L'énumération que Brard n'a pas voulu prolonger le dit : ces sociétés de gymnastique, de chant, de musique, ces confréries, ces organisations de préparation militaire, etc., tout cela, c'est dans la main de l'Eglise, et plus que l'école primaire élémentaire, ce sont des moyens d'action par lesquels elle nous combat. C'est contre l'Église qu'il faut prendre des lois d'ensemble, des mesures énergiques qui nous permettent non pas seulement de défendre l'école laïque publique, mais d'empêcher l'Église de constituer cette surintendance générale de l'éducation privée dont elle veut s'emparer. C'est l'œuvre législative. Cela ne se borne pas dans une motion; il y a tout un plan, toute une législation à faire, c'est pour cela que tout à l'heure vous avez voté l'abrogation de la loi Falloux et l'établissement progressif d'une législation complète organisant le contrôle permanent, absolu, de tout l'enseignement en France par l'État responsable.

Je demande au Congrès d'écarter la proposition Brard qui, dès à présent, instituerait le monopole par le moyen de l'arbitraire. *(Applaudissements.)*

M. Bepmale. — Je ne veux pas laisser passer sans réponse tout ce que vient de dire Buisson. Tout d'abord il dit : Vous voulez refaire l'œuvre de la République et rayer d'un trait de plume les grandes œuvres accomplies. Permettez-moi, citoyens, de vous faire remarquer que nulle part, dans aucun texte, la République n'a inscrit la liberté d'enseignement. Jamais la République n'a établi dans ce pays légalement, officiellement, la liberté d'enseignement. Mais il y a autre chose. Nous avons fait les lois scolaires actuelles et nous demandons aujourd'hui de les modifier. Pourquoi? C'est qu'il s'est passé quelque chose depuis la séparation et lorsque, au moment du vote de la séparation, nous demandions l'inscription dans la loi, de mesures préventives contre les empiètements, nous avons trouvé sur les mêmes lèvres les mêmes arguments que nous trouvons aujourd'hui contre ce que nous voulons faire à cette heure. *(Vifs applaudissements.)* Au nom de la liberté des cultes, on nous a opposé les mêmes objections.

Citoyens, je vous rappelle que si le Parlement a voté la loi de séparation, il faut retenir qu'elle a été votée dans tous ses détails essentiels par ses adversaires et dans l'ensemble par ses partisans, de telle sorte que c'est une loi qui, dans tous ses détails, a été faite par les défenseurs de l'Église contre l'idée laïque et qu'en réalité nous l'avons subie, nous réservant, bien entendu, de la modifier un jour. *(Vifs applaudissemetns.)*

Citoyens, on veut vous apitoyer sur le sort des humbles écoles. On vous dit : Vous ne pouvez pas empêcher un père de famille, deux, quatre ou six, d'ouvrir dans une commune une école dans laquelle ils feront donner à leurs enfants une éducation qui sera à peu près l'éducation qui se donne dans les écoles laïques. Si nous n'avions à lutter que contre des écoles libres de cette nature, nous ne protesterions pas; mais je dis qu'on élève une concurrence toute en faveur du pouvoir cultuel, qui, seul, a pour créer des écoles, pour les entretenir, les forces dont il faut disposer, l'argent et les maîtres; il a sur les parents des enfants l'influence que donne et la puissance de ses prêtres et la puissance de ceux dont l'Église est le défenseur depuis de longues années : toutes les puissances capitalistes, les grands propriétaires, les grands industriels. *(Vifs applaudissements.)* Allez donc demander aux pères de famille que l'on menace, que l'on boycotte, s'ils sont libres lorsqu'ils envoient leurs enfants dans ces écoles libres. *(Longs applaudissements.)*

Citoyens, nous disons que du moment que nous avons en face de nous l'Église, non pas puissance spirituelle (si elle restait dans son domaine spirituel, nous n'irions pas la troubler), mais l'Église puissance politique, nous avons non pas seulement le droit, mais le devoir étroit de nous défendre contre elle; toutes les fois que nous trouverons à notre disposition des armes qui nous permettent d'avoir raison de ses tentatives, nous serions criminels devant la démocratie, si nous hésitions à nous en servir.

Nous voyons dans de petites communes des écoles

s'ouvrir. Qui les entretient et les paie? Est-ce que ce sont les pères de famille? Non, c'est la mense épiscopale rétablie pour l'entretien d'écoles qui sont autant de citadelles dressées contre l'esprit laïque et républicain. *(Vifs applaudissements.)* Prenez garde, petit à petit, on s'infiltre dans les endroits les plus réfractaires à l'idée cléricale et réactionnaire. Petit à petit, on voit grandir la clientèle de ces écoles, de ces patronages, et petit à petit, les jeunes générations nous échappent. Regardez autour de vous, voyez-vous dans nos Congrès beaucoup de jeunes, je vous le demande? *(Applaudissements.)*

Citoyens, je le répète, il faut nous défendre. Comment? Ce n'est pas à nous qu'il appartient de l'indiquer. Il est évident qu'au Parlement il faut que nos amis trouvent un texte qui puisse dégager la majorité nécessaire, un texte formel, définitif; c'est pour cela que je vous disais tout à l'heure qu'il ne fallait pas prendre la question par le petit côté, mais dans son ensemble, en bloc, et que je vous demandais de donner à vos élus, comme sur d'autres points, un mandat net et précis. Aujourd'hui vous avez voté des résolutions spéciales, indiqué tel ou tel texte de loi, mais je vous demande d'aller plus loin et de voter la résolution suivante :

Le Congrès, en outre des projets qui viennent d'être inscrits au programme minimum, donne mandat à ses élus de voter toutes les mesures législatives qui seront de nature à défendre l'école laïque et à combattre la mainmise de l'Église sur l'enseignement public, fallût-il aller jusqu'au monopole de l'enseignement. (Applaudissements vifs et prolongés.)

On crie : aux voix.

M. Poterlot. — Notre ami Bepmale vient véritablement de résumer toutes nos idées. Permettez à un membre du Comité Exécutif depuis sa fondation, constamment membre de la Commission de l'enseignement, de vous dire ceci : J'ai parcouru plusieurs départements, j'ai vu partout la mainmise de l'Église sur nos écoles. Eh bien, quand on vient nous opposer que nous n'avons pas les moyens de donner partout l'enseignement national, je réponds que nos écoles suffisent pour recevoir nos enfants. Nous avons toujours voté le monopole. Est-ce que vous ne devez pas vous défendre? C'est la seule mesure que vous ayiez entre les mains. Vos ancêtres, en 1848, ont nommé le prétendant au trône, président de la République. Qu'a-t-il fait? Il a étranglé la République. Aujourd'hui, la laisserez-vous étrangler? *(Nombreuses interruptions; cris : Aux voix, aux voix. Bruit.)* Je vous demande de voter le monopole, c'est le seul moyen de vous défendre. *(On crie : La clôture, la clôture.)*

Le Président. — Je mets la clôture aux voix. *(Elle est prononcée à l'unanimité.)*

Le Président. — Il y a deux propositions : un vœu que nous n'avons pas encore voté et qui a été réservé et le projet de résolution Bepmale.

Le vœu présenté par la Commission demande, je vous le rappelle, l'adoption de la proposition Brard. Je le mets aux voix. *(Adopté à l'unanimité, moins 6 voix.)*

Le Président. — Vous avez entendu le projet de résolution Bepmale.

M. Le Foyer. — Au nom de plusieurs de mes amis, je demande la division après sur l'enseignement public, et avant la phrase : fallût-il aller jusqu'au monopole de l'enseignement. *(Approbations.)*

M. F. Buisson. — Est-ce que cette résolution est destinée à faire partie du programme minimum? *(Cris répétés : Non, non.)*

Le Président. — Vous avez voté tout à l'heure le programme obligatoire du Parti en cette matière. Je mets aux voix la première partie de la résolution Bepmale. *(Adoptée à l'unanimité.)*

Je mets aux voix la dernière partie de la résolution. *(Adoptée à l'unanimité moins 9 voix. Vifs applaudissements.)*

Je mets aux voix l'ensemble. *(Adopté à l'unanimité moins 4 voix. Applaudissements répétés.)*

Le Président. — Il s'agit d'aboutir. Vous avez voté d'abord les articles du programme minimum que j'ai lus tout à l'heure et en même temps les résolutions que vous soumettiez non pas seulement aux réflexions de vos collègues mais que vous engagiez les parlementaires à voter. *(Très bien.)* Afin de compléter votre œuvre qui a une importance capitale en ce qui concerne le programme minimum qui sera le drapeau du Parti lors des prochaines batailles, il reste à voter les sanctions. Je rappelle le texte de ces sanctions qui a été lu hier par notre ami Javal :

« Le Congrès décide que l'investiture du Parti ne pourra être accordée qu'aux candidats, membres du

Parti, ayant accepté dans son intégralité ce programme minimum immédiat. »

Je mets ce texte aux voix.

M. Livet. — Vous venez, de voter à l'unanimité moins 4 voix, c'est-à-dire par un vote impressionnant, décisif comme valeur politique, que vous vouliez, dès la rentrée, le vote, par vos élus, de la proposition Brard. Je vous demande s'il n'est pas comme conséquence logique d'inscrire la proposition Brard au programme minimum du Parti. *(Mouvements divers.)*

Le Président. — Il ne faut pas faire chevaucher les questions les unes sur les autres. D'autre part, vous savez combien il est utile et prudent d'envoyer les propositions qui surgissent en cours de séance à l'examen d'une Commission. Je propose donc, sans préjuger de la décision qui sera prise, de renvoyer la proposition Livet à la Commission. Vous pourrez vous prononcer après mûre réflexion. *(Approbations unanimes.)* Il est donc entendu que pour le moment la proposition de résolution de notre ami Javal s'applique aux articles du programme minimum votés au début de la séance. Je la mets aux voix. *(Adoptée à l'unanimité.)*

Le Président. — Nous en avons fini avec la question de la défense laïque.

M. Doumergue passe la présidence à M. Dalimier.

M. Dalimier prend place à la présidence.

M. Vollaeys. — J'ai une courte proposition à faire.

Vous avez renvoyé à la Commission deux vœux concernant, l'un, le développement de l'outillage national et l'autre sur la marine marchande. La Commission s'est mise d'accord pour proposer au Congrès les vœux suivants :

Le Congrès, confirmant sa doctrine relative au rachat des chemins de fer et reconnaissant les efforts de l'Etat dans l'exploitation de son réseau, ainsi que les améliorations qu'il a apportées, émet le vœu que le programme suivant soit envisagé :

I. — Développement des moyens de transport terrestres fluviaux et maritimes.

II. — Développement par l'Etat de l'outillage national.

III. — Développement des moyens de communication suburbains rapides, fréquents et à bas prix.

IV. — Amélioration et développement des voies navigables et de la batellerie.

V. — Réforme du régime de la marine marchande et de l'inscription maritime; organisation de l'enseignement maritime, commercial, technique et professionnel; réforme du régime disciplinaire et pénal de la marine marchande en accordant aux marins le libre exercice des droits que possède tout citoyen.

VI. — Réforme de la législation des transports.

Et donne mission à la commission du Comité exécutif d'en préparer les plans de détail et de les traduire en propositions législatives qu'il soumettra au congrès de 1914.

Avant de passer au vote sur cette question, permettez-moi d'appeler votre bienveillante attention sur une organisation républicaine qui nous intéresse, c'est le groupement des cheminots dont nous avons la bonne fortune de posséder le président parmi nous. *(Très bien.)* C'est grâce à ses avis éclairés que la Commission a pu se prononcer après discussion sur cette importante question des transports. Nous avons eu la grande satisfaction de nous trouver absolument d'accord sur notre programme avec les représentants qui sont ici de l'Union républicaine des cheminots. Je tiens à rendre hommage, au nom de la Commission et vous me permettrez de dire au nom du Congrès tout entier, au courage et à l'ardeur républicaine et laïque des cheminots qui osent se dire républicains en face de la puissante organisation catholique des chemins de fer. *(Vifs applaudissements.)* Les cheminots républicains viennent à nous, nous devons leur ouvrir les bras tout grands, les encourager, les assister et leur donner le moyen de mener jusqu'au bout la lutte courageuse qu'ils ont entreprise. *(Vifs applaudissements.)* Je vous remercie de vos applaudissements; ils témoignent de votre sentiment à l'égard des cheminots républicains, mais ce n'est pas assez. Je vais vous demander davantage. Vous allez trouver sur une des tables placées à la porte de sortie de petites brochures dont voici un exemplaire. Ce sont les statuts de l'Union républicaine des cheminots. Vous trouverez à côté de ces brochures des formules de souscription. On ne vous demande pas beaucoup. Les membres honoraires paient une cotisation de 2 francs par an. Ce n'est pas le fait de la cotisation elle-même qui est intéressant, mais nous devons par notre signature encourager les efforts des cheminots républicains. Vous aurez donc donné un témoignage effectif de solidarité aux ouvriers courageux des chemins de fer, tous dignes de notre sollicitude.

Voici le dernier vœu que j'ai à vous présenter.

Le Congrès donne mission à ses élus d'intervenir énergiquement auprès du gouvernement pour que les traitements et salaires minima des cheminots soient relevés, en raison de l'augmentation du prix de la vie, et que les indemnités de résidence y soient ajoutées, en vue de tenir compte des difficultés de l'existence dans les diverses localités.

Qu'en outre les cheminots révoqués pour faits de grève soient réintégrés par leurs compagnies respectives, ou, à défaut, par l'administration des Chemins de fer de l'Etat, ou par les services publics de l'Etat.

C'est le vœu indiqué tout à l'heure que nous avons incorporé dans le vœu que nous vous présentons au nom de la Commission.

LE PRÉSIDENT. — Je mets ces vœux aux voix. *(Adopté à l'unanimité.)*

La parole est au rapporteur de la Commission des réformes agraires.

LA QUESTION AGRAIRE

M. O. LEROUX, *Ingénieur agricole, Président honoraire du Comité Radical et Radical-Socialiste de Rennes, au nom de la Commission du Commerce, de l'Industrie, de l'Agriculture et des Études économiques, présente le rapport suivant :*

Le manque d'équilibre entre la population urbaine et la population rurale, et les conséquences économiques qui en découlent préoccupent tous les gouvernements, et, de toutes parts, on cherche des remèdes à la dépopulation des campagnes.

Dans nos pays d'Europe, il faut reconnaître que la population marche plus vite que la production.

En effet, la production moyenne du blé, qui était pour l'Europe, il y a trente ans, de 126 kilos par tête d'habitant, est tombée dans ces dernières années à 115 kilos.

La situation est encore moins rassurante en ce qui concerne la viande, et il faut en conclure que les pays qui ne produiront pas suffisamment de blé et de viande seront obligés de faire des sacrifices considérables pour s'en procurer.

Ces phénomènes économiques préparent évidemment le « retour à la terre », car la culture deviendra de plus en plus rémunératrice, tandis que la vie sera de plus en plus chère dans les centres urbains.

Favoriser l'agriculture, ce n'est donc pas faire œuvre partiale au profit d'une seule classe de travailleurs, c'est faire œuvre nationale dont profitera la masse des consommateurs, tout autant, sinon davantage, que les producteurs eux-mêmes.

Quant aux moyens à employer pour hâter le retour à la terre, ils sont nombreux et complexes, et nous allons successivement passer en revue les principaux d'entre eux :

Absorption de la petite propriété par la grande.

Il faut bien remarquer que partout où cela a pu se faire, la petite ferme a été achetée par le propriétaire terrien voisin et réunie à la grande ferme attenante, en sorte qu'on a détruit par là même la pépinière des ouviers agricoles, et il arrive maintenant que les jeunes domestiques qui veulent se marier sont obligés de chercher en ville un emploi quelconque qui leur permette d'avoir leur foyer près du centre de leur travail, car, en campagne, ils n'ont en perspective qu'un logement, bien mauvais parfois, qu'il leur faut prendre au hasard des vacances, logement où la femme ne trouvera pas à s'occuper, et qui obligera le mari à s'éloigner souvent de son travail.

C'est un peu la raison pour laquelle bon nombre d'ouvriers de fermes renoncent à se créer un foyer, et préfèrent courir d'une ferme à l'autre, au hasard des engagements.

Aucun intérêt commun n'existe ainsi entre le patron et le domestique ; il en résulte une grande diminution dans le rendement du travail, et la bonne harmonie qui devrait régner en maîtresse à la ferme ne se rencontre plus guère que là justement où l'on peut encore recruter un personnel qui a son domicile à côté de la ferme où il travaille.

Pour remédier à cet état de choses, il y aurait, il semble, un moyen qui donnerait satisfaction au propriétaire en lui fournissant l'occasion de faire œuvre utile, en même temps qu'un placement de tout repos ; au fermier, en lui assurant la main-d'œuvre nécessaire à son exploitation ; au domestique enfin à qui il procurerait le moyen de s'établir dans des conditions avantageuses, et auquel il serait assuré un travail rémunérateur. Ce moyen, ce serait d'édifier sur les grandes et moyennes fermes, des maisons saines, et agréables, entourées d'une quantité de terrain nécessaire pour permettre de nourrir quelques animaux.

La location de ces maisons serait faite par le domestique qui deviendrait fermier, et prendrait en même temps l'engagement de travailler à la ferme. Le prix de location de la ferme, et la rétribution à accorder au mari et à la femme pour le temps que celle-ci pourrait passer à la ferme en dehors de ses occupations, seraient débattus d'avance.

Si cette idée pouvait tenter quelques propriétaires, on pourrait comparer avantageusement le domestique marié entrant chez lui tous les soirs, et passant ses dimanches au milieu de sa famille, avec le domestique nomade qui, n'ayant d'attache nulle part, et ne voyant aucune occasion de s'établir avantageusement, devient fatalement un indifférent.

Quelle serait surtout la différence de condition des jeunes gens de douze à treize ans, de ceux-là qui de nos jours sont jetés du jour au lendemain dans un milieu auquel ils ne sont point préparés, avec ces jeunes gens venant le matin à la ferme et rentrant le soir, en même temps que leurs parents, et sous leur surveillance.

Le domestique, la servante de ferme, sont généralement de bonne nature, et ne demandent qu'à travailler, à rester attachés à l'agriculture, mais, pour cela, il faut les aider en leur procurant des avantages qui en ce moment se font de plus en plus rares.

Quand l'ouvrier sera sûr de trouver le bien-être et le confortable à la campagne, il ne sera plus attiré par le mirage des villes, où tant de déceptions l'attendent.

En employant la méthode que nous préconisons plus haut, on reviendrait graduellement à la petite propriété, mais ce ne saurait être une mauvaise chose, et l'on verrait peut-être augmenter ainsi les rendements du sol dans une assez forte proportion, car l'ouvrier tiendrait à son coin de terre, et aurait tout avantage à lui faire produire le maximum, tandis que de nos jours, la très grande propriété se voit parfois obligée, faute de main-d'œuvre, de négliger certains détails que le machinisme, aussi moderne soit-il, ne peut s'attacher à résoudre.

Il est du reste prouvé que pour certaines cultures, notamment celle de la vigne, de la pomme de terre prime et la culture maraîchère, c'est la petite propriété qui arrive à la plus grande perfection et aux plus grands rendements.

Pour atteindre ce résultat, c'est la mentalité du propriétaire elle-même qu'il faut modifier ; jaloux de sa propriété, et avec raison, c'est à contre-cœur qu'il cède, soit à bail, soit par vente, les terres qu'il a toujours cultivées, et, cependant, il faudra en arriver là, et ce seront les plus belles et les meilleures qu'il devra abandonner, celles près du village et de la route, celles qui permettront à l'ouvrier de jeter l'embryon de la ferme future.

Pour prospérer, la France a besoin que toutes les parcelles de son sol soient mises en valeur et produisent toujours davantage, et c'est le morcellement seul qui permettra, dans notre siècle d'indépendance, d'assurer par une évolution rapide la continuation d'un progrès que les jeunes ne sentent peut-être pas, mais que les philosophes ne peuvent s'empêcher d'admirer.

Il faut le dire nettement, le socialisme agraire, basé sur la propriété individuelle, est le but lointain vers lequel tendront les efforts de ceux qui veulent une agriculture florissante, pourvoyant largement aux besoins du peuple, et rendant chaque jour le sol plus fécond, tout en assurant au pays des gars robustes, résolus à tout sacrifier pour sauvegarder le territoire.

Le dégrèvement de la terre. Répartition de la contribution personnelle et mobilière.

La terre, de nos jours, supporte proportionnellement à son revenu plus de charges qu'aucune autre forme de la propriété.

Chaque année, les conseils d'arrondissement opèrent la répartition par commune de la contribution personnelle et mobilière.

Chaque commune a donc à payer annuellement une somme fixée d'avance, et les répartiteurs font connaître à chacun de leurs concitoyens sur quelle base est établie leur cote mobilière.

Or, pour une foule de motifs, cet impôt est l'un des plus injustement répartis qui soient.

MM. les contrôleurs savent de quelle façon la répartition est faite, et ils pourraient sans doute nous citer des communes où toutes les cotes mobilières sont bouleversées chaque fois que le conseil municipal l'est lui-même.

Ce n'est pas sur la valeur locative comme la loi l'exigerait que se basent dans trop de villages les répartiteurs pour établir la cote de chacun, et l'on fait souvent payer, n'est-il pas vrai, suivant les têtes.

On peut aller loin avec un pareil système.

Les communes rurales exclusivement sont particulièrement atteintes par cet impôt, et il n'est point rare d'y trouver des habitations payant en mobilière deux et même trois fois plus que d'autres louées .. même prix dans un bourg ou dans une ville.

La nourriture et le logement.

Pour ce qui est de la nouriture des ouvriers agricoles, il faut bien reconnaître que depuis quelques années, la situation sur ce point s'est beaucoup améliorée.

Quant au logement, on plaint avec raison les domestiques qui doivent coucher dans les écuries et dans les étables ; toutefois, qu'il nous soit permis de reproduire ici la réponse qui nous a été faite à ce sujet par un petit propriétaire :

« On plaint les domestiques d'avoir leur lit dans les écuries ou dans les étables, mais il faut bien remarquer que la plupart du temps, c'est une chose de leur goût ; il faut bien les mettre coucher où ils préfèrent, et si vous ne devinez pas le motif de leur préférence, je vous dirai que c'est parce qu'ils ne veulent pas que les patrons et les servantes qui couchent à la maison sachent comment ils passent leurs nuits, ni quand ils sortent, ni où ils vont, ni à quelle heure ils rentrent. »

Chacun, n'est-il pas vrai, aime son indépendance, et le meilleur moyen de résoudre le problème est assurément celui du logement annexé à la ferme, dont il est parlé ci-dessus.

Assurances contre les accidents.

Le législateur a tout fait pour l'ouvrier des villes, il n'a presque rien fait pour celui des campagnes.

Nous voyons, en effet, que les ouvriers des différentes industries sont assurés contre les accidents du travail, ceux de l'agriculture le sont aussi, mais à condition que les accidents soient occasionnés par des moteurs inanimés.

Or, les moteurs inanimés sont encore peu employés, et bon nombre de fermes n'en sont pas pourvues.

Il en résulte que les ouvriers blessés par les animaux, les véhicules, les instruments ou par les chutes ne sont pas assurés.

Il est vrai qu'il existe une loi rendant l'employeur responsable des accidents survenus à leurs employés pendant la durée du travail, mais, dans la plupart des cas, l'ouvrier, pour obtenir un secours, est obligé d'intenter une action au patron ; alors, il y renonce.

Les œuvres de la mutualité.
Les lois ouvrières.

Il faut bien avouer que si l'agriculture manque de bras, ce n'est pas l'ouvrier agricole qui en souffre ; au contraire, il n'en est que plus recherché, mieux traité et mieux payé.

Toute la mauvaise conséquence de la désertion de la terre, c'est le fermier, c'est l'agriculteur exploitant qui la supporte.

Il convient donc de soutenir ce dernier dans la lutte.

Il faut remarquer que les agriculteurs ont une trop grande tendance à travailler en cachette, trop heureux encore s'ils ne songent pas à se nuire plutôt qu'à s'entr'aider.

Les organisations agricoles et les œuvres mutualistes réagissent avec raison contre cette tendance, mais, la plupart du temps, elles sont mal interprétées par l'homme des champs, qui n'avance que par force, et comme à regret, dans la voie du progrès social ; il devrait cependant remarquer que toutes les classes mutualisées des centres urbains goûtent le bien-être, au détriment parfois de l'agriculture, qui ne l'est que peu ou point.

Les multiples avantages du crédit agricole à court et à long terme, les prêts individuels consentis en vue de la construction d'une habitation rurale, de l'acquisition ou de l'amélioration d'une petite propriété, les mutuelles bovines, les mutuelles incendie, les syndicats agricoles, voilà certes des œuvres qui sont encouragées, il faut le reconnaître, par le gouvernement de la République, mais qui pourraient l'être plus encore.

Il est une observation qui ne manque pas d'être faite chaque année, c'est que le total du budget de l'agriculture est dérisoirement restreint eu égard à l'importance des intérêts qu'il englobe.

Sur une dépense annuelle de cinq milliards, les sommes consacrées à la protection et au développement des intérêts ruraux représentés par vingt millions de contribuables s'élèvent à peine à 80 millions de francs, soit environ la soixantième partie.

Il y a vingt ans, l'illustre Grandeau adressait au Parlement une éloquente requête, dans laquelle on lisait :

« Quelle industrie plus que celle de la terre mérite le concours que nous réclamons des pouvoirs publics ! Un capital de 100 milliards, une production brute de 13 à 14 milliards, un impôt supérieur à un demi-milliard versé annuellement dans les caisses de l'Etat par les agriculteurs, tels sont, pour ne citer que ces trois chiffres, des arguments qui, à eux seuls, justifient l'appel énergique que nous adressons au Parlement.

« Que sont quelques millions employés à instruire le paysan français, à faire de ses fils des cultivateurs éclairés, en regard des résultats certains que l'on peut attendre de cette faible dépense ! Que sont les quelques millions prélevés sur les 73 millions entrés dans les caisses de l'Etat par les droits de douane sur les céréales, s'ils doivent conduire à doubler nos récoltes, à assurer la consommation du pays sans le secours de l'étranger, à placer la France agricole au rang que lui assignent dans la vieille Europe, son sol, son climat privilégiés, son esprit d'épargne, les qualités laborieuses de ses populations ! »

Bien que cet émouvant appel n'ait rien perdu de son éloquence, il importe de remarquer cependant que le budget de l'agriculture a doublé depuis 1882. A cette époque, il n'atteignait pas 40 millions, il s'abaissa même jusqu'à 35 millions en 1891, année à partir de laquelle on constate un relèvement continu pour arriver à 79 millions en 1912.

S'il reste encore bien des réformes à réaliser, en faveur des campagnes, il serait injuste de nier les progrès réalisés ; ces progrès sont la preuve que les encouragements du passé n'ont pas été perdus et qu'il faudra les continuer dans l'avenir.

Il serait temps pour résumer ce chapitre que la loi sur les accidents se généralisât et s'appliquât à tous les accidents survenant aux ouvriers agricoles pendant le cours du travail, qu'ils soient occasionnés par des moteurs animés ou inanimés.

Il serait temps, en outre, en ce qui concerne les lois ouvrières existantes, qu'on exige l'application de la loi sur les retraites ouvrières, qu'on relève le taux d'assistance aux invalides du travail, aux vieillards, dans les communes de faible importance, qu'on encourage plus encore qu'on ne le fait les œuvres d'initiative privée, les constitutions de sociétés de secours mutuels, toutes les œuvres d'assistance intéressant l'enfant, depuis la consultation de nourrissons jusqu'à la prime aux familles nombreuses.

Qu'on ne néglige pas non plus le côté intellectuel et moral, qu'on porte tout l'effort vers la création de bibliothèques populaires, de sociétés d'anciens élèves, de gymnastique, de préparation militaire, voire même de musique, qu'on développe les conférences et qu'on les rende attrayantes.

Voilà autant de questions qui doivent retenir l'attention d'un grand parti comme le parti radical et radical-socialiste, et il serait criminel de s'en désintéresser.

L'hygiène à la campagne.

Il est vrai que les ouvriers agricoles ont pour eux le grand air pur et vivifiant de nos campagnes, mais ce n'est pas suffisant.

Dans les villes, il existe des comités d'hygiène et de salubrité publiques chargés du maintien de la propreté et de la santé des habitants.

Dans les campagnes, rien n'est fait à ce sujet.

Ne pourrait-on instituer, dans chaque chef-lieu de département tout au moins, un médecin sanitaire et un comité d'hygiène, chargés de l'inspection des campagnes ?

Les propriétaires fonciers ne pourraient-ils être obligés de n'établir aucune construction sans que ce comité soit consulté, afin que les habitations destinées au personnel et même aux animaux remplissent un minimum de confortable ?

L'armée et la terre.

Il faut bien le dire, ceux qui vont pâtir le plus de la recrudescence des efforts militaires, ce sont les paysans.

Dans les autres pays d'Europe, en Allemagne surtout, le mal sera moins sensible car ces pays ont une population qui assure aux travaux du sol les bras indispensables.

En France, la situation est plus grave, et si la majeure partie de la démocratie rurale se montre peu enthousiasmée du retour au service de trois ans, ce n'est pas parce qu'elle obéit à un sentiment d'égoïsme, qui fait repousser d'instinct les sacrifices nécessaires, mais c'est parce qu'elle voit plus haut et plus loin.

Deux cent mille hommes de plus dans les casernes, c'est environ trois cents millions perdus pour la richesse publique, et il faut bien avouer que l'agriculture subit en cette perte la plus grosse part.

Mais quelque chose est pire encore que cette perte, c'est l'influence néfaste des villes sur les jeunes cultivateurs devenus soldats.

On cherche bien des causes à la désertion des campagnes, le service militaire en est une des plus importantes.

Le jeune homme de vingt ans qui passe deux ou trois ans dans une ville de garnison ne tarde pas à se sentir tout entier absent de la terre.

La ville l'hypnotise, il ne touchera plus aux mancherons de la charrue.

Comme ses compatriotes, il sera absorbé par la grande dévoreuse d'hommes.

C'est ainsi que nous voyons bon nombre de nos départements agricoles se dépeupler rapidement tandis qu'au contraire, les derniers recensements accusent des augmentations sensibles dans des villes comme Lyon, Marseille, Lille et Paris.

Assurément, il faut courir au plus pressé et défendre la nation, mais quand le dernier des laboureurs sera soldat et que ce soldat ne voudra plus redevenir laboureur, la nation sera perdue irrémédiablement.

Le rôle de l'école.

Les programmes scolaires comprennent sans doute l'enseignement agricole, mais, malheureusement, cet enseignement ne s'adresse qu'au cerveau, alors que c'est par le cœur qu'on tient à la terre.

L'obligation scolaire a bien relevé le niveau intellectuel des jeunes cerveaux, mais ne les a-t-elle pas aussi écartés de la vie des champs ? N'a-t-elle pas enrayé cet amour de la terre qui les retenait jadis ?

Au certificat d'études, ils savent bien, par exemple, que la luzerne préfère les engrais à base de soude et le trèfle ceux à base de potasse, mais ils ne savent plus distinguer le trèfle et la luzerne, et c'est là le malheur.

Avec l'intelligence, les aspirations des enfants se modifient, et ils pensent qu'ils feront mieux ailleurs que dans le métier paternel, dont ils ne comprennent pas suffisamment les charmes.

Si nous considérons que l'enseignement agricole doit avoir pour but de préparer des cultivateurs et de combattre la dépopulation des campagnes, le rôle que peut jouer l'instituteur est considérable.

Il doit réagir contre le mouvement qui entraîne les fils de la terre vers la ville.

Quand l'instituteur se trouve en face d'un enfant supérieur à la moyenne de ses élèves, qu'il ne cherche pas à l'arracher de son milieu pour en faire un fonctionnaire, qu'il lui représente la profession de son père comme la plus belle, la plus noble et la plus utile.

Il faut que son enseignement tende à faire aimer l'agriculture, et que lui-même saisisse avec empressement toutes les occasions d'exalter le travail des cultivateurs, ses mérites, ses avantages et ses bienfaits.

L'école doit rester en contact intime avec la réalité qui l'entoure, et ses leçons doivent changer de caractère, selon que dans le pays l'homme est forestier, vigneron ou semeur de blé.

Le programme des cours d'agriculture doit être largement modifié, mais l'instituteur lui-même, qui émane de la classe ouvrière et qui bien souvent a dû lui-même abandonner la terre, est-il bien qualifié pour prêcher le retour vers cette terre ?

C'est dans les écoles normales, d'abord, qu'il faut un programme nouveau.

De même que pour l'histoire de France on ne demande plus au maître d'apprendre à ses élèves la date de la mort de Charlemagne ou du sacre de Clovis, de même en matière agricole, il faudrait qu'on n'enseignât pas seulement aux élèves les doses d'engrais convenant à une culture, mais qu'on leur apprît l'amour de la terre, qu'on leur fasse ressortir le bonheur pur et calme de la vie des champs, et la nécessité d'une culture prospère pour le développement de la nation.

Les baux ruraux.

De ce côté, il y a, à notre avis, beaucoup à faire.

Dans nos départements de l'Ouest, deux formes de baux sont usitées, le bail à loyer, et le bail à colonat partiaire ou métayage.

Le bail à ferme est de beaucoup le plus répandu.

Les clauses des baux ne contiennent jamais rien qui puisse être contraire aux intérêts du propriétaire, attendu qu'elles sont imposées par lui.

Le fermier, dira-t-on, reste libre de repousser les conditions faites par le propriétaire, mais nous répondrons à cela que pour une ferme vacante, il y a de très nombreux concurrents, et si l'un d'eux n'accepte pas les clauses proposées par le bailleur, un autre les acceptera.

Ce qu'il faudrait donc faire avant toute chose, c'est l'éducation économique et sociale du cultivateur de façon qu'il ne puisse être dominé par le propriétaire et forcé d'accepter des clauses parfois draconiennes.

Ce résultat ne peut être atteint que par l'association, seule capable de détruire la concurrence que se font les fermiers entre eux, lorsqu'il s'agit de location d'un domaine rural.

Il faut reconnaître que certains propriétaires se

plaisent à accommoder leurs fermiers en apportant toutes les améliorations désirables, et qu'ils s'en voudraient de louer trop cher.

Le propriétaire en effet n'a pas intérêt à chercher à obtenir le plus de revenus possibles sans se soucier du reste, mais, au contraire, il doit chercher à louer en raison de la production moyenne de la ferme, et il doit tenir compte des dépenses indispensables pour les frais d'exploitation.

Dans bon nombre de contrats de fermage, pour ne pas dire dans tous, le preneur, obligé de rendre la ferme au moins en aussi bon état qu'il l'a reçue, sauf paiement d'indemnités à fixer par experts, renonce au contraire par avance à toute indemnité pour les plus-values résultant d'améliorations réalisées par lui sur la ferme.

La plupart du temps, il se voit même dans l'obligation, s'il veut continuer à exploiter la ferme améliorée par lui, de subir une forte augmentation de son fermage.

De ce fait, la plupart des cultivateurs ne réalisent point les progrès qu'ils pourraient ou voudraient faire, car ils savent que les dépenses faites par eux dans ce sens profiteront au propriétaire et au fermier suivant (au propriétaire surtout).

Une réforme urgente s'impose donc, tant pour protéger de légitimes intérêts, que pour assurer le développement du progrès cultural.

Actuellement, il existe une clause de plus en plus fréquente qui paraît du reste parfaitement illégale, et par laquelle le preneur renonce d'avance au bénéfice de toute loi nouvelle ayant pour effet de l'indemniser pour des améliorations effectuées par lui.

Il n'est pas plus équitable, il nous semble, de laisser au propriétaire seul la faculté de résilier en cours de bail, et sans qu'il y ait réciprocité pour le fermier, lequel est tenu de rester jusqu'à l'expiration du contrat.

La plupart du temps, cette clause est appliquée par les propriétaires qui veulent maintenir leurs fermiers sous leur domination la plus complète. Dans certains baux, le fermier consent, moyennant une diminution du prix du fermage, à payer tout ou partie des impôts de la propriété, mais il est inadmissible, n'est-il pas vrai, que des baux mettent à la charge du preneur, sans qu'il puisse prétendre à diminution du prix de location, les impôts ou contributions dont les lois nouvelles pourraient grever la propriété.

Pour ce qui est des baux de métayage, il faut reconnaître que ces derniers ne comportent pas les mêmes inconvénients, il est même bien rare que la faculté de résiliation n'y soit pas réciproque.

A notre avis, le remède le plus efficace se trouve dans le développement économique et social du cultivateur et du propriétaire.

Le propriétaire devrait arriver à se pénétrer qu'il a une responsabilité sociale dans la mise en valeur de sa propriété, et qu'il ne peut augmenter cette valeur productive sans donner à son fermier les moyens matériels et moraux de porter sa terre au plus haut degré de fertilité. Le cultivateur devrait comprendre tout l'intérêt qu'il y a pour lui à s'unir avec ses voisins, pour refuser de souscrire à des clauses préjudiciables à son intérêt personnel, et contraires au progrès.

Il devrait voir qu'il a mieux à faire que de concurrencer à n'importe quel prix, au prix même de l'abandon de sa liberté, ceux qui convoitent la même ferme que lui.

Mais on comprend parfaitement que cette évolution ne peut être que fort lente, il est même préférable qu'elle ne soit pas trop rapide afin d'éviter des heurts.

Pour hâter cette évolution et pour la guider, on pourrait à notre avis adopter certaines mesures législatives, notamment en ce qui concerne la plus-value pour améliorations dues au fermier.

Nous sentons bien, certes, que nous touchons là un point excessivement délicat, car il ne faut compromettre ni la liberté des transactions, ni la valeur de la propriété, et car il ne faut pas prendre des mesures susceptibles de détourner les capitalistes de l'acquisition ou de la conservation des biens ruraux.

Somme toute, lorsqu'un fermier se décide à réaliser des améliorations sur sa ferme, il peut craindre deux choses :

1° Ou bien il sera obligé de quitter le domaine avant d'avoir retiré le bénéfice des améliorations réalisées ;

2° Ou bien il sera obligé pour rester sur sa ferme de consentir une augmentation de son fermage, et dans ce cas, encore, il lui faudra perdre, au moins en partie, le fruit de son intelligence et de son travail. Il apparaît donc comme une mesure efficace de lui accorder une indemnité déterminée au besoin par expertise, et payable en une seule fois ou par annuités.

D'autre part, on pourrait interdire au propriétaire d'augmenter le fermage avant un certain nombre d'années, lequel serait calculé suivant l'importance des améliorations réalisées.

On peut objecter à ce système qu'il enlève, en pratique, au propriétaire la liberté de se séparer d'un fermier qui ne lui convient pas, car il peut reculer devant l'importance de la somme à verser au fermier congédié, même s'il peut s'acquitter par annuités (car il ne faut pas oublier qu'il y a des propriétaires peu fortunés).

La valeur de cette objection se trouve cependant amoindrie par les considérations ci-dessous :

1° Le propriétaire a intérêt à conserver un fermier qui aura amélioré sérieusement son domaine et qui, s'il est sûr de rentrer dans ses déboursés, cherchera à l'améliorer encore ;

2° S'il le congédie, il retrouvera, et souvent au delà, dans l'augmentation du nouveau loyer consenti à un autre, les sommes versées par lui à titre d'indemnité au fermier sortant.

Il ne semble donc pas qu'il y ait de réels inconvénients à adopter l'une des solutions indiquées, à condition toutefois que le propriétaire puisse bénéficier de l'augmentation due aux circonstances économiques, aux nouveaux débouchés, et même aux améliorations normales que réalise naturellement toute bonne culture.

A condition également que les expertises soient entourées de toutes les garanties voulues d'impartialité et de compétence.

Et pourquoi, à ce sujet, ne créerait-on pas des juges agricoles, des prud'hommes composés de professeurs compétents, de propriétaires et de fermiers ? Ce serait, il nous semble, le meilleur moyen d'arriver à calculer d'une façon raisonnable les indemnités dues pour améliorations.

Enfin, il semble équitable que, pour les améliorations très importantes, le consentement du propriétaire soit préalablement obtenu.

Assurément, l'application brusque du principe de

l'indemnité en cas de plus-value pourrait avoir une fâcheuse influence sur les contrats en cours, en incitant les propriétaires à congédier des cultivateurs de progrès susceptibles d'obtenir dans l'avenir des indemnités, elle pourrait de plus éloigner des capitaux de la propriété rurale ; mais les propriétaires qui agiraient ainsi seraient bien mal inspirés et reconnaîtraient assez rapidement leurs erreurs, car ils se rendraient compte que leurs fermes perdraient bien vite plus que la valeur des indemnités qu'ils auraient voulu éviter en choisissant des fermiers médiocres.

Il y aurait assurément une période de transition, mais nous pensons qu'en définitive il y aurait surtout une très heureuse influence sur le progrès général, car on stimulerait le zèle de bons cultivateurs, sans porter préjudice aux intérêts réels du propriétaire.

Enfin, peut-être y aurait-il lieu de prévoir, pour les réprimer si possible, les tractations secrètes qui ne manqueraient pas d'intervenir, au moins dans les premiers temps, entre propriétaires et fermiers, pour essayer d'échapper aux conséquences des nouvelles mesures.

De tout ce qui précède, il paraît ressortir que la crise du dépeuplement des campagnes ne tient pas uniquement à une question de salaire ; d'autres causes sont à retenir :

La nouvelle mentalité de nos populations, qui n'ont plus l'attachement des anciens à la terre, et les avantages intellectuels et moraux qui attirent à la ville l'ouvrier désaffectionné du travail agricole.

Par un exposé non tendancieux, nous avons voulu établir les raisons qui éloignent l'ouvrier du sol qui l'a vu naître ; c'est au parti radical et radical-socialiste qu'il appartient de discuter ces divers points, de codifier tout cela, afin de convertir des désirs en réalités, et de le faire avec la conviction que rien ne sera perdu des énergies dépensées pour relever le niveau social, intellectuel et moral de l'ouvrier agricole.

Certes, nous ne doutons pas que d'excellents républicains pourront sur les divers points que nous avons exposés ne pas être tout à fait d'accord avec nous, cela n'a rien qui puisse nous étonner, car il est évident que sur un sujet aussi complexe, les avis peuvent et doivent même être partagés.

A nourrir des thèses contraires, une étude aussi ardemment discutée avère son impartialité, et il est à souhaiter que nos débats sur ces questions primordiales fassent discuter les agriculteurs, les obligent à échanger des idées avec leurs voisins sur tous ces graves problèmes ; ce serait là un premier résultat que nous serions heureux d'avoir pu atteindre.

(Adopté sans débat à l'unanimité.)

Le Président. — Je demande au Congrès de se réunir ce soir à 9 heures pour le rapport de la Commission d'organisation du Parti. *(Assentiments.)*

M. Franklin-Bouillon. — C'est le rapport concernant l'organisation de toutes nos fédérations et comités. Soyez, citoyens, aussi nombreux que possible.

La séance est levée à 6 heures.

CINQUIÈME SÉANCE

Samedi soir, 18 Octobre, séance de nuit.

La séance est ouverte à 9 heures.

Le bureau est ainsi constitué :

Président : M. Bouffandeau, député de l'Oise.

Vice-Présidents : MM. Sauzède, député de l'Aude; Fernand Rabier, député du Loiret; Dalbiez, député des Pyrénées-Orientales; Binet, député de la Creuse; Michelis (Bouches-du-Rhône); Lévy-Ullmann (Pas-de-Calais); Hubert-Fillay (Loir-et-Cher); Nibelle (Seine-Inférieure).

Secrétaires : MM. Emile Laurent, député de Seine-et-Oise; Edouard Michel (Dordogne); Châtenet (Seine); Lemaire (Oise); Livet (Côte-d'Or); Postel (Mayenne); Satger (Bouches-du-Rhône); Natalini (Finistère).

M. F. Bouffandeau, *président.* — Citoyens, je vous remercie au nom de votre bureau, de l'honneur que vous lui faites. Pour le président de votre séance c'est un grand honneur; il n'avait en effet à votre confiance qu'un seul mérite, celui d'être parmi les militants un des plus anciens; je n'oublie pas en occupant ce fauteuil, le Secrétaire général que je fus, avec qui vous avez bien voulu faire pendant plusieurs années une besogne féconde lui apportant, pour l'accomplissement de sa tâche, votre dévouement le plus entier. *(Applaudissements.)*

Nous avons ce soir à traiter une question des plus importantes. C'est celle-là même qui faisait l'objet de toutes nos discussions avant que ce Congrès soit ouvert, que nos adversaires espèrent bien ne pas voir solutionner, mais qui, grâce à la belle union, à l'entrain de ce Congrès, s'accomplira pour le plus grand bien et de notre Parti et de la République. *(Vifs applaudissements, très bien, très bien.)*

J'ai à vous communiquer la dépêche suivante :

« Le Comité d'organisation des fêtes du centenaire d'Eugène Pelletan qui auront lieu le dimanche 26 octobre, envoie son salut cordial au Comité Exécutif et aux congressistes et souhaite que le Parti s'associe à l'hommage rendu au grand républicain par l'envoi d'une importante délégation et d'un orateur parlant en son nom. *(Très bien, très bien.)*

Je crois que je serai l'interprète de tous les congressistes en disant combien nous serons heureux en effet, de nous associer à l'hommage rendu au père de notre ami Camille Pelletan, au vieux lutteur de la République. *(Applaudissements unanimes.)*

RAPPORT DE LA COMMISSION DU RÈGLEMENT

M. LABROUE, *rapporteur.* — La Commission d'organisation et du règlement a bien voulu désigner un simple militant et un militant de province pour rapporter devant vous la question capitale de l'organisation du Parti. Laissez-moi faire rejaillir tout l'honneur de cette désignation sur l'ensemble des vaillants militants de notre Parti. Ce sont eux en effet, qui, avec une légitime et croissante impatience, ont provoqué le mouvement qui trouvera ce soir, je l'espère, un point d'aboutissement. Ce sont eux qui ont réclamé cette réforme organique susceptible d'apporter dans notre grand parti une meilleure utilisation de nos forces, plus d'homogénéité, plus de consistance et d'action efficace. Entre beaucoup de nos collègues, il en est un qui devrait se trouver à cette place, celui qui, depuis des années, veille avec un soin jaloux et quasi paternel sur le règlement qui est la charte de notre Parti, j'ai nommé Bonnet. *(Applaudissements unanimes.)*

Si Bonnet s'est effacé momentanément, il se trouve cependant, là, très près de nous, et dans le cours de la séance, il aura certainement l'occasion de nous apporter le précieux concours de son expérience.

Il est grand temps de coordonner nos efforts, et de galvaniser notre Parti par une organisation plus rationnelle; cette organisation se présente sous un double aspect : Organisation dans le Parlement et dans le pays. Cette coordination comporte le vote de plusieurs propositions que je vais avoir l'honneur de vous soumettre. Mais, pour plus de clarté et pour plus de rapidité, je compte exposer et commenter, si vous le voulez bien, ces propositions une à une; elles seront discutées au fur et à mesure et elles pourront être mises successivement aux voix. Ne vous étonnez donc pas si, dès le début, vous ne voyez pas surgir l'ensemble, l'armature, de notre nouvelle organisation. Les pièces de cette armature seront développées tour à tour devant vous et vous voudrez bien attendre que vienne le tour de chacune d'elles; vous favoriserez ainsi la tâche un peu ardue de votre rapporteur.

Commençons par l'organisation de notre Parti dans le Parlement. Il y a un paradoxe qui nous frappe : notre Parti, constitué pour la conquête du pouvoir indispensable pour obtenir les améliorations de toute nature, existe fortement dans le pays; mais au Parlement, nous ne trouvons plus du tout le parti politique radical et radical socialiste. Certes, nous connaissons l'antienne; nos adversaires, soit de droite, soit de gauche, nous disent : « Mais comment? Voilà 10 à 15 ans que le Parti radical est au pouvoir, il a eu la majorité dans les deux Chambres; par conséquent vous avez des responsabilités; qu'avez-vous fait? Alors, on a inscrit à notre passif toutes les fautes, tous les flottements, tous les vices des législatures précédentes comme de la législature actuelle et, devant le pays, on serait tenté de crier haro sur ce Parti qui aurait manqué à tous ses engagements.

Eh bien, il faut remettre les choses au point. Nous considérons et nous ne voulons considérer comme parlementaires radicaux et radicaux-socialistes que ceux qui n'hésitent pas à se compromettre avec notre Parti. Quand on vient dire qu'il y a 250 à 300 députés et 160 sénateurs, radicaux et radicaux-socialistes, nous répondons : Halte-là ! Il n'y a, en réalité, au Sénat que 71 membres du Parti radical et radical-socialiste et à la Chambre, 136. Je ne sache pas que 71 constituent une majorité dans 300, ni 136 dans 600. Par conséquent, en tant que Parti, nous sommes dans l'une et l'autre chambre, disons-le, une minorité. Comme le disait justement Bonnet, nous ne méritons ni cet excès d'honneur ni cette indignité. Il est vraiment étrange que les parlementaires qui se disent radicaux et radicaux-socialistes dans les Congrès ou ailleurs, et que, dès qu'ils sont au Luxembourg ou au Palais-Bourbon, ce soit la débandade qui commence, l'effilochement de notre parti, ces radicaux ou radicaux-socialistes étant laminés pour ainsi dire entre plusieurs groupes. Prenons l'exemple le plus caractéristique : à la Chambre nous trouvons les membres de notre Parti dispersés entre trois groupes : la gauche démocratique, car il y a quatre membres de notre Parti inscrits à ce groupe, la gauche radicale et enfin le groupe radical-socialiste. Comment voulez-vous qu'à travers ce chevauchement, il n'y ait pas un chevauchement d'idées et de votes perpétuel? Comment voulez-vous qu'il puisse y avoir unité des votes? Non, cela n'existe pas.

Il est vraiment regrettable de voir nos parlementaires surbordonner les décisions de nos Congrès aux décisions de leur groupe; il est regrettable que ces parlementaires, après avoir combattu, par exemple, les opportunistes hors du Palais-Bourbon, ne l'aient fait que pour mieux se réconcilier avec eux dans l'intérieur d'un même groupe. Que sont ces groupes? Que valent-ils? Vous le savez aussi bien que moi; vous savez qu'on y entre, l'expression est un peu forte peut-être, mais elle est juste, comme dans un moulin. Vous savez aussi que ce qu'on recherche dans ces groupes : c'est la quantité beaucoup plus que la qualité. Ce qu'il y a de regrettable aussi c'est que nous voyons certains mal élus, après avoir battu parfois dans leur circonscription les radicaux authentiques, venir dans ces groupes qui ont l'étiquette radicale et radicale-socialiste, chercher une espèce de parrainage et d'absolution; et alors ils se retournent vers les bons radicaux qu'ils ont écrasés et qu'ils ont désorganisés et ils leur disent : « Comment? vous m'avez fait l'injure, dans ma circonscription, de me qualifier de mauvais radical? Mais voyez donc les hommes autorisés auprès desquels je suis assis? Ne délivrent-ils pas en quelque sorte un brevet d'honorabilité politique? »

Je vous demande dans quelle situation se trouvent ces vaillants mais isolés militants de province? *(Très bien, très bien.)*

Certes, si ces pratiques néfastes ont lieu, si elles se perpétuent, c'est pour certaines raisons qu'il convient de dire.

Il y a d'abord une raison humaine, c'est la camaraderie. On hésite à chasser de son groupe ou à empêcher l'accès de son groupe à des hommes avec qui on peut avoir des relations personnelles. On ne sait pas faire suffisamment de départ entre les amitiés personnelles et la politique. Il y a également cette autre raison que des hommes inscrits à notre Parti appartiennent à la gauche démocratique où ils tendent la main à des opportunistes notoires qui peuvent ainsi pratiquer aisément une politique d'équivoque et rallier dans leur circonscription les voix et des modérés et des radicaux. Les opportunistes disent aux modérés : « Mais vous voyez bien qu'à la gauche démocratique, nous sommes à côté de modérés authentiques et que si nous sommes inscrits au parti radical, c'est pour canaliser les activités radicales. » Puis, ils se retournent vers les radicaux de leur circonscription et ils leur disent : « Je suis à ce groupe-là, mais cela n'a pas d'importance; en réalité vous savez bien que je cotise au Comité de la rue de Valois et que je suis des vôtres. »

Ainsi, la comédie est jouée. Eh bien, il serait temps de mettre fin à cette situation; c'est pourquoi nous sommes nombreux qui demandons qu'à ces groupes qui ne représentent rien, soit substitué dans chacune des deux chambres, un groupe composé uniquement et en totalité de membres adhérents à notre Parti. Je sais les objections qui ont été ou peuvent être présentées, si vous voulez, examinons-les brièvement.

On vous dira qu'il est difficile, en pleine législature, de dissoudre les groupes existants parce qu'il y a des situations acquises. Les groupes ont droit à une représentation déterminée dans les commissions; attendons la fin de la législature; nous pourrons alors sur une table rase constituer un groupe du Parti qui comprendra les parlementaires du Parti radical et radical-socialiste. Oui, temporisons. On ne peut pas constituer un groupe parlementaire nouveau et dans la Chambre, et même au Sénat en-cours de législature. Voilà l'argument.

Nous avons l'habitude de respecter ce qui est respectable et il y a bien assez de situations que nous ne pouvons pas modifier, pour que, quand nous pouvons en modifier quelques-unes, nous ne nous empressions pas de saisir l'occasion. On vous dira que c'est impossible : vous répondrez que, par exemple en 1904, disparut un groupe : le groupe de l'extrême-gauche radicale-socialiste; en 1905, c'est-à-dire encore en plein cours de la législature, il se constitua un groupe nouveau à la suite du Congrès socialiste tenu à Paris. Le groupe socialiste unifié qui, dès 1905, comptait 35 membres. Vous le voyez, les précédents sont tout à fait en notre faveur.

Il faut rendre un hommage sincère aux efforts que plusieurs parlementaires ont accomplis en ce sens. L'œuvre est ébauchée à l'heure actuelle à la Chambre. et je suis sûr qu'en apportant votre appui moral à cette œuvre entreprise, vous donnerez à ces parlementaires une arme considérable auprès de ceux de leurs collègues un peu timorés.

Nous y gagnerons, le parti y gagnera. Ces parlementaires ainsi groupés y gagneront du prestige, car on reconnaîtra, adversaires comme partisans, la franchise d'hommes qui, radicaux ou radicaux-socialistes hors du Parlement, savent rester des radicaux et radicaux-socialistes à l'intérieur.

J'arrive aux conclusions immédiatement. Je sens que la salle est convertie à l'idée que je développe. Je me borne à proposer au Congrès la modification suivante :

« Article 68 nouveau. — Les sénateurs et les députés membres du Parti devront respectivement constituer le groupe du Parti radical et radical-socialiste et ne pourront s'inscrire au groupe parlementaire d'un autre Parti.

Le groupe du Parti est composé exclusivement, au Sénat et à la Chambre, de tous les députés adhérents au Parti.

Le groupe du Parti dans chaque assemblée est constitué dans le délai d'un mois au plus tard à partir du scrutin de ballottage, après chaque renouvellement de l'Assemblée.

Voici, à titre connexe, une motion qui n'est pas à introduire dans le règlement, mais qui est destinée à amorcer la réforme :

« Le Congrès invite les députés et sénateurs adhérents au Parti à constituer dès la rentrée du Parlement et au plus tard avant le 31 décembre 1914 un groupe unique du Parti dans chacune des deux assemblées, groupe auquel ils devront appartenir à l'exclusion de tout autre groupe politique. *(Vifs applaudissements. Très bien, très bien, cris : Aux voix.)*

Le Président. — Je mets ces propositions aux voix. *(Adopté à l'unanimité.)*

M. Labroue. — Je passe tout de suite à un autre texte relatif aux élus et je vous propose de modifier l'article 6, en ajoutant le paragraphe suivant :

« Les sénateurs et les députés adhérents au Parti devront refuser leur collaboration et leur confiance à tout cabinet qui ne gouvernerait pas exclusivement avec les groupes de gauche, à l'exclusion de tout concours des partis réactionnaires et du groupe progressiste. *(Vifs applaudissements, cris : Aux voix.)*

Le Président. — Quelqu'un demande-t-il la parole? *(Adopté à l'unanimité.)*

M. Labroue. — Je viens à une autre question.

Aux années d'élections législatives, comme la prochaine, non seulement on mobilise toutes les forces matérielles de notre Parti, mais on rallie aussi toutes les forces morales, en faisant appel à un grand nombre des hommes dont les noms seuls sont tout un programme et devant lesquels la démocratie française s'incline avec respect et reconnaissance.

Il nous a paru nécessaire de grouper en une sorte d'état-major à la tête de notre Parti les hommes dont les hautes inspirations faciliteraient la lutte dans la grande campagne qui approche. Leurs noms permettraient à notre Parti d'aller au combat sans peur pour en revenir sans reproche. Il nous a paru que ce Conseil, sur le nom duquel nous avons longuement discuté pour nous rallier finalement au titre le plus simple *Conseil du Parti*, en donnant à ce mot toute sa force, il nous a paru que ce Conseil devait comprendre tout d'abord le président du Comité Exécutif et les présidents du groupe parlementaire du Parti à la Chambre et au Sénat.

Aller plus loin, c'était soulever des questions de personnes toujours délicates; cependant, il nous a semblé qu'il y avait des hommes qu'on pouvait désigner et acclamer : tout d'abord, notre cher président d'honneur, Emile Combes, l'incarnation vivante de notre Parti. En outre, nous avons, à l'unanimité, décidé de vous soumettre le nom de l'homme que nous applaudissions encore cet après-midi : Doumergue, dont tout le passé est fait de vaillance et de haut désintéressement; puis d'autres noms : Pelletan, Debierre; nous ne pouvons jamais tant regretter qu'aujourd'hui de ne pouvoir donner trois présidents à notre Parti, nous les acclamerions dès maintenant. *(Bruit.)*

Je vous soumets cette motion en vue d'assurer la bonne organisation du Parti et de le maintenir dans l'axe politique traditionnel, pendant les élections :

« Il est institué un Conseil du Parti ainsi composé : le président du Comité Exécutif, les présidents des groupes de parlementaires adhérents à la Chambre et au Sénat et des personnalités du Parti au concours desquelles le Comité Exécutif fera appel. »

Le Président. — Si vous voulez bien, avant que nous entamions la discussion, je donnerai la parole au citoyen Lévy-Uhlmann qui a présidé les opérations de l'élection du bureau du Comité Exécutif.

M. Lévy Uhlmann lit les résultats de l'élection et ajoute : MM. Charpentier et Gavaudan ont été *ex-æquo*. Nous avons proclamé élu M. Charpentier au bénéfice de l'âge.

M. Charpentier. — Il y a place pour nous deux.

M. Lévy Uhlmann. — Au secrétariat, MM. Ceccaldi et Thalamas sont *ex-æquo*. M. Thalamas est élu au bénéfice de l'âge. En ce qui concerne ces résultats que le bureau vous présente sous sa responsabilité, un certain nombre de questions se sont posées qui engagent des difficultés de procédure électorale. Nous vous les indiquerons dans un instant lorsque se poursuivra la discussion du règlement et nous vous demanderons de bien vouloir fixer une jurisprudence applicable à l'élection du prochain bureau.

Le Président. — Une question se pose d'abord. Vous savez que ce sont les délégués au Comité Exécutif qui nomment le bureau; c'est par conséquent le Comité Exécutif qui doit trancher la question. S'il y a des difficultés qui se présentent et si nous engageons une discussion là-dessus au soin du Congrès, ce sera le règlement même qui sera mis en cause; je crois qu'il vaudrait mieux réserver l'élection des deux vice-présidents.

M. Richard de Burghe. — Je demande la parole.

M. Estier. — Je demande la parole.

D'autre part, sur un côté de la salle, *M. Caillaux* demande également de sa place la parole. *(Applaudissements.)*

M. Caillaux *(l'orateur est salué par une longue ovation.)* — Deux mots qui seront très brefs.

Alors que beaucoup de congressistes vont se séparer, je ne veux pas quitter ceux avec lesquels je me suis trouvé en contact quelques jours sans leur adresser mes remerciements les plus profonds et les plus émus. J'entends les responsabilités que j'ai assumées, j'entends les devoirs qui m'incombent. Je ne veux ajouter à ce que je viens de dire qu'une seule parole : c'est celle qui consistera à vous demander du fond de mon cœur, et je suis sûr de trouver chez vous les mêmes sentiments, de vous unir à moi pour rendre un hommage profond à notre ami, au vaillant lutteur, au républicain impeccable, au démocrate de toujours, au laborieux ouvrier de toujours, au bénédictin du travail qu'est Camille Pelletan. *(Longs et unanimes applaudissements.)*

Mes dernières paroles aussi vont au profond désintéressement, à l'amitié authentique, au talent, aux qualités de caractère que personne ne méconnaît de notre ami le docteur Debierre. *(Longs et unanimes applaudissements.)*

Le Président. — Mon cher président, je crois être l'interprète de tout le Congrès en déclarant que vous trouverez à côté de vous pendant cette année, pour assumer de si lourdes responsabilités, tous nos Comités, toutes nos fédérations, tous les militants qui vous acclament à l'heure actuelle. Vous trouverez aussi dans le bureau, pour vous seconder, un dévouement sans bornes à l'idée républicaine, à la politique radicale et radicale-socialiste. Soyez certains que tous nos vœux, tous nos désirs, toutes nos volontés, tendent à ce que votre présidence soit aussi féconde que celles de vos prédécesseurs. *(Vifs applaudissements.)*

M. Thalamas. — Lévy-Uhlmann, au nom du bureau électoral, vous a fait connaître tout à l'heure le résultat des élections au bureau du Comité Exécutif. On m'a proclamé élu au bénéfice de l'âge, je remercie le bureau; seulement, je dois vous déclarer qu'étant donné que Franklin-Bouillon représente déjà dans le bureau du Comité Exécutif le département de Seine-et-Oise, je n'accepte pas mon élection, j'en suis d'autant plus heureux que cela me permettra de faire entrer à ma place un de mes bons amis qui représente le département de l'Aisne qui n'a pas de représentant. *(Très bien, applaudissements.)*

Le Président. — Nous prenons acte des déclarations de M. Thalamas et nous les enregistrons.

M. Estier. — Je viens vous saisir d'une question qui touche à ce qui vient d'être tranché par le désistement de M. Thalamas. Il s'agit du concours qui existe pour une des vice-présidences entre deux non parlementaires, M. Charpentier, de la fédération de la Seine, et M. Gavaudan de Marseille. Il a été dit et je fais là-dessus des réserves que ce serait le Comité Exécutif qui aurait qualité pleine et entière pour trancher la question. Je veux bien l'admettre un moment, mais cependant le règlement est absolument muet sur la question et le règlement étant muet, le Congrès est souverain. Alors, je lui demande, non pas de trancher la question, en proclamant élu celui-ci ou celui-là, mais en renvoyant la question à l'examen du Comité Exécutif avec le mandat impératif *(Exclamations.)* de trouver une solution qui permette à la province d'être plus exactement représentée; dans l'élection des quatre vice-présidents non parlementaires, il y a quatre représentants habitant la Seine ou à peu près; il n'est pas possible d'admettre que la province soit constamment étouffée et mise de côté. *(Applaudissements.)*

Le Comité Exécutif fera comme il l'entendra, mais pour répondre au désir du Congrès je demande formellement qu'au moment voulu Gavaudan soit proclamé vice-président au même titre que Charpentier. *(Applaudissements.)*

Je demande la parole.

M. GAVAUDAN. — Je vous demande d'adopter les conclusions du bureau, je ne veux pas soulever d'incident avec mon ami Charpentier, il est entendu que c'est Charpentier qui est élu au bénéfice de l'âge. *(Applaudissements.)*

M. CHARPENTIER. — Je serais content de m'incliner devant Gavaudan si je n'étais que l'élu de Paris, mais à l'heure actuelle je suis peut-être plus l'élu de la province que l'élu de Paris. *(Exclamations, bruit.)* Marseille est très loin, Paris y est toujours, et, quand nous serons ensemble, nous serons toujours la main dans la main. *(Vifs applaudissements.)*

M. LÉVY-UHLMANN. — Permettez-moi de placer la question sur son véritable terrain, car ce sont des compétitions de personne, entre camarades, même adoucies par une très grande cordialité, auxquelles nous venons d'assister. Ils doivent cependant trouver une règle fixe, garantie de tous, pour trancher ce conflit. Il y a un principe qui domine d'une façon absolue toutes les élections, c'est que c'est l'Assemblée qui a fait l'élection qui a le contentieux, c'est-à-dire la discussion de cette élection. Il n'est pas dans ma pensée de dessaisir le Congrès de la question de savoir quel est le camarade qui doit être proclamé élu. C'est de votre collège électoral, le Comité Exécutif, que dépend cette question. Elle sera examinée à la première séance du Comité Exécutif, juridiction d'appel de la petite juridiction que nos amis Bonnet, Lièvre et moi, avons établie cet après-midi. Les juges sont faillibles. Si nous avons appliqué le droit, une autre règle pourra cependant être établie en proclamant d'autres élus. Votre Comité Exécutif statuera dans sa prochaine séance. L'observation de M. Estier sera examinée et l'on verra s'il y a lieu à modifier la proclamation. *(Bruit.)*

M. BOUFFANDEAU. — L'incident est clos. La parole est à M. Bonnafous.

M. BONNAFOUS. — Je ne prends la parole que pour vous dire quelques mots. J'ai été ému tout à l'heure quand j'ai entendu proposer la création d'un organisme nouveau, absolument nouveau et inattendu qui semblerait vouloir mettre le Comité Exécutif en tutelle. *(Mouvements divers.)* Ne voyez rien dans mes paroles, en quoi que ce soit, de désagréable pour les hommes éminents dont on a donné les noms tout à l'heure.

Autant que quiconque, j'ai un respect profond pour les noms qui ont été mis en avant, mais je trouve le principe mauvais; il me semble que nous avons un organisme suffisant avec le Comité Exécutif et si vous vouliez vous engager dans la voie qui consisterait à créer un Comité directeur, je me demande où vous vous arrêteriez dans le choix des personnalités. *(Applaudissements.)* Ce serait créer en quelque sorte une espèce de concours pour distribution de prix. *(Très bien, très bien.)* On donnera des fleurs. Eh bien, je considère que le devoir du Parti est autre. Vous avez investi de votre confiance un Comité Exécutif. Il est suffisamment nombreux, il est suffisamment édifié sur les besoins de notre politique, pour assurer la parfaite exécution de vos décisions pendant l'année. Il est bien entendu que si jamais le Parti avait besoin d'un conseil de la part des hommes dont on a parlé, ils se rendraient en tant que militants au Comité Exécutif et lui apporteraient leurs concours, sans pour cela être investis d'un mandat spécial. *(Vifs applaudissements.)*

M. Labroue. — Je me réjouis d'avoir posé cette question devant vous au nom de la Commission, ne serait-ce que pour vous permettre de la trancher dans un sens, quel qu'il soit. *(Bruit.)*

Croyez bien, citoyens, qu'il ne s'agit pas en cela de critiquer à la veille de circonstances critiques le Comité Exécutif qui est en quelque sorte le rassemblement de nos plus hautes forces morales. *(Bruit, applaudissements.)*

Je suis intervenu dans une intention transactionnelle. *(Bruit.)* Puisque vous accordez légitimement votre confiance la plus grande au Comité Exécutif, vous devez lui donner le moyen de s'adjoindre les personnalités dont le concours pourrait être utile à votre cause. *(Cris répétés de : Aux voix! Aux voix! Clôture!)*

M. F. Morin. — Je ne comprends pas pourquoi on demande au parti radical la création d'un Comité directeur. Je ne conçois pas qu'en dehors du Comité Exécutif librement sorti des Congrès, vous nommiez un Comité directeur; que vous ayiez l'idée de vous entourer de gens plus capables que nous en politique et ayant une plus grande autorité, je le comprends, mais, alors prenez nos présidents d'honneur comme conseillers, sans pour cela nommer un Comité directeur.

Le Président. — Je mets aux voix la proposition de la Commission. *(Bruit, cris, interruptions.)*

M. F. Morin. — Je proteste énergiquement. *(Rumeurs sur divers bancs.)*

Le Président. — Que ceux qui sont d'avis de voter la proposition tendant à nommer un Comité directeur lèvent la main.

La proposition est repoussée. *(Applaudissements.)*

M. Labroue. — Je vais vous soumettre rapidement diverses modifications ou additions au règlement du Parti en suivant l'ordre méthodique des articles.

« *Article* 6, § 2. — Nous proposons la légère addition suivante :

« Et le règlement du Parti. »

M. Thalamas. — Je veux faire une observation très brève. Vous voulez qu'on adopte un programme minimum du Parti; mais il faudrait établir ce programme dans des conditions qui donnent toute sécurité au Parti.

Vous avez chargé en séance Javal de présenter un projet de programme minimum et vous avez renvoyé ce projet à la Commission de la politique générale qui a fini son rôle. Je demande qu'il en soit comme pour la déclaration du Parti et que vous soyiez saisis d'un programme minimum après que le projet du rapporteur aura été examiné par la Commission. Je vous demande de déclarer que cette Commission sera celle de la déclaration du Parti. Si nous laissons une question aussi grave que celle-là se discuter en congé, nous ne pourrons ni peser les mots ni apprécier la portée des textes avec la sécurité que donnerait une Commission.

Le Président. — Les observations de Thalamas sont absolument justifiées; je crois savoir que la Commission de déclaration a été saisie de ce programme. S'il n'en était pas ainsi, je demanderais au Congrès de le décider. Il n'y a pas d'opposition? *(Adopté à l'unanimité.)*

M. Labroue. *Article* 12, § 3. — Nous proposons de remplacer 3 mois par un an.

Il nous a paru qu'un délai d'un an pouvait fort bien s'écouler entre la date où l'on commence à subir la loi du Parti et la date où l'on commence à la faire. *(Adopté à l'unanimité.)*

Nous vous demandons d'ajouter à l'article 12 un paragraphe ainsi conçu :

« Les délégués des journaux adhérents au Congrès du Parti devront appartenir à un Comité adhérent, de façon à établir le plus possible une concordance d'efforts entre le Parti et ses organes. *(Adopté à l'unanimité.)*

Je passe à l'article 18. Nous demandons l'addition suivante au § 1 :

« Et doivent être membres d'un Comité adhérent depuis au moins un an. » *(Adopté à l'unanimité.)*

Art. 21. — Le Comité Exécutif se réunit, en outre, au moins une fois par mois, de préférence, le samedi ou le dimanche. *(Adopté à l'unanimité.)*

Article 22, § 2. — Nous vous proposons d'ajouter :

« L'ordre du jour de la séance est envoyé au moins 8 jours à l'avance aux membres du Comité Exécutif. Le vote par correspondance est admis. »

M. Hemmerschmidt — Dans la rédaction proposée par la Commission je trouve une espèce de non-sens. On vous indique que le Comité Exécutif sera maître de son ordre du jour, donc il pourra modifier l'ordre du jour en délibération et le vote par correspondance sera un vote inefficace. Il ne faut pas qu'on puisse modifier l'ordre du jour en cours de délibération. *(Applaudissements sur de nombreux bancs.)*

M. Labroue. — Si la crainte que notre collègue vient d'exprimer était justifiée, il y aurait certes contradiction dans notre proposition, mais je ne crois pas qu'il puisse y avoir équivoque, car notre texte veut dire que le Comité Exécutif est maître de fixer une fois pour toute son ordre du jour.

M. Hemmerschmidt. — Quand on est maître de quelque chose, c'est qu'on peut le changer.

M. J.-L. Bonnet. — Quand le Comité Exécutif se réunit, il peut discuter les événements qui ont pu se produire dans la journée, mais tous les droits des membres présents ou absents sont réservés en ce sens qu'on ne peut voter que sur des questions mises à l'ordre du jour. *(Applaudissements.)*

Le Président. — Je mets la proposition de la Commission aux voix. *(Adoptée à l'unanimité.)*

M. Labroue. — *Article* 35, § *B*, ajouté :

« La Fédération des circonscriptions formée par la délégation de tous les Comités de la circonscription. *(Adopté à l'unanimité.)*

M. Renaud. — Je voudrais demander un renseignement. Notre Fédération envoie au Congrès des délégués; cette délégation comprend les membres de mon Comité. Or, les membres de mon Comité m'ont donné un mandat et les délégués de la Fédération ont un autre mandat. Mon vote est annulé. Voulez-vous examiner la question? Elle est très importante et le fait s'est déjà présenté. Il y aurait là un point à étudier.

Le Président. —Le Comité Exécutif examinera la question.

M. Labroue. — Je continue. Ajouter à *l'article* 36, § 4, les mots :

« Et les sénateurs, députés, conseillers généraux et d'arrondissement du département adhérents au Parti. » *(Adopté à l'unanimité.)*

Ajouter à l'article 36 *in-fine* :

« Les Comités communaux et cantonaux, les fédérations de circonscription et d'arrondissement et les fédérations départementales, ne pourront recevoir ni conserver parmi leurs membres des sénateurs et députés non adhérents au Comité Exécutif. » *(Adopté à l'unanimité.)*

On vous propose également d'ajouter à l'article 58.

« Et s'ils sont à jour de leur cotisation. » *Adopté à l'unanimité.)*

Article 69. — Cet article demande à être complètement remanié, car il faisait allusion à la politique qui, malheureusement n'existe plus, celle du bloc.

Nous vous proposons de remplacer les candidats commandant la politique du bloc par *les candidats opposés à la politique du Parti ou combattant la politique du Parti. (Adopté à l'unanimité.)*

M. Labroue. — *Article* 71. Nous arrivons à une question qui a été souvent débattue, c'est la question de la carte du Parti. Vous savez ce que nous désirons. En proposant la carte du Parti, nous voulons affirmer, là, comme ailleurs, la parfaite franchise et la loyauté qui nous animent. Nous connaîtrons exactement le bilan de nos forces à travers la France. Nous ne serons dupes d'aucun grossissement. Nous saurons au juste sur quelles forces nous pourrons compter dans la France et en même temps nous serons très heureux d'avoir un morceau de carton qui sera comme un signe tangible de notre adhésion.

La carte du Parti sera obligatoire et mise par le Comité Exécutif à la disposition des Comités adhérents. Cette question soulève de multiples questions de détail. C'est pourquoi nous ajoutons que les modalités d'application seront fixées par le Comité Exécutif. *(Approbations.)*

Le Président. — Je vous propose l'application immédiate de cette décision.

M. Brard. — Je demande le renvoi de toute la question du Comité Exécutif. *(Bruit.)*

Le Président. — Je vais mettre aux voix le principe

de la carte et le renvoi au Comité Exécutif pour l'application de la mesure. Voici la modification proposée :

« *Article* 71. — La carte du Parti sera obligatoire et mise par le Comité Exécutif à la disposition des Comités adhérents. Les modalités d'application seront fixées par le Comité Exécutif. *(Adopté à l'unanimité moins une voix.)*

M. Labroue. *Article* 76. — Nous proposons de le rédiger ainsi :

« Les présents statuts sont révisables par le Congrès après inscription à l'ordre du jour et discussion en Assemblée plénière du Comité Exécutif, sur un rapport de la Commission du règlement et d'organisation du Parti. *(Très bien. — Adopté à l'unanimité.)*

Je vais avoir terminé. Je voudrais, en ce qui concerne les journaux, vous soumettre, non des articles à introduire dans le règlement, mais les deux motions suivantes :

1° Motion : Le Congrès invite le Comité Exécutif à publier dans le compte rendu annuel des Congrès et à tenir à jour dans le Bulletin du Parti la liste des journaux adhérents au Parti. *(Adopté à l'unanimité.)*

2° Motion : Le Congrès émet le vœu que le Comité Exécutif mette au plus tôt à l'étude la création d'un vaste organe officiel du Parti. Ce journal, dont l'administration serait au siège du Comité Exécutif, aurait autant d'éditions qu'il y a de grandes régions et une large place serait réservée à la chronique politique régionale. *(Très bien.)*

Le Président. — Je mets ces motions aux voix. *(Adopté à l'unanimité).*

M. Labroue. — Un certain nombre de militants, vous le savez, ont proposé que désormais le nombre des délégués au Comité Exécutif fut proportionné non plus à la population d'un département, mais au nombre des adhérents cotisants dans ce département. C'est une question importante; en tout cas, il nous a paru peu possible de la soumettre à votre vote avant d'en avoir référé, comme il est logique, à toutes nos organisations locales. J'ai résumé ma pensée dans la motion suivante :

Le bureau du Comité Exécutif enverra au plus tôt aux fédérations et comités adhérents une circulaire les invitant à étudier la proposition tendant à fixer le nombre des délégués d'un département au Comité Exécutif proportionnellement non plus au chiffre d'habitants, mais au chiffre des adhérents cotisants. *(Bruit, exclamations diverses.)*

C'est l'ensemble des Comités du pays qui décidera.

Le Président. — Comme la question doit être renvoyée aux Comités, je demanderai au rapporteur de la Commission de laisser le soin au Comité d'examiner dans quelles conditions il enverra une circulaire sur le mode de représentation des départements au Comité Exécutif sans préjuger en rien de la question. *(Très bien.)* La question sera soumise au Comité dans le cours de l'année. *(Applaudissements.)* Je mets aux voix la motion. *(Adopté à l'unanimité.)*

M. Labroue. — J'avais oublié de vous proposer d'ajouter à l'article 27 le passage suivant :

« Les séances du bureau du Comité Exécutif ne seront valables que si le quart au moins de ses membres y assiste.

« Le Bulletin officiel du Parti publiera après chaque séance obligatoire du bureau un résumé des décisions prises et la liste des membres présents et excusés par lettre. »

C'est un moyen de contrôle que nous aurons ainsi à travers le pays. *(Bruit.)*

M. Bepmale. — Je comprends très bien que vous ayiez le légitime souci d'exiger de vos représentants au bureau du Comité Exécutif l'assiduité aux séances, cependant vous me permettrez de faire une simple observation. Dans la modification proposée aux statuts du Parti on a visé presque exclusivement les parlementaires. Je ne m'en plains pas puisque j'ai été le premier à demander qu'on les soumette à un régime plus étroit que celui pratiqué jusqu'aujourd'hui, mais en même temps on formule des propositions qui peuvent être contradictoires. On a proposé tout à l'heure et vous avez voté, j'avais demandé la parole, j'y ai renoncé pour ne pas ennuyer l'assemblée par des interventions successives, que les séances du Comité Exécutif auraient lieu le samedi ou le dimanche. Eh bien, citoyens, fixer les réunions du Comité Exécutif au samedi ou au dimanche, c'est empêcher la plupart des parlementaires d'y assister. *(Très bien sur nombreux bancs.)* Nous sommes les uns et les autres, ou bien appelés chez nous, ou bien appelés ailleurs pour aller faire de la propagande, lorsqu'on nous demande d'aller porter notre concours ailleurs que chez nous, c'est généralement le dimanche. Il y a là des obligations que l'on nous impose et des devoirs de propagande auxquels nous ne pouvons pas nous soustraire. Or on nous demande d'assister aux séances du Comité ces mêmes jours.

M. Michelis. — Cette disposition a été présentée par l'initiative des Bouches-du-Rhône. Nous avons demandé que les réunions du Comité Exécutif soient tenues soit le samedi, soit le dimanche, soit le lundi. Nous avons présenté cette proposition parce que les provinciaux venant assister aux réunions du Comité Exécutif le mercredi, leur samedi est complètement perdu; aussi la plupart des provinciaux sont empêchés d'assister à ces réunions.

A la rigueur, les arguments que l'on a présentés peuvent se justifier pour le samedi ou le dimanche, mais je ne vois pas l'argument qui s'opposerait à ce que les séances aient lieu le lundi. *(Très bien.)*

M. Lévy-Uhlmann. — J'ai demandé la parole pour solliciter de M. Labroue une petite explication complémentaire. Il s'agit non pas des réunions du Comité Exécutif, mais des réunions du bureau. Je suis très à l'aise pour parler des réunions de bureau puisque je ne parle que pour les camarades qui sont dans le bureau cette année-ci. Les réunions de bureau ont lieu toutes les semaines, car toutes les semaines il y a des affaires courantes.

D'autre part, il est impossible, pour des raisons d'ordre matériel, d'arriver à grouper — l'expérience est là — le quart du bureau tous les mercredis ou tous les 8 jours. C'est pourquoi le bureau, l'an dernier, par une tradition dont je demande au Congrès d'enregistrer la règle, avait établi une distinction entre les réunions facultatives et les réunions obligatoires. Une fois par semaine il y avait une réunion facultative et une fois par mois une réunion obligatoire.

Je demande à M. Labroue si son texte relatif au quorum vise les réunions obligatoires ou toutes les réunions de bureau. J'insiste sur ce point. L'expérience de l'année écoulée nous a montré que, parfois, je l'ai indiqué dans mon rapport, dans les circonstances les plus graves, le bureau s'est trouvé réduit à très peu de membres. Par exemple, lorsque s'est présentée la question de la participation de nos parlementaires au ministère actuel, c'était pendant les vacances de Pâques; la plupart de nos collègues et amis étaient partis. Nous avons pris alors des délibérations; mais je ne sais si nous avions le quorum. Je tiens à vous faire remarquer que si vous exigez le quorum pour toutes les délibérations, il y aura peut-être des cas urgents sur lesquels le bureau ne pourra pas délibérer. *(Très bien.)* Je viens demander à nos amis Labroue et Bonnet, inspirateurs de ce texte, s'ils entendent imposer de façon absolue le quorum pour toutes les réunions du bureau. C'est la question précise que je leur pose.

M. Labroue. — Il suffit de dire que le quorum sera exigible pour les séances obligatoires.

M. J.-L. Dumesnil. — J'ajoute un mot à ce qu'a dit Bepmale en ce qui concerne le jour choisi non pas pour les séances du bureau, mais pour les séances du Comité Exécutif. Nous pouvons nous mettre facilement d'accord. S'il est tout à fait légitime que les délégués de province puissent venir, je ne dis pas aussi nombreux mais le plus nombreux possible, aux séances du Comité parce qu'alors nos séances, nos discussions et nos résolutions auront plus d'autorité, je demande cependant que ceux d'entre nous qui, parlementaires, sont obligés d'aller dans leurs circonscriptions ou dans celles où ils sont appelés pour la propagande, puissent assister effectivement à ces réunions du Comité Exécutif dans les résolutions duquel ils ont leur part de responsabilités. Je demande, et je crois que ce serait la meilleure solution, qu'on ne fixe pas ces séances au samedi, ou au dimanche, mais qu'on les fixe au lundi. Le lundi, les parlementaires pourront y assister et nos amis de province pourront prendre leurs mesures pour y venir en partant le dimanche. Je demande donc simplement que le Congrès veuille bien donner mandat au Comité Exécutif de fixer ses réunions au lundi soir. *(Applaudissements.)*

Le Président. — Je déclare me rallier à la date du lundi. *(A M. Labroue.)* Acceptez-vous cette modification? *(Adopté à l'unanimité.)*

M. Gavaudan. — Je serai bref. Je veux demander une addition à l'article 12 § 2 du règlement et demander que le Congrès annuel se tienne courant septembre.

On permettra ainsi aux délégués membres du corps enseignant, membres des tribunaux d'y assister.

Le Président. — On traitera cette question en même temps que le choix de la ville.

M. Castel. — Je viens protester énergiquement contre la proposition Gavaudan au nom des délégations de tous les pays vinicoles. Les vendanges se font en septembre et il ne nous serait pas possible de venir au Congrès à ce moment-là. *(Applaudissements sur nombreux bancs.)*

Le Président. — La motion Gavaudan est-elle maintenue?

M. Thalamas. — Citoyens, je veux faire à la proposition faite une objection d'un caractère pratique. Certes, un certain nombre de militants fonctionnaires, en particulier, les membres de l'enseignement, peuvent être désireux que le Congrès se tienne en période de vacances. Seulement je suis bien obligé de constater qu'il y a parmi nous des militants en très grand nombre, appartenant à d'autres éléments et que certaines régions, les régions vinicoles, par exemple, se trouvent à fin septembre absorbées par leurs travaux; vous les condamneriez, en établissant une règle aussi rigide, à se priver d'une partie de leur représentation, et ce ne serait souvent pas la partie la moins intéressante. Je crois, quelque pénible que cela soit à certains de nos militants, — cela m'a été à moi-même, jadis fort pénible — qu'il vaut mieux ne rien changer sur ce point. En tout cas, s'il devait y avoir une modification sur la date du Congrès, il faudrait en laisser le soin au Comité Exécutif. Ce sont des détails d'organisation matérielle, dangereuses à trancher à l'avance. *(Vifs applaudissements.)*

Le Président. — Nous sommes heureux de vous avoir entendu. L'Assemblée a opiné dans votre sens.

M. Labroue. — Je termine par un vœu que je suis chargé de soumettre au Congrès :

« Les parlementaires du Parti ne pourront entrer dans une combinaison ministérielle qu'après la décision des deux groupes parlementaires du parti. »

Le Président. — Je mets cette proposition aux voix. *(Adopté à l'unanimité.)*

M. Michelis. — Je demande la parole.

M. Thalamas. — Je suis d'autant plus heureux du vote de la motion qui vient d'être adoptée que je l'avais moi-même suggérée. Cela est très bien, mais il faut prévoir le cas où les deux groupes parlementaires ne se trouveraient pas d'accord et alors je déclare qu'il soit spécifié que dans ce cas les deux groupes parlementaires devront avoir une réunion plénière et trancheront la question à la majorité. Nous ne pouvons pas, si nous imposons une règle, la faire boiteuse. *(Très bien.)*

M. Labroue. — Nous acceptons cette modification.

M. Laferre. — Le Président du Conseil, chargé de former le cabinet, attendra-t-il la réunion des deux groupes? Vous votez des choses inapplicables.

M. Michelis. — La fédération des Bouches-du-Rhône a proposé à la Commission du règlement l'adjonction du paragraphe suivant à l'article 21 du règlement. Nous demandons que les réunions du Comité Exécutif ne soient pas toutes tenues à Paris et qu'un certain nombre soient tenues en province. *(Protestations, exclamations diverses.)*

La raison qui nous fait agir... *(Bruit prolongé.)* La raison qui nous fait agir est une raison de justice et d'équité en faveur des militants de province. Nous ne pouvons pas permettre... *(Bruyantes interruptions.)*

Nous demandons que le Congrès fasse en même temps œuvre de justice et qu'il se souvienne que la partie la plus certaine, la plus sûre de ses militants est en province. *(Bruit.)*

M. Thalamas. — Je crois que la proposition qui vous est faite correspond à un besoin que nous devons satisfaire, attendu qu'il est indiscutable que les militants des différentes régions de France peuvent avoir le désir de voir transporter chez eux les assises importantes du Parti. Je crois que le désir qui est exprimé n'exige pas un vote. Vous avez des fédérations régionales, elles ont prouvé leur vitalité à différentes reprises. C'est à ces fédérations régionales qu'il appartient de déterminer dans toutes les régions ces grandes assises du Parti. Que l'on retienne donc de ce que l'on a dit le désir et la nécessité de généraliser la tenue de ces grandes assises régionales desquelles, j'en suis sûr, la propagande tirera profit.

M. Numa Cavalier. — Les fédérations locales sont infiniment intéressantes; mais je demande que l'on s'intéresse aussi aux fédérations coloniales *(Rires, exclamations diverses.)* et dans le cas où vous décideriez la Création du Comité Exécutif ambulant, je demande que la première réunion de ce Comité ait lieu à Alger. *(Applaudissements et rires.)*

Le Président. — Je mets aux voix la motion tendant à ce que des réunions du Comité Exécutif aient lieu en province. *(Repoussé à la majorité.)*

M. Labroue. — Mes obligations de rapporteur m'imposent le devoir de vous soumettre un vœu formulé par la Fédération de Saône-et-Loire :

« Le Comité Exécutif versera aux fédérations départementales la moitié de la cotisation des parlementaires. »

Nous vous proposons, d'accord avec la Commission du règlement, de renvoyer ce vœu à l'étude du bureau du Comité Exécutif et de la Commission des finances. *(Adopté à l'unanimité.)*

DESIGNATION DU SIÈGE DU PROCHAIN CONGRÈS

Le Président. — Nos fédérations font preuve d'une émulation qui leur fait honneur en réclamant le siège du Congrès chez elles. Nous devons procéder à cette désignation avec calme en écoutant chaque orateur. Il y a trois villes proposées : Lyon, Rennes et Brest. *(Cris divers.)*

M. Barboyon. — Je viens, au nom de la fédération radicale et radicale-socialiste du Rhône vous proposer pour l'année prochaine la ville de Lyon. *(Bravos.)* La ville de Lyon aura, l'an prochain, une exposition internationale et à cette occasion vous pourrez profiter de tarifs spéciaux. *(Applaudissements.)*

M. Charpentier. — J'ai l'honneur de venir proposer à vos suffrages le choix de la ville de Brest. Je vais vous dire pourquoi. Le Midi a eu Marseille, Pau, Toulouse *(Bruit.)*; le centre de la France a eu Lyon, Dijon, Paris deux fois, Tours, Nantes; l'est, Nancy; le nord, Lille et Rouen. Il y a en France une région dans laquelle les militants livrent une bataille particulièrement dure, le pays de Bretagne qui, aujourd'hui, est en train de venir à la République. Jamais il n'a entendu la parole radicale et il a entendu partout la parole socialiste. *(Applaudissements.)* Je vous demande, au nom de ces travailleurs, au nom de ces amis de tenir vos assises en Bretagne. Parmi toutes ses villes il y en a une qui paraît plus désignée que toutes, c'est Brest; il y a quelque temps le Congrès socialiste s'y est tenu. Ce Congrès s'est tenu à la confusion des socialistes. Il faut aider nos amis qui relèvent le drapeau du radicalisme qui aurait toujours dû flotter sur la ville de Brest dont la population est en majorité radicale. Allons aider nos amis qui ont besoin de notre concours.

M. Gorjus. — J'ai de bonnes raisons pour vous demander de choisir Lyon pour l'année prochaine. D'habitude, nous ne réclamons rien pour notre cité mais pour 1914 plusieurs raisons militent pour que le Congrès se tienne à Lyon. La première, c'est d'abord l'Exposition. *(Bruit.)* Cette Exposition intéressera tous les conseillers municipaux, tous les maires des communes, car c'est une exposition urbaine, une exposition du plan des villes, une exposition d'hygiène, elle est faite pour l'éducation de tout le monde. Si vous pensez que venir à l'exposition de Lyon ne soit pas une bonne raison, je vais vous en donner une autre. Nous ne vous demandons jamais de tenir à Lyon le Congrès; si nous le réclamons cette année, c'est que vous pourrez bénéficier de demi-places, ce qui est à considérer. *(Bruit, interruptions, applaudissements.)*

M. J.-L. Bonnet. — Je remplis un mandat en vous proposant Paris. Si vous y venez, vous y serez les bienvenus; si vous préférez une autre ville, les habitants de Paris, qui sont pour la plupart du reste originaires de la province, iront avec empressement dans la ville que vous aurez choisie, heureux de fraterniser avec leurs camarades. *(Applaudissements.)*

Le Président met aux voix le choix de la ville de Lyon.

L'épreuve est douteuse. On procède à une seconde épreuve par assis et levés.

Le Président. — Lyon est repoussé, nous allons mettre aux voix le choix de la ville de Brest.

La ville de Brest est choisie à une forte majorité.

La séance est levée à minuit.

SIXIEME SÉANCE

Dimanche 19 Octobre, matin.

La séance est ouverte à neuf heures et demie par M. Javal, député, qui invite l'assemblée à nommer son bureau.

Le bureau est ainsi constitué :

Président : M. Richard, sénateur de Saône-et-Loire.

Vice-présidents : MM. Le Louëdec, député du Finistère; Desgranges (Saône-et-Loire); Grandjouan (Loire-Inférieure); Coulon (Creuse); Gaillemain (Marne); Gachon (Puy-de-Dôme); Collas (Seine); Laget (Lozère).

Secrétaires : MM. Selliez (Nord); Raynaud (Aude); Peyre (Drôme); Pommery (Seine-et-Marne); Vinard (Vosges); Renard (Oise); Queroy (Seine); Lefort (Sarthe).

M. Richard, *président*. — Citoyens, nous devons hâter nos travaux ce matin, étant donné que le banquet a lieu à midi et que beaucoup d'entre vous doivent quitter cette ville aussitôt après.

Permettez-moi cependant, en ouvrant cette séance, de me réjouir avec vous tous de la bonne besogne accomplie pendant les journées précédentes.

« Nous avons donné au parti un organisme et un règlement nouveaux, nous avons mis à sa tête un homme actif et dévoué et nous avons confiance que le nouveau bureau investi de la haute mission de diriger notre parti aux élections prochaines saura lui assurer la victoire et le triomphe devant le pays. *(Vifs applaudissements.)*

La parole est à M. Armand Charpentier, pour présenter une motion.

M. A. Charpentier. — Je ne veux pas abuser de vos instants, je veux vous présenter simplement la motion suivante :

Le Congrès,

Considérant qu'Emile Zola, pour la seule beauté et la seule grandeur de son œuvre littéraire, devrait avoir sa statue à Paris, depuis déjà plusieurs années;

Considérant qu'en une heure particulièrement grave Emile Zola a accompli l'un des gestes les plus héroïques qui puissent honorer un citoyen;

Considérant qu'en écrivant J'accuse !... *Emile Zola a réveillé la conscience française et préparé une révolution dont devait sortir l'œuvre républicaine, laïque et sociale accomplie par les ministères Waldeck-Rousseau et Combes;*

Considérant que la France républicaine et tout particulièrement le parti radical et radical-socialiste ont contracté une dette de reconnaissance envers la mémoire de ce grand citoyen,

Emet le vœu :

Que la statue d'Emile Zola, sculptée depuis longtemps et qui dort dans les sous-sols du Grand Palais, soit dressée à brève échéance sur une place de Paris.

LE PRÉSIDENT. — D'après le règlement, nous devrions renvoyer ce vœu à une commission; mais ce vœu est un hommage rendu à un homme qui a apporté le plus précieux concours à la République, à son pays et à la Vérité et je crois qu'il n'a y aucun inconvénient à statuer immédiatement. Je vais consulter l'assemblée pour savoir si elle adopte le vœu présenté par M. Charpentier. *(Le vœu est adopté à l'unanimité. Vifs applaudissements.)*

LE PRÉSIDENT — Je donne la parole à M. Fabius de Champville, rapporteur de la commission des vœux.

M FABIUS DE CHAMPVILLE, *rapporteur.* — La commission des vœux a réuni tous les vœux qui ont été déposés, mais, conformément au règlement, les vœux qui sont adressés au Congrès sont ventilés par elle et renvoyés à la commission permanente du Parti. Cette fois-ci, il a été fait comme les années précédentes. La commission a désiré ne pas vous faire perdre votre temps, et elle a renvoyé un certain nombre de vœux au Comité Exécutif. Je voudrais cependant vous signaler certains vœux qui méritent de retenir votre attention, car ils sont d'une actualité brûlante. M. Ferrasse, délégué de l'Hérault, émet le vœu que le parti défende énergiquement les officiers républicains; nous avons reçu un vœu du syndicat des travailleurs des chemins de fer demandant la réintégration des cheminots révoqués; un vœu en faveur du relèvement des traitements et salaires des cheminots; un vœu de M. Israël demandant que le congrès se tienne à Paris à chaque veille d'élections; M. Bachimont et plusieurs de ses collègues demandent que le gouvernement accorde l'amnistie aux soldats condamnés à propos des manifestations contre la loi de trois ans. *(Applaudissements.)* Ces vœux sont appuyés par de nombreux comités. M. Bonnet, des Bouches-du-Rhône, voudrait voir supprimer la contrainte par corps à propos des délits de pêche et de chasse; nous avons reçu un vœu de MM. Vouthers, Beauvisage et Thalamas... qui voudraient que le Congrès demande à ses élus au Parlement de provoquer le vote d'une loi assurant au testament philosophique les mêmes qualités légales d'exécution qu'à tous autres testaments relatifs aux biens. *(Applaudissements.)* Ces vœux ne peuvent rencontrer aucune opposition parmi vous. Les autres vœux seront examinés par le Comité Exécutif. *(Applaudissements.)*

M. Henri Chatenet. — Je demande au Congrès de bien vouloir accepter la motion suivante :

Le Congrès émet le vœu que le Comité exécutif organise désormais dans chaque ville choisie pour le Congrès une grande réunion publique avec le concours des orateurs du Parti.

Le Président. — Réglementairement, nous devrions envoyer ce vœu à la commission, ou au Comité Executif. *(Plusieurs voix : Adoptons-le de suite.)*

On insiste pour que l'on vote d'une façon ferme en cette motion, je la mets aux vœux. *(Adopté.)*

M. Le Louedec. — Comme député du Finistère, j'ai l'honneur d'exprimer tous mes remerciements au Congrès, pour avoir bien voulu choisir la ville de Brest pour la tenue de ses prochaines assises. *(Vifs applaudissements.)*

M. Lafferre. — Je n'ai pas pour habitude de me faire l'écho des bruits; cependant il est certains bruits qui m'ont été rapportés et qui m'ont un peu ému. Je voudrais savoir par vous, mon cher collègue, si les radicaux de Brest qui ont fait partie du Conseil Municipal, avant les conseillers municipaux socialistes actuels, ont fait, comme on le prétend, avec les réactionnaires un pacte basé sur la représentation proportionnelle scolaire, et si ce sont les délégués de ce même parti qui nous ont demandé hier de choisir Brest.

M. Thalamas. — Je crois que quand, hier soir, nous avons choisi Brest, nous avons obéi d'abord à la volonté ferme d'aller tenir notre Congrès dans une ville où il pouvait être utile à la propagande. Il y a en Bretagne une situation difficile; les menaces et les attaques du côté réactionnaire y sont particulièrement vives et notre situation est délicate vis-à-vis du parti socialiste.

Il faut aller y réconforter nos militants. C'est à l'heure actuelle la plus utile des besognes et c'est pour cela que nous avons choisi Brest.

Moi-même qui aurais voulu qu'on aille dans l'Est pour mettre fin à l'équivoque que l'on entretient dans l'esprit de nombreux républicains lorrains qui ont trop facilement confondu la manière réactionnaire d'exploiter le patriotisme avec le véritable patriotisme républicain, moi-même, dis-je, j'ai considéré qu'il y avait pour Brest autant d'urgence, sinon plus. Il y a en effet en Bretagne des incertitudes, une situation difficile, auxquels nous voulons porter remède. Ceci dit, j'arrive à la question posée par M. Lafferre.

Je ne sais pas dans quelles conditions s'est trouvé aux dernières élections municipales le groupement radical-socialiste de Brest, mais je sais pourtant, pour en avoir été saisi par différentes lettres venues de plusieurs fractions de groupements, qu'il y a eu une désorganisation du Parti à Brest, et qu'ensuite il s'est réorganisé. Il n'y a pas que dans le Finistère que cela se produit et qu'on a essayé certaines alliances. Même si c'était vrai, ce serait une raison de plus d'y aller, car dans cette région du Finistère, nous avons un exemple à donner.

Je retiens de ce que vient de dire M. Lafferre une chose, c'est qu'il y a à Brest une situation à éclaircir. Vous avez nommé hier un bureau et un Comité Exécutif, ce bureau et ce Comité Exécutif doivent s'entendre avec les fédérations locales pour organiser le congrès. Il est certain que l'on tiendra compte de l'observation présentée par M. Lafferre, et que nous aurons des mesures ou des précautions à prendre. Je crois que, s'il était utile de faire cette observation, elle ne porte en rien atteinte aux raisons pour lesquelles nous, qui voulons que le Congrès soit non pas une promenade ou un lieu d'excursion mais un lieu de travail, nous avons choisi Brest hier soir et nous entendons le garder. *(Applaudissements.)*

M. Le Louédec. — Vous donnerez confiance à tous les radicaux du Finistère, à tous les radicaux de ce département où il est si difficile de l'être, où dans certains endroits on n'ose même pas faire de comités, parce que ceux qui en feraient partie seraient assurés qu'on leur enlèverait leurs moyens d'existence.

M. Lafferre. — Je demande seulement, et le Congrès ne me le refusera pas, que le bureau du Comité Exécutif veuille bien demander aux délégués qui étaient là hier si le fait est exact.

M. Thalamas. — Mais alors, pourquoi ne le leur a-t-on pas demandé quand ils étaient là?

M. Lafferre. — Hier, on ignorait le fait.

Le Président. — Une décision a été prise par le Congrès; on ne peut défaire aujourd'hui ce qui a été fait hier, il n'y a qu'à déclarer l'incident clos. *(Applaudissements.)*

M. Thalamas. — Vous avez hier soir décidé que la rédaction du programme minimum serait confiée à la commission de déclaration du Parti. D'autre part, le Congrès avait désigné, comme rapporteur de cette déclaration programme du minimum, le citoyen Javal. Il s'est trouvé que dans la suite des délibérations, le Congrès a voté, morceaux par morceaux, à la suite des rapports des commissions, un certain nombre d'articles de ce programme minimum; d'autres n'ont même pas encore été adoptés et le citoyen Javal, informé de manière inexacte de ce qui avait été décidé hier, a cru que son rôle était fini et qu'il pouvait retourner à Paris: votre rapporteur ne peut donc pas faire son rapport puisqu'il n'est pas là *(Mouvement de surprise.)* et que la commission de déclaration du parti à qui vous avez renvoyé la rédaction du programme minimum se trouve dans l'impossibilité de faire ce rapport. *(Bruit.)* Nous ne pouvons pas nous substituer à un rapporteur désigné par vous. La situation étant ainsi définie, j'ajoute l'observation suivante : La commission de la déclaration du parti a été composée par vous lors de la première session du congrès avec un très grand nombre de personnalités, vous les avez mises dans cette commission pour qu'elles puissent apporter leurs observations personnelles. Nous avons essayé en vain de réunir dans la commission de la déclaration du parti le personnel nombreux et nécessaire qui y a figuré hier toute la journée. Vraiment, nous aurions l'air de nous substituer nous, infime minorité de quelques personnes, à ceux que vous avez désignés. Comment sortir de là? Voici la proposition que je viens faire. La commission de la déclaration du parti a été appelée, en somme, à examiner des questions analogues à celles du programme minimum, puisqu'il s'est agi de terminer l'examen des conditions indispensables d'adhésion au Parti. Cette déclaration du Parti a été rédigée d'ailleurs comme un manifeste du parti dont la formule même aurait été assez étudiée pour qu'elle pût, en cas de besoin, être affichée sur les murs comme une déclaration et un manifeste du Parti en vue des campagnes électorales prochaines. Je demande donc, comme le Congrès a voté l'essentiel du programme minimum à la suite des rapports des commissions, et qu'il ne reste plus que des questions de forme à régler, je demande de charger le Comité Exécutif de coordonner les résolutions dont vous avez voté le texte vous-mêmes et de rédiger le texte de ce programme minimum sur le sens duquel il ne peut y avoir de doute puisque la déclaration définira, avec votre approbation, les tendances du parti dans les autres branches qui touchent à notre programme général.

Voilà la proposition que j'avais à vous faire. Je ne la considère pas comme excellente, mais elle est à cette heure la meilleure solution que l'on puisse envisager.

M. Brard. — Il est bien entendu que le Congrès donnera pouvoir au Comité Exécutif d'ajouter aussi ce qui est relatif à d'autres questions, telles que celle de l'Enseignement.

M. Thalamas. — Pour tout ce qui est du programme social, le Congrès ne s'est même pas prononcé, et on peut dire que celle de l'enseignement n'est pas encore réglée. Je crois que ce qu'il y a de mieux à faire, c'est d'affirmer votre volonté générale approuvant la déclaration du parti et de laisser au Comité Exécutif, pour ces raisons de fait, le soin de rédiger une formule.

M. Thalamas. — Il s'agit pour le Congrès de donner au Comité Exécutif une délégation spéciale. La plupart des points du programme minimum ont été adoptés et beaucoup d'autres sont déterminés dans les tendances de la déclaration.

Le Président. — Nous avons à statuer sur la proposition de M. Thalamas qui consiste à donner délégation au comité Exécutif pour rédiger le programme minimum du parti.

M. Richard. — Il est certain que ce programme minimum sera la condensation des décisions prises dans ce Congrès et les Congrès précédents. Il y a une chose certaine aussi, c'est que la doctrine du parti radical, qu'on prétend ne pas exister, a été formulée à différentes reprises dans nos Congrès. Tout le monde la connaît, ce n'est donc qu'une question de forme et de rédaction. Il s'agit aujourd'hui, pour les raisons de fait qu'on vous a expliquées, de donner délégation du Comité Exécutif pour accomplir ce travail de condensation et de rédaction.

M. Brard. — Et, si nécessaire, d'addition?

M. Thalamas. — C'est entendu, puisqu'on lui donne pleins pouvoirs.

(La proposition Thalamas est adoptée à l'unanimité moins cinq voix.)

Le Président. — Je donne la parole à M. Malvy pour la lecture de la déclaration du Parti.

DÉCLARATION DU PARTI

Citoyens,

Le Parti radical et radical-socialiste vient de donner, une fois de plus, par la pensée qui se dégage de ses travaux, la preuve de sa force et de sa vitalité. Il est et restera toujours l'expression de la démocratie française. Issu du peuple, il avait pour mission de l'éduquer et de combattre en son nom pour la justice.

Dans l'accomplissement de cette noble tâche, il a trouvé sur sa route toutes les forces du passé. Uni, il a vaincu, et, marquant ses conquêtes, il a continué sa marche vers l'avenir. Et c'est au moment où, grandi par la faveur populaire, il allait faire bénéficier la démocratie de ses victoires, qu'il semble arrêté dans son élan et comme paralysé dans son action.

Le succès nous valut trop d'amis qui ne prirent de notre Parti que l'étiquette. *(Longs applaudissements.)*

De ce jour, l'ennemi nous trouva désarmés. Profitant de nos défaillances, il réforma et réorganisa ses troupes; il est aujourd'hui à nos portes. Au feu de la lutte, reforgeons nos armes.

A la veille de la bataille, vous avez compris le devoir : l'organisation de nos forces et, dans un esprit de discipline, l'union autour du drapeau. Il faut d'abord que le Parti reprenne conscience de son rôle et de sa mission et redevienne lui-même, afin que la démocratie puisse reconnaître les siens. *(Vifs applaudissements.)* Il faut ensuite, modelant toujours notre action sur les aspirations populaires, dresser un programme de réalisations immédiates qui, par sa netteté et sa précision, exclue toute équivoque et empêche toute confusion. *(Approbation.)*

L'attitude arrogante du clergé, la campagne d'outrages et de calomnies dirigée contre l'école laïque, la propagande incessante qui la conduit à la création d'œuvres les plus diverses nous imposent un devoir impérieux. Plus de défense passive, attaquons. *(Applaudissements unanimes et prolongés.)*

Mal servie par des lois imparfaites et par une jurisprudence hésitante, la République a laissé la congrégation se reformer et seconder l'audace du clergé. *(Très bien.)* Nous compléterons ces lois. Nous protégerons d'abord l'école laïque contre ses accusateurs publics.

Nous ferons ensuite disparaître les privilèges dont bénéficie l'école que, par antiphrase, on appelle l'école libre, et qui n'est, en réalité, qu'une école de contrainte. *(Vifs applaudissements.)*

Nous avons donné à l'Église la liberté, nous ne permettrons pas que, fidèle à son éternel esprit de domination, elle en use pour supprimer la liberté des autres. *(Applaudissements répétés.)*

Une des grandes réformes promises attend toujours; il est de la dignité et de l'honneur du Parti radical de la faire aboutir, aucun de ses membres ne peut faillir à cette tâche. La situation financière du pays, autant que la justice fiscale, nous oblige à avoir recours à l'impôt général et progressif sur le revenu : le dégrèvement de la terre, l'exemption d'un minimum d'existence, la progression et la déclaration doivent en être les principes essentiels. De plus, les nouvelles charges militaires nous conduisent à exiger le vote d'un impôt sur le capital s'inspirant des mêmes principes. L'ère des ajournements est close, il n'est que temps de briser enfin les dernières résistances de l'égoïsme et de la peur. *(Applaudissements.)*

Passionnément attaché à l'idée de patrie, le Parti radical et radical-socialiste, qui se souvient que le mot patriote, forgé à l'heure de la « patrie en danger », identifie devant le monde et dans l'histoire l'idée républicaine et nationale, est résolu à tous les sacrifices nécessaires pour préserver l'intégrité du sol, l'indépendance et la dignité de la France. *(Applaudissements.)*

Mais si nous donnons de bon cœur tout ce qui est nécessaire, nous entendons résolument proscrire tout gaspillage d'hommes et d'argent. Ce que nous voulons, c'est la mise en œuvre sérieuse de la conception de la nation armée, avec des chefs profondément animés de l'esprit républicain. *(Vifs applaudissements.)* Loi de préparation militaire de la jeunesse, loi d'utilisation des réserves, réforme du haut commandement, réorganisation des cadres, telles sont quelques-unes des réformes essentielles à accomplir, dont la mise en vigueur nous permettra de réaliser la réduction du service sous les drapeaux. *(Applaudissements.)*

Fidèles à la longue tradition de notre Parti, nous pensons qu'une politique de dignité nationale, qui exclut la pusillanimité au même titre que la forfanterie, s'accorde avec l'affermissement de la paix. A ces fins, nous voulons pouvoir compter sur une diplomatie républicaine qui, mieux pénétrée des nécessités et du mouvement des sociétés modernes, ne prenne pas à tâche d'excuser la République. *(Mouvement prolongé. Vifs applaudissements.)*

Nous entendons de même appliquer les principes républicains à l'organisation démocratique et laïque de notre empire colonial.

Notre effort de solidarité s'attache à donner chaque jour sa conquête de justice sociale. Nous sommes résolus à améliorer et perfectionner l'ensemble des œuvres de prévoyance et d'assurance susceptibles de prévenir les risques sociaux et d'établir, par une législation appropriée, plus d'harmonie dans les rapports du capital et du travail. *(Très bien.)*

Nous considérons le développement de l'outillage économique et de l'enseignement professionnel, industriel, commercial et agricole comme la condition nécessaire de la réalisation de notre programme social.

Résolus à exiger de tous les fonctionnaires l'accomplissement de leurs devoirs, nous nous efforcerons de sauvegarder leurs droits en introduisant dans nos administrations toutes les garanties de justice et d'équité.

Action laïque, justice et rénovation fiscales, réforme militaire et progrès social, tel est notre programme minimum : il s'impose à tous nos élus, qui, en aucun cas, ne pourront se soustraire au devoir de le réaliser. Classifier, coordonner, discipliner n'est pas réduire. La discipline qui s'impose sera plus un soutien qu'un fardeau; c'est l'adage : « Si on la porte de bon cœur, elle nous porte. » *(Applaudissements.)*

Pour réaliser ce programme, nous faisons appel à toutes les forces populaires et démocratiques, persuadés par avance que tous les républicains sincères viendront à nous sans que nous ayons à offrir ou à rechercher des alliances incompatibles avec notre dignité de Parti. *(Vifs applaudissements.)*

Ces républicains comprendront que, quelles que soient leurs conceptions personnelles, de notre politique se dégagent deux idées maîtresses : la première, c'est qu'il est puéril d'imaginer que l'on peut réaliser des réformes en dehors du parti républicain *(Applaudissements.)* et que toute politique qui emprunte aux éléments de conservation sociale une partie de sa force est fatalement une politique d'immobilité ou de recul *(Très vifs applaudissements.)*; la seconde, qui dérive de la première, implique la condamnation de toute politique de complaisance ou de clientèle et la reconstitution de la politique de principes et de partis. *(Applaudissements.)*

Depuis quelques années, en effet, nous avons vu renaître ces vieilles formules conservatrices qui, sous prétexte d'union entre tous les Français, ne tendent qu'à créer l'équivoque et la confusion politique. *(Applaudissements.)*

Ceux qui rêvent ainsi d'absorber et de fondre tous les citoyens de ce pays en un seul et immense Parti ne s'aperçoivent pas que si l'on arrivait à décomposer et à mêler les groupements au détriment des principes, on ne ferait de la France entière qu'une vaste clientèle gouvernementale *(Applaudissements.)* et que, logiquement, dans la confusion qui en résulterait, la force toujours agissante des grands intérêts particuliers et des puissances d'argent demeurerait seule efficace. Nous considérons au contraire que des partis distincts se heurtant dans la défense de leur idéal, opposant programme à programme, organisation à organisation, sont, dans une démocratie, la condition de la vie, du mouvement et du progrès.

C'est cette politique, ardemment laïque, généreusement sociale, profondément nationale, politique qui n'est que le développement des principes de la Révolution française, que nous confions le soin de défendre à nos élus et à nos militants, à ces vaillants et courageux ouvriers de la démocratie dont le dévouement inlassable a, aux heures de péril, assuré le triomphe de la République. *(Salves répétées d'applaudissements, longues ovations.)*

Le Président. — Citoyens, il y a une formalité à accomplir, quoiqu'elle me paraisse bien inutile. Vos applaudissements viennent d'approuver chaleureusement la déclaration du parti; cependant et pour me conformer à mon rôle de Président, je la soumets à votre vote. *(Adopté à l'unanimité.)*

M. Chatenet. — On devrait inviter le Comité Exécutif à publier en affiches la déclaration du parti pour qu'il soit possible, aux élections législatives, de s'en faire une sorte de profession de foi, qui s'imposera à tous les ndidats du Parti. *(Très bien.)*

Le Président. — Tout à l'heure, il a été dit par M. Thalamas que la déclaration du Parti avait été rédigée de telle façon, qu'elle puisse au moment des élections être affichée. Il faut laisser au bureau du Comité Exécutif le soin de choisir le moment où cette déclaration devra être publiée.

L'ordre du jour étant épuisé, je déclare clos le treizième congrès du parti républicain radical et radical-socialiste et j'ajoute une modeste recommandation, après les paroles de votre éloquent rapporteur de la déclaration du Parti : l'année prochaine sera une année de lutte et de bataille; si nous voulons la victoire, sachons nous y préparer avec union et avec discipline, dans un sentiment commun de fidélité à notre programme, pour la marche en avant, pour la justice économique, fiscale et sociale, pour l'extension des œuvres de solidarité, sous la haute inspiration des sentiments généreux qui sont la raison d'être et l'honneur du parti républicain. Vive la République laïque, démocratique et sociale! *(Applaudissements répétés et prolongés. Les délégués crient : Vive la République.)*

. COMITÉ EXÉCUTIF

(Exercice 1913-14.)

BUREAU DU COMITÉ EXÉCUTIF

Président :

M. JOSEPH CAILLAUX, député de la Sarthe, ancien président du Conseil des ministres.

Vice-présidents :

MM. BEPMALE, sénateur de la Haute-Garonne.
BOUFFANDEAU, député de l'Oise.
FELIX CHAUTEMPS, député de la Savoie.
FRANKLIN-BOUILLON, député de Seine-et-Oise.
MALVY, député du Lot.
HENRI MICHEL, sénateur des Basses-Alpes.
PERCHOT, sénateur des Basses-Alpes.
TROUILLOT, sénateur du Jura.
FERDINAND CAHEN (Seine).
ARMAND CHARPENTIER (Seine).
EMILE DESVAUX (Seine).
CHARLES FABIANI (Corse).
FEUGA (Haute-Garonne).
Le général GODART (Meurthe-et-Moselle).
LUCIEN-VICTOR-MEUNIER, (Vendée).
MICHEL MILHAUD (Seine).

Secrétaires :

MM. BINET, député de la Creuse.
ALFRED BRARD, député du Morbihan.
PASCAL CECCALDI, député de l'Aisne.
MALAVIALLE, député de l'Aude.
PEYTRAL, député des Hautes-Alpes.
PONSOT, député du Jura.
TERNOIS, député de la Somme.
VIARD, député de la Haute-Marne.
RAOUL ANGLES (Basses-Alpes).
JULES CAHEN (Seine).
FRANÇOIS COMBES (Tarn).
FÉLICIEN COURT (Haute-Garonne).
ANTONIN DOUZET (Seine).
GUSTAVE FERRON (Basses-Pyrénées).
LIÈVRE (Meuse.)
LIVET (Côte-d'Or).

Trésorier :

M. COSNIER, député de l'Indre.

MEMBRES DU COMITÉ EXÉCUTIF

Membres d'honneur :

MM. Léon BOURGEOIS, sénateur, ancien président de la Chambre des députés, ancien président du Conseil des ministres.
Camille PELLETAN, sénateur, ancien ministre de la Marine.
Emile COMBES, sénateur, ancien président du Conseil des ministres.
VALLE, sénateur, ancien ministre de la Justice.
DELPECH, ancien sénateur de l'Ariège.
LAFFERRE, député de l'Hérault, ancien ministre du Travail.

DÉLÉGUÉS DÉPARTEMENTAUX
COMITÉ EXÉCUTIF
(Exercice 1913-14.)

Ain

MM. BOLLET, sénateur.
BOZONET, député.
MESSIMY, député.

Aisne

MM. CECCALDI, député
COUESNON, député.
HAUET, député.
MAGNIAUDE, député.
BUGNICOURT, publiciste, à Chauny.
DESBRUYÈRES, président de la Fédération de l'arrondissement de Soissons.
GROZO, à Saint-Quentin.
LEDUC, à Saint-Quentin.
POUILLART, président de la Fédération départementale, à Bruyères-et-Montbérault.
REICHENBACH, avocat, à Paris.

Allier

MM. GACON, sénateur.
VILLE, sénateur.
LAMOUREUX, député.
BARATIER, conseiller général, à Vichy.
BARDET, à Montluçon.
LASTEYRAS, maire, à Vichy.
Jules LEFEBURE, publiciste, à Paris.
Marcel REGNIER, ancien député, à Paris.
VERNE, conseiller général, à Saint-Pourçain-sur-Sioule.

Basses-Alpes

MM. Henri MICHEL, sénateur.
PERCHOT, sénateur.
ANGLES, publiciste, à Paris.
PELISSIER, ancien sénateur, à Paris.

Hautes-Alpes

MM. PEYTRAL, député.
CAILLAT, maire, à Gap.
EUZIÈRES, ancien député, à Gap.

Alpes-Maritimes

MM. DUFRÊNE, publiciste, à Nice.
FOIGNET, avocat, à Nice.
SAMAMA, à Nice.
SIOLY, à Nice.

Ardèche

MM. ASTIER, sénateur.
MURAT, sénateur.
VINCENT, sénateur.
BOURELY, député.
CUMINAL, conseiller général de l'Ardèche, à Paris.
GEORGES, adjoint au maire, à Gluiras.
HUITRIC, à Privas.
VIALET, maire, à Vernoux.

Ardennes

MM. CORNEAU, publiciste, à Charleville.
DESPAS, à Charleville.
FENAUX, conseiller général, à Givet.
OLLIVET, conseiller général, maire, à Mouzon.

Ariège

MM. Général PEDOYA, député.
CHARLES, conseiller général, à La Bastide-de-Sérou.
DELPECH, ancien sénateur, à Paris.
LAFAGETTE, avocat, à Foix.
Dr PHILIPPE, conseiller général, à Tarascon-sur-Ariège.

Aube

MM. BERNIOLLE, député.
BACHIMONT, député.
Paul MEUNIER, député.
Paul CAILLOT, avocat, à Paris.
DENIZOT, conseiller général, à Saint-Parres-aux-Tertres.
ISRAEL, publiciste, à Paris.
MERLE, conseiller municipal, à Marcilly-le-Hayer.
PASQUAL, à Troyes.

Aude

MM. GAUTHIER, sénateur.
DURAND, député.
MALAVIALLE, député.
A. SARRAUT, député.
SAUZEDE, député.
BASSOUA, maire, à Castelnau-d'Aude.
CALAS, maire, a la Nouvelle.
CASSAN, à Lézignan.
CASTEL, conseiller général, maire, à Lézignan.

Aveyron

MM. BOS, conseiller général, maire, à Decazeville.
PRÉVOT, à Paris.
SIMAN, conseiller municipal, à Rodez.

Bouches-du-Rhône

MM. CAMILLE PELLETAN, sénateur.
CHEVILLON, député.
GIRARD, député.
BAYET, publiciste, à Arles.
EBSTEIN, huissier, à Marseille.
ESTIER, avocat, à Marseille.
GAVAUDAN, président de la Fédération départementale, à Salon.
ISSARTIER, à Marseille.
MICHELIS, à Marseille.
PASQUET, conseiller général des Bouches-du-Rhône, à Paris.
REYBAUD, professeur de lycée, à Aix.
ROUBAUD, industriel, à Marseille.
SATGER, à Marseille.

Calvados

MM. LE CHERPY, député.
CANU, négociant, à Vire.
FOUQUET, industriel, à Caen.
HUET, professeur de Collège, à Lisieux.
LE HOC, à Deauville-sur-Mer.
LEVAVASSEUR, horticulteur, à Ussy.

Cantal

MM. LINTILHAC, sénateur.
DAUZIER, adjoint au maire, à Aurillac.
FEL, conseiller général, à Maurs.
RIGAL, conseiller général, à Montsalvy.
TRÉMOUILLÈRE, maire d'Omps.

Charente

MM. RAYNAUD, député.
DANTON, à Angoulême.
PETIT, maire, à Mons.
SAULNIER, instituteur, à Yviers.

Charente-Inférieure

MM. Emile COMBES, sénateur.
André HESSE, député.
BERTRAND, à Marennes.
BRAUD, à Rochefort-sur-Mer.
GUIBOUT, capitaine de frégate en retraite, à Rochefort-sur-Mer.
NICOLLAS, avoué, à Marennes.
RIGNOUX, conseiller général, maire, à Surgères.
ROBERT, maire, à Champagnolles.

Cher

MM. J.-B. MORIN, député.
BEDU, publiciste, à Saint-Amand.
Armand MITTERRAND, publiciste, à Bourges.
PAJOT, à Vaux.
PRIOT, conseiller général, maire de Charentonnay.

Corrèze

MM. DELLESTABLE, sénateur.
ROUBY, sénateur.
TAVE, député.
BRUGEILLES, à Tulle.
ESTORGES, conseiller d'arrondissement, à Tulle.
MADRANGES, maire, Le Vigeois.
QUEUILLE, docteur en médecine, à Neuvic.

Corse

MM. GABRIELLI, sénateur.
AJACCIO, avocat, à Bastia.
CECCALDI, publiciste, à Paris.
de BURGUE, avocat, à Paris.
FABIANI, avocat, à Paris.

Côte-d'Or

MM. CHARLES, député.
CONVERSET, conseiller municipal, à Châtillon-sur-Seine.
Auguste LEVEQUE, à Paris.
LIVET, publiciste, à Paris.
MODOT, à Dijon.

Côtes-du-Nord

MM. TURMEL, député.

Creuse

MM. DEFUMADE, sénateur.
SIMONET, sénateur.
BINET, député.
COULON, directeur d'assurances, à Guéret.
DUCOURET, à Guéret.
GRAND, avoué, maire, à Guéret.
TREIGNIER, conseiller d'arrondissement, à Crozant.

Dordogne

MM. Clément CLAMENT, député.
SIREYJOL, député.
DEFIGEAS, conseiller municipal, à Périgueux.
DUBOIS, maire, au Bourg-du-Bost.
Edouard MICHEL, conseiller d'arrondissement, à Périgueux.
Marcel MICHEL, conseiller d'arrondissement, à Saint-Félix-de-Villadeix.
Henri LABROUE, à Bordeaux.
Gaston TROUSSEL, conseiller général, maire de Lanouaille.

Doubs

MM. BEAUQUIER, député.
METIN, député.
Marc RÉVILLE, député.
ANDRADE, à Besançon.
SCHLUMBERGER, à Besançon.
MILLOT, à Besançon.
MACEL, à Besançon.

Drôme

MM. Charles CHABERT, sénateur.
Maurice FAURE, sénateur.
CHABERT, député.
Auguste MABILON, à Paris.
Paul MATRAS, à Valence, à Paris.
Henri PERDRIX, adjoint au maire, à Valence.
Paul PEYRE, pharmacien, à Paris.

Eure

MM. CELOS, député.
Cyrus LEFÈVRE, à Vernon.
Henri LEGRAND, président de la section du C. R. C. I. A., à Landepereuse.
Georges PLANQUE, directeur de *La Tribune*, à Bernay.
WAGNER, père, docteur en médecine, à Lieurey.

Eure-et-Loir

MM. BAUDET, sénateur.
JOUANNEAU, avocat, à Paris.
OULIF, à Dreux.
Dr POUPON, conseiller général d'Eure-et-Loir, à Paris.
Adolphe CHERON, à Saint-Maur-les-Fossés (Seine).

Finistère

MM. DUBUISSON, député.
LE BAIL, député.
LE LOUEDEC, député.
PLOUZANE, député.
Léon FORT, à Brest.
Louis HASCOET, à Brest.
Jules LABINAU, à Brest.
Léon MARTIN, à Paris.
Louis NATALINI, à Brest.
Louis PENE, à Paris.
Alexandre PINEAU, conseiller municipal à Kerinou-Lambézellec.
TEILLET, à Brest.

Gard

MM. BONNEFOY-SIBOUR, sénateur.
CREMIEUX, sénateur.
G. DOUMERGUE, sénateur.
Jean CAZELLES, conseiller général, à Saint-Gilles.
GACHON, conseiller général du Gard, à Montpellier (Hérault).
HERMET, conseiller général, maire de Génolhac.
MENGAILHOU, maire de Pont-Saint-Esprit.
Louis MOURIER, docteur en médecine, à Vézénobres.
Marcel ROGER, auditeur au Conseil d'État, à Paris.

Haute-Garonne

MM. BEPMALE, sénateur.
LEYGUE, sénateur.
OURNAC, sénateur.
CRUPPI, député.
BELINGUIER, maire, à Villefranche.
BILLOT, maire, à Castanet.
CAZASSUS, avocat, à Saint-Gaudens.
Félicien COURT, ancien conseiller d'arrondissement, à Toulouse.
Paul FEUGA, conseiller général, à Toulouse.
GASC, maire, à Muret.

Gers

MM. DECKER-DAVID, sénateur.
SANCET, sénateur.
BRANET, à Vic-Fezensac.
FITTE, publiciste, à Auch.
PHILIP, avocat, à Mauvézin.
SAINT-CRIQ, à Ivry (Seine).

Gironde

MM. Dr BOYMIER, à Saint-Vivien-de-Médoc.
BURLOT, à Talence.
DELLAC, à Floirac.
Dr DUPEUX, conseiller général, à Bordeaux.
DUVERGER, à Bordeaux.
Commandant LALANNE, à Bordeaux.
Dr MALET, conseiller d'arrondissement, à Bordeaux.
PALENGAT, à Bordeaux.
ROUSSIE, à Bordeaux.
RULLIER, à Lormont.
Laurent SENS, à Bordeaux.

Hérault

MM. LAFFERRE, député.
PELISSE, député.
BLAQUIÈRE, Directeur du *Petit Méridional*, à Montpellier.
CADENAT, conseiller général, à Béziers.
CAFFORT, conseiller général, à Olonzac.
FERRASSE, conseiller général, à Montpellier.
Louis GIBERT, adjoint au maire, à Montpellier.
GUILHAUMON, conseiller général, de l'Hérault à Paris.

Ille-et-Vilaine

MM. BOLLOTTE, vétérinaire, à Rennes.
COURAUD, à Châteaugiron.
DOTTIN, Doyen de la Faculté des Lettres, à Rennes.
GASGNIER-DUPARC, conseiller général, maire, à Saint-Malo.
Oscar LEROUX, adjoint au maire, à Rennes.
MALAPERT, avocat, à Rennes.
MUZEREAU, à Rennes.

Indre

MM. LEGLOS, sénateur.
H. COSNIER, député.
Clair TALICHET, conseiller général, à Châteauroux.
H. DAUTHY, ancien député, à Paris.
PATUREAU-BARONNET, conseiller municipal, à Châteauroux.
J. TERNIER, conseiller municipal, à Palluau-sur-Indre.

Indre-et-Loire

MM. PIC-PARIS, sénateur.
René BESNARD, député.
FOUCHER, député.
BASSEREAU, conseiller d'arrondissement, à Tours.
GOMBARD, à Tours.
ROBENNE, rédacteur en chef de la *Dépêche de Tours*, à Paris.
THUELIN, à Tours.

Isère

MM. JOUFFRAY, sénateur.
BELMONT, avoué, à Bourgoin.
BOUILLET, docteur en médecine, à Paris.
Paul COCAT, avocat, à Grenoble.
DUMOLARD, conseiller général, à Grenoble.
Claude RAJON, conseiller général, à Grenoble.
Joseph VALLIER, conseiller général, à Grenoble.

Jura

MM. Stephen PICHON, sénateur.
TROUILLOT, sénateur.
Edmond CHAPUIS, député.
Ch. DUMONT, député.
PONSOT, député.
Paul AUDEBERT, rédacteur en chef de *l'Action républicaine*, à Dôle.
Désiré BENOIT-BARNET, conseiller général, à Dôle.
Yvon DELBOS, publiciste, à Paris.
Marius PIEYRE, maire, à Dôle.

Landes

MILLIES-LACROIX, sénateur.
BOUYSSOU, député.
LOUSTALOT, député.
Emile CABANAC, publiciste, à Mont-de-Marsan.
Albert LARROQUETTE, professeur de lycée, à Mont-de-Marsan.

Numa MONTAUZIER, conseiller municipal, à Saint-Julien-en-Born.
Jean SARRADE, ingénieur-Agronome, à Aire-sur-l'Adour.

Loir-et-Cher

MM. Georges CURE, publiciste, à Oucques.
FROGER, directeur du journal *Le Nouvelliste*, à Blois.
HUBERT-FILLAY, avocat, à Blois.
Henri JOHANNET, conseiller général, à Villethierry.

Loire

MM. ALEX, conseiller municipal, à Charlieu.
AUDUC, à Saint-Etienne.
Jean BERTRAND, à Saint-Etienne.
Régis DOUNY, à Firminy.
Pierre ROBERT, à Montbrison.
Georges TEISSIER, à Saint-Etienne.
Louis VIDON, ancien député, à Bourg-Argental.

Haute-Loire

MM. FAYOLLE, conseiller général, à Frugières-le-Pin.
JOUBERT-PEYROT, conseiller général, à Tence.
PAGES-RIBEYRE, conseiller général, Le Puy.
Léon PEYRACHE, à Saint-Didier-la-Seauve.

Loire-Inférieure.

MM. CHATELIER, à Héric.
Léon DAVID, à Nantes.
FOUCAULT, à Nantes.
Paul GRANDJOUAN, à Nantes.
LE BRUN, ingénieur, à Nantes.
LELORD, conseiller général, à Saint-Etienne-de-Mont-Luc.
H. PETIT, à Nantes.
G. VEIL, adjoint au maire, à Nantes.
L. VIEL, adjoint au maire, à Nantes.

Loiret

MM. ALASSEUR, député.
F. RABIER, député.
H. ROY, député.
Pierre DEZARNAULDS, docteur en médecine, à Gien.
Auguste DUCLUZEAU, à Gien.
HOLZINGER, publiciste, à Montargis.
TURBAT, horticulteur, à Orléans.

Lot

MM. LOUBET, sénateur.
BECAYS, député.
MALVY, député.
DARQUIER, docteur en médecine, maire, à Cahors.
LEYMARIE, avocat, à Paris.
MURAT, conseiller général, à Saint-Céré.
TALOU, conseiller général, à Saint-Géry.

Lot-et-Garonne

MM. CELS, député.
EUGÈNE BEAUSSEIN, publiciste, à Agen.
PAUL CHAPEYRON, à Marmande.
GEORGES DELPECH, conseiller général, à Agen.
LOUIS LAGASSE, ancien député, à Paris.
GEORGES PUJOL, architecte, à Agen.

Lozère

MM. MONESTIER, député.
G. PARAF, ingénieur, à Paris.
F. ROUX, conseiller général de la Lozère, à Paris.

Maine-et-Loire

MM. Dr BAROT, maire, à Angers.
BOURGUIGNON, à Saumur.
ABEL BOUTIN, conseiller général, les Ponts-de-Cé.
DESETRES, conseiller général, à Angers.
Dr PETON, maire, à Saumur.
ERNEST ROLAND, publiciste, à Saumur.

Manche

MM. Dr AUVRAY, conseiller général, à Barneville.
Dr BOURGOGNE, conseiller général, à Cherbourg.
A. CHEVALIER, avocat, à Paris.
J. JEHENNE, conseiller général, à Saint-Malo-de-la-Lande.
PERGEAUX, maire, à Granville.

Marne

MM. L. BOURGEOIS, sénateur.
VALLÉ, sénateur.
HAUDOS, député.
MARGAINE, député.
PECHADRE, député.
BERNARD, maire, à Châlons-sur-Marne.
CHAPPE, adjoint au maire, à Reims.
CHEVRIER, docteur en médecine, à Reims.
FERIN, à Sermaize-les-Bains.
GAILLEMIN, conseiller général, à Epense.
MARCHANDEAU, avocat, à Reims.

Haute-Marne

MM. DESSOYE, député.
VIARD, député.
A. CLERGET, avocat, à Langres.
A. DECLERC, à Langres.
L. RUTY, conseiller municipal, à Chaumont.
V. VIENNOT, maire, à Langres.

Mayenne

MM. CHAULIN-SERVINIÈRE, député.
BORDEAU, à Mayenne.
Dr DUPRÉ, à Laval.
LINTIER, maire, à Mayenne.
POSTEL, publiciste, à Enghien (Seine-et-Oise).

Meurthe-et-Moselle

MM. G. CHAPUIS, sénateur.
BERNADIN, juge de paix, à Pont-à-Mousson.
CAHEN-BERNARD, à Nancy.
Général GODARD, à Paris.
J. LABATUT, publiciste, à Nancy.
LABEQUE, à Nancy.
LARCHER, conseiller général, à Nancy.

Meuse

MM. LEFÉBURE, député.
CHARLES, éditeur, à Paris.
LIÈVRE, docteur en médecine, à Paris.
Eugène MARTINOT, ingénieur, à Paris.
Edouard POTERLOT, ancien maire, à Stenay.

Morbihan

MM. BRARD, député.
NAIL, député.
LE ROUZIC, député.
BLUM, professeur agrégé, à Paris.
BOULIGAND, conseiller général, à Lorient.
GALLENNE, conseiller général, à Belle-Isle.
LE GLOAHEC, conseiller général, à Saint-Pierre-Quiberon.
Henri MACREZ, à Lorient.
MAULION, avocat, à Rennes.

Nièvre

MM. PETITJEAN, sénateur.
D'AUNAY, sénateur.
MASSE, député.

RENARD, député.
CHAMPENOIS, à Nevers.
CHOMET, conseiller, à Saint-Pierre-le-Moutier.
MAGNIEN, conseiller général, à Metz-le-Comte.
Achille VIROT, publiciste, à Nevers.

Nord

MM. BERSEZ, sénateur.
DEBIERRE, sénateur.
HAYEZ, sénateur.
POTIE, sénateur.
TRYSTRAM, sénateur.
DEFONTAINE, député.
DRON, député.
GUISLAIN, député.
PASQUAL, député.
POTIE, député.
BARIT, ingénieur, à Lille.
BERTIAUX, à Valenciennes.
Louis BLEMANT, avocat, à Valenciennes.
BLANKAERT, à Wattrelos.
BOURÉE-THIBAUT, à Lille.
CUISSET, à Valenciennes.
Jules DUFLOT, à Somain.
GAHIDE, à Roubaix.
HAYEM, à Lille.
LABBE, docteur en médecine, à Roubaix.
Gaston LEVY, à Lille.
LIMBOURG, professeur de lycée, à Douai.
MILLOT, avocat, à Valenciennes.
MOURMANT, à Lille.
Georges PETIT, à Lille.
PIOLAINE, à Lille.
Georges SELLIEZ, à Roubaix.
Gaston SIGRAND, à Lille.
TETE, à Hondschoote.
VOLLAEYS, avocat, à Dunkerque.

Oise

MM. E. DUPONT, sénateur.
BOUFFANDEAU, député.
CHOPINET, député.
De SAINT-FUSCIEN, docteur en médecine, conseiller général, à Grandvilliers.
Louis DESHAYES, conseiller général de l'Oise, à Paris.
FAURE-HEROUART, ancien conseiller d'arrondissement, à Montataire.
Remy RENDU, conseiller général, à Maignelay.
Camille RENARD, à Ferrières.
SCHMIDT, conseiller général, maire, à Crèvecœur-le-Grand.

Orne

MM. Anatole ANDRE, publiciste, à Paris.
FABIUS DE CHAMPVILLE, publiciste, à Paris.
Calixte GILLOT, à Condé-sur-Huisne.
Dr JAY, à Condé-sur-Huisne.

Pas-de-Calais

MM. LOTH, député.
Docteur BERQUET, à Calais.
BUTEL, à Boulogne-ur-Mer.
DAVID, à Arras.
Docteur CARRET, à Béthune.
LEMAITRE, à Boulogne-sur-Mer
LEVY-ULLMANN, professeur de Faculté, à Paris.
MARENGE, vérificateur des Poids-et Mesures, à Béthune.
MATHON, à Arras.
NIMIER, professeur de lycée, à Saint-Omer.
PERON, à Boulogne-sur-Mer.
PRUVOST-BARTIER, à Hénin-Liétard.
ROUSSEL, publiciste, à Lens.

Puy-de-Dôme

MM. CLEMENTEL, député.
CHASSAING, député.
MARROU, député.
DUMOTHIER, conseiller municipal, à Clermont-Ferrand.
GACHON, docteur en médecine, à Paris.
GUILLEMIN, maire, à Thiers.
MALSANG, docteur en médecine, a Champeix.
MASSE, avoué, conseiller d'arrondissement, à Riom.
Denis PINET, docteur en médecine, à Clermont-Ferrand.

Basses-Pyrénées

MM. GARAT, député.
BOUE, conseiller général, à Thèze.
Docteur DOLERIS, conseiller général, des Basses-Pyrénées, à Paris.
Gustave FERRON, publiciste, à Paris.
Marie-Georges FERRON, avocat, à Oleron-Sainte-Marie.
FROIS, adjoint au maire, à Bayonne.
INCHAUSPE, docteur en médecine, à Ascarat.

Hautes-Pyrénées

MM. DREYT, député.
FITTE, député.
NOGUES, député.

Alexandre BOUE, avocat, à Tarbes.
DALEAS maire d'Argelès.
FORTASSIN, avoué, à Bagnères-de-Bigorre.
GIBRAC, adjoint au maire, à Tarbes.

Pyrénées-Orientales

MM. PAMS, sénateur.
DALBIEZ, député.
MANAUT, député.
DUMAYNE, adjoint au maire, à Perpignan.
J. MARTY, à Perpignan.
PIGNET, à Paris.
Joachim VIOLET, à Paris.

Haut-Rhin

MM. LAURENT-THIERY, sénateur.
SCHNEIDER, député.

Rhône

MM. BEAUVISAGE, sénateur.
CAZENEUVE, sénateur.
HERRIOT, sénateur.
PONTEILLE, sénateur.
VERMOREL, sénateur.
BOUFFIER, à Lyon.
CHAMBAUD DE LA BRUYERE, conseiller général, à Lentilly
GORJUS, à Lyon.
Alexis GUELIN, professeur de lycée, à Lyon.
Jean PEYRET, conseiller général, à Lyon.
Paul PIC, professeur de Faculté, à Lyon.
RIVIERE, avocat à la Cour d'Appel, à Lyon.
TRICHARD, à Lyon.
VIAL, adjoint au maire, à Lyon.
VICTOR, adjoint au maire, à Lyon.

Haute-Saône

MM. COUYBA, sénateur.
René RENOULT, député.
CLERISSE, à Arc-les-Gray.
Emile FRECHIN, à Lure.
PEROZ, conseiller général, à Plancher-Bas.
François PETIT, conseiller général, à Autrey.

Saône-et-Loire

MM. GUILLEMAUT, sénateur.
RICHARD, sénateur.
SARRIEN, sénateur.
CHAUSSIER, député.
DESGRANGES, conseiller général, maire, à Romenay.

Fernand DUBIEF, ancien ministre, à Asnières (Seine).
DECOENE-RACOUCHOT, conseiller général, à Issy-l'Evêque.
Claude GAILLARD, premier adjoint au maire, à Châlon.
GERBE, avoué, à Charolles.
Victor MUNOT, docteur en médecine, à Chalon-sur-Saône.
PETITJEAN, conseiller général de Saône-et-Loire, à Fourmies (Nord).
POIRSON, directeur du *Morvan républicain*, à Autun.

Sarthe

MM. LEBERT, sénateur.
BOUTTIE, député.
CAILLAUX, député.
ADET, maire, à Mamers.
BURGEAIN, maire, à Sablé.
FRESNAY, négociant, Le Mans.
GROULT, receveur des Hospices, Le Mans.
GILBERT, Le Mans.
René PELLIER, Le Mans.

Savoie

MM. Félix CHAUTEMPS, député.
GEX, avoué, à Chambéry.
Pierre GRISARD, président de la Fédération de l'arrondissement d'Albertville.
HUGOUNET, à Paris.

Haute-Savoie

MM. F. DAVID, député.
Jules BOSSONEY, maire, à Chamonix.
Georges DANGON, publiciste, à Paris.
Gaston GROS, avocat à la Cour d'Appel, à Paris.
HUNSTEDT, négociant, à Annecy.

Seine

MM. A. LEFEVRE, sénateur.
MASCURAUD, sénateur.
RANSON, sénateur.
STRAUSS, sénateur.
GERVAIS, sénateur.
BRUNET, député.
F. BUISSON, député.
CHENAL, député.
Charles DELONCLE, député.
DESPLAS, député.

LEBOUCQ, député.
PUECH, député.
STEEG, député.
AMOUROUX, à Asnières.
BALANS, à Saint-Maur-les-Fossés.
BILLET, publiciste, à Asnières.
BOKANOWSKI, avocat à la Cour d'Appel, à Paris.
A. BONET, à Paris.
J.-L. BONNET, président de la Fédération radicale et radicale-socialiste de la Seine, à Paris.
F. CAHEN, à Paris.
J. CAHEN, publiciste, à Paris.
CHABANNE, à Paris.
CHALIGNE, publiciste, à Paris.
Armand CHARPENTIER, publiciste, à Asnières.
Henri CHATENET, avocat à la Cour d'Appel, à Paris.
CHAUTARD, ancien député, à Paris.
CHERADAM, à Paris.
Adolphe CHERIOUX, conseiller municipal, à Paris..
Charles COINTE, avocat à la Cour d'Appel, à Paris.
Emile DESVAUX, conseiller municipal, à Paris.
Alfred DOMINIQUE, avocat à la Cour d'Appel, à Paris.
Antonin DOUZET, publiciste, à Paris.
Jules DURAND, avocat à la Cour d'Appel, à Paris.
FORESTIER, publiciste, à Paris.
FORGEOIS, négociant, à la Garenne-Colombes.
GACON, à la Croix-de-Berny, Antony.
GIGON, négociant, à Paris.
GOULHOT, publiciste, à Bagnolet.
JEGU, à Paris.
Henri LAMY, docteur en médecine, à Paris.
Charles LEFEVRE, à Paris.
Lucien LE FOYER, avocat à la Cour d'Appel, à Paris.
MANNE, à Vitry-sur-Seine.
Michel MILHAUD, avoué, à Paris.
OUDARD, négociant, à Paris.
OUDIN, conseiller municipal, à Paris,
PREVOST, à Paris.
QUEROY, à Paris.
RENEUX, négociant, à Paris.
ROTIVAL, à Paris.
H. ROUSSELLE, conseiller municipal, à Paris.
H. SALLES, à Montrouge.
Léon SALMON, à Paris.
Docteur SALMON, ancien conseiller municipal, à Paris.
VIROT, conseiller municipal, à Paris.

Seine-Inférieure

MM. BEAURAIN, à Rouen.
BRIOIS, professeur honoraire, à Rouen.
ELIOT, à Rouen.
DENIS GUILLOT, avocat, Le Havre.
GASTON HAUVILLE, à Saint-Valéry-en-Caux.
MAGNIER, docteur en médecine, à Saint-Etienne du Rouvray.
LÉON MEYER, conseiller général, Le Havre.
LOUIS MULLER, président d'honneur de la Fédération départementale des groupements républicains radicaux et radicaux-socialistes de la Seine-Inférieure à Boisguillaume.
NIBELLE, conseiller général, à Rouen.
PEYRES, à Rouen.

Seine-et-Marne

MM. FARNY, sénateur.
GASTON MENIER, sénateur.
REGISMANSET, sénateur.
DERVELOY, député.
J.-L. DUMESNIL, député.
LORIMY, député.
PERRISSOUD, député.
DELAROUE, maire, à Melun.
REMY FRÈRE, à Nanteuil-les-Meaux.
HENRI POMMERY, industriel, à Meaux.
WOUTERS, à Veneux-Nadon, par Moret.

Seine-et-Oise

MM. AIMOND, sénateur.
AMIARD, député.
DALIMIER, député.
FRANKLIN-BOUILLON, député.
EMILE LAURENT, député.
THALAMAS, député.
VIAN, député.
BAILLEUL, à Versailles.
BAILLION, négociant, à Maisons-Laffitte.
GAUTHERIN, à Argenteuil.
GOUJAT, à Houilles.
GUILLEMETTE, publiciste, à Saint-Leu-Taverny.
HEMMERSCHMIDT, maire, à Villeneuve-Saint-Georges.
RENÉ LARUE, maire, à Verneuil-sur-Seine.
LECAVELE, architecte, à Sartrouville.
PERILLIER, avocat, à la Cour d'Appel, à Paris.
JEAN RAYNAL, avocat à la Cour d'Appel, à Paris.

Deux-Sèvres

MM. DEMELLIER, député.
CORBIN, docteur en médecine, à Niort.
Gaston HULIN, publiciste, à Thouars.
Clément MENARD, conseiller général, maire à Thouars.
Emile CIBIEL, maire, à Niort.

Somme

MM. FIQUET, sénateur.
DUSEVEL, député.
KLOTZ, député.
MAGNIEZ, député.
TERNOIS, député.
Georges BIENAIMÉ, à Paris.
Ernest CARPENTIER, à Amiens.
Urbain DUBOIS, à Amiens.
SAILLY, juge de paix, à Rue.
THUILLIER-BURIDARD, conseiller général, à Vignacourt.

Tarn

MM. ALBA LA SOURCE, négociant, à Mazamet.
François COMBES, à Paris.
Emmanuel LAFON, à Paris.
Jacques ROLLAND, maire, à Gaillac.

Tarn-et-Garonne

MM. Irénée BONNAFOUS, publiciste, à Montauban.
POTTEVIN, docteur en médecine, à Paris.

Var

MM. L. MARTIN, sénateur.
C. J. BARBERIS, à Toulon.
J. BAYLON, à Toulon.
Paul DENISE, avoué, à Draguignan.
PLANCHUT, ancien maire, à Barjols.

Vaucluse

MM. Achille MAUREAU, sénateur.
GUICHARD, député.
Louis TISSIER, député.
Ulysse FABRE, industriel, à Vaison.
Joseph GUIS, notaire, à Cavaillon.
Gaston ROBERT, avoué, à Apt.
Jacques STERN, publiciste, à Paris.

Vendée

MM. CHAILLEY, député.
GEORGES BATIOT, conseiller général, à Talmont.
VICTOR BOISDÉ, conseiller général, à La Roche-sur-Yon.
GAILLARD, maire, à Montaigu.
LUCIEN-VICTOR-MEUNIER, publiciste, à Bordeaux.
LOUIS MOURAT, conseiller d'arrondissement, Les Sables-d'Olonne.
POUZET, maire, à Nieul-sur-l'Autise.

Vienne

MM. GUILLAUME POULLE, sénateur.
SURREAUX, sénateur.
DUPONT, député.
CHOISY, instituteur, à Targé.
ANDRÉ LACROIX, maire, à Béruges.
MORAIN, conseiller général, maire, à Poitiers.
VALLET-DECHERAT, conseiller d'arrondissement, adjoint au maire, à Poitiers.

Haute-Vienne

MM. CHABROUILLAUD, publiciste, à Limoges.
PATRY, avocat, à Limoges.
SARRE, conseiller général, à Pierrebuffière.
THUILLAT, agent général d'assurances, à Limoges.

Vosges

MM. ABEL FERRY, député.
CAMILLE PICARD, député.
SCHMIDT, député.
VERLOT, député.
CAMILLE DUCEUX, conseiller général, maire, à Saint-Dié.
LARDIER, avocat, à Saint-Dié.
REMOVILLE, à Charmes.
GILBERT RENAUD, conseiller général, à Epinal.
SIMONET, conseiller général, à Bulgnéville.
PIERRE VENARD, professeur, à Remiremont.

Yonne

MM. BIENVENU-MARTIN, sénateur.
JAVAL, député.
MILLIAUX, député.
RIBIÈRE, député.
CRESCENT, à Villeneuve-sur-Yonne.
MERISIER, à Sens.
CAMILLE MONJARDET, à Sens.
SILVY, conseiller général de l'Yonne, à Paris.

Alger

MM. BROUSSAIS, député.
André BERTHELOT, ancien député, à Paris.
Numa CAVALIER, à Paris.
Alfred DUPUY, professeur de lycée, à Alger.
Jules TARDRES, sous-ingénieur des Ponts-et-Chaussées, à Alger.

Constantine

MM. AUBRY, sénateur.
CUTTOLI, député.
FILLIÈRES, architecte-expert, à Bougie.
Emile LEDERMANN, avocat, à Philippeville.
Marcel BROSSE, publiciste, à Paris.
Georges LAURENT, instituteur, à Paris.

Oran

MM. TROUIN, député.
Louis BESSE, négociant, à Paris.
CHATEL, architecte, à Paris.
Paul FALOT, industriel, à Rueil (Seine-et-Oise).
GASSER, maire, à Oran.

Cochinchine

MM. PARIS, député.
BOUNDAL, à Paris.
MORIN, à Colombes (Seine).

Inde-Française

MM. BLUYSEN, député.
COULON, avocat à la Cour d'Appel, à Paris.
Henri MAGER, publiciste, à Paris.

La Guadeloupe

MM. André BETON, avocat à la Cour d'Appel, à Neuilly-sur-Seine (Seine).
Charles VALENTIN, négociant, à Neuilly-sur-Seine (Seine).

La Réunion

MM. GASPARIN, député.
Pierre ALYPE, à Paris.
Georges BOUSSENOT, publiciste, à Paris.
NICOL, à Paris.
SEVEAU, à Saint-Maur-les-Fossés (Seine).

Sénégal

MM. CARPOT, député.
BAUZIN, avocat, à la Cour d'Appel, à Paris.
SCELLIER, à Paris.

JOURNAUX ADHÉRENTS AU PARTI

Aisne. — *Le Démocrate du département de l'Aisne*, à Vervins.

Allier. — *Le Progrès de l'Allier.*

Basses-Alpes. — *La République des Alpes*, à Digne.

Ariège. — *La Tribune Ariégeoise*, à Pamiers.

Aube. — *Le Petit Troyen*, à Troyes.

Bouches-du-Rhône. — *La Démocratie des Bouches-du-Rhône*, à Salon.

Cher. — *L'Avenir du Cher*, à Saint-Amand.

Gironde. — *La France de Bordeaux et du Sud-Ouest*, à Bordeaux.

Hérault. — *Le Petit Méridional*, à Montpellier, rue Henri-Guimier.

Jura. — *L'Action Jurassienne*, à Dôle.

Landes. — *La Bataille Landaise*, à Mont-de-Marsan, rue Dulamon.

Loir-et-Cher. — *Le Nouvelliste*, à Blois.

Lot-et-Garonne. — *Le Petit Garonnais*, à Saint-Barthélemy.

Manche. — *Le Réveil*, à Avranches.

Marne. — *L'Éclaireur de l'Est*, à Reims.

Nièvre. — *La Tribune*, à Nevers ; *La Réforme de la Nièvre*, à Nevers ; *Le Cosnois*, à Cosne.

Saône-et-Loire. — *Le Progrès de la Saône-et-Loire*; à Chalon-sur-Saône.

Sarthe. — *Le Bonhomme Sarthois*, au Mans.

Haute-Savoie. — *Les Alpes*, à Annecy.

Seine. — *Le Radical*, *l'Aurore*, *la France*, *le Rappel*, *la Lanterne*, *Paris-Est* (à Bagnolet), *l'Événement*.

Seine-Inférieure. — *Le Républicain Rouennais*, à Rouen.

Seine-et-Marne. — *La République de Seine-et-Marne*, à Melun.

Deux-Sèvres. — *Le Bocage et la Plaine*, à Thouars, *Armée et Démocratie*.

Vaucluse. — *Le Petit Vauclusien*, à Avignon.

Vienne. — *La Démocratie*, à Poitiers.

Yonne. — *Le Républicain de l'Yonne*, à Joigny.

Alger. — *Le Radical-Socialiste*, à Alger.

TABLE DES MATIÈRES

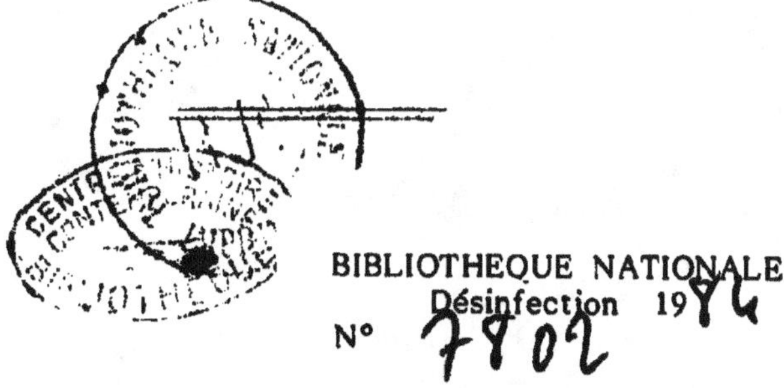

SCEAUX. IMP. CHARAIRE

CHARAIRE
SCEAUX

www.ingramcontent.com/pod-product-compliance
Lightning Source LLC
Chambersburg PA
CBHW072005270326
41928CB00009B/1550
* 9 7 8 2 0 1 3 7 2 7 8 4 6 *